中国法院2025年度案例

国家法官学院　最高人民法院司法案例研究院　/编

物权纠纷

中国法治出版社
CHINA LEGAL PUBLISHING HOUSE

《中国法院2025年度案例》通讯编辑名单

刘晓虹　北京市高级人民法院
王　凯　北京市高级人民法院
张　荷　天津市高级人民法院
徐翠翠　河北省高级人民法院
崔铮亮　山西省高级人民法院
杨钰奇　内蒙古自治区高级人民法院
张　健　辽宁省高级人民法院
苏　浩　吉林省高级人民法院
桑　松　黑龙江省高级人民法院
张　蕾　上海市高级人民法院
左一凡　江苏省高级人民法院
冯禹源　江苏省南通市中级人民法院
宋婉龄　江苏省无锡市中级人民法院
李　波　浙江省高级人民法院
刘伟玲　安徽省高级人民法院
林冬颖　福建省高级人民法院
杨云欣　江西省高级人民法院
李璐璐　山东省高级人民法院
卓峻帆　河南省高级人民法院
吴　杨　湖北省高级人民法院
唐　竞　湖南省高级人民法院
邵静红　广东省高级人民法院
邹尚忠　广西壮族自治区高级人民法院
韦丹萍　广西壮族自治区高级人民法院
黄文楠　海南省高级人民法院
吴　小　重庆市高级人民法院
任　梦　四川省高级人民法院
颜　源　贵州省高级人民法院
戚　雷　贵州省贵阳市中级人民法院
李丽玲　云南省高级人民法院
赵鸿章　云南省昆明市中级人民法院
索朗达杰　西藏自治区高级人民法院
郑亚非　陕西省高级人民法院
吴　莹　甘肃省高级人民法院
王　晶　青海省高级人民法院
马博文　宁夏回族自治区高级人民法院
石孝能　新疆维吾尔自治区高级人民法院
李　冰　新疆维吾尔自治区高级人民法院生产建设兵团分院

序

为深入学习贯彻习近平法治思想，落实习近平总书记“一个案例胜过一打文件”的重要指示精神，人民法院始终把完善中国特色案例制度，加强以案释法作为推进全面依法治国、支撑和服务中国式现代化的重要途径。人民法院案例库向社会开放一年多来，最高人民法院始终坚持高标准建设，实现入库案例对常见案由和罪名全覆盖，对于促进法律适用统一，实现严格公正司法发挥了重要作用。

“中国法院年度案例系列”丛书以及时记录人民法院司法审判工作新发展、新成就为己任，通过总结提炼典型案例的裁判规则、裁判方法和裁判理念，发挥案例鲜活生动、针对性强的优势，以案释法，以点带面，有针对性地阐释法律条文和立法精神，促进社会公众通过案例更加方便地学习法律，领悟法治精神，体现司法规范、指导、评价、引领的重要作用，大力弘扬社会主义核心价值观，积极服务人民法院案例库建设，加强对案例库案例的研究，促进统一法律适用，提升审判质效，丰富实践法学研究，增强全民法治意识和法治素养，展现新时代我国法治建设新成就。

“中国法院年度案例系列”丛书自 2012 年编辑出版以来，已连续出版 13 年，受到读者广泛好评。为更加全面地反映我国司法审判执行工作的发展进程，顺应审判执行实践需要，响应读者需求，丛书于 2014 年度新增金融纠纷、行政纠纷、刑事案例 3 个分册，2015 年度将刑事案例调整为刑法总则案例、刑法分则案例 2 个分册，2016 年度新增知识产权纠纷分册，2017 年度新增执行案例分册，2018 年度将刑事案例扩充为 4 个分册，2022 年度将土地纠纷（含林地纠纷）分册改为土地纠纷（含环境资源纠纷）分册。自 2020 年起，丛书由国家法官学院与最高人民法院司法案例研究院共同编辑，每年年初定期出版。在全国各级人民法院的大力支持下，丛书编委会现编辑出版《中国法院 2025 年度案例系列》丛书，共23册。

“中国法院年度案例系列”丛书以开放务实的态度、简洁明快的风格，在编辑过程中坚持以下方法，努力让案例书籍“好读有用”：一是高度提炼案例内容，控制案例篇幅，每个案例字数基本在3000字左右；二是突出争议焦点，力求在有限的篇幅内为读者提供更多有效信息，便于读者快速抓取案例要点；三是注重释法说理，案例由法官撰写“法官后语”，高度提炼、总结案例的指导价值，引发读者思考，为司法审判提供借鉴，为法学研究提供启迪。

“中国法院年度案例系列”丛书编辑工作坚持以下原则：一是以研究案例库案例为首要任务。自2024年起，“中国法院年度案例系列”丛书优先选用人民法院案例库案例作为研究对象，力求对案例库案例裁判要旨的基本内涵、价值导向、法理基础、适用要点等进行深入分析，增强丛书的权威性、参考性。二是广泛选编案例。国家法官学院和最高人民法院司法案例研究院每年通过各高级人民法院从辖区法院汇集上一年度审结的典型案例近万件，使丛书有广泛的精选基础，通过优中选优，可提供给读者新近发生的多种类型的典型、疑难案例。三是方便读者检索。丛书坚持以读者为本，做到分卷细化，每卷案例主要根据案由或罪名分类编排，每个案例用一句话概括裁判要旨或焦点问题作为主标题，让读者一目了然，迅速找到目标案例。

中国法治出版社始终全力支持“中国法院年度案例系列”丛书的出版，给了编者们巨大的鼓励。2025年，丛书将继续提供数据库增值服务。购买本系列丛书，扫描腰封二维码，即可在本年度免费查阅往年同类案例数据库。我们在此谨表谢忱，并希望通过共同努力，逐步完善，做得更好，探索出一条充分挖掘好、宣传好人民法院案例库案例和其他典型案例价值的新路，为广大法律工作者和社会公众提供权威、鲜活、精准的办案参考、研究素材，更好地服务司法审判实践、服务法学教育研究、服务法治中国建设。

“中国法院年度案例系列”丛书既是法官、检察官、律师等法律工作者的办案参考和司法人员培训辅助教材，也是社会大众学法用法的经典案例读本，同时为教学科研机构开展案例研究提供了良好的系列素材。当然，编者们在编写过程中也难以一步到位实现目标愿景，客观上会存在各种不足甚至错误，欢迎读者批评指正。我们诚心听取各方建议，立足提质增效，不断拓宽司法案例研究领域，创新司法案例研究方法，助推实现中国特色司法案例研究事业的高质量发展。

国家法官学院　最高人民法院司法案例研究院

2025 年 3 月

目　录

Contents

一、物权保护纠纷

（一）物权确认纠纷

（三）排除妨害纠纷

（四）恢复原状纠纷

（五）财产损害赔偿纠纷

二、所有权纠纷

（一）侵害集体经济组织成员权益纠纷

（二）建筑物区分所有权纠纷

（三）业主撤销权纠纷

（四）业主知情权纠纷

（五）相邻关系纠纷

（六）共有纠纷

三、用益物权纠纷

（一）土地承包经营权纠纷

（二）居住权纠纷

四、担保物权纠纷

五、占有保护纠纷

六、其　他

一、物权保护纠纷

（一）物权确认纠纷

1

网络视频平台注册人与实际使用人分离时的账号权属认定

——上海某电子商务有限公司诉邓某某物权确认案

【案件基本信息】

1. 裁判书字号

上海市第一中级人民法院（2023）沪01民终11587号民事判决书

2. 案由：物权确认纠纷

3. 当事人

原告（被上诉人）：上海某电子商务有限公司（以下简称某公司）

被告（上诉人）：邓某某

【基本案情】

邓某某于2013年11月入职某公司，2016年11月开始担任该公司的商品企划高级主管，2018年11月开始担任视觉媒体部门经理。后邓某某于2019年11月与某公司解除劳动关系。解除（终止）劳动关系证明载明邓某某与某公司解除（终止）劳动关系，但尚有案涉抖音账号尚未交接完成。该抖音账号系邓某某个人实名认证。

2018 年 4 月 5 日，案涉抖音账号发布第一条视频，截至邓某某与某公司解除劳动关系前，该账号一共发布 183 条视频，内容绝大部分为生鲜美食（以下称主题）制作。邓某某与某公司解除劳动关系后，该抖音账号发布视频 24 条。其中，邓某某从某公司离职前，该抖音账号发布的主题视频拍摄是公司团队人员协作完成，此类视频很少有人员形象出现，即使有团队成员出镜，也是佩戴动漫面具，且不固定为邓某某本人，拍摄地点在某公司的场地，此类视频原始材料存放在某公司。现双方对于该账号的权属发生争议。

【案件焦点】

案涉抖音账号权属是否属于某公司。

【法院裁判要旨】[①]

上海市浦东新区人民法院经审理认为：因某公司与邓某某之间系雇主与雇员的关系，双方之间存在劳动合同，根据劳动关系的相关规定，劳动者创造出的劳动成果应当归雇主。对于抖音账号是否系劳动成果则为争议所在。

1. 案涉抖音账号的建立系某公司包括邓某某在内的数名员工发起，拍摄视频的创意系某公司员工共同构思，拍摄视频所需的原材料为某公司提供，拍摄的内容大部分系主题制作，与某公司主营业务相关。该账号虽然以邓某某个人名义注册，但截至邓某某离职前，该账号所创作的视频内容非邓某某个人独自创作。

2. 某公司对案涉抖音账号完全知情，该抖音账号亦与公司抖音账号进行互动。案涉抖音账号被纳入某公司视觉媒体部门管理。

3. 邓某某于 2019 年 11 月在自己个人的微博社交账号上称“辞职啦，以后‘＊＊’或消失，或交给之前的美食公司”，由此可知，邓某某在辞职后将不再运营该账号或将其交给某公司。

---

① 本书【法院裁判要旨】适用的法律法规等条文均为案件裁判当时有效，下文不再对此进行提示。

从案涉抖音账号的建立、视频内容、投入资源和管理以及邓某某的认知来看，该账号应为某公司员工共同创造的劳动成果，按照雇员产出的劳动成果归雇主的原则，该抖音账号的使用权应归某公司。经询案外人北京某科技有限公司，根据其回复，抖音账号实名认证信息的更改具有可能性。

上海市浦东新区人民法院依据《中华人民共和国劳动合同法》第三条第二款、《中华人民共和国民事诉讼法》第一百四十七条的规定，判决：

案涉抖音账号的使用权归某公司。

邓某某不服一审判决，提起上诉。

上海市第一中级人民法院经审理认为：本案争议焦点在于：（1）邓某某注册案涉账号是否为职务行为；（2）案涉账号价值是否因完成工作任务形成；（3）邓某某的人身属性是否与案涉账号不可分。

关于焦点一，某公司虽然没有事先委托邓某某注册案涉账号，但邓某某注册该账号的目的明显是为了创新拓展本职工作，将该账号用于公司商品宣传，其在注册后立即申请公司资源投入，并得到公司内部的许可追认，才使得邓某某可以将案涉账号的运营纳入工作权限范围，通过调配人力及其他公司资源的方式开展工作。邓某某在2018年3月还另外注册了私人抖音账号，而该账号的内容制作从未与某公司发生关联，所发布的视频均为邓某某的私人生活，直接呈现了其个人形象，其以个人名义与粉丝用户进行互动交流。两个账号虽然均以邓某某的个人信息注册，但从注册起就呈现出明显差别，即案涉账号是用于发布与工作相关的主题，而个人账号则展现邓某某的个人形象、爱好，清晰反映出邓某某对两个账号的不同定位与规划。综合上述分析，邓某某注册案涉账号的初始目的就是用于公司宣传，且属于得到某公司追认的职务行为。

关于焦点二，《中华人民共和国民法典》第一百二十七条规定，法律对数据、网络虚拟财产的保护有规定的，依照其规定。互联网经济与用户注意力密切相关，抖音账号是一种新兴的自媒体视频网络账号，账号使用者通过对视频内容的构思、拍摄、发布，获得网络用户浏览、点赞、关注，逐渐形成稳定的网络“粉丝”群体，能够形成相应的网络流量通道，进而产生了直接或间接的经济价值，构成了法律意义上的虚拟财产。案涉账号的“粉丝”量是在主题视频的发布过程中逐渐增长的，由此形成了该账号鲜明的主题特征，累积了稳定的用户黏性。短视频账号的市场竞争激烈，单一的账号并不当然产生实际价值，只有合理选择题材、精心制作内容、持续互动更新，才能获得较高的“粉丝”量、点赞关注度，这都需要持续投入大量人力、物力。邓某某在2018年11月才正式担任某公司视觉媒体部门经理，但从2018年4月开始至其离职前，案涉账号发布的主题视频均是由公司团队人员协作完成，这种协作方式全流程体现在题材构思、食材原料、场地器材、拍摄行为、发布计划等方面，是相关员工集体履职行为与公司资源持续投入下的产物。此类视频并不突出个人形象，发布内容需要经过集体讨论，并非邓某某个人决定，所投入的人力、物力也不是为了邓某某的个人利益，而是为了促进公司经营目的，实现流量引导功能。邓某某虽然一直掌握账号密码，但这一行为反映的是其在团队协作中的管理作用，是其将账号运营纳入岗位职责的具体体现。

从时间段角度来看，在视觉媒体部门成立后，2018年部门总结中的记载是对案涉账号投入的“人力不足，摄制时间减半”。由此可见，某公司并非在视觉媒体部门成立后才开始对案涉账号重点投入资源，反而是此前的人力投入与拍摄时间更为充分。因此，作为案涉账号价值基础的主题风格与“粉丝”量，均是相关团队成员在集体完成工作任务，利用公司资源的过程中形成的。根据《中华人民共和国著作权法》第十七条规定，非电影、电视剧的视听作品著作权归属由当事人约定，没有约定或者约定不明确的，由制作者享有著作权。案涉账号发布的众多生鲜美食视频从题材文案、拍摄视角、画面剪辑等方面均体现了创作者的个性选择，具备了著作权法意义上的独创性，属于视听作品。因参与创作的员工对此类视频的著作权归属并无约定，故根据上述法律规定，案涉视频的著作权应属于提供物质条件、组织视频创作的制作者某公司。虽然网络账号本身并非著作权法意义上的作品，但案涉账号价值与视听作品视频的内容风格形成了密不可分的整体，注册账号的初始目的亦在于公司宣传。因此，鉴于案涉账号作为虚拟财产的价值来源于劳动者在工作中集体创造出的劳动成果，对账号使用权的主体认定也应类推适用上述法律规定，认定其使用权利益整体归属于某公司。

关于焦点三，抖音账号平台规则《抖音用户服务协议》第3.4条记载，禁止以任何形式赠与、借用、出租、转让、售卖或以其他方式许可他人使用该账号。该规则是网络平台经营者为了防止账号使用人恶意利用他人名义，逃避互联网监管责任，而采取的预防监督措施。本案中，案涉抖音账号以个人名义注册，但实际长期由公司运营管理，发布的主题视频风格清新，内容健康，能够给广大用户带来情绪价值、生活技能的增益，已经吸引了大量固定的关注用户群体。案涉账号的注册主体与实际使用权人虽然出现分离，但本案双方并不存在恶意逃避监管规定的动机，而是在短视频行业发展初期，员工为公司宣传工作进行探索而产生的现象。案涉账号的价值来自主题视频，而该部分内容中从未直接展现邓某某本人形象，账号后台注册信息并不能由用户直接浏览，用户无法从该类视频内容中建立对邓某某个人的关注。

双方解除劳动关系时，某公司已经积极主张对案涉账号的权利，而邓某某亦曾先后在个人抖音号和个人微博中发表言论表示将返还案涉账号，其后却未实际履行，并在案涉账号中发布了少量的个人生活视频。从相关核心数据来看，案涉账号在脱离某公司团队运营后，“粉丝”量下降近三分之一，视频传播、点赞率大幅下降，已经失去了为用户提供原有主题风格内容的能力，造成账号价值的严重贬损。由此可见，邓某某在离职后的账号管理行为虽然名义上实现了注册主体与使用人的一致性，但改变不了案涉账号价值依赖于某公司团队制作的客观事实，并不利于案涉账号的良性发展。因此，案涉账号价值与邓某某之间并没有构成不可分的人身属性关联，认定案涉账号使用权归属于真实的价值创造主体，并没有实质违反平台规则的本意，也最有利于增进关注账号的广大网络用户的利益。

二审审理中，双方当事人一致同意对使用权确认后的账号注册信息进行变更，由于某公司已经在先注册了两个企业抖音账号，根据抖音账号的平台规则，其无法再承接案涉账号的主体认证，将案涉账号注册主体变更至其全资子公司，符合案涉账号使用权归属认定的实质目的。两家公司的经营目的与实质利益一致，某公司通过对全资子公司的股权控制，间接实现对案涉账号的使用，有利于账号的后续运营管理，并不属于对外擅自出售、出租账号，故法院对此一并予以处理，以方便后续执行，避免衍生纠纷。邓某某亦有权在履行准备期内及时清除账号内的个人信息，为账号使用权顺利移交创造条件。

上海市第一中级人民法院依照《中华人民共和国民法典》第一百二十七条、《中华人民共和国著作权法》第十七条、《中华人民共和国民事诉讼法》第一百七十七条第一款第一项规定，判决如下：

一、维持上海市浦东新区人民法院一审民事判决；

二、邓某某于本判决生效之日起三十日内配合某公司将案涉抖音号注册主体信息变更至上海某贸易有限公司名下。

【法官后语】[①]

随着短视频的兴起，抖音等网络平台逐渐成为个人生活展示、企业宣传、商品营销的重要载体，相关纠纷也日益增加。网络账号作为抖音等视频平台提供服务的重要依凭，在账号注册人和实际使用人出现分离时，如何判定该账号的归属，是司法实践中值得讨论的问题。通常而言，网络账号的注册人就是使用人，而本案的核心是何种情况下，可以认定网络账号归属实际使用人，而非注册人。关于账号归属涉及的权利属性、账号内视频著作权归属等系列问题，审判实践中应当注意：

其一，短视频账号是否具有经济价值的问题。根据法律规定，法律对数据、网络虚拟财产的保护有规定的，依照其规定。抖音账号是一种新兴的自媒体视频网络账号，抖音的单一账号并不当然产生实际价值，只有发布者在抖音账号中持续发布高质量内容，获得网络用户浏览、关注、点赞，逐渐拥有稳定的网络“粉丝”群体，形成相应的网络流量，才能产生直接或者间接的经济价值。

---

① 本书【法官后语】对此类法律问题涉及的法律法规等内容进行了时效性更新，下文不再对此进行提示。

本案中案涉的抖音账号从设立开始，即通过原告所在的公司团队成员共同完成主题视频的拍摄，获得粉丝量“102 万+”，在主题视频持续的发布过程中，实现了“粉丝”数量的增长，提升了用户黏性，并以流量引导的方式来获取利益，此时构成法律意义上的虚拟财产。

其二，短视频账号与短视频平台、短视频账号的注册者、实际使用权人之间的关系问题。一般来说，自媒体视频网络账号所属的平台在用户协议中会载明，禁止以任何形式赠与、借用、出租、转让、售卖或以其他方式许可他人使用该账号。该规则设立的本意系平台为了防止账号使用人恶意利用他人名义，逃避互联网监管责任，而采取的预防监督措施。本案中，案涉抖音账号的注册主体系公司员工，公司及员工均无逃避互联网监管责任的动机，对于案涉抖音账号使用权归属进行判断，没有实质违反平台规定的本意。因此，基于劳动合同关系导致网络视频账号的注册人、实际使用人分离时，应当基于注册行为是否系履行职务行为、视频内容是否系工作内容、账号内容制作主体是否系实际使用人、账号内容与注册人的人身紧密程度等因素综合判断账号的归属。

其三，网络视频账号内容的著作权归属。对于在题材文案、拍摄视角、画面剪辑等方面体现了创作者个性选择的视频，具备著作权法意义上的独创性的，应当认定为视听作品。发布者、参与人和制作者对视频的著作权归属未明确约定时，由提供物质条件、组织视频创作的制作者享有著作权。本案的抖音账号内发布的内容均系公司相关团队人员利用公司资源、集体完成的工作任务。根据《中华人民共和国著作权法》的规定，非电影、电视剧的视听作品著作权归属由当事人约定，没有约定或者约定不明确的，由制作者享有著作权。案涉账号发布的众多主题视频从题材文案、拍摄视角、画面剪辑等方面均体现了创作者的独特审美和编排创意，具备了著作权法意义上的独创性，属于视听作品。因参与创作的员工对此类视频的著作权归属并无约定，故根据上述法律规定，案涉视频的著作权应属于提供物质条件、组织视频创作的制作者某公司。

综合以上三点，法院支持某公司请求确认案涉账号的使用权归其所有。

编写人：上海市浦东新区人民法院　田亚靖　季佳彬

2

物上权利负担随物的流转而“继受”的法律适用及认定标准

——绍兴某服装有限公司诉绍兴市越城区某街道某花园小区社区居民委员会所有权确认案

【案件基本信息】

1. 裁判书字号

浙江省绍兴市中级人民法院（2023）浙06民终2819号民事判决书

2. 案由：所有权确认纠纷

3. 当事人

原告（上诉人）：绍兴某服装有限公司（以下简称某公司）

被告（被上诉人）：绍兴市越城区某街道某花园小区社区居民委员会（以下简称某居委会）

【基本案情】

案外人浙江某集团有限公司（以下简称某集团）是某花园小区的建设单位。2000年11月30日，某集团与绍兴市越城区某街道筹建办（乙方）签订《协议》一份，约定双方协商建立某居委会，居委会设立在某花园小区内。根据《绍兴市区住宅小区管理暂行办法》精神，甲方无偿提供居委会管理用房及营业房……二楼二底，共四间（以下简称案涉房屋）……

2012年1月10日，某集团将案涉房屋过户至某公司。该房屋于2014年3月18日抵押给案外人某银行股份有限公司绍兴分行。

据某居委会陈述，其自2001年7月开始将案涉房屋出租给案外人开设幼儿园使用并收取租金，某公司亦认可某居委会出租案涉房屋早于房产过户时间。

某公司请求依法确认案涉房屋属于某公司所有，某居委会归还某公司自2012年1月至今收取的案涉房屋租金245670元。

【案件焦点】

某居委会是否应当向某公司返还收取的租金。

【法院裁判要旨】

浙江省绍兴市越城区人民法院经审理认为：某集团在2012年1月将案涉房产过户至某公司名下时，案涉房产已由某居委会租赁给案外人使用，且某居委会也已收取案涉房产相邻房屋租金多年，某公司在长达十多年的时间内一直未向某居委会主张权利，可以推定某公司在房产过户时就知道或应当知道某集团向某居委会免费提供案涉房屋作为居委会管理用房及营业房使用，并愿意接受该物上权利负担的事实，涉案房产所有权转移的同时，物上权利负担随之流转。

浙江省绍兴市越城区人民法院依照《中华人民共和国民法典》第二百零九条、《最高人民法院关于适用〈中华人民共和国民事诉讼法〉的解释》第九十条规定，判决如下：

驳回某公司的诉讼请求。

某公司不服一审判决，提起上诉。

浙江省绍兴市中级人民法院经审理认为：《绍兴市区住宅小区管理暂行办法》第二十一条规定，小区综合交接后，房屋建设单位应按住宅总建筑面积0.2%的配置标准向管委会（居委会）无偿提供管理用房。按该文件精神要求，某集团于2000年11月30日与某街道筹建办签订协议约定，将案涉房屋无偿提供给居委会作为管理用房及营业房。将案涉房屋无偿提供给居委会使用，是某集团作为该小区的建设单位的义务。在某居委会使用房屋期间，虽某公司受让了案涉房屋，但仍受该协议约束。某居委会将案涉房屋出租给他人，租金用于公益事业并未违反协议约定。某公司在长达十多年时间内一直未向某居委会主张权利，可推定其知道前述约定并愿意接受该物上权利负担。

浙江省绍兴市中级人民法院依照《中华人民共和国民事诉讼法》第一百七十七条第一款第一项规定，作出如下判决：

驳回上诉，维持原判。

【法官后语】

物上权利负担是第三人对物的非直接支配性权利，即对第三人而言是权利，对物权人而言则是一种权利负担。物上权利负担兼具物权法及合同法的双重意义，既明确了静态物权关系中各方的财产权利分配，又明确了动态合同关系中的财产权利效力，实现了物权法与合同法的紧密联系。

一、民法上物上权利负担的流转规则

实践中，法学界对于物上权利负担流转规则存在两种主流观点：一种为“消灭主义”，主张物上权利负担应当在流转前“处置”；另一种为“继受主义”，主张物上权利负担可随物的流转由新的所有权人承继。民法上典型的物上权利负担包括用益物权、担保物权、租赁权等。在物权发生变动时，其上存在的权利负担一般应随物权的转移而转移，即由物权受让人继受该物上的权利负担。

（一）用益物权的流转规则的完善

原《中华人民共和国物权法》第一百六十二条规定：“土地所有权人享有地役权或者负担地役权的，设立土地承包经营权、宅基地使用权时，该土地承包经营权人、宅基地使用权人继续享有或者负担已设立的地役权。”《中华人民共和国民法典》第三百七十八条将该条修订为“土地所有权人享有地役权或者负担地役权的，设立土地承包经营权、宅基地使用权等用益物权时，该用益物权人继续享有或者负担已经设立的地役权”，从条文比较中可以看出，《中华人民共和国民法典》将“享有或者负担地役权”的主体进行了扩大，进一步肯定了“地役权”的流转采用“继受主义”观点。

（二）担保物权的流转规则的突破

原《中华人民共和国物权法》第一百九十一条规定：“抵押期间，抵押人经抵押权人同意转让抵押财产的，应当将转让所得的价款向抵押权人提前清偿或者提存……抵押期间，抵押人未经抵押权人同意，不得转让抵押财产，但受让人代位清偿债务消灭抵押权的除外。”而《中华人民共和国民法典》第四百零六条规定：“抵押期间，抵押人可以转让抵押财产。当事人有约定的，按照其约定。抵押财产转让的，抵押权不受影响。抵押人转让抵押财产的，应当及时通知抵押权人。抵押权人能够证明抵押财产转让可能损害抵押权的，可以请求抵押人将转让所得的价款向抵押权人提前清偿债务或者提存。转让的价款超过债权数额的部分归抵押人所有，不足部分由债务人清偿”。物权的追及效力，是指物权设立后，不论标的物辗转流入何人之手，物权人都有权追及物之所在并直接支配该物的效力。就抵押权来说，其追及力表现为，在抵押人将抵押物转让他人的情况下，抵押权人可以向受让人主张抵押权，即受让人取得的是有抵押权负担的财产。从法理上讲，设定抵押权，系在物上设定了权利负担，抵押人作为抵押财产的所有人，仍然享有对抵押物的支配权，其中就包括转让抵押的财产，对抵押财产转让进行限制法理依据不足。此外，在抵押权已经进行登记的情况下，买受人自愿买受的，根据抵押权的追及效力，允许抵押权人向买受人主张抵押权，对买受人并无不公。反之，已设定但未经登记的动产抵押，不能对抗善意买受人，由抵押权人承担因未办理登记而产生的风险，对其亦无不公。从《中华人民共和国民法典》第四百零六条本身来说，其所体现的正是物上权利负担流转的“继受主义”主张。

（三）物上租赁权流转规则的延续

《中华人民共和国民法典》第七百二十五条规定：“租赁物在承租人按照租赁合同占有期限内发生所有权变动的，不影响租赁合同的效力。”该条款延续了原《中华人民共和国合同法》第二百二十九条所确定的“买卖不破租赁”的租赁权流转规则，即在租赁合同的有效期限内，出租人将租赁物的所有权转让给第三人时，承租人的权利不因租赁物所有权的转移而消灭或者受到妨碍。

二、物上权利负担随物的流转而“继受”的判断

《中华人民共和国民法典》的上述规定体现出物上权利负担的“继受主义”理念，强调以“物”为核心，而对于合同相对性的原则进行有限突破，更体现出对意思自治原则的尊重。然《中华人民共和国民法典》对于物上权利负担的

规定散见于相关法条，未进行原则性的总括规定，导致物上权利负担的内涵和外延仍有一定模糊性，实践中也难以对其流转规则进行系统的区分适用，但《中华人民共和国民法典》中关于地役权、抵押权以及租赁权等物上权利负担的流转规则可供司法实践处理类似问题参考，即对于已登记的物上权利负担流转可采用登记对抗主义，对于未登记的物上权利负担，流转时不得对抗善意第三人。以本案为例，某街道筹建办与某集团签订协议约定由某集团为双方协商建立的某居委会免费提供管理用房及营业房，可视为某集团对其建设所有的不动产设立了物上权利负担。某居委会一直对案涉房产进行占有、使用、收益，其权益具有用益物权的属性，对人的依赖性较弱而对物的依存性较强，案涉房屋归谁所有并不具有特别意义。某公司取得案涉房产之前，某居委会已将案涉房屋出租给案外人使用多年，可视为产生了公示效力，某公司明知案涉不动产存在权利瑕疵而取得产权，并非善意第三人，案涉房屋的物上权利负担应当随着物权变化而流转。某公司如认为权利受损，可另行向某集团主张。

编写人：浙江省绍兴市越城区人民法院　刘婷婷

3

宅基地上房屋征收补偿利益的分配应综合考虑家庭成员贡献大小等因素

——陈某丁诉陈某甲等物权确认案

【案件基本信息】

1. 裁判书字号

福建省厦门市中级人民法院（2023）闽 02 民终 2783 号民事判决书

2. 案由：物权确认纠纷

3. 当事人

原告（上诉人）：陈某丁

被告（被上诉人）：陈某甲、陈某丙、陈某己

【基本案情】

陈某某、林某系夫妻关系，二人分别于1998年、2000年死亡，生前育有五个子女，分别为陈某甲、陈某乙、陈某丙、陈某丁、陈某戊。陈某戊于2015年死亡，陈某己系其妻子，二人育有两个子女，分别为陈某A、陈某B。郑某某系陈某甲妻子，陈某庚系陈某丙妻子。陈某C、陈某D、陈某E、陈某F为陈某某、林某的孙子/女。陈某丁出生于1960年，于1981年结婚。根据陈某某家庭户口簿（1982年）登记情况载明，陈某某为户主，登记人员依次为：陈某某（1914年出生）、林某（1926年出生）、陈某甲（1950年出生，已婚）、郑某某（1951年出生，已婚）、陈某丙（1956年出生、已婚）、陈某庚（1960年出生，已婚）、陈某戊（1964年出生）、陈某C（长孙女，1972年出生）、陈某D（次孙女，1974年出生）、陈某E（长孙，1977年出生）、陈某F（次孙，1982年出生）、陈某己（三媳，1987年户口迁入）、陈某B（1987年出生申报）、陈某A（1989年出生申报）。

1989年7月30日，原厦门市思明区某村民委员会出具《证明》一份，载明：我村村民陈某某一家人口总共14人，因儿子三人都已成家立业，为生活各方面方便，于1984年11月向户口管理部门申请分户为三家。原厦门市土地管理局于1998年10月填发《厦门市村镇个人建房用地许可证》，记载陈某某作为申请人于1984年5月15日申请建房，申请人口为“11人”，建房地址为某村某社，用地面积/建筑面积/建筑占地面积/底层面积均为433平方米，建筑结构为混合，建筑层数为一层。在申请补办前述建房用地许可证的过程中，根据该过程中形成的存档文件《乡村建房用地申请书》载明，陈某某作为申请人的拟申请用地面积为433平方米，填写总人口原填写6人，后更正为11人。另根据存档文件载明，陈某某作为申请人申请在原建房屋（面积123平方米、石料结构、原一层）基础上进行加建，加建部分完成日期为1986年4月15日，并先后经村民小组、村委会、乡政府及市规划局审批同意，具体审批意见为“同意

加层面积二层270.1平方米”，时间为1994年4月21日。再根据存档的《厦门市某山公社新建房屋用地申请书》载明，陈某某作为申请人于1979年10月20日申请新建房屋并获批建，家庭人口处原填写为“6人”，后更正为“11人”，申请用地面积433平方米，房屋间数3厅6房7春脚[①]，审批部门于1984年5月15日加注“同意兴建、给予补办433平方米”。因案涉房屋需被拆迁安置，2020年6月15日，陈某甲、陈某丙、陈某己、陈某乙、陈某丁作为乙方与拆迁单位签订《某会议中心项目（某社）集体土地上房屋搬迁补偿安置协议书（住宅货币补偿）》，载明因乙方家庭可直接认定的产权面积为433平方米，乙方自愿选择货币补偿作为被搬迁房屋的补偿安置方式。案涉房屋后被拆除，双方因拆迁安置补偿金的分配发生争议。

【案件焦点】

1. 案涉宅基地上房屋属于户主一人遗产还是属于家庭成员共有财产；2. 如属于家庭共有财产，是否应将遗产份额先行析分出；3. 陈某丁对案涉宅基地房屋有无独立份额；4. 如何认定家庭成员对案涉房屋的各自贡献大小。

【法院裁判要旨】

福建省厦门市思明区人民法院经审理认为：根据法律规定，宅基地使用权是农村居民以“户”为单位的名义享有的用益物权，家庭户内人数会因婚丧嫁娶等原因有所变动，但不影响户内剩余成员对宅基地共同使用的权利，本案需要处理的是曾作为家庭户内成员的各当事人对案涉宅基地上建成的房屋是否享有权利以及权利份额认定。根据查明事实，陈某某家庭系在1979年11月申请建房，并在1984年5月在原建房屋的基础上申请建造和加建，还存在后续扩建的情形。我国宅基地用地面积的审批受“一户一宅”“限制面积”的约束，应认定在1979年申请建房用地时陈某丁是宅基地使用权核定人员之一。案涉宅基地上房屋系家庭成员共同生活期间取得的共同共有财产，并非全部系陈某某、

---

① 春脚：闽南语，意为储藏间、低矮的房子等。

林某的遗产，陈某某、林某作为被继承人，其遗产部分系包含在家庭共有财产之中，在分割前应先予以析分。因宅基地使用权证的申请及记载权利人仅“户代表”一人，判断宅基地房屋的实际权利人及享有的权利份额应综合考虑宅基地使用权相关权证、建房用地审批等文件上核定的人员，家庭成员的义务承担和贡献大小，以及房屋新建、翻建、改扩建、维护管理等情况，并结合农村生活实际、风俗习惯等进行认定。陈某丁出生于1960年、结婚于1981年，案涉房屋在1979年申请新建时，陈某丁已成年且尚未出嫁，在各方均未就建造房屋贡献大小举示证据的情况下，根据我国国情、社情和农村的实际情况，应认定陈某丁对案涉房屋在1979年的原始建造有一定贡献，而1984年5月的加建以及此后的扩建部分应认定与其无关。案涉房屋在1979年建造时，陈某甲已结婚并育有三个子女，陈某丙亦已成年，综合考虑案涉房屋原始建造的面积、陈某某家庭成员的具体情况、农村风俗习惯、各家庭成员共同生活的时间等因素，法院酌情认定陈某某、林某对案涉房屋享有35%的权属份额，该部分可由其合法继承人继承；陈某丁对案涉房屋享有2%的权属份额。陈某丁作为陈某某、林某的第一顺位继承人，对陈某某、林某的遗产享有五分之一的继承份额，故陈某丁有权继承案涉房屋7%（35%÷5）的权属份额，结合上述认定，陈某丁对案涉房屋享有的权属份额为9%。案涉房屋已被征收并拆除，陈某丁有权对案涉房屋享有的权利已转化为征收补偿利益的分割。因陈某丁长期并未实际居住在案涉房屋，未实际管理维护房屋，结合各方签订的房屋搬迁补偿安置协议约定内容，认定陈某丁无权分割有合法批建手续已建成房屋的按期搬迁奖励、装修补偿款、搬迁补助费、临时安置费以及层高超过3.5米的补助奖励，有权分割具有合法批建手续的已建成房屋安置房价、按期签约奖励、货币补贴、集体签约奖励共计22830011.6元。故，陈某丁对案涉房屋可享有的征收补偿利益为2054701元（22830011.6元×9%）。

福建省厦门市思明区人民法院依照《中华人民共和国民法典》第二百三十四条、第三百六十二条、第一千一百三十条、第一千一百五十三条及《中华人民共和国民事诉讼法》第六十七条第一款规定，判决如下：

一、确认陈某丁对案涉房屋享有的征收补偿利益为2054701元；

二、驳回陈某丁的其他诉讼请求。

陈某丁不服一审判决，提起上诉。

福建省厦门市中级人民法院经审理认为：本案建房用地审批等存档资料系在补办建房用地许可证的过程中所形成，审批时间在陈某丁结婚（1981年）之后，因案涉房屋用地申请时间为1979年，应认定陈某丁对案涉房屋原始申请和建造有一定贡献。案涉房屋申请用地时陈某某已年近65岁，林某年近53岁，陈某甲已年近30岁且育有三个子女，陈某丙亦已成年，在各方均未就建造房屋贡献大小进行举证的情况下，一审判决综合考量家庭成员具体情况、案涉房屋申请新建时间、原始建造面积、农村风俗习惯、家庭成员共同生活时间以及用地审批文件载明的内容等，酌定陈某某、林某对案涉房屋享有35%的权属份额，陈某丁对案涉房屋享有2%的权属份额，并无不当，应予以维持。陈某丁在案涉房屋申请用地2年后即结婚，长期未实际居住在案涉房屋，亦未参与案涉房屋此后的加建，陈某丁主张其有权分割按期搬迁奖励、装修补偿款、搬迁补助费、临时安置费以及层高超过3.5米的补助奖励，依据不足。

福建省厦门市中级人民法院依照《中华人民共和国民事诉讼法》第一百七十七条第一款第一项规定，作出如下判决：

驳回上诉，维持原判。

【法官后语】

《中华人民共和国土地管理法》第六十二条规定，农村村民一户只能拥有一处宅基地，其宅基地的面积不得超过省、自治区、直辖市规定的标准。原国土资源部《关于进一步加快宅基地和集体建设用地确权登记发证有关问题的通知》也明确指出："宅基地使用权应按照'一户一宅'要求，原则上确权登记到'户'。"其权利主体是以家庭成员构成的家庭共有关系。同时，还强调农村妇女作为家庭成员，其宅基地权益应记载到不动产登记簿及权属证书上。另外，以"户"为单位的家庭成员内部会因婚娶、生育、死亡等原因带来家庭成员人口数量的变化。对于户内人口变动尤其是人口增加的居住利益，要通过"扩建房屋”“重建房屋”等方式保障，这类涉及宅基地使用的建造行为需要经过集体经济组织及政府部门批准，申请户应再次履行申请程序，集体经济组织、政府的批准相当于集体经济组织对该户重新分配宅基地。因此，在宅基地上建造房屋主要有两种情形：一种为申请新的宅基地建房；另一种为在既有宅基地上建造房屋。该两种情形均要申请乡村建设规划许可证，而建房许可证载明的申请人通常为户主一人，但同时会根据申请人的家庭成员情况载明“申请人口”。同时，不动产物权的取得应以《中华人民共和国民法典》物权编的规范为指引，根据《中华人民共和国民法典》第二百三十一条的规定：“因合法建造、拆除房屋等事实行为设立或者消灭物权的，自事实行为成就时发生效力。”所以，宅基地房屋权利主体既涉及申请用地人员，亦涉及房屋建造出资人，还涉及集体经济组织成员身份等。当户主死亡时，只要户内成员还在，其他家庭成员仍享有宅基地使用权利，宅基地使用权不单独发生继承，但地上房屋可在权利人死亡后发生继承。而宅基地上房屋发生征收行为时，房屋的价值就转化为拆迁补偿利益。因宅基地及建房申请材料一般是以户主名义申请，在征迁单位将户主作为被征收人签订相关补偿协议时，就房屋征收利益的分割，家庭成员内部往往产生被征收房屋是户主的个人财产还是家庭成员共同财产，家庭成员对于共同财产有无权利及权利份额如何确定等争议。在农村不动产登记制度缺失的情况下，如宅基地房屋存在权属争议，且家庭内部无法协商一致的，处理宅基地房屋权属以及拆迁补偿利益分割纠纷，就需要依据相关政策，综合多种因素考量进行判断，本案即如此。

笔者认为，虽然宅基地使用权及建房申请通常仅登记“户主”一人，但真正的权利人应为户内家庭成员，“户主”只是各权利人的代表。具体到本案，因拆迁对象为宅基地上房屋，关于案涉宅基地上的房屋建造，无论是1979年的首次申请还是1984年因加建房屋的二次申请，均由陈某某以户主名义申请。根据陈某某户内人口的变动情况，在1979年以户内人口“6人”申请，陈某丁属于当时户内“6人”之一，此时其既为宅基地申请人又为建房申请人。而在1984年加建房屋之时，陈某丁已出嫁，以陈某某为户主的户内人口因嫁娶、生育等原因变化为“11人”，陈某丁并非该“11”人之一，此时其对案涉宅基地并无使用权，对申请加建部分的房屋如无证据证明有实际建造行为的情形下，亦对加建部分的房屋不享有权利。本案诉讼中，陈某丁主张案涉房屋征收利益按陈某某的个人遗产进行分配，陈某甲等人主张应按加建房屋申请的11人进行分配，不包含陈某丁，双方的主张均未得到法院采纳。

在确定宅基地上房屋属家庭成员的共有财产这一前提后，根据《中华人民共和国民法典》第一千一百五十三条第二款“遗产在家庭共有财产之中的，遗产分割时，应当先分出他人的财产”之规定，陈某丁作为陈某某夫妻的子女之一，在被继承人陈某某夫妻死亡后，陈某丁自然对宅基地上房屋属于陈某某夫妻的遗产部分享有继承权利，故而需要将陈某某夫妻的遗产份额析出。承前述，在确定宅基地房屋属家庭成员共同共有的基础上，房屋本质上是需要占用一定范围土地的建筑材料与人力的结合成果，确定共有份额应该综合考虑共有人对房屋建造的贡献大小，包括出资、出力等情况进行综合认定。本案中，在案涉房屋1979年申请新建时，陈某丁已成年且尚未出嫁，在各方均未就建造房屋贡献大小举示证据的情况下，结合农村家庭生活和建房习惯，应认定陈某丁对案涉房屋的原始建造有一定贡献，而1984年的加建以及此后的扩建部分，则与其无关。

编写人：福建省厦门市思明区人民法院　冯莉平

4

农村宅基地房屋买卖后拆迁安置利益的归属认定

——王某、杨某诉陆某、胡某所有权确认案

【案件基本信息】

1. 裁判书字号

江苏省无锡市中级人民法院（2023）苏02民终1966号民事判决书

2. 案由：所有权确认纠纷

3. 当事人

原告（被上诉人）：王某、杨某

被告（上诉人）：陆某、胡某

【基本案情】

1994年12月，陆某（甲方）与外省王某（乙方）签订《协议书》，由甲方将其所有的农村宅基地房屋以3.6万元出售给王某。签订协议后王某与其妻子杨某就入住案涉房屋。1995年1月，王某付清全部款项，陆某与胡某夫妻于当年将房屋的集体土地使用证、房产证交付给王某。

王某与杨某于2003年将户口迁入案涉房屋内。2018年6月24日，陆某以小孩上学需要为由，自杨某处将案涉房屋房产证借走。

2021年4月，因涉及案涉房屋拆迁，王某、杨某起诉陆某与胡某，要求判令案涉房屋归其所有，但因当时尚未签订正式宅基地住宅房屋置换补偿协议，法院认为双方买卖案涉房屋的行为违反相关政策和行政法规，双方之间的买卖合同无效。对王某、杨某要求确认案涉房屋所有权的诉讼请求，法院不予支持。

2021年7月13日，社区居民委员会与陆某、胡某签订了宅基地住宅房屋置换补偿协议，2022年明确案涉房屋的拆迁利益为：某小区甲室、乙室、丙室的安置房屋和应返还的补偿款112849元。王某与杨某遂诉至法院，要求确认上述房屋的拆迁安置利益归其所有。

【案件焦点】

涉及买卖且已经交付的宅基地房屋的拆迁安置利益归谁所有。

【法院裁判要旨】

江苏省无锡市惠山区人民法院经审理认为：农村房屋买卖合同无效，一方当事人请求参照合同约定分割拆迁利益的，法院应予支持；双方无约定，买受人请求确认房屋拆迁利益归属的，法院予以支持。双方于1994年签订的协议书系双方转让房屋所有权的意思表示真实，双方也按约实际履行，现就案涉房屋已经签订了宅基地住宅房屋置换补偿协议，房屋因征收而物权消灭，拆迁过程中将原来的房地分离的违法情形消除，协议中又未约定出售方保留宅基地使用权，因此拆迁产生的权益应归买受人即王某、杨某享有。根据拆迁确定的安置利益，王某、杨某的诉讼请求合法有据，予以支持。

江苏省无锡市惠山区人民法院依照《中华人民共和国民法典》第二百三十四条、《中华人民共和国民事诉讼法》第六十七条第一款之规定，判决如下：

确认案涉房屋的拆迁安置利益归王某、杨某所有。

陆某、胡某不服一审判决，提起上诉。

江苏省无锡市中级人民法院经审理认为：案涉房屋买卖协议订立于1994年12月，当时的法律法规并没有禁止农村宅基地上的房屋向本集体经济组织成员以外的人进行转让。王某、杨某与陆某、胡某虽然不是同一集体经济组织成员，但其在1994年12月与陆某、胡某订立案涉房屋买卖协议后，一直占有使用案涉房屋直至拆迁，长达近30年，并于2003年将户口迁入案涉房屋内，已形成稳定的物权秩序。自法律而言，王某、杨某取得案涉房屋拆迁利益，应属妥当。

江苏省无锡市中级人民法院依照《中华人民共和国民事诉讼法》第一百七十条第一款第一项规定，判决如下：

驳回上诉，维持原判。

【法官后语】

农村宅基地的所有权归农村集体经济组织，只有农村集体经济组织成员才有资格获取使用权。但农村房屋是私有财产，可以在一定范围内买卖，也可以继承。为了不使农村宅基地使用权流向非农村集体经济组织成员，国家的农村宅基地管理政策不允许非本村集体经济组织成员购买房屋。根据这一政策，农村房屋出售给非本村集体经济组织成员的，该合同关系不受法律保护，无法办理房产过户。然而，法律需要保持相当的自谦性，不能过分干预缔约者的意志，对缔约者意志的否定，必须是由具备强制性效力的法律、法规予以明确，这类法律法规基于对公共利益、社会秩序的维护需求限制了私权自由的范围。在案件审理中，法官也需要对强制性效力规范所维护的利益与私权自治进行权衡，即规范所维护的法益是否比当事人的意志自由有更高价值，例如，公共利益、国家安全、公序良俗等。

因拆迁导致房屋价值上涨，出卖人不愿意继续履行合同或请求确认合同无效，希望通过折价补偿、损害赔偿的合同无效效果取得拆迁款项，如果恶意违约者能从反悔行为中获利，将引发诚信危机。由于合同无效的后果过于严苛，会限制意思自治，引发交易链的断裂，降低交易效率，增加社会成本。此时合同中应当引入部分无效的法理解释。部分无效处理规则的适用前提是行为成立的一体性和行为的可分性，拆迁条款的约定符合这个前提条件：一是拆迁作为不可抗力的事实，在合同订立时属于不能预见的事实，双方约定拆迁条款对于房屋拆迁利益归属进行约定，是对房屋转化为拆迁利益可能的事先安排，是双方真实的意思表示；二是拆迁条款具备可分性，它不是房屋买卖合同给付内容的必要条款，拆迁条款标的指向拆迁利益，切断了与限制"宅基地"流转的利益联系，拆迁的土地补偿费支付给集体，对被拆迁人而言，拆迁利益包括安置补偿费，主要是对房屋价值和被安置人的补偿，认为拆迁条款具备独立性，是现阶段实践中保障诚信买受人不因出卖人反悔行为而利益受损的有效解释途径，在当事人有约定时优先适用约定，较返还原物、折价补偿、损害赔偿的合同无效的法定规则，更加有利于对意思自治和诚实信用原则的维护。

《最高人民法院第八次全国法院民事商事审判工作会议（民事部分）纪要》中关于农村房屋买卖问题的规定，在涉及农村宅基地或农村集体经营性建设用地的民事纠纷案件中，当事人主张利润分配等合同权利的，应提供政府部门关于土地利用规划、建设用地计划及优先满足集体建设用地等要求的审批文件或者证明。未提供上述手续或者虽提供了上述手续，但在一审法庭辩论终结前土地性质仍未变更为国有土地的，所涉及的相关合同应按无效处理，这里的关键点是"一审法庭辩论终结前，案涉土地性质是否发生变更"。具体到本案，即一审法庭辩论终结前，案涉房屋所占土地因为已经完成征收程序，土地性质由集体土地变更为国有土地，此时非本村集体经济组织成员买卖宅基地的违法行为消失，而双方在房屋买卖协议中又未对宅基地使用权进行约定，那么拆迁补偿利益的分割也就不存在了，所以房屋拆迁产生的安置利益应当归属买受人所有，这种解释和处理符合最高人民法院的上述指导意见精神。

编写人：江苏省无锡市惠山区人民法院　顾杰

5

婚后一方父母支付部分购房款并登记在己方子女名下不动产的所有权确认

——刘某诉卓某甲所有权确认案

【案件基本信息】

1. 裁判书字号

北京市第二中级人民法院（2023）京02民再84号民事判决书

2. 案由：所有权确认纠纷

3. 当事人

原告（上诉人、申诉人）：刘某

被告（被上诉人、被申诉人）：卓某甲

【基本案情】

刘某与卓某甲原系夫妻关系，双方于2006年1月登记结婚，婚后未生育子女，后于2013年4月通过诉讼离婚。

2010年3月26日，卓某甲与案外人储某签订“北京市存量房屋买卖合同”，约定由卓某甲购买案涉A房屋，价格为153.5万元，其中首付84.5万元。3月27日，卓某甲之姐卓某乙向卓某甲A银行账户转账80万，3月31日，卓某甲通过该账户向储某转账83.5万元。2010年5月23日至10月6日，刘某名下银行账户向卓某甲名下B银行账户转账6笔，共计4.19万元；卓某甲于

2010年11月27日至2011年2月25日自行向其该账户转账三笔，共存入1.15万元。在发生前述转账期间，卓某甲每月29日都归还了A房屋的当期贷款，每月归还本金均为2875元。自2011年1月起至2013年3月，每月均由卓某乙转账至卓某甲名下B银行账户，进行A房屋的还款。

2010年4月8日，卓某甲与案外人范某签订"北京市存量房屋买卖合同"，约定由卓某甲购买案涉B房屋，价格为195万元。刘某名下银行账户在4月8日、9日有三笔转账给卓某甲名下A银行账户，共计252210.37元。4月10日，卓某乙向卓某甲A银行账户转账92万元，卓某甲通过A银行账户向范某转账支付首付款112万元。4月20日，卓某乙向卓某甲A银行账户转账12万元，次日，卓某甲通过该银行账户向范某转账支付14万元。5月16日至10月15日，刘某名下银行账户向卓某甲名下C银行账户转账6笔，共计25643元；卓某甲于2010年11月17日至2011年3月18日自行向其C银行账户转账5笔，共存入22500元。在发生前述转账期间，卓某甲每月20日都归还了B房屋的当期贷款。自2011年1月起至2013年3月每月均由卓某乙转账至卓某甲名下C银行账户，进行B房屋的还款。

截至2013年4月26日刘某和卓某甲离婚判决生效时，A房屋的还款情况：已支付购房首付款845000元，已偿还贷款35期共计本金100625元，利息85261.92元；B房屋的还款情况：已支付购房首付款129万元（含2010年4月20日支付的14万元），已偿还贷款36期共计本金58838.25元，利息104210.68元。卓某甲在离婚后对剩余房屋贷款自行归还。

2013年9月，刘某以共有物分割为由起诉请求对A房屋和B房屋进行分割，该案庭审中，卓某丙（卓某甲之父）、卓某乙出庭证明，就本案争议两套房屋的还款问题，卓某乙转给卓某甲的钱款系卓某丙夫妻赠与卓某甲个人，并经由卓某乙进行转账操作。

刘某在本案中诉请其对A房屋、B房屋分别占有35%份额。

【案件焦点】

1. 婚后一方父母支付大部分购房款，产权登记在出资方子女名下的，该不动产是否属于夫妻共同财产；2. 子女离婚财产分割时，如何处理该不动产。

【法院裁判要旨】

北京市丰台区人民法院经审理认为：诉争两套房屋系刘某、卓某甲婚姻关系存续期间购买，登记在卓某甲名下，结合现有证据，两套房屋的首付款及还贷均出自卓某甲之姐卓某乙名下账户；卓某乙及卓某甲之父卓某丙出庭陈述两套房屋均系卓某丙夫妻二人出资，通过卓某乙账户转到卓某甲名下，出资系对卓某甲个人的赠与。刘某以落款时间为2020年11月20日的《房产约定》主张房屋份额，内容为A房屋和B房屋产权共同所有。但卓某甲不认可《房产约定》的真实性，表示没有签署过该份约定。法院经审查后，未采信该份房产约定，对刘某要求确认35%产权份额的诉讼请求，不予支持。

北京市丰台区人民法院依照《最高人民法院关于适用〈中华人民共和国民事诉讼法〉的解释》第二百四十七条、《最高人民法院关于民事诉讼证据的若干规定》第八十五条规定，判决如下：

驳回刘某的诉讼请求。

刘某不服一审判决，提起上诉。

北京市第二中级人民法院同意一审法院裁判意见，判决：

驳回上诉，维持原判。

刘某不服二审判决，向北京市人民检察院第二分院申诉，检察院向北京市第二中级人民法院提出再审检察建议，认为有新证据证明原判决认定事实的主要证据是伪造的，足以推翻原判决。北京市第二中级人民法院裁定再审本案。

北京市第二中级人民法院经审理认为：本案的争议焦点是婚后一方父母以赠与全部或大部分首付款，并赠与绝大部分还贷款项的方式，为子女购买不动产，产权登记在赠与人子女名下，该不动产是否应作为夫妻共有财产，在离婚时予以分割，还是按照购房款来源情况确定房屋所有权。虽然卓某丙及卓某乙曾在关联案件庭审中，出庭证明诉争两套房屋相应出资系卓某甲的父母赠与给卓某甲个人，但证人作证时卓某甲与刘某已经法院判决离婚并针对诉争房屋提起诉讼，而且卓某甲未能提交能够证明赠与发生时，其父母曾明确表示相应出资系赠与其一方的证据。因此，卓某甲父母通过卓某乙转账给卓某甲用于支付诉争两套房屋首付款及还贷的钱款应认定为父母对卓某甲夫妻双方的赠与，应为夫妻的共同财产。围绕刘某的诉讼请求，根据照顾女方权益的原则并综合考虑各套房屋的出资来源、还贷情况等因素，确认刘某对A房屋享有12%的份额，对B房屋享有14%的份额。

北京市第二中级人民法院依照《中华人民共和国婚姻法》第三十九条，《最高人民法院关于适用〈中华人民共和国婚姻法〉若干问题的解释（二）》第二十二条，《中华人民共和国民事诉讼法》第二百一十四条第一款、第一百七十七条第一款第二项规定，判决如下：

一、撤销北京市第二中级人民法院二审民事判决及北京市丰台区人民法院一审民事判决；

二、确认刘某对A房屋享有12%份额、对B房屋享有14%份额；

三、驳回刘某的其他诉讼请求。

【法官后语】

婚后一方父母支付部分购房款并登记在己方子女名下不动产的所有权确认，以及离婚财产分割时应该如何处理，在本案再审审理时，《最高人民法院关于适用〈中华人民共和国民法典〉婚姻家庭编的解释（二）》（以下简称《婚姻家庭编司法解释（二）》）尚未出台，未有明确的法律条文可供适用。本案再审参照适用当时法律对夫妻存续期间父母赠与情形认定、离婚财产分割时诸如照顾女方原则等需要综合考量情形的规定以及公平原则。《婚姻家庭编司法解释（二）》第八条①（以下简称第八条）规定的处理该类纠纷的基本原则是：

---

① 《婚姻家庭编司法解释（二）》第八条规定，婚姻关系存续期间，夫妻购置房屋由一方父母全额出资，如果赠与合同明确约定只赠与自己子女一方的，按照约定处理；没有约定或者约定不明确的，离婚分割夫妻共同财产时，人民法院可以判决该房屋归出资人子女一方所有，并综合考虑共同生活及孕育共同子女情况、离婚过错、对家庭的贡献大小以及离婚时房屋市场价格等因素，确定是否由获得房屋一方对另一方予以补偿以及补偿的具体数额。婚姻关系存续期间，夫妻购置房屋由一方父母部分出资或者双方父母出资，如果赠与合同明确约定相应出资只赠与自己子女一方的，按照约定处理；没有约定或者约定不明确的，离婚分割夫妻共同财产时，人民法院可以根据当事人诉讼请求，以出资来源及比例为基础，综合考虑共同生活及孕育共同子女情况、离婚过错、对家庭的贡献大小以及离婚时房屋市场价格等因素，判决房屋归其中一方所有，并由获得房屋一方对另一方予以合理补偿。

根据《中华人民共和国民法典》第一千零六十二条、第一千零六十三条关于夫妻共同财产和个人财产范围的规定以及第一千零八十七条关于离婚分割夫妻共同财产的规定，平衡保护个人财产权利与婚姻家庭团体利益，强调在以出资来源作为分割财产基础的前提下，综合考虑婚姻关系存续时间、共同生活及孕育情况、离婚过错等因素，公平公正处理。现回顾本案的审理思路，与第八条的价值指向是一致的。笔者结合本案对第八条从以下方面作浅显的解读。

一、父母为子女婚后出资购房的产权归属问题

《中华人民共和国民法典》第一千零六十二条、第一千零六十三条以及第一千零六十五条明确了我国基本的夫妻财产制度，即以法定夫妻财产共有为原则，约定为例外。夫妻在婚姻存续期间，一方受赠的财产，原则上归夫妻共同所有，除非赠与合同确定只归一方所有的财产，才能认定为夫妻一方的个人财产。根据第八条规定，不论是一方父母全额出资，抑或一方父母部分出资或者双方父母出资，如果赠与合同有明确约定只赠与己方子女的，都按约定处理；如果没有约定或者约定不明确的，则视为对夫妻双方的赠与。笔者认为，法条中所述的赠与时间节点应是出资行为发生时，并非后续诉讼发生时。赠与己方子女还是赠与双方的认定也是实践中争议较大的问题。不少离婚诉讼中，出资方父母出庭作证称购房的出资仅系对己方子女的赠与，但又无法提交能够证明出资行为发生时有过明确单方赠与的证据。也有诉争发生后，出资方父母与己方子女伪造赠与合同的情形。为了避免日后产生纷争，父母还是应当在出资时综合考虑，如果内心意愿确实仅是对己方子女一方的赠与，还是应当予以明确，并告知子女配偶一方。

例如本案，虽然卓某甲的父亲和姐姐曾在关联案件庭审中，均出庭证明诉争两套房屋相应出资系卓某甲父母赠与卓某甲个人，但此时卓某甲与刘某已经法院判决离婚并针对诉争房屋进行了诉讼，且卓某甲未能提交能够证明赠与发生时，其父母曾明确表示相应出资系赠与其一方的证据，故再审判决认定卓某甲父母的赠与系对夫妻双方的赠与，诉争房屋相应的财产份额应认定为夫妻共同财产。

二、父母为子女婚后出资购房的离婚时人民法院如何分割所购房屋

第八条处理此类纠纷的基本原则是强调在以出资来源作为分割财产基础的前提下，综合考虑婚姻关系存续时间、共同生活及孕育情况、离婚过错等因素，公平公正处理。

鉴于现实中出资来源的复杂性，第八条将父母出资购房的情况分为一方父母全额出资和部分出资这两大类分别予以规定。不论是父母全额出资或是部分出资，如果赠与合同有明确约定只赠与己方子女的，都按约定处理。实践中容易引起争议的是，如果没有约定或者约定不明确的，离婚分割夫妻共同财产时，如何分割。第八条对上述两类出资情形的处理方式有所不同：首先，针对一方父母全额出资的情况，房屋不论是否登记在自己子女名下，都可以判决该房屋归出资人子女一方所有，以保障出资父母一方的利益。但是，同时也要综合考虑共同生活及孕育共同子女情况、离婚过错、对家庭的贡献大小等因素，来确定是否需要对另一方予以补偿以及补偿的具体数额。其次，针对一方父母部分出资或者双方父母对房屋均有出资的情况，离婚分割夫妻共同财产时，注重以出资来源及比例为基础，综合考虑共同生活及孕育共同子女情况、离婚过错、对家庭的贡献大小以及离婚时房屋市场价格等因素。因不同案件的出资来源和各方出资比例不同，需要根据个案情况分别处理。

本案属于第二类，一方父母部分出资的情况。本案中，刘某和卓某甲的婚姻存续7年左右，未生育子女，共同生活时间不长也不短。2013年4月离婚后，卓某甲独自承担房贷。刘某的诉讼请求是以离婚时间为节点，认为应以离婚时诉争两套房屋已还款总额占房屋总价款的比例（70%）作为认定其夫妻共同财产的份额，并对该份额进行平均分割，故刘某请求确认其享有诉争两套房屋35%的份额。根据查明的还贷事实，截至二人离婚之日，刘某和卓某甲以夫妻共同财产出资总额占A房屋的5.65%，占B房屋的22.22%，其他钱款均来自卓某甲父母一方。因此，再审法院在认定刘某对诉争房屋的所有权份额时，根据当事人的诉讼请求，综合考虑了诉争房屋的出资来源、刘某夫妻支付购房款的比例、房屋增值情况及共同生活等因素，并结合照顾女方和公平原则，确

认刘某享有相应的产权份额。

总之，对于父母出资购房的情况，第八条优先尊重赠与合同的约定；在没有约定或者约定不明确时，则根据出资情况和多种因素来确定房屋归属及补偿数额，既考虑了父母的出资意愿，又兼顾了夫妻双方在婚姻中的实际情况，平衡保护个人财产权利与婚姻家庭团体利益，体现了公平合理地处理家庭财产的原则，避免因房屋产权归属和分割问题引发过多纷争，进而引导社会公众树立正确的婚恋观，强调家庭成员应当共同努力、互相关爱、互相帮助，既不能因短暂婚姻获得大额财产，也肯定各方对家庭付出的价值，增强婚姻家庭的凝聚力和向心力。

编写人：北京市第二中级人民法院　许英　蒋媚

6

房产网络司法拍卖中不在公告范围的独立柴房是否属于房产从物的认定

——黄某某诉梁某某物权确认案

【案件基本信息】

1. 裁判书字号

广西壮族自治区柳州市中级人民法院（2023）桂 02 民终 2609 号民事判决书

2. 案由：物权确认纠纷

3. 当事人

原告（上诉人）：黄某某

被告（被上诉人）：梁某某

【基本案情】

2012 年，梁某某从单位分得产权型保障性集资房（以下简称案涉房屋）。

梁某某经与同幢楼其他5位业主协商后，通过竞标并补差价1.2万元给其他业主的方式获得该楼栋一楼面积最大的柴房，即争议柴房。2016年9月，案涉房屋登记发证，载明的建筑面积为127.61m^2；争议柴房未办理不动产权证。

2022年6月，梁某某因他案被法院在淘宝网上挂网拍卖案涉房屋；7月，黄某某以31.9万元竞得。法院裁定案涉房屋变更登记至买受人黄某某名下。2023年2月，黄某某办理了案涉房屋的不动产权证。

黄某某认为，争议柴房为案涉房屋的从物，从物的管理使用权应随主物案涉房屋一并转让，为此提起本案诉讼。

【案件焦点】

1. 争议柴房是否为案涉房屋的从物；2. 黄某某通过网络拍卖竞买取得案涉房屋后，是否当然取得争议柴房的管理使用权。

【法院裁判要旨】

广西壮族自治区柳城县人民法院经审理认为：关于黄某某竞买的房价款是否包含争议柴房的价款。首先，司法拍卖的标的物介绍的标的为案涉房屋，建筑面积127.61平方米，规划用途为住宅，房屋现状的内容未明确有争议柴房；其次，竞买公告亦明确公开拍卖的是案涉房屋，该房经柳城县税务局询价，结果为319025元；最后，黄某某以319000元竞得案涉房屋，过户后，该房的不动产权证上载明的建筑面积为127.61平方米。故，黄某某竞买的房价款不包含争议柴房的价款。

关于黄某某竞买取得案涉房屋后是否当然享有争议柴房的管理使用权。首先，黄某某竞买的房价款不包含争议柴房的价款，亦未就争议柴房另支付钱款；其次，争议柴房未办理产权证，系梁某某以柳城县某单位职工的身份参与单位集资房建设分得案涉房屋，再与楼栋其他业主协商补足差价后才取得争议柴房的管理使用权，并对柴房进行了装修，该柴房既具有福利性质又有区别于其他柴房的价值性；最后，从各柴房独立设计及使用情况来看，各住户独自拥有所选定柴房的管理使用权，独自装修各自使用，空间上相互独立，并不属于《中华人民共和国民法典》第二百七十三条规定的建筑物专有部分以外的共有部分，亦不属于案涉房屋的从物。故，黄某某竞买取得案涉房屋并不当然获得争议柴房的管理使用权。

因黄某某未支付争议柴房的房价款，该柴房不属于业主的共有部分或案涉房屋的从物，黄某某竞买取得案涉房屋后并不当然对争议柴房享有管理使用权，故其要求梁某某腾空、移交争议柴房并支付占有使用费，无事实和法律依据，不予支持。另，黄某某提交的高某某、戴某某案与本案案情不同，本案不能当然参考该案例进行裁判。

广西壮族自治区柳城县人民法院依照《中华人民共和国民法典》第二百七十一条、第二百七十三条、第三百二十条、第五百九十五条及《最高人民法院关于人民法院民事执行中拍卖、变卖财产的规定》第九条规定，判决如下：

驳回黄某某的全部诉讼请求。

黄某某不服一审判决，提起上诉。

广西壮族自治区柳州市中级人民法院经审理认为：一审认定争议柴房不属于案涉房屋的从物并无不当，予以维持。另外，案涉房屋司法拍卖的标的物介绍及所附的房屋现状图并不包括争议柴房，黄某某获得的不动产权证上载明的建筑面积亦与拍卖公告介绍完全一致，应认定争议柴房已被明确排除在交易范围之外，即便争议柴房认定为“从物”，本案亦应属于《中华人民共和国民法典》第三百二十条规定的“但书”的情形，即当事人已将“从物”明确排除在交易范围之外。因此，黄某某竞买取得案涉房屋后并不能当然享有争议柴房的管理使用权。

黄某某提交的“许某某”案例不属于双方当事人已将“从物”明确排除在交易范围之外的情形，而“高某某”案例属于业主基于共同管理共有部分而独占的使用权是否与房屋一并转让的情形，本案的争议柴房规划之初就存在，并非业主基于共同管理共有部分而独占的使用权，故本案与该两个案例的情形不一致，对黄某某认为一审违反类案同判原则的主张不予采信。

广西壮族自治区柳州市中级人民法院依照《中华人民共和国民事诉讼法》

第一百七十七条第一款第一项规定，判决如下：

驳回上诉，维持原判。

【法官后语】

本案是对网络司法拍卖标的物主从物划分不当理解引发的物权确认纠纷案件。因争议柴房属于案涉房屋业主的财产，但是在构造、功能上是独立的，双方对该柴房是否属于案涉房屋的从物，即竞买人竞得标的房产是否当然取得柴房的权利产生争议。根据《中华人民共和国民法典》（以下简称《民法典》）第三百二十条规定，从物是指非主物的组成部分，但为了辅助主物的经济用途而存在，并与主物同属一人的独立物。从物认定规则的核心，在于判断某一独立物是否辅助另一独立物发挥效用，并据此确定权利变动、处分效力等问题。申言之，需要综合判断二者的功能关联性、空间关联性、物理独立性、归属统一性以及当事人约定等几个方面。而在本案中，争议柴房经过司法网拍这一特殊情形，还需要辅以判断司法网拍时具体的公告范围。

一、从房产网络司法拍卖的性质来分析独立柴房是否为从物

其一，不动产主从物一般交易规则。界定主物从物关系的意义在于，法律没有相反规定或者当事人没有相反约定时，主物所有人处分主物时，效力及于从物，如转移主物所有权，则从物所有权亦随之转移。在买卖中交付主物，应当随同交付从物。在当事人有特别约定的情况下，主物与从物的处理采取“约定优先”原则，即当事人的特别约定优先于法定规则，同时，特别约定需明确具体，不得违反法律强制性规定或公序良俗，即使存在特别约定，仍需明确从物的法律属性；在当事人没有特别约定的情况下，因标的物的主物不合约定解除合同的，解除合同的效力及于从物，反之则不能；若对主物所有权为一定限制，则限制亦及于从物，如主物设定抵押，及于从物；在分割财产（如分家析产）时，从物随同主物分割，以贯彻物尽其用原则。

其二，网络司法拍卖是一种特殊的买卖方式。首先，根据《最高人民法院关于人民法院网络司法拍卖若干问题的规定》（以下简称《网拍规定》）第一条规定，司法拍卖是指人民法院依法通过互联网拍卖平台，以网络电子竞价方

式公开处置财产的行为。其是有权机关基于国家强制力对特定当事人的财产实施的拍卖行为，是带有公权力性质的财产执行与带有“私行为”性质的拍卖的结合，其性质是实现财产变现的一种强制行为，是人民法院在执行工作中将被执行人财产强制通过拍卖的形式进行价值变现，以实现申请执行人法律文书确定的权利。其次，通过司法拍卖公告对外公布标的物详情、竞买事项等信息，其实质属于要约邀请，竞买人参与拍卖进行报价是要约，拍卖人确认竞买人竞价胜出拍得拍卖物是承诺。同时，司法拍卖是公权力行为，其中拍卖公告具有法律文书的性质，具有规范性、严格性、严肃性、稳定性，因此不允许有隐语暗示、多种解释、可变更性、可协商性，对于拍卖标的表述也遵循这样一个基本原则。拍卖公告具有合法性，应当表述准确，言简意赅，通俗易懂，反映出公告文书的基本特点。《网拍规定》也明确规定，拍卖公告要明确前置程序，即拍卖行为的法定程序，公众的告知程序，对于拍卖标的的内容、时间、价格等因素告知公众，明确要约邀请程序，对拍卖标的的瑕疵说明程序。让参与人充分掌握拍卖标的的情况，保证拍卖公告的合法性、时效性、真实性、规范性。

实践中，竞买人竞价胜出，拍卖机构确认，拍卖公告的内容即成为双方确定拍卖标的物的重要依据。拍卖公告会明确拍卖对象，并对拍卖对象的关键信息、特征进行介绍，通过公告即可判断标的物的具体情况。而拍卖过程则是围绕拍卖标的的竞价展开，且仅限拍卖标的，不包含其他。拍卖确认则是对竞价胜出者竞得拍卖标的结果的认可。上述拍卖公告、拍卖过程、拍卖确认的一系列过程，构成拍卖标的的排他性，不在拍卖公告之列的物品不能成为竞价并竞得的对象。

具体到本案中，拍卖公告详细公布了案涉房屋的产权情况、房屋坐落、建筑面积、房屋现状图、询价结果等信息，但并不包含争议柴房；拍卖中，竞拍者仅围绕拍卖标的物案涉房屋进行竞价；结果上，黄某某以30余万元竞得，与询价结果几乎一致，法院在拍卖成功后裁定变更登记的对象也仅限于案涉房屋，故结果上看标的物所有权的转移也不包含争议柴房，即黄某某仅支付了案涉房屋的价款。足见，本案司法拍卖对象仅限于案涉房屋，并未把争议柴房作为案涉房屋的从物纳入拍卖对象。

其三，约定处置从物的例外。《民法典》第三百二十条规定：“主物转让的，从物随主物转让，但是当事人另有约定的除外。”退一步说，即便独立柴房属于从物，根据司法拍卖的一系列程序，都仅涉及房屋本身，明确柴房并不在拍卖的范围，属于《民法典》第三百二十条规定的“但书”情形，应当认定为在交易范围之外。

二、从拍卖房产的取得方式及登记现状来看独立柴房是否为从物

房产的取得方式有多种，自建房、购买商品房、单位集资建房等，本案即为单位集资建房。不论哪种取得方式，除《民法典》第二百二十九条至第二百三十一条规定的三种特殊情况外，均需依法登记后才能发生物权变动的法律效力。单位集资建房不在三种特殊情况之列，理应适用登记的公示方式。但单位集资建房又有其自身特点，从房产取得之初来看，其具有身份性、福利性、保障性等特性，若是产权型单位集资建房，可能在上市交易方面还会受到限制。但无论如何，其在房产登记的内容上，均会体现权利人、共有情况、坐落、性质、用途、面积、房屋结构图等关键信息，这些共同构成此房屋区别于他房屋的唯一性。同时，从房产登记上也能看出该房屋是否有附属物等。本案中，从取得方式来看，案涉房屋是柳城县某单位的单位产权型保障性集资房，梁某某作为某单位的职工，根据住房分配方案，依据积分多寡，并补足楼层差价而分得案涉房；而争议柴房是房屋分配之后，梁某某通过与该楼栋业主另行协商（非依据住房分配方案）通过竞价补差价给其他业主方式获得。从产权登记来看，房屋交付使用后，登记发证，证上载明的房屋坐落、具体面积、房屋结构图等仅指向案涉房屋，并不包括争议柴房；实际上，争议柴房至今都未办理产权登记。因此，从所有权取得方式及其登记现状等来看，案涉房屋和争议柴房基于不同方式、不同时间、不同性质而取得，争议柴房并非作为案涉房屋的从物随主物所有权变动同时取得，无法得出争议柴房是案涉房屋从物的结论。

三、从房屋的设计、法律规定及使用等方面来判断独立柴房是否为从物

实践中，很多楼盘，尤其是单位集资建房，往往把一楼设计成车库/柴房，或者在楼房旁边合适位置另行建造车库/柴房，用于业主停放车辆、堆放杂物，

这类房产最大的特点是在空间上、构造上和其他房屋不具有依附性，并非某套房产必不可少的部分，与飘窗、阳台、入户花园等这些和特定房屋构造上紧密相连的属于赠送性质的建筑结构有着本质区别。参照《民法典》第二百七十五条对车位、车库归属问题的规定，仅是明确占用业主共有的道路或者其他场地的汽车车位属于业主共有，对规划用于停放汽车的车位、车库，未直接规定权属，而是原则上赋予当事人协议处理的权利。据此，业主的房屋与车位并不当然构成主物与从物的关系。而实践中柴房的权属情况往往更为复杂，有的独立柴房可以办理产权登记，有的则不能；有的独立柴房是特定房产的“赠品”，随房产买卖、交付，有的则另行单独买卖、交付……因此，要根据实际情况具体认定。本案中，争议柴房虽然与案涉房屋属于隔层上下楼关系，但柴房仍系单独设计，且在空间上与该楼栋的所有房产不具有依附关系，不具有从物附着于主物的事实状态。从管理使用上，系由柴房所在楼栋业主在各自拥有的房产之外各自独立管理使用。因此，从法律规定和实践情况来看，亦不能得出独立柴房是特定房屋从物的结论。

编写人：广西壮族自治区柳城县人民法院　韦生军　韦文武　游东彦

7

因对执行和解协议反悔提起返还原物之诉的人民法院应否受理

——曾某某、廖某某诉崔某某物权确认案

【案件基本信息】

1. 裁判书字号

江西省吉安市中级人民法院（2022）赣08民终522号民事裁定书

2. 案由：物权确认纠纷

3. 当事人

原告（上诉人）：曾某某、廖某某

被告（被上诉人）：崔某某

【基本案情】

某法院在查明案涉吉安市青原区某小区16栋4号、5号门面均已出租，且承租人崔某某已一次性付清15年租金的情况下，于2016年10月12日在《对外委托工作交接表》中载明："其中吉安市青原区某小区16栋门面4号、5号已全部出租，租期20年，均至2033年9月23日止，承租人在2013年9月23日已一次性付清全部租金给罗某某（原所有人），拍卖时需在拍卖公告中将此情况注明。"某法院将该《对外委托工作交接表》和拍卖裁定书等相关材料移送有关拍卖机构。2016年11月4日，某拍卖公司对外发布拍卖公告，载明："受某法院委托，将于2016年11月22日上午10时在某法院审判庭拍卖以下标的：一、拍卖标的及起拍价（设保留价）……3. 吉安市青原区某小区16栋4号门面，建筑面积17.12平方米。起拍价9.95万元，竞买保证金2万元。4. 吉安市青原区某小区16栋5号门面，建筑面积64.37平方米。起拍价37.42万元，竞买保证金5万元……特别说明：3、4号标的的4号、5号门面，租赁期限均至2033年9月23日止，承租人在2013年9月23日已一次性付清15年租金给房东。两间门面整体购买优先。若无整体购买，则分标的拍卖……"由于无人报名参加拍卖，2016年11月22日的第一次拍卖流拍。曾某某明知上述两间门面的租赁情况，仍然向法院申请以第一次拍卖的保留价直接抵偿其债权。某法院基于上述事实，根据曾某某的申请，并征得罗某某的同意，于2016年11月24日作出（2016）赣0826执287号执行裁定：将被执行人罗某某、郭某某在吉安市青原区某小区16栋4号门面作价9.95万元，5号门面作价37.42万元，交付申请执行人曾某某抵偿借款本金及利息47.37万元，上述资产所有权自本裁定送达申请执行人曾某某时起转移。2017年9月14日，曾某某、廖某某取得某小区16栋4号、5号门面的不动产权证。

现曾某某、廖某某以崔某某与罗某某签订的20年租赁合同系伪造为由，诉至法院，请求判令崔某某立即停止侵权，返还其占有的曾某某、廖某某名下案涉16幢门面4号、5号，支付占用该店面的使用费。

【案件焦点】

对已执行完结的案件，当事人对执行标的物上的权利负担存在异议而提起返还原物的诉讼，法院是否应当受理。

【法院裁判要旨】

江西省吉安市青原区人民法院经审理认为：某法院是在认定案涉某小区16栋4号、5号门面存在20年的租赁合同，且承租人崔某某已一次性支付了租金的事实基础上，作出的拍卖裁定和以物抵债裁定的，且该两份裁定均已发生法律效力。现曾某某、廖某某认为上述事实认定错误，崔某某也是罗某某的债权人，在得知案涉门面被法院查封后，崔某某才与罗某某伪造20年租赁合同。因此，曾某某、廖某某的权利救济途径应当是向某法院申请再审，而不应当是向该院提起返还原物之诉。

江西省吉安市青原区人民法院依照《中华人民共和国民事诉讼法》第一百一十九条、第一百二十四条第五项和《最高人民法院关于适用〈中华人民共和国民事诉讼法〉的解释》第二百零八条第三款规定，裁定如下：

驳回原告曾某某、廖某某的起诉。

曾某某、廖某某不服一审裁定，提起上诉。

江西省吉安市中级人民法院经审理认为：《中华人民共和国民事诉讼法》（2012年修正）第二百二十五条规定："当事人、利害关系人认为执行行为违反法律规定的，可以向负责执行的人民法院提出书面异议。当事人、利害关系人提出书面异议的，人民法院应当自收到书面异议之日起十五日内审查，理由成立的，裁定撤销或者改正；理由不成立的，裁定驳回。当事人、利害关系人对裁定不服的，可以自裁定送达之日起十日内向上一级人民法院申请复议。"某法院在执行某民事判决过程中，崔某某提出其已承租案涉两个门面20年且一次性支付了15年的租金，执行法院对案涉两个门面的承租情况向郭某某、罗某某、崔某某作了调查，某拍卖公司在拍卖公告中特别说明：“3、4号标的的4号、5号门面，租赁期限均至2033年9月23日止。承租人在2013年9月23日已一次性付清15年租金给房东……”上诉人知悉上述情况后，未按照法律规定提出书面异议。在案涉门面流拍后，上诉人还向执行法院申请将案涉门面以第一次拍卖保留价直接抵偿债权，某法院遂作出执行裁定。上述裁定已经发生法律效力。上诉人在知悉案涉门面存在租赁权的情况下接受了以物抵债，一审法院裁定驳回起诉，并无不当。上诉人主张本案应参照最高人民法院（2021）最高法民申26号案例审理，但该案例的案由为申请执行人执行异议之诉，以申请执行人提出执行异议被法院驳回为前提。本案中，上诉人在执行过程中未向执行法院提出执行异议，对其主张参照（2021）最高法民申26号案例的上诉理由不予采信。

江西省吉安市中级人民法院依照《中华人民共和国民事诉讼法》第一百七十七条第一款第一项、第一百七十八条规定，裁定如下：

驳回上诉，维持原裁定。

【法官后语】

随着诉讼过程的推进，当事人诉讼的目的和期望值会有所波动，为了维护已生效裁决的既判力，当事人不能仅因某一权利未达自己的目标就换个理由起诉，诉讼法规定有禁止重复起诉，也有一事不再理原则，因本案当事人与原产生执行效力的裁决的当事人不一致，所以当事人以新事实，新理由要求重新处理。通过本案，建议对已进入执行程序而对执行标的物上附带的权利存有异议而提起诉讼的，应作为类似重复起诉而予以驳回起诉，防止执行完结的案件返流成为诉讼案件。

一、执行生效裁定具有既判力

《最高人民法院关于适用〈中华人民共和国民事诉讼法〉的解释》（以下简称《民诉法解释》）第二百四十七条规定了禁止重复起诉制度。该条文规定的重复起诉有两种类型：前诉裁判生效后的再次起诉和前诉尚在诉讼过程中的再次起诉。在民事诉讼中，终局判决一旦获得确定，该判决对请求之判断就成为规范今后当事人之间法律关系的基准，当同一事项再提时，当事人不能对该判断提出争议、不能提出与之相矛盾的主张，法院也不能作出与该判断相矛盾或相抵触之判断。① 由于我国现行立法没有明确规定既判力制度，《民诉法解释》第二百四十七条将既判力抗辩纳入禁止重复起诉制度。虽然既判力一般指实体判决的生效效果，但是执行阶段的执行裁定或执行生效文书对案件的定分止争和实际诉讼目的的达成具有事半功倍的作用，所以执行程序中所产生的执行裁定或执行和解应当也具有既判力，只是其呈现的方式不一样而已。

二、对已生效的执行裁定应当进行程序审查

诉讼法规定了案外人执行异议之诉等权利救济程序，当事人认为实体权利受到损害，可通过原审诉讼法院所进行的诉讼程序进行权利救济。但是类似于本案，为了达到诉讼目的，当事人可能会隐瞒其执行程序中已知晓案涉标的物存在附着其他权利的情形，而这完全依赖当事人的诚信似乎不足取，审理法院还需要通过执行法院，调查了解具体的执行程序，并取得执行依据等证据材料，再作出程序或实体判断。

妥当行使法院释明权不仅能满足诉讼经济的要求，而且有助于协助当事人以正确的诉讼方式实现诉讼目的。充分发挥法院释明权的转换功能，将当事人的主观认识转换为符合诉讼法要求的客观事实，可以弥补当事人本位主义的不足。②

此案审理过程中，因原告不愿承认其在执行过程中已知晓执行标的物存在租赁权的情况，法院依职权调取拍卖公告等执行依据的证据材料，得益于原执行法院在移送拍卖材料和拍卖公告时已注明案涉标的物存在其他租赁权的情况，本案才得以还原事实真相。为当事人提供程序保障不只是救济程序结果，更应重视程序过程中为当事人提供充分且平等的程序参与机会。

---

① 新堂幸司：《新民事诉讼法》，林剑锋译，法律出版社2008年版，第472页。

② 任重：《我国新诉讼资料释明的反思与重构——以〈九民会议纪要〉与〈新证据规定〉为中心的解读》，载《当代法学》2020年第5期。

三、本案驳回起诉的基本考量

本案中，原告实际对原生效裁判无异议，对原法院执行行为或执行标的物也无异议，只是因标的物上存在其他债权而影响其物权的行使，是对标的物上存在的权利负担存在异议，想通过诉讼方式排除其上的权利负担。虽然原告本次起诉与原来的起诉不属于《民诉法解释》规定的重复起诉，但是，根据执行程序要求，执行法院在执行时已审核并告知当事人案涉标的物附有权利负担，曾某某在执行和解时不仅明知案涉标的物存在租赁权，且明知后未提出执行异议和执行异议之诉，而选择执行和解，是其对自己权利作出的处分，其在本案想排除附着执行标的物上的权利负担，属于对执行和解的部分反悔。故，裁定驳回起诉可确定执行和解和执行裁定的既判力，最终不影响先诉案件的整体处理。

与本案关联的执行和解协议，是双方对执行对象充分了解后作出的权利处分。通过救济途径的选择，法院裁定驳回起诉，既是对执行裁定的维护，也是对执行和解双方当事人程序救济的保障。

编写人：江西省吉安市青原区人民法院　刘春梅

8

未成年人保护在人防工事使用权与地下空间使用权权益冲突处理中的考量

——福建省厦门某小学诉颜某甲等物权保护案

【案件基本信息】

1. 裁判书字号

福建省厦门市中级人民法院（2022）闽 02 民终 2355 号民事判决书

2. 案由：物权保护纠纷

3. 当事人

原告（反诉被告、被上诉人）：福建省厦门某小学（以下简称某小学）

被告（反诉原告、上诉人）：颜某甲

被告：颜某乙、颜某丙

【基本案情】

某小学的校址位于厦门市×××5号，与厦门市×××3号之1房屋毗邻。该房屋原系颜某丁购置，现转移登记至颜某丁儿子颜某甲、颜某乙、颜某丙名下。颜某丁在20世纪60年代对×××3号之1房屋进行翻建时，在该房屋西侧用地红线外即西南方向修建了一面积约30平方米类型为防空洞的人防工事。

2016年9月，某小学的校园改扩建项目获得立项批复，并于2017年6月取得建筑工程施工许可证，随即开工建设。该项目位于某小学的东北方向位置，部分区域原为操场。该操场的东北方向即与×××3号之1房屋毗邻。操场的地表与其东北方向外侧道路存在2—3米的高度差，讼争人防工事即位于操场东北角的地表垂直下方，朝道路方向开设有一扇出入门，内部亦开设有一扇出入门通往东侧的×××3号之1房屋。某小学的校园改扩建项目的施工涉及从操场的地表垂直向下进行开挖建设，直至与下方道路路面相连处于同一平面。在施工过程中，需要对讼争人防工事予以拆除，某小学与颜某甲就人防工事的拆除与补偿事宜进行协商，未能达成一致意见。2018年1月，某小学将讼争人防工事内的物品搬至其一间房屋内存放。后某小学将讼争人防工事的顶盖及大部分围墙予以拆除。

现某小学的校园改扩建项目已完成施工。讼争人防工事的顶盖及大部分围墙已被拆除，其地面低于周围的路面，未进行填平，某小学已对该区域进行围挡。按照某小学的项目设计方案，讼争人防工事拆除后，应进行填平施工，与周边路面形成消防通道、疏散通道。

某小学提起诉讼，请求颜某甲、颜某乙、颜某丙立即停止侵害某小学土地使用权的行为，立即排除妨碍，将建在某小学用地红线范围内的×××3号之1附属人防工事拆除。

颜某甲提起反诉，请求某小学立即修复×××3号之1处的人防工事。

【案件焦点】

颜某甲等人是否应协助某小学拆除案涉人防工事。

【法院裁判要旨】

福建省厦门市思明区人民法院经审理认为：首先，《中华人民共和国民法典》第三百四十五条规定："建设用地使用权可以在土地的地表、地上或者地下分别设立。"结合相关物权理论，以地表为客体的建设用地使用权，是指以地面为基点向空中延伸至一定高度、向地下垂直至一定深度的空间为客体的建设用地使用权。从某小学的校园改扩建项目的建设来看，该项目的建设已经合法取得并利用了以原有地面为基点向地下垂直至一定深度的空间，而讼争人防工事确实位于该空间范围内。其次，讼争人防工事建造于20世纪60年代，当时有其特定的历史背景及其意义。但就现在而言，厦门市人民防空办公室已向一审法院复函明确"讼争人防工事不具备人防防护功能，不具有修复利用价值"。事实上，颜某甲及其家人亦是将讼争人防工事长期用于存放物品，其间还提出申请拟改建为车库使用。再次，某小学的校园改扩建项目，涉及某小学就读的众多未成年学生的切身利益。讼争人防工事及其周边，应形成统一的消防通道、疏散通道，拆除讼争人防工事并与周边区域建造为统一的通道，对保障众多未成年学生的人身安全，显然是具有十分重要的作用和意义的。最后，讼争人防工事不同于居住使用的房屋，其现有的使用功能较为有限，更多体现为存放物品的功能，其并不具有修复作为人防工事的价值。在讼争人防工事已经被大部分拆除的情况下，根据儿童利益最大化原则，在某小学就读的众多未成年学生的人身安全权益，相较于颜某甲要求修复讼争人防工事的权益，具有优先予以保护的价值和意义。综上，鉴于讼争人防工事的现状，相关当事人权益的平衡，结合厦门市人民防空办公室向法院复函的内容，经慎重考虑，法院认定讼争人防工事应以拆除为宜。

福建省厦门市思明区人民法院依照《中华人民共和国民法典》第二百三十六条，《最高人民法院关于适用〈中华人民共和国民法典〉时间效力的若干规定》第一条第三款，《中华人民共和国民事诉讼法》第六十四条第一款、第一百四十四条规定，判决如下：

一、颜某甲、颜某乙、颜某丙于本判决生效之日起十五日内协助某小学拆除厦门市×××3号之1附属的人防工事；

二、驳回某小学的其他诉讼请求；

三、驳回颜某甲的反诉请求。

颜某甲不服一审判决，提起上诉。

福建省厦门市中级人民法院经审理认为：人防工事是指为保障战时人员与物资掩蔽、人民防空指挥、医疗救护、通信而修建的防护建筑，包括单独修建的地方防护建筑以及结合地面建筑修建的战时可用于防空的地下室。本案中，案涉人防工事不是《中华人民共和国人民防空法》第二十一条、第二十三条规定的由人民防空主管部门及其他有关部门负责组织修建的人防工程，而是在特定历史时期由个人修建的地道式人防工事，并被人防部门认定为群藏类人防工事纳入统计范畴。该人防工事的使用、管理及收益等权利认定可参照《中华人民共和国人民防空法》及其他相关规定予以执行。《中华人民共和国人民防空法》第五条规定，人民防空工程平时由投资者使用管理，收益归投资者所有。第二十六条规定，平时利用人民防空工程，不得影响其防空效能。原建设部《城市地下空间开发利用管理规定》第二十九条规定，平战结合的地方工程，平时由建设或使用单位进行管理，并应保证战时能迅速提供有关部门和单位使用。由此可见，现有法律条文对人防工事的使用管理已作出了明确规定，即平时由建设单位进行管理，战时由人民防空指挥机构统一调度使用。本案中，案涉人防工事由颜某甲之父颜某丁建造，颜某甲作为共同使用者及管理者有权对案涉人防工事进行日常管理维护及请求排除妨碍等。同时，案涉人防工事亦位于某小学已审批通过的校园改扩建项目的空间范围内，在某小学依法可对该空间范围的建设用地进行改建的情况下，各方确实存在一定程度的权利冲突。对此，法院着重从以下两方面予以考量：一是从人防工事存续的历史背景和现有功能用途来看，人防工事的主要功能仍系作为战时防护人员与物资安全的地下掩体。案涉人防工事修建于20世纪60年代，系早期个人开挖的地道型群藏防空洞，其产生具有特殊的历史背景和意义，目前其是否还具备人防功能及价值需人民防空主管部门予以确认。厦门市人民防空办公室经现场踏勘后认为某小学“施工期间已对其造成不可修复的破坏”，并向一审法院复函明确“讼争人防工事不具备人防防护功能，不具有修复利用价值”。同时，颜某甲于1999年向厦门市华侨联合会和原厦门市开元区民防办公室提交《申请书》称防空洞已不起作用，申请将防空洞修为车库。实际上，颜某甲及家人亦将案涉人防工事长期用于存放物品。因此，案涉防空洞目前的主要使用功能为存放个人物品的存储功能，其修复后作为人防工事的功能及价值十分有限。二是从个体的使用收益权与未成年人权益保护的权衡来看，由于案涉人防工事位于某小学校园改扩建工程的消防及疏散通道处，且顶盖已几乎被毁损，对某小学的学生出行造成严重的安全隐患。颜某甲亦曾在《申请书》中对防空洞对“某小学的学生出入构成隐患”表示过担忧，并希望从安全出发，将防空洞修为车库。诚然，颜某甲对案涉人防工事具有使用权及收益权，但本案涉及未成年学生出行安全问题，儿童最大利益原则不仅是处理涉及未成年人权益保护民事案件的司法理念，同时也是对未成年人特殊司法保护的一项基本准则，即应以未成年人为本位，最大限度地对未成年人利益给予优先保护。当未成年人利益与其他个体利益甚至局部社会利益发生冲突时，尽可能地考量未成年人的基本生存权、发展权和受教育权的实现因素，最大限度地创造有利于未成年人健康成长的环境。因此，某小学就读的众多未成年学生的人身安全权益应优先于颜某甲关于修复案涉人防工事的权益予以保护。一审法院基于案涉人防工事的现状以及当事人权益的平衡，认定案涉人防工事应以拆除为宜，并无不当。同时，即便颜某甲因社会公益需要而不得不让渡部分个体权益，其亦有权就因此而受到的损失向某小学主张权利。

福建省厦门市中级人民法院依照《中华人民共和国民事诉讼法》第一百七十条第一款第一项规定，作出判决：

驳回上诉，维持原判。

【法官后语】

本案所涉及的法律问题为，建造者对人防工事享有使用权、收益权，而相邻方对该人防工事所处地块亦享有地下空间使用权，二者存在一定程度的权利冲突，且两种权利类型无位阶优劣顺位情况下，司法应如何衡量权利价值以及保护方法，本案以“儿童最大利益原则”作为裁量决定性因素，系《中华人民共和国民法典》确定的优先保护未成年人利益原则在审判实践中的积极运用。

一、人防工事的个人建造者所享有权利的认定

我国现行的法律法规对于人防工事的所有权归属并无明文规定，仅有《中华人民共和国人民防空法》和原建设部《城市地下空间开发利用管理规定》对人防工事的相关法律属性作出规定。《中华人民共和国人民防空法》第五条第二款规定，“国家鼓励、支持企业事业组织、社会团体和个人，通过多种途径，投资进行人民防空工程建设；人民防空工程平时由投资者使用管理，收益归投资者所有”；第二十六条规定，“国家鼓励平时利用人民防空工程为经济建设和人民生活服务。平时利用人民防空工程，不得影响其防空效能”。《城市地下空间开发利用管理规定》第二十五条规定，“地下工程应本着‘谁投资、谁所有、谁受益、谁维护’的原则，允许建设单位对其投资开发建设的地下工程自营或者依法进行转让、租赁”；第二十九条规定，“平战结合的地下工程，平时由建设或者使用单位进行管理，并应保证战时能迅速提供有关部门和单位使用”。笔者认为，对于特殊历史时期由个人修建的人防工事所有权归国家所有更为妥当。皆因人防工程是重要的国防设施，战时能否及时、有效地发挥其作用至关重要。人民防空是国防的组成部分，承担国防责任的主体是国家，将人防工事的所有权确认归国家所有，有利于国家整体规划、使用，更有利于快捷发挥人防工事的应有作用。如果将人防工事等确认归个人所有，虽然在战时可以动用公权力取得相同的效果，但在私权利存在的前提下，难免投资者将个人利益置于国家利益之上，即使发生紧急情况也不能确保及时实现人防工事的战备功能。因此，本案中，即便已查明人防工事由颜某甲之父出资修建，法院并未确认其

对人防工事享有所有权，而是严格依照现有法律规定，仅认定颜某甲及家人享有使用权、收益权以及请求排除妨碍、恢复原状等权利。

二、学校取得的建设用地使用权包含地下空间使用权

本案中，某小学经主管部门审批取得案涉地块的建设用地使用权，案涉人防工事位于该地块的垂直下方。某小学在合法取得地表建设用地使用权的情况下，是否同时享有地下空间使用权也是本案争议焦点之一。笔者认为，某小学取得的建设用地使用权应包含地下空间使用权。实际上，我国现行法律规定并未明确地下空间建设用地使用权的概念，但《中华人民共和国民法典》第三百四十五条规定："建设用地使用权可以在土地的地表、地上或者地下分别设立。"实质上抽象提出了土地分层利用理念，原则上确立了土地空间使用权。《中华人民共和国城乡规划法》亦对地下空间开发及利用作出原则性规定，即城市地下空间的开发和利用，应当与经济和技术发展水平相适应，遵循统筹安排、综合开发、合理利用的原则，充分考虑防灾减灾、人民防空和通信等需要，并符合城市规划，履行规划审批手续。同时，原国土资源部、国家工商行政管理总局发布的《国有建设用地使用权出让合同》示范文本（GF—2008—2601）明确，出让宗地空间范围是以平面界址点所构成的垂直面和上、下界限高程平面封闭形成的空间范围，并要求出让宗地的平面界限按宗地的界址点坐标填写，出让宗地的竖向界限，可以按照1985年国家高程系统为起算基点填写，也可以按照各地高程系统为起算基点填写。高差是垂直方向从起算面到终止面的距离。据此，结合相关物权理论，以地表为客体的建设用地使用权的范畴，应指以地面为基点向空中延伸至一定高度、向地下垂直至一定深度的空间为客体的建设用地使用权。从某小学的校园改扩建项目的建设来看，该项目的建设已经合法取得并利用了以原有地面为基点向地下垂直至一定深度的空间，该空间深度至少应满足设置建筑物或设施基础的要求，否则某小学所享有的建设用地使用权必然失去应有的建造、使用等效用和价值。案涉人防工事距离地表1—2米，应当认定属于该空间范围之内。因此，某小学就该人防工事所在地块的建设与开发已经相关主管部门审批通过，应视为合法取得该地块的地下空间使用权。

三、以儿童最大利益原则作为司法裁量的决定要素

《中华人民共和国民法典》出台后，对未成年人健康发展提供了全方位、多角度的保障，明确了最有利于未成年人原则。最有利于未成年人原则是“儿童最大利益原则”在我国的本土化表达，蕴含了未成年人利益优先等理念，是未成年人权利保护的核心原则。由于未成年人保护的基本原则是根本性和全局性的准则，不仅涉及国际法中的儿童权利保护问题，也决定了国内法中未成年人权利保护法律制度的基本内容和价值取向，对未成年人权利保护的立法、司法及具体的未成年人工作具有普适性、指导性。《中华人民共和国未成年人保护法》第四条明确规定：“保护未成年人，应当坚持最有利于未成年人的原则。处理涉及未成年人事项，应当符合下列要求：（一）给予未成年人特殊、优先保护……”第六条第一款规定，“保护未成年人，是国家机关、武装力量、政党、人民团体、企业事业单位、社会组织、城乡基层群众性自治组织、未成年人的监护人以及其他成年人的共同责任”。学校作为履行教育职能的机构，无论从法律责任还是社会责任层面都有义务对未成年学生实施安全保护并保障其校内生活、学习环境的安全。

本案中，颜某甲及家人有权就案涉人防工事请求排除妨碍、恢复原状，而某小学亦合法取得人防工事所在空间范围的建设用地使用权，存在一定程度上的权利冲突，对两种权益的优先保护顺位必须加以权衡。本案审理中，法院先从人防工事存续的历史背景和现有功能用途来判断其是否具备修复价值，在认定该建筑修复后作为人防工事的功能及价值十分有限，且其毁损状态对某小学的学生出行构成严重威胁的基础上，从个体的使用收益权与未成年人权益保护的价值权衡角度出发，以“儿童最大利益原则”作为司法裁量的首要考量和决定要素，认为某小学就读的众多未成年学生的人身安全权益应优先于颜某甲对案涉人防工事的权益，从而认定案涉人防工事应以拆除为宜。

编写人：福建省厦门市中级人民法院　陈石

9

人防车位性质及其权利归属之认定标准

——某房地产开发有限公司诉某小区业主委员会物权保护案

【案件基本信息】

1. 裁判书字号

福建省泉州市中级人民法院（2023）闽05民终3126号民事判决书

2. 案由：物权保护纠纷

3. 当事人

原告（被上诉人）：某房地产开发有限公司（以下简称某公司）

被告（上诉人）：某小区业主委员会（以下简称某业委会）

【基本案情】

某公司在依法取得案涉地块《国有土地使用权证》《建设用地规划许可证》及《建设工程规划许可证》后，在案涉地块投资建设某小区1#、2#楼及地下室（以下简称案涉工程）。2019年3月、4月，案涉工程先后通过当地人民防空办公室、住房和城乡规划建设局工程竣工验收备案。案涉工程地下室房产测绘报告书显示人防车位41个、车位9个。某公司在出售案涉商品房时，与业主（买受人）签订的《商品房买卖合同》附件二“关于该商品房共用部位的具体说明”第1条载明：“纳入该商品房分摊的共用部位为本栋楼一层至屋顶的楼梯间、电梯井道、走道、门厅、电梯前室、水电间、电梯机房、外墙等”；附件五“关于本项目内相关设施、设备的具体约定”第3条载明：“该房屋所在项目中规划的所有的地上车位（库）、地下车位（库）等，均没有列入房屋共用部位和共用房屋的分摊面积范围内，也不是影响该房屋价格的重要因素。所有规划的地上车位（库）、地下车位（库）等全部归甲方（某公司）所有，由甲方享有收益、处分等全部权利。”

现某公司请求确认案涉41个人防车位的使用权、管理权、收益权归其所有，案涉9个车位的所有权归其所有。

【案件焦点】

案涉人防车位的使用权、管理权、收益权的归属如何认定。

【法院裁判要旨】

福建省安溪县人民法院经审理认为：关于案涉人防车位的使用权、管理权、收益权的归属问题。人防车位作为人防工程的一种现实存在形式，本质属性为国防战备设施，根据《中华人民共和国民法典》第二百五十四条第一款的规定，国防资产属于国家所有，人防车位用于国防目的，应当归国家所有。人防车位的使用、管理及收益权的归属，应遵循“谁投资、谁受益”的原则，具体应以“建设成本是否已经列入小区商品房建设成本”“面积分摊有无实际摊入小区业主的分摊面积”为界定标准。具体到本案中，第一，某公司提交的《人民防空地下室建设审批表》《人防工程竣工验收备案认可文件》《泉州市房产测绘报告书》《商品房买卖合同》等一系列证据互相印证，足以证实某公司系案涉人防车位的投资者。第二，某公司与业主签订的《商品房买卖合同》附件五中“关于本项目内相关设施、设备的具体约定”第3条已经对案涉人防车位的使用、管理及收益权作出明确约定，经审查该约定并未违反《中华人民共和国民法典》第四百九十七条关于格式条款无效情形的规定，也未不合理地免除自己义务或加重业主的责任，该约定合法有效，双方当事人应遵照执行。第三，从原建设部《商品房销售面积计算及公用建筑面积分摊规则（试行）》第九条“凡已作为独立使用空间销售或出租的地下室、车棚等，不应计入公用建筑面积部分。作为人防工程的地下室也不计入公用建筑面积”的规定可以看出，人防车位是不计入公摊面积的。结合某公司提供的相关单位出具的《泉州市房产测绘报告书》及《商品房买卖合同》附件二“关于该商品房共用部位的具体说明”第 1 条载明的纳入该商品房分摊的共用部位范围，可以说明案涉人防车位的建筑面积并未作为整个小区共有建筑面积分摊，即业主支付给某公司的购房款只是对应自有房屋及共有分摊建筑，未包括案涉人防车位。综上，根据《中华人民共和国人民防空法》第五条第二款“国家鼓励、支持企业事业组织、社会团体和个人，通过多种途径，投资进行人民防空工程建设；人民防空工程平时由投资者使用管理，收益归投资者所有”的规定，某公司作为案涉小区人防车位的投资者，案涉小区人防车位由其合法建造，其享有使用、管理及收益的权利。

关于案涉 9 个车位的所有权归属问题。因某公司确认该 9 个车位其已按照规定履行备案审批程序，属于能办理产权证的车位，对此某公司可通过办理产权证来确认所有权，故对该 9 个车位的所有权确认问题不作处理。

福建省安溪县人民法院依照《中华人民共和国民法典》第二百五十四条第一款、《中华人民共和国人民防空法》第五条第二款、《最高人民法院关于适用〈中华人民共和国民法典〉时间效力的若干规定》第一条第三款、《最高人民法院关于适用〈中华人民共和国民事诉讼法〉的解释》第九十条规定，作出如下判决：

一、确认案涉小区 41 个人防车位的使用权、管理权、收益权归属某公司；

二、驳回某公司的其他诉讼请求。

某业委会不服一审判决，提起上诉。

福建省泉州市中级人民法院经审理同意一审法院的裁判意见，判决：

驳回上诉，维持原判。

【法官后语】

人防车位是指利用人防工程而设置，平时可用于停车的车位。从性质上看，人防车位是人防工程的组成部分，人防车位作为人防工程的一种存在形式，本质属性为国防战备设施，只不过是在人防工程战时防御功能之外，另外开发出了平时停车的使用功能，即人防车位是平时可以用于停放车辆的人防工程。这与普通车位仅为了停车的单一功能而修建有所不同。根据《中华人民共和国民法典》第二百五十四条第一款的规定，国防资产属于国家所有，人防车位用于国防目的，应当归国家所有。人防车位所有权不得进行买卖、让渡。

1. 人防车位使用权属于用益物权。投资单位对所投资建设的人防车位享有的使用权，是在国有土地之地下设立的他物权，性质上属于用益物权，是所有权分离出来的权能。虽然《中华人民共和国民法典》物权编中没有规定人防车位使用权这一用益物权类型，但《中华人民共和国人民防空法》第五条规定，“人民防空工程平时由投资者使用管理，收益归投资者所有”。据此，认定投资者平时对人防车位享有的使用权性质属于用益物权具有法律依据，符合物权法定原则。人民法院案例库“曾某某诉江西某实业公司买卖合同纠纷案”（入库编号：2023-07-2-084-005）即认为，投资者经人防主管部门批准取得的人防车位使用权，符合《中华人民共和国民法典》中用益物权的法律特征。人防车位使用权可以转让或租赁，转让情形下不受二十年租赁期限的限制。

2. 人防车位用益物权的归属。《中华人民共和国人民防空法》第五条以及《人民防空工程平时开发利用管理办法》（以下简称《管理办法》）第三条均对人防设施原则规定平时由投资者使用管理，收益归投资者所有。因此，投资者对其所投资建设的人防车位享有使用权。对于此处所谓的投资者是建设单位还是业主，学术界和实务界存在不同认识。笔者认为，投资者不当然是某一方，应当区分不同情况进行认定。首先，建设单位与业主就人防车位用益物权归属有约定的，应当从其约定。根据《管理办法》第十二条规定，人民防空工程使用前，因故确需转租或转让的，需履行报批手续，换发证件后方可继续使用。可见，现有法律规定未禁止人防车位的转让使用，且用益物权人对他人之物依法享有占有、使用和收益的权利，故而人防车位用益物权的归属可以进行约定。其次，没有约定、约定不明或约定无效的，应当遵循“谁投资、谁受益”的原则，以“建设成本是否已经列入小区商品房建设成本”“面积分摊有无实际摊入小区业主的分摊面积”为界定标准。根据《商品房销售面积计算及公用建筑面积分摊规则（试行）》第四条和第九条规定，商品房的销售面积为整栋商品房的建筑面积（地下室作为人防工程的，应从整栋商品房的建设面积中扣除），已作为独立使用空间销售或出租的地下室、车棚等，不应计入小区公用建筑面积。可见，在现行法律框架下，商品房面积（含专有建设面积及公摊建筑面积）并未包含地下人防工程面积，其销售价格自然也不包含地下人防工程建设成本。因此，若建设单位履行上述规定义务，则当然取得人防车位投资人身份，若查明开发商已将人防车位的建设成本纳入建设项目的开发成本或已将人防工程面积实际摊入小区业主的分摊面积，则认定开发商已将人防车位的投资者身份让渡给小区全体业主，相关人防车位的用益物权及出租收益归小区全体业主所有，较为合理。

3. 取得人防车位使用权的前提条件。投资者取得所投资建设的人防车位使用权，是国家赋予其取得权利的资格，并不意味着完成投资行为就可以取得并行使使用权，作为用益物权，人防车位使用权的取得应具有一定的事实依据（如取得相关凭证），通过一定法律程序而创设（履行相关审批手续），并应符合物权的公示公信原则。首先，人防工程需经相关部门验收合格。根据现有法律规定，建设人防工程必须贯彻同步规划、同步设计、同步施工、同步验收的要求，取得验收合格相关凭证。未经竣工验收合格，不得交付使用。其次，需经人防主管部门备案批准，获得使用权证。人防车位作为一种国防战备设施，服务于国防战备需求，有别于普通民事财产。故此，为保障人防工程在战时能够满足人民防空的需要，平时有利于人防工程的监督管理和有效维护，国家相关主管部门对人防工程的利用采取许可制，同时禁止无证使用人防工程。因此，使用人防工程不仅要求工程要竣工验收合格，使用人还必须向人防主管部门备案，由人防主管部门颁发《人防工程平时使用证》，该证是使用人可以合法使用人防工程的有效证明。租赁、转让人防工程使用权，也需经过人防主管部门批准并换发使用证。在当前人防车位使用权取得程序尚缺乏专门法律规定予以规制的情况下，《人防工程平时使用证》事实上发挥了确认人防工程使用权的物权凭证的作用，但并非物权登记凭证。比如涉及执行的情形，《人防工程平时使用证》可以作为执行标的，但是未经人防主管部门批准取得《人防工程平时使用证》的，投资者对人防车位不享有合法的使用权，不能将其作为投资者的合法财产纳入强制执行的范围。

具体到本案，某公司提交系列证据互相印证，足以证实其系案涉人防车位的投资者，某公司与业主签订的《商品房买卖合同》对案涉人防车位的使用、管理及收益权作出明确约定，经审查该约定不存在《中华人民共和国民法典》第四百九十七条关于格式条款无效的情形，也未不合理地免除自己的责任或加重业主的责任，该约定合法有效。且案涉人防车位的建筑面积并未作为整个小区共有建筑面积分摊，建设成本也未列入小区商品房建设成本，合同也明确约定地下车位不是影响该房屋价格的重要因素。因此，某公司应为案涉小区人防车位的投资者，其对案涉小区人防车位依法享有使用、管理及收益的权利。

编写人：福建省安溪县人民法院　彭英容　刘雅芬

10

修建小区生活垃圾分类投放点是否侵害业主权益的认定

——王某、许某某诉四川某生活服务集团股份有限公司物权保护案

【案件基本信息】

1. 裁判书字号

四川省成都市中级人民法院（2022）川01民终7144号民事判决书

2. 案由：物权保护纠纷

3. 当事人

原告（上诉人）：王某、许某某

被告（被上诉人）：四川某生活服务集团股份有限公司（以下简称某公司）

【基本案情】

王某、许某某系成都市温江区某小区的业主。2020年6月10日，按照某

小区所在某社区的要求，小区物业服务人某公司在小区宣传栏、电梯内张贴《关于某项目垃圾分类建设的温馨提示》，载明“尊敬的业主/住户：您好，成都作为全国46个生活垃圾分类重点城市之一，某社区成为试点社区，要求现有住宅区已经设有垃圾桶的进行撤离，建立垃圾分类投放点，现某社区管辖区域各小区陆续开展此工作；为推进落实小区撤桶工作，物业根据小区现场实际情况选择2个点位为投放点，现将选址垃圾分类摆放点公布如下：（1）某大门入口左手边设置为1号垃圾分类投放点；（2）某篮球场左边空地设置为2号垃圾分类投放点。本公告自公布之日起，如各位业主有异议请以书面形式递交物业中心，本公告公示期为7天（2020年6月11日至2020年6月17日），如无异议我们将进行垃圾分类点建设……”同日，某公司通过物业管家将前述公告内容发送至小区业主微信群。截至异议期届满后，无业主提出异议。

2020年年底，案涉生活垃圾分类投放点修建完成，于2021年3月投入使用至今。

王某、许某某以案涉垃圾点严重影响其居住环境为由，请求判令某公司拆除案涉生活垃圾分类投放点并重新选址改建。

【案件焦点】

某公司修建垃圾站的行为是否构成对王某、许某某物权的侵犯。

【法院裁判要旨】

四川省成都市温江区人民法院经审理认为：关于是否拆除并重建案涉生活垃圾分类投放点的问题，从长远及小区业主整体利益看，某公司按照小区所在社区要求修建生活垃圾分类投放点，系履行《成都市生活垃圾管理条例》作为生活垃圾分类投放管理责任人义务的前端工作，故案涉生活垃圾分类投放点的修建并非经营性质，涉及公共利益，其所在位置亦属于全体业主共有，王某、许某某作为小区业主成员，应以维护小区的整体利益为大局。因此，在案涉生活垃圾分类投放点已完成修建并投入使用的情况下，王某、许某某诉请拆除该投放点属于改建、重建建筑物及附属设施的情形，其应将该诉求提交小区业主大会进行表决，现直接要求某公司拆除案涉生活垃圾分类投放点，于法无据。

四川省成都市温江区人民法院依照《中华人民共和国物权法》第七十三条、第七十六条，《中华人民共和国民事诉讼法》第六十四条、第一百四十二条，《最高人民法院关于适用〈中华人民共和国民法典〉时间效力的若干规定》第一条第二款规定，判决如下：

驳回王某、许某某的全部诉讼请求。

王某、许某某不服一审判决，提起上诉。

四川省成都市中级人民法院经审理认为：案涉垃圾站的建设确为小区全体住户服务，其建设本身并不会侵犯王某、许某某的物权。王某、许某某所主张的损害实质上是认为小区生活垃圾的投放，乃至无法及时处理垃圾时会影响其正常生活。但根据现场视频可以看出，该垃圾站管理规范，干净整洁，并未对王某、许某某的生活造成实质影响。因此，王某、许某某主张某公司修建垃圾站的行为构成对其物权的侵犯没有事实基础，不应得到支持。

四川省成都市中级人民法院依照《中华人民共和国民事诉讼法》第一百七十条第一款第一项规定，判决如下：

驳回上诉，维持原判。

【法官后语】

实施生活垃圾分类，可以提高垃圾的资源价值和经济价值，有效改善城乡环境，促进资源回收利用。随着垃圾分类政策全面铺开落实，“撤桶并点”不可避免地会对垃圾分类投放点附近的部分小区业主造成影响，具体而言即是对相邻房屋造成通风、采光、日照、市场价值等方面的影响。当个人较小利益与集体公共利益发生冲突时，如何寻找垃圾分类中公共利益与个人权利保护之间的平衡点是司法实践中值得探讨的问题。

一、垃圾分类投放点选择与修建的合理布局与合法程序

物业公司在选择垃圾分类投放点时需严格履行法定程序。《中华人民共和国民法典》第二百七十八条规定：“下列事项由业主共同决定：……（七）改建、重建建筑物及其附属设施……业主共同决定事项，应当由专有部分面积占

比三分之二以上的业主且人数占比三分之二以上的业主参与表决。决定前款第六项至第八项规定的事项，应当经参与表决专有部分面积四分之三以上的业主且参与表决人数四分之三以上的业主同意……”故对于设置垃圾分类投放点，小区业主大会或者业主委员会与物业公司应当做到严格履行法定程序，否则将会因存在程序瑕疵而被业主主张程序违法而撤销。特别是对于涉及拟新设立垃圾分类投放点附近区域的业主，业主大会或业委会与物业公司应当进行特别的充分告知，争取在得到其明确同意后再推进实施，否则有违法律上的诚实信用原则。

二、个人利益对公共利益的适度容忍义务

若小区业主的公共利益对私利的影响未超过合理限度，则业主有适度容忍义务。在某些情况下，即便经过法律规定的合法表决程序，大多数业主都同意垃圾分类投放点的设置，也不可避免地存在侵害投放点附近业主合法权益的情况。笔者认为，若垃圾分类投放点的设置对附近业主的影响未超过合理限度，则应当平衡个人利益与公共利益的合理边界，倡导业主在保护私益的同时，也需在一定程度上对公共利益保护、绿色原则落实尽到合理范围内的容忍义务。

三、垃圾分类投放管理责任人对个人正当权利的维护义务

在小区新设垃圾分类房或“撤桶并点”是一项民生工程，也要成为一项法治工程。相关部门和小区业委会、物业公司在推进政策实施的过程中，需要保持对于私权的足够尊重。本案中，物业公司根据小区现场实际情况选择了2个点位为垃圾投放点，除在小区内张贴相关公告外，还通过物业管家将前述公告内容发送至小区业主微信群，在异议期届满无业主提出异议的情况下，才修建案涉垃圾投放点。同时，需要强调的是，垃圾分类投放点管理者应对垃圾点尽到管理职责，不仅要及时清理垃圾，更要做好垃圾分类、通风除臭等工作，避免垃圾站的使用影响业主的正常生活。

编写人：四川省成都市中级人民法院　李雪　吴迪

四川省成都市青羊区人民法院　吴双

11

出租人不可要求已善意向承租人支付租金的次承租人另行向其支付占有使用费

——某地产（江苏）有限责任公司诉某金融有限公司物权案

【案件基本信息】

1. 裁判书字号

江苏省南京市中级人民法院（2023）苏01民终5719号民事判决书

2. 案由：物权纠纷

3. 当事人

原告（上诉人）：某地产（江苏）有限责任公司（以下简称甲公司）

被告（被上诉人）：某金融有限公司（以下简称乙公司）

【基本案情】

2019年9月，甲公司与江苏某投资有限公司（以下简称丙公司）签订《房地产租赁合同》（以下简称租赁合同）约定甲公司将案涉房屋出租给丙公司使用，租赁期限自2019年9月1日至2025年12月31日。2021年3月29日，丙公司经甲公司同意将该房屋部分出租给乙公司，租赁期限为2021年3月29日至2022年3月28日。乙公司按照合同约定向丙公司全额支付了租金783025元。

2021年7月，丙公司因经营不善，和甲公司协商后签订退场协议，约定双方租赁合同于2021年6月30日终止，丙公司现状返还房屋。自2021年7月1日起，包括乙公司在内的次承租人按原转租合同约定向甲公司交纳房租，次承租人已支付给丙公司的2021年7月1日以后的租金，丙公司一个月内交给甲公司；甲公司与所有次承租人统一换签租赁合同，租期结束时间、租金标准不变。

2021年9月，甲公司发函给乙公司，要求乙公司三十天内与甲公司换签房地产租赁合同，乙公司已支付给丙公司的2021年7月1日以后的租金由甲公司依据丙公司出具的确认函向丙公司催缴。同年12月，乙公司和丙公司共同确认乙公司2021年7月1日至2022年3月28日的租金581369元，已于2021年4月15日向丙公司支付。2022年3月28日合同期满后，乙公司将租用的房屋腾空交还甲公司。

甲公司认为其与丙公司签订的租赁合同已于2021年6月30日解除，此后丙公司无权将案涉房地产租赁给乙公司，丙公司和乙公司的租赁合同对其无约束力。甲公司在《退场协议》同意乙公司交至丙公司的2021年7月1日之后的租金由丙公司交付甲公司只是为了简化流程，因丙公司没有履行代付义务，甲公司只能向真正的承租方即乙公司主张。故，请求判令乙公司向甲公司支付房屋占有使用费、物业费、车位费合计627746.02元（2021年7月1日至2022年3月28日）。

【案件焦点】

甲公司主张乙公司向其支付2021年7月1日至2022年3月28日的案涉房屋占有使用费，是否应予支持。

【法院裁判要旨】

江苏省南京市玄武区人民法院经审理认为：甲公司与丙公司签订的租赁合同及丙公司与乙公司签订的转租合同无法律规定可致合同无效的事由，均合法有效。

甲公司与丙公司签订的退场协议实质是丙公司将其与各次承租人转租合同中的权利、义务概括转让给甲公司，不同意换签合同即不同意丙公司概括转让合同权利义务的次承租人则应当退场并交还房屋。乙公司虽未就剩余租期与甲公司换签书面合同，但其已与丙公司按退场协议的约定向甲公司出具了已收取租金确认函，该行为表明乙公司同意由甲公司受让丙公司的权利义务，继续履行其与丙公司的转租合同。因此依据退场协议，转租合同中丙公司的权利义务转让给甲公司的约定成立，且不违反法律、法规的强制性规定，亦不违背乙公司意愿，为有效合同。

根据退场协议的约定，乙公司在租赁合同解除前已交纳给丙公司的 2021 年 7 月 1 日后的租金应由丙公司向甲公司支付。此外，经合同权利义务的转让，甲公司已成为转租合同的当事人，转租合同的约定对甲公司具有约束力，乙公司已按转租合同的约定全额支付了租金，甲公司无权依据合同向乙公司请求支付房屋租金。同时，转租合同的履行状况亦可对抗甲公司行使物权，在乙公司已按转租合同约定足额支付租金的情况下，甲公司无权依据所享有的物权要求乙公司支付占有使用费。据此，甲公司要求乙公司支付自 2021 年 7 月 1 日至 2022 年 7 月 9 日房屋占有使用费的诉讼请求，于法无据，不予支持。

乙公司已按原转租合同交付了物业服务费和车位费，若 2021 年 7 月 1 日后由案外人实际提供了物业服务，应由提供物业服务的人与乙公司另行处理，本案不予理涉。

江苏省南京市玄武区人民法院根据《中华人民共和国民法典》第四百五十八条、第五百五十五条，《中华人民共和国民事诉讼法》第一百四十七条规定，判决如下：

驳回甲公司的诉讼请求。

甲公司不服一审判决，提起上诉。

江苏省南京市中级人民法院经审理认为：首先，虽然甲公司与丙公司协商确定双方的租赁合同于 2021 年 6 月 30 日终止，但是并不直接影响丙公司与乙公司之间的合同效力，双方的合同关系亦不必然终止履行。其次，乙公司在交纳租金之时并无法预判甲公司与丙公司之间的合同将于 2021 年 6 月 30 日终止，乙公司基于其和丙公司的合同关系，已于 2021 年 4 月 15 日善意地向丙公司支付了全年租金（包含甲公司主张的 2021 年 7 月 1 日至 2022 年 3 月 28 日的租金），理应享有相应的合同权利。甲公司要求乙公司另行向其给付该时间段的占有使用费，依据不足，且将造成乙公司双重支付租金或占有使用费的情形，导致其利益受损。甲公司称乙公司可另行向丙公司要回已经支付的租金，亦会增加乙公司的诉累。再次，甲公司与丙公司的合同于2021年6月30日终止，在案涉房屋仍然由乙公司占用，丙公司未向甲公司返还房屋期间，甲公司本可基于其和丙公司签订的租赁合同，主张丙公司向其支付占有使用费。且《退场协议》明确约定乙公司已经向丙公司支付的2021年7月1日之后的租金，丙公司应向甲公司支付。甲公司直接向乙公司主张占有使用费，亦与上述约定不符。

甲公司并非提供案涉房屋物业服务的主体，其和乙公司之间亦未就物业费和车位费的缴纳进行约定，而乙公司与丙公司之间的合同明确约定物业费、车位费由物业公司收取，乙公司提交证据证明其已于2021年6月4日向案外南京某物业管理有限公司缴纳了2021年7月1日之后的物业费和车位费，甲公司主张乙公司向其支付物业费和车位费，一审法院对此不予理涉，并无不当。

江苏省南京市中级人民法院依照《中华人民共和国民事诉讼法》第一百七十七条第一款第一项规定，判决如下：

驳回上诉，维持原判。

【法官后语】

租赁关系中发生转租的，导致就同一租赁标的物形成出租人、承租人、次承租人之间多重合同关系。出租人和承租人之间租赁合同终止后，租赁链条从源头断裂，此时出租人与次承租人是否存在合同关系，是否可以基于其享有的物权直接要求次承租人给付占有使用费，次承租人是否可以其已经向承租人支付了相应的租金进行抗辩，是本案中值得研究探讨的重点问题。

一、租赁合同终止后转租合同剩余转租期限的约定对出租人不具有法律约束力

《中华人民共和国民法典》（以下简称《民法典》）第七百一十七条规定，承租人经出租人同意将租赁物转租给第三人，转租期限超过承租人剩余租赁期限的，超过部分的约定对出租人不具有法律约束力，但是出租人与承租人另有约定的除外。上述规定坚持了合同相对性的原则，即转租合同关系的双方当事人是承租人与次承租人，承租人与次承租人之间所约定的租赁期限仅在承租人与次承租人之间产生约束力，出租人并非转租合同相对方，出租人不受转租合

同的限制。对于超出原租赁合同约定的租赁期限的部分，承租人在实质上并没有得到出租人同意，仍具有擅自转租的性质，超出部分不对出租人产生约束力。

在出租人和承租人的租赁合同提前终止的情形下，承租人已无承租权，尚在履行期的转租合同剩余部分对出租人不具有法律约束力。

以上仅为原则性规定，如果出租人与承租人在租赁合同中，或者双方就转租事宜的专门约定中，就租赁合同终止后转租合同的“剩余期限”问题有特殊约定的，依其约定处理。

二、租赁合同终止后出租人有权要求次承租人支付占有使用费

出租人与承租人之间的租赁合同终止后，一般而言承租人就不具有使用、收益租赁物的合同权利了。对于承租人而言，出租人既可以基于租赁合同的约定要求承租人返还租赁物，又可以基于其对租赁物的物权，要求承租人返还租赁物。对于次承租人而言，因为转租合同对出租人不具有法律约束力，故出租人仅可依据其对租赁物享有的物权要求次承租人返还租赁物。如果承租人或次承租人未能如期返还租赁物，出租人可以请求承租人承担违约责任，或者要求承租人或次承租人赔偿侵害其物权造成的损失，体现为可以要求承租人或次承租人支付“占有使用费”。

三、租赁合同终止后出租人不可要求已善意向承租人支付租金的次承租人另行向其支付占有使用费

租赁合同终止后，出租人可以要求次承租人支付相应的占有使用费。那如果次承租人已经向承租人支付了租金，是否仍需向出租人支付占有使用费呢？对此问题，存在不同的意见。一种观点认为，出租人仍然有权利要求次承租人支付使用费。而针对次承租人多支付的使用费，如该次承租人对承租人超期转租不知情，则有权向承租人追偿。另一种观点认为，次承租人基于善意已经向承租人支付相应租金的，可不再向出租人支付相应的占有使用费。本案一、二审判决就是第二种观点。具体理由如下：

1. 无权出租实为无权处分，应给予善意的次承租人一定的对抗权利。无权出租是出租人或转租人缺乏处分权实施的出租或转租行为。而关于无权处分，

根据《民法典》第三百一十一条规定，受让人可以基于善意取得享有动产或不动产的所有权。承租人在租赁合同终止等无权转租的情况下转租的，次承租人亦可基于善意而获得一定的对抗权利。从利益平衡的角度分析，在转租关系链条上，出租人、承租人和次承租人几方主体中，次承租人需要实际占有使用房屋，相对处于弱势，其转租合同关系亦处于不稳定状态，不应要求善意的次承租人重复支付相应费用或给其造成不必要的诉累。而出租人作为产权人，其基于稳定获得租金收益的考虑允许承租人转租，理应承担转租带来的一定风险，包括只能向承租人主张权利而无法从次承租人处直接获取占有使用费的风险。

2. 给予善意的次承租人抗辩权并不会从根本上损害出租人的权利。在租赁合同终止后，出租人本就可以基于合同或者物权要求承租人交还租赁物或支付占有使用费。在次承租人不能支付占有使用费的情况下，出租人仍然可以要求承租人支付占有使用费，并未丧失救济途径。虽然在承租人本身缺乏履行能力的情况下，出租人实际受偿可能难以实现，但这属于出租人选择承租人本身含有的风险，不能因此否认善意次承租人的抗辩权。

3. 在具体判断次承租人是不是善意时，应当注意以下两个方面：一是次承租人给付租金之时是否知道或者应当知道承租人已无转租权。出租人和承租人协议终止合同导致承租人无转租权的，一般情况下属于次承租人无法预料的情形，若出租人或承租人未告知次承租人该情形，而次承租人依约支付租金的，属于善意。本案中，经出租人甲公司允许，丙公司于2021年3月转租房屋给乙公司，故乙公司无法预料甲公司与丙公司将于2021年7月解除合同。相反，如果出租人或承租人已经就双方终止合同的情况明确告知或者提示了次承租人，而次承租人仍然向承租人支付租金的，则不构成善意。二是次承租人交纳租金是否符合合同约定。租赁合同约定的租金交纳方式一般分为先付后租和先租后付两种形式。无论哪种形式，次承租人如果是按照租赁合同的约定交纳租金，均是其诚信履约的表现。而如果次承租人提前支付租金或者超额支付租金，扩大了其租金支付风险，使得出租人的租金或占有使用费请求权不能从承租人处获得救济时，次承租人本不应向承租人交纳的租金因其提前支付或超额支付而已经实际支付的，次承租人应当承担该不审慎的后果，不能主张其为善意，应当向出租人支付相应的占有使用费，再根据与承租人的转租合同关系，请求承租人返还相应的费用。

编写人：江苏省南京市中级人民法院　马帅

（二）返还原物纠纷

12

欠缺形式要件的"居住权"与所有权冲突情形下之权利保护

——杜某诉申某甲返还原物案

【案件基本信息】

1. 裁判书字号

北京市第二中级人民法院（2023）京 02 民终 2068 号民事判决书

2. 案由：返还原物纠纷

3. 当事人

原告（上诉人）：杜某

被告（被上诉人）：申某甲

【基本案情】

1978 年，杜某与申某甲登记结婚，婚后育有一女申某乙。2003 年，杜某与申某甲经法院调解离婚。2002 年，某房地产开发有限公司与申某乙签订《商品房买卖合同》，申某乙购买案涉房屋。后申某乙取得房屋所有权。该房屋从开发商处交付后先由杜某与申某乙居住使用。2008 年申某乙结婚，其从该房屋内搬出，同年申某甲搬入，与杜某共同居住。2016 年杜某搬走。申某甲继续在该房屋内居住使用至今。2020 年 7 月，申某乙将案涉房屋过户至杜某名下。就案涉房屋购房款出资情况，除申某乙认可申某甲给付其 8 万元用于偿还贷款外，二人各执一词，双方对付款情况均未提交相应证据。

2018 年 12 月，申某乙（甲方）为申某甲（乙方）出具一份《保证书》载明：甲方案涉房屋无条件让乙方使用，包括居住、出租至死。甲方将此房转至杜某名下，乙方同样享有房屋使用权。一旦杜某不让乙方居住，乙方有权找甲方协商解决。落款处申某乙在保证人处签字。杜某对《保证书》的真实性予以认可，但认为这是申某乙与申某甲协商过程中形成的材料，未得到双方认可，故并未生效。申某乙认可保证书的真实性，但认为保证书系其父亲偷偷留存。申某甲对偷偷留存一说不认可，表示申某乙只给其写过这一份保证书。庭审中，杜某与申某乙均表示杜某不知道保证书的存在。

【案件焦点】

1. 申某乙的单方允诺行为能否为申某甲创设居住权；2. 申某甲未经登记的居住权能否对抗房屋所有权继受人杜某。

【法院裁判要旨】

北京市丰台区人民法院经审理认为：案涉房屋现所有权人为杜某。杜某自述其权利来源为其女儿申某乙的赠与行为。而申某乙在房屋过户于杜某前曾于 2018 年为其父亲申某甲出具保证书，该保证书的内容应为申某乙对申某甲享有案涉房屋居住权的承诺。虽然当时的法律、司法解释没有居住权的相关规定，但是按照“空白溯及”的原则，理应适用《中华人民共和国民法典》居住权的相关规定。该居住权的承诺未在房屋登记机关进行备案登记，没有依法设立，不产生对外公示效力，但对承诺人申某乙具有约束力。杜某作为房屋的继受人，一则与申某乙之间存在母女关系，二则对该房屋的原始取得情况、房屋购买时的出资情况以及房屋长期以来的实际居住使用情况均应明知。虽其称对该房屋上的申某甲居住权的权利设定并不知情，但无法就此认定其为善意取得，故认为其物权权利不得对抗申某甲的居住权，对其要求申某甲搬离并返还房屋的诉讼请求，不予支持。

北京市丰台区人民法院依照《中华人民共和国民法典》第三百六十六条、《最高人民法院关于适用〈中华人民共和国民法典〉时间效力的若干规定》第三条规定，判决如下：

驳回杜某的诉讼请求。

杜某不服一审判决，提起上诉。

北京市第二中级人民法院经审理认为：本案的争议焦点为申某甲是否应搬离案涉房屋，对此法院持否定意见，理由如下：案涉房屋原登记所有权人申某乙出具的《保证书》明确申某乙享有案涉房屋的居住使用权，且预设此房转至杜某名下时申某甲仍享有居住使用权的情形。申某乙将案涉房屋过户至杜某名下后，按照案涉《保证书》记载的内容，申某甲此时亦享有案涉房屋的居住使用权。申某乙在一、二审庭审时均认可《保证书》的真实性，虽其认为该保证书为协商过程中产生的文字材料，并非其真实意思表示，但没有相关证据予以佐证，对该辩称意见，不予采信。故，申某甲居住使用案涉房屋有合理依据，一审法院判决驳回杜某要求申某甲搬离并返还房屋的诉讼请求正确，予以维持。

北京市第二中级人民法院依照《中华人民共和国民事诉讼法》第一百七十七条第一款第一项规定，判决如下：

驳回上诉，维持原判。

【法官后语】

《中华人民共和国民法典》第一次在我国的法律体系中创设了居住权制度。作为一项新型的民事权利，这一制度的出现势必会对民众的切身利益、婚姻家庭、财产安全产生重大影响。因此，设立形式要件欠缺且未予登记的居住权是否应当保护，应当构建怎样的裁判规则，是审判实践中需要迫切解决的问题。

一、房屋所有权人通过单方允诺行为为他人设立居住权之合理性

《中华人民共和国民法典》对于居住权的设立方式，仅规定了合同和遗嘱

两种方式，[1] 且对于合同的形式也明确规定为书面形式，对居住权合同的内容也进行了规定。[2] 可见，《中华人民共和国民法典》对于设立居住权合同的形式采取的是要式合同的原则。那么，房屋所有权人的单方允诺书能否为他人设立居住权？笔者认为，当事人可以基于双方合同约定获得居住权，亦可以基于所有权人的单方允诺行为而设立居住权。

首先，民事法律行为可以基于双方或多方的意思表示一致成立，也可以基于单方的意思表示成立。[3] 故，民事法律行为可以划分为合同行为以及单方法律行为。虽然合同并不包括单方法律行为，但如果仅仅为强调合同的形式，就对意思表示明确但欠缺形式要件的单方法律行为一律给予否定评价，则会极大影响交易的安全与稳定。

其次，单方法律行为可以通过一定的补救措施使其具备合同效力。《中华人民共和国民法典》之所以要求当事人必须以书面形式订立居住权合同，其立法本意基于三点：一是保存证据，留待发生争议时有据可查；二是明确合同内容，便于当事人依据约定行使权利履行义务；三是便于办理物权变动登记手续。在单方承诺下，上述内容都可以通过当事人自认与履行进行补救。根据《中华人民共和国民法典》第四百九十条第二款规定[4]，我国法律追求的是信赖利益，而非要式目的。单方承诺书可以通过当事人自认形成双方合意。当事人自认可

---

① 《中华人民共和国民法典》第三百六十六条规定，居住权人有权按照合同约定，对他人的住宅享有占有、使用的用益物权，以满足生活居住的需要。第三百七十一条规定，以遗嘱方式设立居住权的，参照适用本章的有关规定。

② 《中华人民共和国民法典》第三百六十七条规定："设立居住权，当事人应当采用书面形式订立居住权合同。居住权合同一般包括下列条款：（一）当事人的姓名或者名称和住所；（二）住宅的位置；（三）居住的条件和要求；（四）居住权期限；（五）解决争议的方法。"

③ 《中华人民共和国民法典》第一百三十三条规定，民事法律行为是民事主体通过意思表示设立、变更、终止民事法律关系的行为。第一百三十四条第一款规定，民事法律行为可以基于双方或者多方的意思表示一致成立，也可以基于单方的意思表示成立。

④ 《中华人民共和国民法典》第四百九十条第二款规定，法律、行政法规规定或者当事人约定合同应当采用书面形式订立，当事人未采用书面形式但是一方已经履行主要义务，对方接收时，该合同成立。

以采取多种形式，如在法庭上的答辩、作证、书面承认等。本案中，对于申某甲出示的保证书，申某乙庭审中对其真实性认可，应视为对赋予申某甲居住权的自认。申某甲基于该保证书认为自己已经具有案涉房屋的居住权，并长期居住在该房屋内，双方为申某甲设立居住权的意思表示已经达成一致，应视为双方达成居住权设立合同。

最后，居住权制度广泛适用于婚姻家庭领域，而在该领域中法律认可遗嘱这一单方法律行为是设立居住权的重要形式。[①] 据此可以看出，法律并不排除以单方法律行为设立居住权。因此，当事人在婚姻家庭领域，同样可以基于遗嘱以外的单方允诺等形式为他人，尤其是家人创设居住权。如此理解，才利于家庭关系和社会秩序的稳定。在居住权制度创设之初，认可单方允诺行为可以设立居住权，有利于发挥其稳固家庭伦理之功能。因此，当事人可以基于双方书面合同约定获得居住权，亦可以基于能够确认双方意思表示一致的所有权人的单方允诺行为而设立居住权。

二、未经登记的居住权与所有权冲突之权利保护

《中华人民共和国民法典》第三百六十八条规定，设立居住权的，应当向登记机构申请居住权登记。居住权自登记时设立。由此可见，我国对居住权采用登记设立主义，未经登记不发生创设物权的效力。居住权的成立以登记为生效要件，目的是使公权力介入私法自治领域，以维护社会公共秩序和公共利益，实现社会治理目标。[②] 居住权制度是随着社会居住权纠纷日益增多，中国社会老龄化加重情形下应运而生的。在物权法定原则下，赋予居住权物权属性，明确居住权自登记时设立，更有利于保护交易安全和维护居住权的稳定性。因此，在居住权经登记设立后，即实现对世公示效力，无论对原所有权人还是所有权继受人都具有约束力，且无论权利继受人是否向登记机构查询该权利负担之存在，该居住权都可以对抗其所有权。

---

① 最高人民法院民法典贯彻实施工作领导小组主编：《中华人民共和国民法典物权编理解与适用》，人民法院出版社2020年版，第863页。

② 肖业忠：《居者有其屋语境下的居住权研究》，载《理论学刊》2022年第4期。

但是在现实语境下，当事人因主客观条件限制未办理居住权登记的现象较为常见。对于未经登记的居住权如何保护，法律尚无细致规定。故此类“居住权”与所有权发生对抗时如何处理成为实践的难题。笔者认为，未经登记的居住权仅取得债权效力，不得对抗权属转移后的所有权继受人。但所有权继受人取得房屋所有权前明知或应当知道存在居住权约定的除外。

首先，从未登记的原因进行分析。未登记的原因主要为以下两种：一种是无法登记。司法实践中，尚未取得产权的房屋以及无法取得产权的房屋存在登记障碍无法办理居住权登记，如短期内无法取得产权证的拆迁安置房、小产权房等。另一种就是未能登记。司法实践中，居住权的设立很多基于父母给子女建房、买房，子女对父母的养老扶助、家庭内部间的赠与保留，遗嘱、遗赠取得等。一方面，家庭内部之间更多的是基于信任友爱设立居住权，很少有人会刻意去进行居住权的登记；另一方面，居住权尚属新型制度，老人、妇女、未成年人等可能不知需要办理登记才能设立。由此导致未经登记的“居住权”大量存在。如果不加区分，一味严苛其登记设立的标准，有可能会伤害弱者利益，违背家庭伦理。但若不加区分，又会架空居住权制度的设立，使社会秩序、交易秩序处于不稳定状态。因此，在维护居住权登记设立的原则下，辅以明知例外的考量，是解决该类问题的妥当路径。

其次，从公序良俗的角度分析。居住权的制度基础主要是婚姻家庭领域。家庭伦理性居住权系因保障家庭成员中弱势人群生活居住的权利，因此具有较强的人身属性和明确的使用目的。[①] 该制度鼓励通过为弱势一方设立居住权，来保证其稳定的居住条件和环境，这本身是对中华传统孝道和婚姻家庭伦理价值的一种法律确认，是文化价值系统对法律系统的功能“输入”，饱含着对孝道和家庭伦理价值的弘扬和规范功能。[②] 子女在其房屋上为父母设定居住权，为

---

① 申卫星：《视野拓展与功能转换：我国设立居住权必要性的多重视角》，载《中国法学》2005 年第 5 期。

② 付子堂、付承为：《〈民法典〉居住权制度的社会功能研究》，载《甘肃政法大学学报》2022 年第 1 期。

父母的居住利益提供物权性保护，保证其居住生活质量，尊重其生活习惯，实现父母老有所依、老有所养，此为我国传统文化应有之义，也是关系亿万群众福祉的民生大事。若仅因家庭内部设立的“居住权”未经登记即全然否认其居住权能，明显有违家庭伦理和公序良俗。在权利继受人明知该“居住权”存在之情形下，赋予该“居住权”对抗权利继受人之权能，保障信任该“居住权”之家庭成员的居住权益，此应为我国传统文化应有之义，亦是对公序良俗的维护。

最后，从法律层面分析。物债两分原则乃是大陆法系传统财产法体系之“脊梁”。[①] 居住权作为物权的一种，权利建立在一定物的基础之上，同时其居住功能又使之具有直接支配性，其本质特征是占有权、使用权与所有权的分离，居住权人尽管不享有所有权，但对标的物享有占有权和使用权，直至居住权消灭的事由出现。该权利一经创设，即具有对抗任何第三人的效力。然居住权合同的成立与效力，涉及当事人的意思表示真伪与法律对其合同内容和形式的判断，如果符合法律的有关规定，合同自然有效。至于居住权是否登记，发生的是物权变动的效力，也就是能否对抗居住权合同以外第三人的问题。所有权继受人在获得房屋所有权之前即应做好审慎审查，查明该房屋上是否存在居住权之权利负担，若其查明后仍愿意继受该房屋所有权，则当然应继受该权利负担，若未尽审慎审查义务，未事先查明房屋上之权利负担，则亦应为其疏忽大意之过错“买单”。但如果纷争发生在设立居住权合同双方当事人之间，不存在合同以外第三人的权益，则居住权是否登记，不影响合同的履行，法院只需审查合同效力即可。如果居住权人主张所有权人办理登记，法院还应当依法判令所有权人办理居住权登记手续，以保护居住权人的利益。如果涉及房屋所有权转移，对于新取得所有权的第三人，因为居住权未经登记设立，故不具备对抗第三人的公示效力。但如果第三人在取得房屋所有权时知道或应当知道该房屋订立有居住权合同的情况仍然购买该房屋，则视为其同意居住权合同的订立，其在取得所有权的同时，应当尊重居住权人的居住利益，允许居住权人继续使用房屋。本案中，杜某虽称对承诺书一事不知情，但法院结合其与申某乙的母女

① 转引自尹田：《物权法理论评析与思考》，中国人民大学出版社 2008 年版，第 1 页。

关系，以及曾经与申某甲共同居住于案涉房屋内，案涉房屋一直由申某甲长期居住使用等事实，有理由认为杜某对申某甲享有居住权一事应为明知。故，据此认定该居住权对其具有约束力。

综上，居住权制度运用权能分割的法律技术，在满足人民群众多元化住房需求的同时，维护了住宅所有人处分财产的意思自由，为有限住宅资源的高效利用提供了制度保障。但《中华人民共和国民法典》关于居住权的规范较为抽象精炼，现实生活中居住权设立的情况又相对复杂多样，司法实践中需要在准确把握居住权制度立法精神的基础上加以探索，以维护公平诚信、平衡保护各方利益，回应司法实践的现实需求。

编写人：北京市丰台区人民法院　魏亚南　柳艾青

13

被征收人保有被征收财产占有权能的认定

——沈某甲诉沈某乙返还原物案

【案件基本信息】

1. 裁判书字号

江苏省徐州市中级人民法院（2024）苏03民终751号民事判决书

2. 案由：返还原物纠纷

3. 当事人

原告（被上诉人）：沈某甲

被告（上诉人）：沈某乙

【基本案情】

2022年6月17日，徐州市某区人民政府发布房屋征收决定公告一份，内容为决定对甲社区乙村项目范围内的房屋实施征收。

8月2日，甲社区乙村项目征收指挥部发布公告一份，内容为请甲社区乙村项目中原某焦化有限公司（含改制前后相关企业）公房承租人携带相关资料到甲社区乙村项目征收指挥部某大队自行填写公房承租户申报表。根据沈某甲提供的《公房承租户申报表》，其上载明的法律责任承诺为：坐落于甲社区乙村项目原焦化厂自管公房案涉公租房承租权利本户独享，与单位及其他职工无承租权利纠纷；本户承租起始时间为1992年6月，公房承租方式为直租。此外，沈某甲还持有“某矿务局焦化厂职工住房证”原件，其上载明的权利人为沈某甲，住房信息为案涉房屋。

8月11日，沈某甲（被征收人、乙方）与徐州市某区房屋征收办公室（征收人、甲方）就案涉房屋签订《房屋征收补偿协议（产权置换）》。

8月16日，由徐州市某区纪委、徐州市某区住房和城乡建设局、徐州市某区司法局、徐州市某区房产服务中心组成的确权小组确认，对案涉房屋进行了公房权属认定，认定的权属人为沈某甲。

8月20日，徐州市某国有资产投资经营有限公司（原某焦化有限公司）向沈某甲下发公房缴款通知单，内容为：对被征收人沈某甲案涉房屋，认定面积88.03平方米，应缴纳公租房租金32958元、优惠售房款15845元，沈某甲于2022年8月25日缴付了上述款项。

根据“甲社区乙村项目征收补偿测算表”所载明内容，沈某甲应获取置换房屋一套以及补偿价款若干，因案涉房屋仍为被告居住使用，未向房屋征收部门移转房屋占有，沈某甲未获取置换房屋及房屋征收补偿价款。

【案件焦点】

1. 原告在本案中主张的诉讼权利是否超过诉讼时效；2. 原告是否是本案的适格诉讼主体；3. 原、被告之间是否存在就案涉房屋进行产权调换的合意。

【法院裁判要旨】

江苏省徐州市泉山区人民法院经审理认为：所有权人对自己的不动产，依法享有占有、使用、收益和处分的权利。无权占有不动产的，权利人可以请求返还原物。公房承租人承租房屋，享有基于合同关系的占有、使用权限，承租关系因购房“买断”之行为获得房屋权属后，公房承租人当然享有基于物之所有权人的基本权利，其可要求不法占有人恢复房屋占有之权利状态。本案中，原告已通过“买断”之形式获取了案涉房屋之所有权，现需论述，原告在与征收部门签署《拆迁安置补偿协议》后是否对于不法占有人仍享有返还原物之物权请求权。

根据已查明事实，原告以所有权人身份与房屋征收部门签订了拆迁安置补偿协议，并以承租人身份向某国有资产投资经营有限公司缴付了房屋“买断”款，取得了案涉房产的所有权。法律规定，因人民政府的征收决定导致物权设立、变更、转让或者消灭的，自法律文书或者征收决定生效时发生效力。人民政府征收决定系以公共利益为目的，从个人及集体手中获取土地及房屋等不动产，所行征收须符合法定程序。在征收补偿完成前，被征收人仍然享有合法占有房屋之权益。案涉房屋征收安置协议仅系财产性权利让渡之合意证明，原告尚未履行物之占有交付，征收人（人民政府）虽依征收决定之非法律行为取得了不动产所有权，但征收决定所彰显之公示效力限于法律拟定之权利归属，在征收人未以安置利益之给付完结履行征收所涉法定义务的情况下，原告作为原权利人仍就案涉房屋享有占有、支配之合法权益，其可排除非权利人对于不动产的不法占有。依此分析，原告所获权源基于物之所有权，在征收程序未完结的情况下，其作为被征收人可以要求不法占有人返还房屋，恢复占有。

被告虽以录音证据证明其合法占有案涉房屋，但该录音为个人单独录制，且系孤证，无其他证据关联佐证其抗辩事实，故对此证据的证明效力不予采信。另，原告作为公房承租人虽未在法定期限内要求侵权人返还承租物，但其以承租人名义缴付购房款，获取房屋权属之后，占有恢复已转变为所有人权利项下之物权请求权，占有之时效保护不能及于所有权人，故对于被告的时效抗辩不予采信。

江苏省徐州市泉山区人民法院依据《中华人民共和国民法典》第二百二十九条、第二百三十五条、第二百四十条、第二百四十三条，《中华人民共和国民事诉讼法》第七十四条、第一百四十五条规定，作出如下判决：

沈某乙于本判决生效后十日内向沈某甲返还案涉房屋。

沈某乙不服一审判决，提起上诉。

江苏省徐州市中级人民法院经审理认为：沈某乙虽提交录像证据证明其系合法占有案涉房屋，但该录像中双方的陈述模糊，并无明确的双方进行房屋置换的内容。沈某乙有关房产已经置换的主张，依据不足，该主张与双方持有的公房承租证书也并不一致，故本案对于沈某乙有关房产置换的主张不予支持。综上，在征收程序未完结的情况下，沈某甲作为被征收人可以要求占有人返还房屋。根据《中华人民共和国民法典》的相关规定，不动产物权的权利人请求返还财产不适用诉讼时效保护制度，故对于沈某乙的时效抗辩不予采信。

江苏省徐州市中级人民法院根据《中华人民共和国民事诉讼法》第一百七十七条第一款第一项规定，判决如下：

驳回上诉，维持原判。

【法官后语】

征收决定属于非基于法律行为的不动产物权变动，权属变更虽以法定原因产生，但法律拟定的权属移转并未产生权利人事实占有所属之物的权利现状。在征收人未向被征收人作出拆迁安置利益补偿前，征收人作为法律确认之权属人，能否请求被征收人及实际占有人移转占有存有争议。本案基于以下观点作出裁判，征收人作为法律拟定之权属人尚未完尽《拆迁安置协议》项下的补偿给付，属于未完结履行合同义务，征收人不享有请求被征收人及事实占有人返还原物之物权请求权。被征收人作为不动产原权利人，不动产虽因征收决定发生权属移转之法律效果，但因拆迁安置利益尚未兑付，其对被征收财产仍享有占有支配之权能，可因此排除不法占有人的事实占有。

一、征收人虽基于非法律行为获取了不动产权属，但并不必然享有对于不动产的占有权能

征收必须满足基于公共利益需要、符合法定权限和法定程序、依法作出补偿三个要件，在征收决定已经发生法律效力，征收人与被征收人签订《房屋征收补

偿协议》的情况下，征收人（人民政府）已通过合法程序获取了不动产权属，但按照“先补偿、后搬迁”的原则，征收机关无权对被征收人，抑或事实占有人申请强制执行。征收决定系法律规定征收人获取财产权利的特殊情形，其中因公权力机关已采取公告形式公示征收事项，所涉不动产权属变更已具有公示效力，但该种公示仅为法律拟定的所有权归属，在征收人未作拆迁利益补偿前，被征收人基于原权利人身份，仍可合法占有被征收财产，即使被征收人已丧失对于征收物的占有，因征收协议尚未完结履行，征收人亦无权请求实际占有人移转占有。

二、被征收人虽因征收行为让渡其财产权属，但因征收人未完结法定义务履行，被征收人仍保有对征收财产的占有权能

依法作出补偿条件未成就，征收决定业已生效的情况下，被征收财产的所有权与占有权能发生分离，权属人基于所有权人身份恢复占有权能之前提条件，即系依补偿协议完全履行本方义务（见《国有土地上房屋征收与补偿条例》第二十七条）。占有权能在特定情形下从所有权中析出，作为享有占有权能的被征收人必自可以依照所有权保护制度，请求实际占有人返还占有物。本案中，原告通过买卖方式获取了案涉房屋权属，其所有权人身份在此后的房屋征收程序中亦已得到公权力机关的确认。原告虽与征收部门订立《拆迁安置补偿协议》让渡了案涉房产的所有权，但因征收人未给予其拆迁补偿，原告仍保有对于征收房产的占有权能，在被告未能举证证明本方系基于合同等法律关系产生有权占有法律效力情况下，自应赋予原告返还原物之物权请求权。

三、以征收之非法律行为所保有之占有权能不受一年除斥期间限制

征收决定系属非法律行为引起的物权变动，征收决定所获权属限于法律拟定，征收人未予拆迁安置利益补偿，被征收人仍对被征收财产保有占有、使用权能，占有权能系从所有权中析出，应以所有权保护制度予以规制。本案中，原告系被征收财产的原所有权人，权属让渡过程中保有了被征收物的占有权能，占有之本权系基于物之所有权，故返还原物请求权不应受限于占有保护制度的时效规则。

编写人：江苏省徐州市泉山区人民法院　刘现伟　王鹏里

14

开发商对小区架空层是否享有使用权、收益权

——深圳市罗湖区某小区第一届业主委员会诉深圳市某物业管理有限公司返还原物案

【案件基本信息】

1. 裁判书字号

广东省深圳市中级人民法院（2023）粤03民终10398号民事判决书

2. 案由：返还原物纠纷

3. 当事人

原告（被上诉人）：深圳市罗湖区某小区第一届业主委员会（以下简称某业主委员会）

被告（上诉人）：深圳市某物业管理有限公司（以下简称某物业公司）

第三人（上诉人）：深圳市某物业发展有限公司（以下简称某发展有限公司）

第三人（被上诉人）：某生活服务集团股份有限公司（以下简称某服务公司）

【基本案情】

某发展有限公司是某小区的开发商，某物业公司是某发展有限公司的全资子公司，其作为小区前期物业服务企业，在为小区提供物业服务期间将位于小区架空层的物业办公室（面积20平方米）、杂物间（面积224平方米）作为办公使用。2020年1月，该小区通过召开业主大会选聘某服务公司为新的物业服务人，新旧物业服务人于2020年10月29日办理交接手续，某物业公司退出小区物业管理，但继续使用杂物间至2021年3月28日、使用物业办公室至今。某业主委员会遂诉至法院，主张某物业公司占用的区域属小区业主共有，请求法院判令某物

业公司搬离占用的小区架空层原物业办公室区域并支付场地占用费至搬离之日。

某发展有限公司主张其向业主出售房产时已在房屋买卖合同中约定保留架空层权益归其所有，小区业主在购房时未就架空层支付对价，故据此提出独立诉讼请求，诉请确认其对小区架空层原物业办公室、杂物间享有使用权、收益权，判令某业主委员会及某服务公司向其返还占用的架空层杂物间并支付占有使用费至实际返还之日。

某物业公司主张小区架空层的相关权益归属开发商某发展有限公司，其系基于某发展有限公司的合法授权使用相应区域，某业主委员会无权就上述区域主张权利，且应就其对相关区域的使用向某发展有限公司支付相关费用。

【案件焦点】

1. 开发商某发展有限公司对小区架空层原物业办公室、杂物间是否享有使用权、收益权；2. 某物业公司应否返还小区架空层占用的面积并支付占有使用费。

【法院裁判要旨】

广东省深圳市罗湖区人民法院经审理认为：关于争议的第五层架空层权属问题，根据《最高人民法院关于审理建筑物区分所有权纠纷案件具体应用法律若干问题的解释》第三条之规定，建筑物的基础、承重结构、外墙、屋顶等基本结构部分，通道、楼梯、大堂等公共通行部分，消防、公共照明等附属设施、设备，避难层、设备层或者设备间等结构部分等应当认定为共有部分。《深圳经济特区房地产转让条例》（1999 修改）第十三条规定：“房地产转让时，转让人对同宗土地上的道路、绿地、休憩地、空余地、电梯、楼梯、连廊、走廊、天台或者其他公用设施所拥有的权益同时转移。房地产首次转让合同对停车场、广告权益没有特别约定的，停车场、广告权益随房地产同时转移；有特别约定的，经房地产登记机关初始登记，由登记的权利人拥有。”根据上述规定，小区建筑物除停车场、广告权益开发商可以与业主约定权属外，其他建筑物权属无例外均应归业主共有，本案中，开发商某发展有限公司与业主签订的房屋买卖合同将业主共有的架空层约定由出卖人享有相应权益，实为排除业主共同管理、共同决定的法定权利，该约定属于无效的格式条款。因此，案涉小区 5 层架空层应为《中华人民共和国物权法》第七十条规定的共有部分，由业主享有共有和共同管理的权利。故，某发展有限公司对案涉架空层权利的主张没有依据，对其诉讼请求均不予支持。

根据《物业管理条例》第二十六条和第三十八条的规定，业主委员会与物业服务企业签订的物业服务合同生效的，前期物业服务合同终止；物业服务合同终止时，物业服务企业应当将物业管理用房交还给业主委员会；物业服务合同终止时，业主大会选聘了新的物业服务企业的，物业服务企业之间应当做好交接工作。某物业公司在与某服务公司于 2020 年 10 月 29 日进行交接后，依然占用业主共有的架空层杂物间没有依据，故对某业主委员会主张的占有使用费予以支持，标准参照某小区所在区域的政府指导租金标准计算。

根据上述规定，某物业公司亦应向某业主委员会交还物业办公室，但某业主委员会在《关于五楼未交出房间收取租金的通知函》中已经确认某物业公司可免费使用该办公室至 2021 年 4 月 30 日，故占有使用费应从 2021 年 5 月 1 日起，参照办公用途的指导租金计至实际返还之日。

广东省深圳市罗湖区人民法院依照《中华人民共和国合同法》第三十九条、第四十条，《中华人民共和国物权法》第三十四条、第七十条，《最高人民法院关于审理建筑物区分所有权纠纷案件具体应用法律若干问题的解释》第三条，《物业管理条例》第二十六条、第三十八条，《深圳经济特区房地产转让条例》（1999 修改）第十三条，《中华人民共和国民事诉讼法》第五十九条、第六十七条、第一百四十五条规定，判决如下：

一、某物业公司于判决生效之日起十五日内向某业主委员会返还小区架空层原物业办公室区域；

二、某物业公司于判决生效之日起十五日内向某业主委员会支付小区架空层杂物间占有使用费 54916 元和原物业办公室占有使用费（原物业办公室占有使用费按每月 1650 元的标准，自 2021 年 5 月 1 日计至实际返还之日）；

三、驳回某业主委员会的其他诉讼请求；

四、驳回某发展有限公司的全部诉讼请求。

某物业公司、某发展有限公司不服一审判决，提起上诉。

广东省深圳市中级人民法院经审理认为：关于某发展有限公司对某小区架空层原物业办公室、杂物间是否享有使用权、收益权。某发展有限公司主张其对案涉的某小区架空层享有使用权和收益权，但该架空层并未单独登记至某发展有限公司名下，本案也没有证据证明该架空层能够登记成为特定业主所有权的客体，故依据现有证据无法认定该架空层属于案涉物业的专有部分。而根据《最高人民法院关于审理建筑物区分所有权纠纷案件具体应用法律若干问题的解释》第三条第一款第二项规定，除法定共有部分、该司法解释第三条第一款第一项规定的天然共有部分外，其他不属于业主专有部分，也不属于市政公用部分或者其他权利人所有的场所及设施的部分，也应当认定为建筑物区分所有权中的业主共有部分。虽某发展有限公司提交的部分房屋买卖合同显示，其在与买受人签订的房屋买卖合同附件五中载明架空层权益归其所有，但在无法确认案涉架空层属于物业专有面积的情况下，该对架空层权属的约定，不符合《物业管理条例》第二十七条关于“业主依法享有的物业共有部分、共有设施设备的使用权或所有权，建设单位不得擅自处分”的规定，某发展有限公司据此主张其对架空层原物业办公室、杂物间享有使用权、收益权，不予采纳，对其据此提出的诉讼请求，均不予支持。

关于某物业公司应否返还某小区5楼架空层占用的面积并支付占有使用费。某物业公司主张系基于某发展有限公司的合法授权使用某小区架空层的杂物间及一间物业办公室，没有法律依据，某业主委员会依据业主大会的授权要求某物业公司返还占用的架空层面积，于法有据，予以支持。一审法院判令某物业公司按照多层办公用途的政府指导租金标准支付房屋占有使用费，处理并无不当，予以维持。

广东省深圳市中级人民法院依照《中华人民共和国民事诉讼法》第一百七十七条第一款第一项规定，判决如下：

驳回上诉，维持原判。

【法官后语】

由于现行法律对于建筑物架空层的权属规定不明确，加之小区业主权利意识增强，近年来有关建筑物架空层权属的争议日益增加。本案的核心问题在于案涉架空层是属于开发商专有还是业主共有，开发商在出售房产时约定保留架空层权属的效力如何认定。

一、判断所涉区域能否成为开发商的专有部分

建筑物专有部分是指建筑物区划内具有独立性和专属性的房屋、车位、摊位等特定空间。《最高人民法院关于审理建筑物区分所有权纠纷案件适用法律若干问题的解释》（以下简称《建筑物区分所有权司法解释》）第二条第一款规定，建筑区划内符合下列条件的房屋，以及车位、摊位等特定空间，应当认定为《中华人民共和国民法典》第二编第六章所称的专有部分：（1）具有构造上的独立性，能够明确区分；（2）具有利用上的独立性，可以排他使用；（3）能够登记成为特定业主所有权的客体。本案诉争的架空层未单独登记至开发商名下，也无证据证明该架空层能够登记成为特定业主所有权的客体，不满足认定为建筑区划内专有部分的条件，因此，不属于开发商某发展有限公司的专有部分。

二、区分情形认定建筑区划内的共有部分

关于建筑区划内共有部分的认定，应区分以下三种情形：第一，法定共有部分。《中华人民共和国民法典》（以下简称《民法典》）第二百七十四条规定，建筑区划内的道路，属于业主共有，但是属于城镇公共道路的除外。建筑区划内的绿地，属于业主共有，但是属于城镇公共绿地或者明示属于个人的除外。建筑区划内的其他公共场所、公用设施和物业服务用房，属于业主共有。第二，天然共有部分。《建筑物区分所有权司法解释》第三条第一款规定："除法律、行政法规规定的共有部分外，建筑区划内的以下部分，也应当认定为民法典第二编第六章所称的共有部分：（一）建筑物的基础、承重结构、外墙、屋顶等基本结构部分，通道、楼梯、大堂等公共通行部分，消防、公共照明等附属设施、设备、避难层、设备层或者设备间等结构部分；（二）其他不属于业主专有部分，也不属于市政公用部分或者其他权利人所有的场地及设施等。"

上述第一项所规定的内容为建筑区划天然共有部分。第三，约定共有部分。除法定共有部分、天然共有部分外，当事人可以通过约定确定建筑区划内的共有部分。按照“非特定权利人所有即为业主共有”的思路，《建筑物区分所有权司法解释》第三条第一款第二项作出了兜底性规定，即根据当事人约定认定是否属于共有部分。

具体到本案，诉争的架空层不属于前述规定的法定共有部分或天然共有部分，但该架空层未被规划用作其他用途，亦非业主专有部分、市政公用部分或其他权利人所有的场地及设施，而系小区的公共设施，与小区道路、绿地等公共设施性质相同，依附于主体建筑而存在，应属于《建筑物区分所有权司法解释》第三条第一款第二项规定的范畴，属于业主共有，其权益已随小区房地产转让同时转移至小区业主，开发商无权擅自处分。

三、开发商与个别业主约定架空层权益归开发商所有的效力认定

《物业管理条例》第二十七条规定，业主依法享有的物业共用部位、共用设施设备的所有权或者使用权，建设单位不得擅自处分。《深圳经济特区房地产转让条例》第十三条规定，房地产转让时，转让人对同宗土地上的道路、绿地、休憩地、空余地、电梯、楼梯、连廊、走廊、天台或者其他公用设施所拥有的权益同时转移。房地产首次转让合同对停车场、广告权益没有特别约定的，停车场、广告权益随房地产同时转移；有特别约定的，经不动产登记机构首次登记，由登记的权利人拥有。本案中，某发展有限公司作为案涉小区开发商在出售部分房产时与买受人约定架空层权益归开发商所有，系无权处分，不能发生物权变动的效果，该约定对小区业主没有法律拘束力。

综上，案涉架空层不属于小区开发商某发展有限公司的专有部分，而属于全体业主共有，某发展有限公司在出售部分房产时保留架空层权益归其所有的约定系无权处分，该约定对小区业主没有法律拘束力，某发展有限公司主张享有架空层的使用权、收益权，没有事实及法律依据，其应当搬离所占用的区域，并向某业主委员会支付占有使用费。

编写人：广东省深圳市中级人民法院　陈蕾仰

15

以网拍取得被抵押、查封房产的买受人是否有权请求承租人返还房屋并支付占有使用费的判定

——熊某某诉某鞋业有限公司返还原物案

【案件基本信息】

1. 裁判书字号

江西省九江市中级人民法院（2022）赣 04 民终 247 号民事判决书

2. 案由：返还原物纠纷

3. 当事人

原告（上诉人）：熊某某

被告（被上诉人）：某鞋业有限公司（以下简称某鞋业公司）

【基本案情】

2014 年 7 月，江西省九江市中级人民法院（以下简称九江中院）出具民事调解书，确定债权人某银行对某投资公司 5 栋厂房（含案涉房屋）在协议中确认的债权范围内享有优先受偿权。2014 年 10 月，九江中院查封了某投资公司该 5 栋厂房，2016 年 10 月进行了续封。2017 年 12 月，九江中院作出执行裁定书，对上述查封的房产进行司法网络拍卖。2018 年 12 月，某投资公司与某鞋业公司签订厂房租赁协议，约定某投资公司将案涉 13 号厂房 1 楼租赁给某鞋业公司，租期为 2019 年 2 月 1 日至 2024 年 1 月 30 日，某鞋业公司于 2019 年 2 月 1 日支付了该厂房至 2022 年 1 月 31 日的租金。2019 年 9 月 30 日，某投资公司与某鞋业公司再次签订厂房租赁协议，约定将案涉 8 号厂房 1 楼租赁给某鞋业公司，租赁期限为 2019 年 10 月 1 日至 2024 年 9 月 30 日，某鞋业公司支付了该

厂房租金和卫生费至2021年9月30日。2019年1月7日，熊某某通过网络司法拍卖竞得某投资公司5栋厂房（包含案涉房屋）。九江中院于2019年2月20日作出执行裁定，裁定熊某某取得案涉不动产所有权。熊某某于2019年9月6日、10日办理了案涉不动产产权证。2019年12月17日，江西省高级人民法院作出执行裁定，撤销了九江中院于2019年2月20日作出的执行裁定。熊某某与某银行达成补缴1500万元购房款协议后，2020年4月20日九江中院再次作出执行裁定，裁定案涉不动产归熊某某所有，并于次日送达给熊某某。由于对熊某某是否履行了支付1500万元购房款存在争议，直至2021年6月10日，九江中院才完成案涉房屋的交接手续。

熊某某以案涉房屋为其所有为由，要求某鞋业公司返还原物并支付自2019年2月23日始占用13号厂房、2019年10月1日始占用8号厂房的使用费。某鞋业公司辩称其与某投资公司签订厂房租赁协议时，案涉房屋归某投资公司所有，某鞋业公司依照合法有效的租赁协议取得房屋租赁权并已支付租金，其有权占有、使用案涉厂房，其无须向熊某某支付已经支付给某投资公司的房屋租金并要求继续履行厂房租赁协议。

【案件焦点】

1. 如何认定被抵押、查封房产的买受人取得房屋所有权的时间；2. 被抵押、查封房产的买受人是否有权向承租人主张支付占有房屋的使用费。

【法院裁判要旨】

江西省瑞昌市人民法院经审理认为：案涉两份《厂房租赁合同》签订之前，已经存在人民法院查封及设立抵押权情形，故本案不适用买卖不破租赁原则。但法律并未禁止查封和设定抵押权的房屋进行出租，故某鞋业公司与某投资公司签订的两份《厂房租赁合同》合法有效。另外，熊某在2021年6月10日才完成案涉房屋交接手续，在案涉房屋交接之前，某鞋业公司依据有法律效力的租赁合同占有房屋，并按照合同支付了案涉厂房的租金和卫生费，自身没有过错。对于已经交纳的租金，熊某如认为应由其享有，其可以另案诉讼等途径向某投资公司主张。

江西省瑞昌市人民法院依据《中华人民共和国民法典》第二百三十三条、第二百三十五条、《最高人民法院关于审理城镇房屋租赁合同纠纷案件具体应用法律若干问题的解释》第十四条规定，判决：

一、限某鞋业公司于本判决生效之日起三十日内搬出其占有使用的属于熊某的厂房。并自2022年2月1日之后对13号厂房按照3.5万元/年标准向熊某支付房屋占有使用费和卫生费，自2021年10月1日之后对8号厂房按照12万元/年标准向熊某支付房屋占有使用费和卫生费，直至其实际搬离厂房并将厂房交付给熊某之日止；

二、驳回熊某的其他诉讼请求。

熊某某不服一审判决，提起上诉。

江西省九江市中级人民法院经审理认为：本案争议焦点为确定熊某某取得案涉厂房所有权的时间。《中华人民共和国民法典》第二百二十九条规定，因人民法院、仲裁机构的法律文书或者人民政府的征收决定等，导致物权设立、变更、转让或者消灭的，自法律文书或者征收决定等生效时发生效力。(2018)赣04执恢139号之二裁定书裁定案涉厂房归熊某某所有，裁定书送达后立即生效，该裁定书于2020年4月21日送达熊某某，熊某某此时取得案涉厂房的所有权。熊某某自依法取得所有权之日起有权收取相应的租金，故熊某某收取案涉厂房租金的时间应自该执行裁定书的送达之日起计算。原审以案涉厂房的交接时间作为认定熊某某享有所有权的时间属适用法律错误，依法予以纠正。

江西省九江市中级人民法院依照《中华人民共和国民法典》第二百二十九条、第二百三十三条、第二百三十五条、第二百四十条，《中华人民共和国民事诉讼法》第一百七十七条第一款第二项规定，判决：

一、撤销江西省瑞昌市人民法院一审民事判决；

二、某鞋业公司于本判决生效之日起三十日内搬出其占有使用的属于熊某某所有的厂房。并自2020年4月21日之后对13号厂房按照3.5万元/年标准向熊某某支付房屋占有使用费和卫生费，自2020年4月21日之后对8号厂房按照12万元/年标准向熊某某支付房屋占有使用费和卫生费，直至其实际搬离厂房并将厂房交付给上诉人熊某某之日止；

三、驳回熊某的其他诉讼请求。

【法官后语】

本案主要涉及就案涉房产设立抵押、查封后建立租赁关系，债权人实现抵押权后，在承租人已向原房屋所有人支付租金的情况下，买受人能否要求承租人返还原物并支付房屋占有使用费的问题。通过对返还原物请求权的成立要件，承租人承租被抵押、查封房屋的交易风险承担及各方利益平衡角度进行分析，明确以网拍取得被抵押、查封房产的买受人主张返还原物请求权、要求承租人支付租金的合法正当性。

第一，案涉返还原物请求权的成立要件。《中华人民共和国民法典》第二百三十五条规定："无权占有不动产或者动产的，权利人可以请求返还原物。"根据该规定，返还原物的构成，应当具备以下要件：一是享有返还原物请求权的权利人为物权人。只有物权人，即拥有物的所有权或他物权的人，才有权要求返还原物。二是须有他人无权占有动产或不动产的事实。这包括两种情况：占有人从占有开始就没有法律根据，如盗窃物；或者占有之始有法律根据，但后来该根据消灭，如借用、租赁他人的物，已经超过约定的期限而不返还。三是相对人须为现在的无权占有人。即当前仍然占有该物但没有正当权源的人。本案熊某某要求某鞋业公司搬离案涉房屋并承担房屋占有使用费的请求权成立与否，涉及两个方面：一是熊某某何时取得案涉房屋所有权；二是某鞋业公司在承租期间的持续占有从何时起转变为无权占有人。根据《最高人民法院关于审理城镇房屋租赁合同纠纷案件具体应用法律若干问题的解释》第十四条关于对抵押权实现后租赁合同涤除的规定，某鞋业公司丧失案涉房屋占有权源的时间取决于熊某某取得案涉房屋的时间。

第二，买受人熊某某取得案涉房屋的时间。案涉房屋经人民法院两次出具裁定由买受人熊某某取得房屋所有权，但因首次裁定时，熊某某尚未付清案涉房款，故被上级人民法院裁定再审。此时，熊某某虽已经取得不动产登记，但取得所有权依据的裁判文书被撤销，该不动产登记时间不宜作为熊某某取得所有权的时间。直至2020年4月21日人民法院第二次裁定生效时，熊某某物权人地位得以确定，第二次裁定生效时间为熊某某取得案涉房屋所有权的时间。此时，熊某某具备主张返还原物请求权的主体资格。

第三，买受人熊某某请求某鞋业公司支付房屋占有使用费是否成立。实践中存在不同观点。一种观点认为，买受人应当请求抵押人支付房屋占有使用费；另一种观点认为，买受人有权请求承租人支付房屋占有使用费。本案采用第二种观点，主要理由可结合抵押权实现后租赁合同涤除的规定、承租人租赁前的注意义务及交易风险承担，从三个方面进行分析：

首先，从案涉法律关系来看。某鞋业公司对案涉房屋的占有状态经历了“有权→无权”的转变：其基于与某投资公司签订的租赁合同占有案涉房屋直至案涉房屋所有权转移至熊某某之日，为有权占有；又因租赁合同法律关系成立于抵押权设立及查封之后，依据《中华人民共和国民法典》第四百零五条规定，租赁权自始不能对抗抵押权实现后的买受人，自案涉房屋所有权转移至熊某某之日起，某鞋业公司的占有转变为无权占有。

其次，从承租人租赁前的注意义务来看。某鞋业公司签订案涉租赁合同前，作为企业承租人应具备更高审慎义务，通过租赁合同备案、查询抵押、查封情况全面了解租赁物的权能完整性，但某鞋业公司未提供案涉租赁合同已经备案的证据，同时亦未注意到案涉房屋存在查封、抵押的权利瑕疵，应当承担未尽注意义务导致的交易风险。同时，买卖不破租赁原则因抵押权优先效力被排除适用，某鞋业公司继续占有失去正当权源，结合其未尽到合理注意义务的行为，构成非善意的无权占有人。熊某某作为无权利瑕疵的合法买受人，有权向某鞋业公司主张支付房屋占有使用费。

最后，从权利救济途径来看。熊某某基于返还原物请求权，有权向某鞋业公司主张案涉房屋的占有使用费，同时亦有权基于不当得利向某投资公司主张返还案涉房屋所有权变动后某投资公司已收取的租金。案涉请求权基础存在竞合的情况下，权利人熊某某有权选择对其更有利的法律关系主张权利。(1) 抵押人某投资公司与某鞋业公司签订租赁合同前，明知案涉房屋被抵押、查封且可能面临拍卖导致的所有权变动，能够且应当预见到所有权变动将导致其丧失收取租赁费用的权利基础。当案涉房屋所有权一经变动，某投资公司再无法律依据收取租金，其收取自熊某某取得所有权之日起算的租金，构成不当得利。(2) 本案熊某某基于返还原物请求权基础选择某鞋业公司承担案涉房屋占有使用费后，某鞋业公司因重复支付租金遭受的损失与某投资公司获得本不应获取的租金利益成立因果关系，其亦可依据不当得利向某投资公司主张不当得利返还。(3) 就权利保护顺位角度分析，熊某某案涉主张的请求权基础是所有权，基于物权效力。而某鞋业公司在不适用买卖不破租赁原则的情况下，对案涉房屋享有的利益是基于普通债权的效力。

综上，本案判决支持买受人向承租人主张返还原物并支付房屋占有使用费，有充足的法理基础和事实依据。本案的处理保护了合法买受人的权利，符合"风险归责"原则；亦能倒逼市场主体完善交易审查机制，维护交易安全；同时不影响承租人另案主张权利救济。

编写人：江西省九江市中级人民法院　刘姚

16

民事合同效力认定与刑事判决认定事实之冲突协调

——何某甲、谢某某诉方某某返还原物案

【案件基本信息】

1. 裁判书字号

安徽省滁州市中级人民法院（2023）皖 11 民终 1651 号民事判决书

2. 案由：返还原物纠纷

3. 当事人

原告（上诉人）：何某甲、谢某某

被告（被上诉人）：方某某

【基本案情】

2016年8月16日，经滁州市某房产中介介绍，何某甲（甲方、卖方）、代理人何某乙（何某甲之父），与方某某（乙方、买方）签订一份《拆迁安置房房地产买卖合同》，就滁州市琅琊区某小区案涉安置房买卖达成协议，约定：何某甲将名下的案涉拆迁安置房卖给方某某，房屋总面积为90平方米，总价210000元。方某某于签订合同当日付给何某甲定金10000元，交房时付180000元，双方过户时，方某某将余款20000元一次性付给甲方，如逾期不付，何某甲有权收回该房屋产权，方某某按照已付房款的100%作为违约金赔偿给何某甲；如何某甲逾期不交房或不过户给乙方，除退回方某某已付房款外，按照总房款双倍作为违约金赔偿给乙方。该合同的落款处甲方有“何某甲”的签名，代理人何某乙也在合同上签名。同日，方某某支付10000元给何某乙，何某乙出具收条给方某某。2016年9月13日，方某某的妻子赵某转账支付至何某甲账户180，000元。该转账凭证中附加信息及用途为：买何某甲房款。同日，“何某甲”出具一份收条给方某某载明：“今收到方某某购某小区……（案涉房屋）房款180000元”。后何某乙将案涉房屋交付方某某。2017年11月10日，何某乙出具一份承诺书给方某某载明：“方某某已将10000元定金给何某乙，房款180000元给何某甲，房屋永久属方某某所有，不准任何人再次买卖此房屋。”2021年9月10日，何某甲、谢某某就案涉房屋办理了不动产权证书，载明权利人是何某甲、谢某某，属共同共有。

2018年1月，滁州市琅琊区人民检察院指控何某乙犯合同诈骗罪，向滁州市琅琊区人民法院提起公诉，该案经法院一、二审，查明：2011年9月，何某甲代表全家（包括何某乙等共计5人），和安徽省滁州市某街道办事处签订《征收集体所有土地房屋拆迁补偿安置协议书》，共计安置位于滁州市某小区4套房屋（包括本案案涉房屋），协议上只有何某甲一人签字。因何某乙一家就包括本案案涉房屋在内的三套房屋的差价一直未补齐，政府未向其交付该三套房屋。何建乙隐瞒滁州市琅琊区世纪花园小区 13 幢 1201 室、7 幢 402 室、15 幢 1401 室因未补齐拆迁房屋差价款，某街道办事处未将该房屋交付。何某乙隐瞒房屋未交付等情况，私自将上述房屋的门锁换掉，伪造何某甲的身份证件，让他人冒充何某甲，与李某某等五人签订房屋买卖合同，收取对方购房款共计 973000 元，并将款项全部用于个人生活开支以及偿还个人欠款等。其中于 2015 年 5 月，何某乙让人冒充何某甲与李某某签订房屋买卖合同，将本案案涉房屋以 188000 元的价格出售给李某某，李某某支付给何某乙 178，000 元，何某乙将该房屋交付给李某某，何某乙发现李某某未实际入住，遂于 2016 年 8 月再次让人冒充何某甲与方某某签订本案案涉房屋买卖合同。该案判决何某乙犯合同诈骗罪，判处有期徒刑七年，并处罚金人民币十万元……

【案件焦点】

何某甲、谢某某要求方某某腾退涉案房屋，并将该房屋交付给何某甲、谢某某，对该主张是否应当予以支持。

【法院裁判要旨】

安徽省滁州市琅琊区人民法院经审理认为：何某乙持房屋拆迁安置协议原件，作为何某甲的代理人与方某某签订了房屋买卖协议，将案涉房屋出售给方某某，该买卖协议上何某甲的签名虽经刑事判决认定，系何某乙让人冒充何某甲签名，但本案中方某某除定金 10000 元交付给何某乙外，其余案涉房款 180000 元已由方某某的妻子赵某转入何某甲的账户，并在转账凭证上注明买何某甲房款，何某甲对其收取方某某购房款应当是知晓的，但其并未提出异议，何某甲辩称其银行卡交给父亲何某乙使用，未能提供充分的证据予以证明，2016 年何某乙已将案涉房屋交付给方某某居住使用至今，何某甲也应当是明知的，方某某已经尽到了合理的注意义务，故方某某与何某甲之间的房屋买卖合同应为有效，依法应予保护。对何某甲、谢某某要求方某某立即腾退案涉房屋，并交付给何某甲和谢某某的诉讼请求不予支持。

安徽省滁州市琅琊区人民法院依照《最高人民法院关于适用〈中华人民共和国民法典〉时间效力的若干规定》第一条第二款，《中华人民共和国合同法》第八条、第四十四条、第六十条规定，判决如下：

驳回原告何某甲、谢某某的诉讼请求。

何某甲、谢某某不服一审判决，提起上诉。

安徽省滁州市中级人民法院经审理认为：何某甲、谢某某上诉称一审判决与生效的刑事判决相抵触。刑事责任和民事责任在保护法益、证明标准、归责原则、责任形式等方面均存在不同。刑事判决认定的事实在民商事领域的法律效力应根据民商事法律规定进行认定。本案中尽管何某乙出售案涉房屋的行为被认定为诈骗行为，构成合同诈骗罪，但在民商事领域，并不当然导致合同无效。

首先，从财产权属分析：因某湖改造工程，安徽省滁州市某街道某村五个居民组被征迁，何某乙、陈某某、何某丙、何某甲、何某参与此次拆迁。2011 年 9 月 30 日，何某甲代表全家和安徽省滁州市某街道办事处签订《征收集体所有土地房屋拆迁补偿安置协议书》，何某乙全家共计安置位于滁州市某小区四套房屋。因此在上述房产并未明确办理产权的情况下，不能仅仅因为是何某甲个人在协议上签名，就认定该四套房屋在拆迁时均是何某甲个人财产，也不能认定何某乙出售涉案房屋时该房屋的权利人就是何某甲个人。

其次，从合同形式分析：方某某在一审中提供了《拆迁安置房房地产买卖合同》，该合同显示何某乙作为代理人在协议上签名，且协议中也有“何某甲”的签名。基于何某乙持有房屋拆迁安置协议原件以及何某甲与何某乙的关系，且案涉房屋是经过中介进行买卖的，故方某某相信何某乙有代理权和“何某甲”签名的真实性符合大众的正常认知范围。

最后，从合同履行上分析：方某某在签订协议后，支付了合理的对价，其中定金 10000 元交付给何某乙，案涉房款 1800000 元通过其妻子赵某转入何某甲的账户并在转账凭证上注明买何某甲房款，故而方某某已实际支付房款，并尽到了合理注意的义务；此外，方某某已实际占有案涉房屋，并装修入住多年。

一审法院据此认定何某甲对于房屋出售是知情的符合本案实际情况，案涉房屋买卖合同应为有效合同。

安徽省滁州市中级人民法院依照《中华人民共和国民事诉讼法》第一百七十七条第一款第一项规定，判决如下：

驳回上诉，维持原判。

【法官后语】

排斥关系的刑民交叉案件，即犯罪构成排斥民事法律关系的存在，[①] 如涉合同诈骗型刑民交叉案件。在排斥关系的刑民交叉案件中，不可避免会面临民事行为效力认定与关联刑事生效判决认定事实的逻辑冲突问题。虽然合同签订行为构成合同诈骗罪并不当然导致合同无效，[②] 但是，如何有效协调民事效力认定与刑事判决认定事实的冲突及后续处理问题，本文将结合案例对兼顾刑事判决既判力与民事权利保障作延伸探讨。

一、排斥关系刑民交叉案件中的逻辑冲突与厘清

（一）民事效力认定与刑事认定事实存在逻辑冲突

本案系典型的刑民交叉案件。在先的关联刑事案件生效判决认定，刑事被告人以非法占有为目的，在签订、履行合同的过程中，隐瞒事实真相，伪造其儿子的身份证，并找人冒用其子名义与买受人签订房屋买卖合同，骗取买受人财物数额巨大，刑事判决认定其行为构成合同诈骗罪，应当返还买受人相应购房款。据此，刑事被告人儿子以其为涉案房屋的登记所有权人提起返还原物纠纷民事诉讼，但是买受人已实际占有涉案房屋并且居住多年。

由此产生刑事认定事实与民事行为效力认定的逻辑冲突，即在合同效力认

---

① 陈兴良：《刑民交叉案件审理的司法规则——实体法与程序法的双重考察》，载《中国刑事法杂志》2024 年第 2 期。

② 人民法院案例库“甘某诉李某某、刘某保证合同纠纷案——刑民交叉案件中保证合同效力的认定”（入库编号：2024-08-2-104-001）认为，合同一方当事人刑事上构成诈骗罪，使另一方意思表示不真实；民事上构成欺诈，属于意思表示不真实一方享有撤销权的可撤销合同，并不必然导致相关联民事合同无效。可见，尽管签订案涉协议等行为构成合同诈骗罪，但在民商事领域并不当然导致合同无效。

定方面，依据一审民事判决，应当认定房屋买卖合同有效，且房屋不予以返还，而依据刑事判决，又应当认定房屋买卖合同并非真实的合同法律关系。进一步而言，如果人民法院对登记所有权人的诉讼请求不予支持，则会出现依据民事判决，买受人继续占有房屋，而依据刑事判决，买受人又得以从刑事被告人处取得购房款的双重受偿现象。

（二）刑民交叉案件合同效力认定的逻辑顺序

此类涉合同诈骗罪的刑民交叉案件，需要明确当事人权利基础是适用合同效力认定还是表见代理。对于表见代理的认定与合同效力判断存在两种观点：一是应先根据《中华人民共和国民法典》相关规定对合同是否有效进行判断，合同无效时，代理人对其犯罪行为承担侵权责任；合同有效时，根据具体事实判断代理人的行为是否构成表见代理，代理人的行为构成表见代理，则被代理人承担合同责任，反之由代理人自己承担合同责任。二是应先判断是否构成表见代理，如果构成表见代理，则以被代理人为合同主体来判断合同是否有效，该被代理人在合同有效时承担合同责任，合同无效时承担返还责任；如果不构成表见代理，则由代理人承担侵权责任。

回归到法学基础理论上来看，表见代理制度解决的是代理人的行为对被代理人是否有效的问题，即判断代理人所作出的意思表示是否归属于被代理人的意思，或者说合同对被代理人是否有效。在刑民交叉案件中，关于合同效力的认定，在逻辑顺序上应当先根据《中华人民共和国民法典》第一百七十二条判断是否构成表见代理，[①] 在此基础上再根据《中华人民共和国民法典》关于民事法律行为效力的相关规定对合同效力进行认定。

二、涉合同诈骗罪案件中民事合同效力认定

（一）合同诈骗罪并不当然排斥表见代理适用

刑民交叉案件中，如果民事合同被认定有效，还会产生刑事犯罪与表见代理之间的关系问题。对此，有观点认为，仅过失犯罪中存在表见代理适用的空

---

① 《中华人民共和国民法典》第一百七十二条规定，行为人没有代理权、超越代理权或者代理权终止后，仍然实施代理行为，相对人有理由相信行为人有代理权的，代理行为有效。

间，故意犯罪中没有存在表见代理的余地。[①] 也有观点认为，表见代理并不当然排斥故意犯罪，相反，表见代理的前提是无权代理人从事了无权代理行为，而无权代理人的无权代理行为在绝大多数情况下都包含了行为人的恶意，这种恶意支配下的行为可能成为故意犯罪中的主观恶意。[②] 笔者认为，第二种观点更为合理，即刑事犯罪并不当然排斥表见代理，但是表见代理是否存在仍需要结合案件的具体事实进行综合判断。

关于合同诈骗罪与表见代理之间也存在共存争议，有观点认为，如果行为人的行为构成表见代理，合同有效，但行为人不可能构成合同诈骗罪而只可能构成其他犯罪。[③] 对此，基于保护善意相对人与交易安全考虑，现行法律框架内通过设置表见代理制度，将代理人所签订合同的民事法律后果归属于被代理人，但是，代理人对外签订合同并非被代理人的真实意思表示，就代理人而言，其本身通过虚构事实的方式来实现非法占有合同相对人财物的目的，其主客观行为本身能够认定构成合同诈骗罪。

（二）涉合同诈骗案件中表见代理的适用认定

一般来说，关于表见代理的构成要件，一是行为人没有代理权；二是签订合同时存在使合同相对人相信行为人有权代理的事实或者理由，即具有代理权的表象；三是合同相对人主观上须为善意且无过失；四是行为人与合同相对人签订的合同应具备合同有效的一般条件，即不具有无效和可撤销的内容。[④]

第一，何某乙没有代理权，也无处分权。虽然拆迁安置补偿协议上载明的权利人系何某甲，但是，司法实践中，拆迁安置补偿协议系以家庭为单位，由家庭成员中的一人作为家庭成员代表在协议上签名，且案涉房屋系集体土地上的安置房，应属于家庭共有财产。本案中，在未办理产权证的前提下，无论拆迁安置补偿协议载明的是家庭成员中任何一位的姓名，涉案房屋性质均不发生

---

① 董秀捷：《刑民交叉法律问题研究》，吉林大学 2007 年博士学位论文。

② 刘建功：《刑民交叉案件若干疑难问题研究》，载《人民法院报》2006 年 4 月 12 日。

③ 郭立峰：《表见代理与合同诈骗罪》，载《中国刑事法杂志》2005 年第 5 期。

④ 最高人民法院民法典贯彻实施工作领导小组编著：《中华人民共和国民法典总则编理解与适用（下）》，人民法院出版社 2020 年版，第 863~864 页。

改变，仍属于家庭共同财产，而在案证据尚不足以证明何某乙有代理权或者处分权对涉案房屋进行单独处理。

第二，何某乙的代理行为具有代理权的表象，具体分析如下：一是何某乙与何某甲系父子关系，而家庭关系是一种特殊社会关系，具有类似家事代理的外观表象；二是何某乙持有载明何某甲签字的拆迁安置补偿协议原件而签订涉案房屋买卖合同；三是何某乙持有伪造的何某甲身份证原件，且其同时持有何某甲的银行卡；四是涉案买卖合同签订后，何某乙将房屋钥匙交给方某某并实际交付案涉房屋；五是涉案购房款亦转入何某甲账户，并在转账凭证上注明“买何某甲房款”。综合在案证据，以上五方面足以表明何某乙具有代理权表象。

第三，合同相对人方某某主观上善意且无过失，其支付了涉案购房款且该购房款符合交易时的市场价格。一方面，买受人方某某系经房产中介公司签订的涉案房屋买卖合同，而何某乙又持有伪造的何某甲身份证原件。另一方面，从买卖合同签订过程来看，何某乙持有拆迁安置补偿协议原件，方某某亦现场审查确认了该协议原件，作为普通民事主体，买受人已经尽到合理注意义务。同时，根据《银行卡业务管理办法》相关规定，银行卡及其账户只限经发卡银行批准的持卡人本人使用，不得出租和转借。何某乙持有其子何某甲的银行卡，由此可能造成的风险应当由被代理人本人承担。

（三）合同诈骗罪并不导致合同效力被否定

行为人与合同相对人签订的合同应具备合同有效的一般条件。有观点认为，合同诈骗罪案件中不存在真实的合同法律关系，合同诈骗罪成立，合同法律关系即被否定。[①] 那么，在先的关联刑事判决是否会导致在后的合同效力被否定？笔者认为，按照 2019 年《全国法院民商事审判工作会议纪要》关于刑民交叉案件的处理规定精神，结合人民法院案例库案例“广西壮族自治区来宾市人民

① 陈兴良：《刑民交叉案件审理的司法规则——实体法与程序法的双重考察》，载《中国刑事法杂志》2024 年第 2 期。

检察院诉某科技公司等72名被告环境污染民事公益诉讼案”相关观点，[①] 在先的关联刑事判决并不影响在后的合同关系效力认定。结合本案而言，关联刑事判决既未直接认定涉案房屋买卖合同无效，也不构成涉案合同无效或者可撤销的法定事由，且涉案合同亦不具备其他无效和可撤销事由。

综上所述，何某乙涉案行为符合表见代理构成要件，且涉案房屋买卖合同不具有无效和可撤销的内容，涉案房屋买卖合同有效，现原告主张返还案涉房屋不应予以支持。

三、刑事追赃程序与民事权益保护之冲突处理

在涉合同诈骗刑民交叉案件中，刑事追赃程序与民事权益保护之间仍有如下问题，一是刑事追赃与民事责任的冲突协调问题，二是被代理人合同责任与刑事被告人赔偿责任问题，三是代理人与被代理人之间的赔偿责任问题，本文将作进一步延伸探讨。

（一）买受人权益保护与刑事被告人退赔责任之协调

现行刑法和刑事诉讼法相关司法解释均规定了“责令退赔”的责任方式，而责令退赔系一种基于犯罪行为而产生的民事赔偿责任。[②] 基于此，结合人民法院案例库案例“中国银行股份有限公司某分行诉伊某某等信用卡纠纷案”相关裁判要旨，当刑事判决明确进行追赃，在民事案件审理过程中，应对追赃与民事责任进行协调处理，即将从民事责任人赔偿范围内对追赃款予以扣减。[③]

---

① 人民法院案例库“广西壮族自治区来宾市人民检察院诉某科技公司等72名被告环境污染民事公益诉讼案——数人环境侵权的责任认定及责任承担”（入库编号：2023-11-2-466-012）认为，生效的刑事判决所确认的基础事实可在民事判决中予以采信，但刑事判决认定的事实未全部囊括全部侵权事实的，依然可以追究民事赔偿责任，并不存在民事与刑事的裁判冲突。

② 贾科、赵永华、王永红：《刑民交叉型合同诈骗类案件中民事法律关系处理机制新探》，载《人民司法（应用）》2013年第19期。

③ 人民法院案例库“中国银行股份有限公司某分行诉伊某某等信用卡纠纷案——刑事退赔不能填补损失时被害人有权对未承担刑事退赔责任的当事人另行提起民事诉讼”（入库编号：2024-08-2-502-001）认为，受害人有权就刑事责任主体之外的其他责任主体另行提起民事诉讼。受害人不能也不应通过刑事案件和民事案件双重受偿。双重受偿问题可通过对刑事追缴、退赔和民事责任的认定及执行程序进行平衡协调解决。

本案中，关联刑事案件判决，继续追缴赃款，返还被害人方某某十九万元购房款，且该判决于民事案件审理时尚未执行到位，结合民事案件审理情况来看，涉案19万元购房款应予扣减，不予返还。

（二）被代理人合同责任与刑事被告人退赔责任之关系

鉴于刑事被告人的赔偿责任与被代理人的合同责任本质上系一种不真正连带责任，而不真正连带债务本质上系为了更好地保护债权人的合法权益，具体来说，被告人的民事责任与被代理人的合同责任系基于不同发生原因而对同一债权人产生的同一给付标的，其中一个债务完全履行，另一债务便告消灭。[①]在此类涉合同诈骗罪刑民交叉案件中，被代理人的合同责任与刑事被告人的退赔责任发生的根源均在于犯罪行为，因而刑事被告人应当为终局责任承担人，被代理人在承担合同责任后，亦有权向刑事被告人追偿。

（三）被代理人对合同相对人可能负有赔偿责任

刑事被告人和被代理人之间属于无权代理关系，被代理人和买受人之间未实际建立合同关系。在基于过错承担赔偿责任的情况下，其责任性质应为补充赔偿责任。具体而言，刑事被告人作为直接侵权责任人，应当对其行为所造成的全部损失承担赔偿责任，被代理人本身并未直接侵权，但是其可能在客观上对刑事被告人完成犯罪起到了辅助作用，此种情形下如构成违反安全保障义务所产生的侵权责任，被代理人应当对合同相对人造成的损失承担补充赔偿责任。

在审理涉合同诈骗罪刑民交叉案件时，在先的关联刑事案件判决刑事被告人构成合同诈骗罪并责令退赔，房屋登记权利人由此提起返还原物纠纷民事诉讼，但是，买受人已实际占有涉案房屋并居住多年，当民事合同效力认定与关联刑事生效判决认定事实存在逻辑冲突时，合同法律关系并不当然无效。综合考虑房屋属性、购房方式、亲缘关系、出借银行卡及相对人审查注意义务等情况，当涉案民事行为符合表见代理构成要件时，应当认定合同有效。同时，在

① 贾科、赵永华、王永红：《刑民交叉型合同诈骗类案件中民事法律关系处理机制新探》，载《人民司法（应用）》2013年第19期。

审理民事案件时，关联刑事案件尚未退赔到位的，应当从民事责任人赔偿范围内对刑事案件追赃款予以扣减。

编写人：安徽省滁州市中级人民法院 张菲菲 高 峰

（三）排除妨害纠纷

17

排除妨害请求权中妨害行为的认定

——谢某某诉广西某高速公路公司等排除妨害案

【案件基本信息】

1. 裁判书字号

广西壮族自治区西林县人民法院（2023）桂1030民初962号民事判决书

2. 案由：排除妨害纠纷

3. 当事人

原告：谢某某

被告：广西某高速公路公司（以下简称某高速公路公司）、中国某集团公司（以下简称某集团公司）、江苏某路桥公司（以下简称某路桥公司）、中国某财产保险公司（以下简称某保险公司）

【基本案情】

某高速公路公司将某高速公路建设工程发包给某集团公司，某集团公司又将某高速某路桥工程分包给某路桥公司，其中包括某一号桥施工。谢某某及其父母、祖母以家庭承包的方式承包了案涉面积为8.16亩的土地，某一号桥位于该土地上方。2013 年谢某某的父母在该土地上种植了沙糖桔。2022 年 9 月 15 日 20 时至 16 日 20 时，当地出现暴雨，暴雨冲刷大量沙石、泥土到案涉土地。

谢某某认为被告在建设某一号桥施工过程中，未做好护坡及排水措施，才导致大量沙石、泥土从桥梁下方冲刷至案涉土地，导致土地无法再进行耕种，为此诉至法院，要求被告对案涉土地进行复耕，恢复土地原状。某高速公路公司、某路桥公司以谢某某果地受损系暴雨不可抗力因素导致，与施工行为不存在因果关系等理由抗辩。

案件审理过程中，经现场实地调查，有大小不等的沙石、泥土堆积，掩埋谢某某的土地面积约 1.5 亩。

【案件焦点】

被告援引不可抗力排除原告物权妨害排除请求权的抗辩是否成立。

【法院裁判要旨】

广西壮族自治区西林县人民法院经审理认为：某路桥公司进行某高速公路某一号桥梁的施工导致原地形、地势有一定程度的改变，但是某路桥公司未建护坡或采取排水措施，以至于暴雨来临时大量沙石、泥土冲刷、堆积到处在桥梁下方地势低洼的案涉土地。谢某某的土地现状是某路桥公司的施工行为、暴雨天气共同作用所导致的，谢某某有权要求某路桥公司对案涉被掩埋的约 1.5 亩土地进行复耕，恢复土地原状。某高速公路公司、某集团公司不是具体的施工方，在本案中不存在过错，不应承担本案责任。谢某某要求对案涉土地进行复耕，恢复土地原状，不属于某保险公司承保的范围，某保险公司也不应承担本案责任。

广西壮族自治区西林县人民法院依照《中华人民共和国民法典》第一百七十九条第一款第五项、第二百三十六条规定，判决：

一、某路桥公司于本判决生效之日起立即对原告谢某某案涉约 1.5 亩的土地进行复耕，恢复土地原状；

二、驳回原告谢某某其他诉讼请求。

宣判后，双方当事人均未提起上诉，一审判决已经生效。

【法官后语】

排除妨害作为物权请求权体系中的重要组成部分，是保障物权人对特定物享有圆满支配状态的核心救济手段。依据《中华人民共和国民法典》第二百三十六条之规定，当物权遭受现实妨害或面临潜在妨害风险时，权利人可行使排除妨害请求权或消除危险请求权。然而，由于该条文规定得较为原则化，围绕排除妨害请求权的构成要件、不可抗力抗辩能否适用等问题尚存在分歧。先结合本案例对上述问题展开探讨。

一、排除妨害请求权的构成要件

理论上普遍认同排除妨害请求权成立需同时满足以下要件：请求权人享有物权、存在对物权的妨害事实且该妨害状态持续存在、物权人不存在对妨害的容忍义务等。实践中，权利人请求排除妨害，不需要证明相对人具有过错，只需要证明其享有物权的特定物被他人妨害或遭受危险即可。

1. 请求权人享有物权。《中华人民共和国民法典》第二百三十六条规定“权利人”有权请求排除妨害，请求权利主体涵盖所有权人，或者依法律规定行使所有权权能的人以及他物权人。请求权人若欲通过排除妨害请求权维护自身权益，首要前提是证明其对物享有物权。此外，排除妨害请求权的行使以妨害具有可排除性为必要条件，若妨害在客观上无法排除，此时排除妨害请求权将无法适用，权利人仅能寻求损害赔偿等其他救济途径。本案中，原告承包经营案涉土地多年，享有农村土地承包经营权，原告对案涉土地享有的用益物权，应受法律保护。

2. 存在造成物权妨害事实且状态持续存在。判断妨害的标准，以普通理性人的认知标准为基础，结合物权的具体内容加以认定。物权作为绝对权，物权人对物享有排他性的支配权，以任何形式干涉物权人对物权的支配均构成妨害他人物权，影响他人对物权享有的圆满支配状态。同时，妨害须处于持续存在状态，若妨害行为已结束，则排除妨害请求权就失去了适用基础。本案中，经现场实地调查，确因工程施工未做好护坡及排水措施，导致大量泥沙被冲击到案涉土地上，影响了原告的农业种植经营，原告的合法权益受损，妨害事实清楚，侵权行为确实存在。

3. 妨害具有违法性。关于妨害违法性的判断，通说观点以权利人无容忍义务为标准。依据“谁主张，谁举证”原则，排除妨害请求权的权利人需举证证明妨害行为具有非法性。本案中，原告享有案涉土地承包经营权，被告某路桥公司在施工过程中，致使案涉土地地表结构遭到破坏，连日暴雨冲击大量砂石泥土到案涉土地上，土壤表层受损，农作物生长受到影响，原告对案涉土地的占有、使用、收益的权利受到妨害。被告未能提供证据证明原告对该妨害负有容忍义务，法院据此认定该妨害具有违法性，原告的排除妨害请求成立。

二、排除妨害诉讼中相对人能否以不可抗力进行抗辩

对于妨害何以归责于妨害人的问题，通说观点主张应当采取无过错的因果判断方式。妨害人之所以需承担排除妨害的责任，根源在于其对物权人的支配领域进行了不当干涉，导致物权支配秩序在法律与事实层面出现不一致。且无论该不一致状态的产生是因为妨害人的积极行为，还是其控制下的物或者设施所致，妨害人都负有矫正的义务。即排除妨害不以妨害人存在过错为前提，只要妨害状态为法律所禁止，妨害人就应承担排除责任。

本案争议的焦点便是，妨害状态系因不可抗力引发时，相对人能否以不可抗力作为抗辩理由。案件中实际施工人作为专业路桥公司，应当知道高速公路建设容易引发或加剧泥石流、滑坡等环境地质问题，特别是在某高速公路建设中，高填深挖路段较多，土石方的大量开挖，破坏了岩土体的稳定性，以及公路两侧植被的分布，再加上陡峭的路堑坡度、不良的排水结构，以及水流方向的改变等因素，极有可能导致崩塌、滑坡、泥石流等地质灾害，作为有经验的施工人有义务采取合理措施避免妨害发生。在归责上，由于与妨害行为形成原因竞合的是自然力，而该自然力对于妨害产生的可能性是施工人能够或者应当预见的，故排除妨害的责任应由被告某路桥公司承担。而某高速公路公司、某集团公司虽与施工行为存在一定关联，但并非具体施工主体，且对原告物权的妨害不存在过错，不应承担责任。

编写人：广西壮族自治区西林县人民法院　周光亮

18

业主对闷顶层主张使用权是否属于民事诉讼受案范围

——吴某、刘某诉浦某排除妨害案

【案件基本信息】

1. 裁判书字号

江苏省无锡市惠山区人民法院（2023）苏0206民初2095号民事裁定书

2. 案由：排除妨害纠纷

3. 当事人

原告：吴某、刘某

被告：浦某

【基本案情】

吴某、刘某系夫妻，二人与浦某系无锡市惠山区某小区一墙之隔的邻居。吴某、刘某是该小区某栋A02号业主，浦某是其隔壁A01号业主。浦某所在房屋屋顶存在一闷顶层，通过浦某房屋室内楼梯可进入该闷顶层，浦某认为该闷顶层系其房屋专属部分，归其所有，其未经其他业主及小区物业公司同意，对该闷顶层进行了简单装修。吴某、刘某认为其作为浦某的邻居对该闷顶层拥有同等使用权，故其在自己楼顶处开挖了一处洞口通往该闷顶层内部，并以浦某擅自占用公共设施为由诉至法院，主张就该部分面积行使一半使用权。

经查，诉争区域面积均未登记于双方各自不动产权证中。案涉闷顶层并非一处独立空间，不属于业主专有部分，而系房屋闷顶层，主要用于防热、防雨、检修小区楼内管道。

某市住建局曾分别向浦某、吴某下发《责令改正（停止）违法行为通知书》，认定浦某与吴某均存在进行房屋装修时将闷顶层检修口扩大尺寸的行为，均涉嫌违反《无锡市房屋安全管理条例》相关规定，责令二人立即整改；并向浦某下发《责令改正通知书》，认定浦某在室内装饰装修过程中存在侵占闷顶层（非产权所有）区域的行为，责令其立即停止侵占行为，恢复原状。浦某、吴某均未履行上述整改义务。

【案件焦点】

如何认定闷顶层的法律属性及双方当事人对于闷顶层加装行为的性质。

【法院裁判要旨】

江苏省无锡市惠山区人民法院经审理认为：根据某市住建局下发的责令整改通知书，浦某违规扩大闷顶层检修口尺寸并违规装修闷顶层侵占公共空间的行为，对公共部位和设施造成损害，该单位已限期浦某停止侵占行为，恢复原状。吴某亦存在自行扩大闷顶层检修口的违规行为，亦被某市住建局责令恢复原状。故，本案双方均存在违法行为，双方均无案涉闷顶层的相应产权，根据法律规定，闷顶层系房屋公共空间部分，应系全体业主共同所有，任何一方不得私自占用、装修、扩建，吴某、刘某要求行使该闷顶层一半之使用权，该诉讼标的本身违反法律规定及相关行政法规，政府相关行政主管部门亦已对其先予认定并处理，责令双方限期整改并恢复原状，故吴某、刘某的起诉不属于民事诉讼受理范围。

江苏省无锡市惠山区人民法院依照《中华人民共和国民事诉讼法》第一百二十二条第四项、第一百五十七条第一款第三项，《最高人民法院关于适用〈中华人民共和国民事诉讼法〉的解释》第二百零八条第三款规定，裁定如下：

驳回吴某、刘某的起诉。

宣判后，双方当事人均未提起上诉，一审裁定已经生效。

【法官后语】

本案实质上系对建筑物区分所有权产生争议引发的诉讼，厘清闷顶层的法律属性及双方当事人对于闷顶层加装行为的性质，是解决本案纠纷的关键所在。

一、闷顶层的法律性质

闷顶层通常指的是位于建筑物顶层、利用屋盖空间搭建的空间狭小的架空封闭空间（通常无窗，仅留有狭小换气口），它具有一定使用功能，可以起到保温、隔热、防渗漏的作用，大部分闷顶层在设计之初并无储物功能，而往往用于安装公共消防管道、排水管道等公共设施，以便于公共设施的检修维护。

关于闷顶层权属性质的问题。根据《最高人民法院关于审理建筑物区分所有权纠纷案件适用法律若干问题的解释》第二条规定："建筑区划内符合下列条件的房屋，以及车位、摊位等特定空间，应当认定为民法典第二编第六章所称的专有部分：（一）具有构造上的独立性，能够明确区分；（二）具有利用上的独立性，可以排他使用；（三）能够登记成为特定业主所有权的客体……"就本案而言，根据法院向住建部门调查核实的情况，案涉楼顶平台的建筑物是闷顶层，并非双方所称"阁楼"。首先，从物理结构上来说，房屋的专有部分仅指由建筑材料组成的四周上下均为封闭的空间，该空间在构造上和使用上必须具有独立性，而案涉闷顶层位于楼顶平台，依附于双方当事人的房屋而建，不具有构造上的独立性；其次，从功能用途上来说，开发商设计房屋之初仅在浦某屋顶留有一狭小通道通往闷顶层，以便于楼栋内管道的检修，根据该功能可以认定案涉闷顶层在利用上不具有独立性，仅为双方的房屋提供防热、防雨功能及便利整体楼栋的管道维修之公共效用，如离开楼顶空间实质上并无经济价值；再次，从不动产物权登记制度上来说，《中华人民共和国民法典》第二百零九条第一款规定，不动产物权的设立、变更、转让和消灭，经依法登记，发生效力；未经登记，不发生效力，但是法律另有规定的除外。审理中查明，案涉闷顶层区域面积未登记在任何一方名下，故该部分面积并非任何一方专有部分，双方均不享有单独占有、使用、收益和处分的权利。综上，可以认定案涉闷顶层属于《最高人民法院关于审理建筑物区分所有权纠纷案件适用法律若干问题的解释》第三条规定的共有部分，应为全体业主共有并由全体业主共同管理，任何业主都无权单独主张行使使用权。

二、关于业主私自改装闷顶层行为的定性

建筑物区分所有权人行使共有权，须按照其本来用途使用共有部分，须维持共有部分现状，不允许区分所有权人在未经其他业主同意的情况下擅自改变共有部分的外形和结构。建筑物区分所有权中的共有部分，应由全体业主共有并行使共同管理权，对于部分业主擅自占用、处分业主共有部分、改变其使用功能或者进行经营性活动，《中华人民共和国民法典》及《最高人民法院关于审理建筑物区分所有权纠纷案件适用法律若干问题的解释》均规定，其他具有利害关系的业主有权请求排除妨害、消除危险、恢复原状或者赔偿损失。本案中，浦某未经其他共有人同意，违背闷顶层的自然物理属性和功能用途，擅自将闷顶层检修口扩大尺寸并改变其使用功能，超出其行使专有权的范围，侵害了其他业主的共有权和共同管理权。

三、业主主张对闷顶层行使使用权是否属于民事诉讼受理范围

《中华人民共和国民事诉讼法》第一百二十二条规定，起诉必须符合下列条件：(1) 原告是与本案有直接利害关系的公民、法人和其他组织；(2) 有明确的被告；(3) 有具体的诉讼请求和事实、理由；(4) 属于人民法院受理民事诉讼的范围和受诉人民法院管辖。首先，吴某、刘某作为具有利害关系的业主有权主张浦某将案涉闷顶层恢复原状，但因本案双方均存在改装闷顶层的违法行为，吴某、刘某在未征得全体业主同意的情况下，主张行使共有部分的“一半使用权”，并通过开挖洞口强行介入闷顶层，既改变了共有部分的原状（扩大检修口），又可能危及建筑物安全（如破坏屋顶结构），其请求并非合法的民事权利主张。其次，行政机关已对本案双方的违法行为作出否定性评价并要求整改。此时，吴某、刘某不首先履行行政整改义务，反而通过民事诉讼主张违法状态下的“使用权”，实质是试图通过民事诉讼程序规避行政监管，与“行政权先行”原则冲突，现行政机关责令双方恢复原状，此时争议焦点已转化为对行政决定的履行问题，而非民事法律关系中的权利义务争议，故不属于人民法院民事审判权限范围。

综上，吴某、刘某主张行使改装后的闷顶层的使用权，该诉讼标的本身违反法律规定及相关行政法规，不应属于民事案件受理范围。

编写人：江苏省无锡市惠山区人民法院　余杭航

19

依生效执行裁定取得房屋所有权的权利人主张房屋交付前占有使用费的路径选择

——王某某诉贾某某、李某甲排除妨害案

【案件基本信息】

1. 裁判书字号

北京市第一中级人民法院（2023）京01民终8385号民事裁定书

2. 案由：排除妨碍纠纷

3. 当事人

原告（上诉人）：王某某

被告（被上诉人）：贾某某、李某甲

【基本案情】

根据（2016）晋0202执577号执行裁定书，王某某于2019年5月29日取得案涉房屋所有权，并于2019年6月24日办理了不动产登记，登记为王某某单独所有。根据（2016）晋0202民初第48号民事调解书，李某欠贾某某借款本金130万元，李某从2016年3月起每月至少归还贾某某10万元，至2016年12月底前全部还清。贾某某在庭审中出具了案涉房屋的不动产权登记证原件，并称其于2015年年底、2016年年初住进案涉房屋至今。故，王某某向法院提起诉讼，请求判令：（1）贾某某、李某甲将案涉房屋腾退交还给王某某；（2）贾某某、李某甲支付房屋占用费20.7万元（自2019年6月29日起至2023年3月30日止，按每月4500元），并按每月4500元的标准计算到实际腾退之日；（3）刘某某、李某乙协助贾某某、李某甲将上述房屋腾退交还给王某某，或和王某某继续履行剩余租期的租赁合同。

贾某某、李某甲辩称：李某为还借款，把房本给了贾某某，后来双方签了房屋买卖合同，把案涉房屋卖给贾某某，故不同意腾房和支付占有使用费。刘某某、李某乙述称："刘某某于2022年4月与贾某某签订了租赁合同，刘某某租的一间每月租金是1500元，李某乙租的一间每月租金是1600元，还有一间是贾某某占着。因为屋内断水断电，屋内被砸，没法居住，王某某于2023年5月向我们要了1000元押金，我们于2023年5月31日搬走了。"

【案件焦点】

房屋权利人因生效裁判取得房屋权利，履行义务人或协助履行义务人迟延腾房的，房屋权利人应在执行程序中主张损失还是可另诉主张损失。

【法院裁判要旨】

北京市昌平区人民法院经审理认为：起诉必须符合下列条件：（1）原告是与本案有直接利害关系的公民、法人和其他组织；（2）有明确的被告；（3）有具体的诉讼请求和事实、理由；（4）属于人民法院受理民事诉讼的范围和受诉人民法院管辖。本案中，王某某通过司法拍卖程序取得了案涉房屋的权利证书，其依据该权利证书要求二被告腾退，该问题实质上是司法拍卖财产的移交问题，王某某应该通过强制执行程序解决。故，本案并非民事诉讼受案范围。

北京市昌平区人民法院依照《中华人民共和国民事诉讼法》第一百二十二条、《最高人民法院关于人民法院民事执行中拍卖、变卖财产的规定》第二十七条、《最高人民法院关于适用〈中华人民共和国民事诉讼法〉的解释》第二百零八条第三款规定，裁定如下：

驳回王某某的起诉。

王某某不服一审判决，提起上诉。

北京市第一中级人民法院经审理认为：《最高人民法院关于人民法院民事执行中拍卖、变卖财产的规定》第二十七条规定："人民法院裁定拍卖成交或者以流拍的财产抵债后，除有依法不能移交的情形外，应当于裁定送达后十五日内，将拍卖的财产移交买受人或者承受人。被执行人或者第三人占有拍卖财产应当移交而拒不移交的，强制执行。"本案中，王某某起诉要求腾退案涉房屋，依据上述规定，该诉求属于强制执行程序应解决的问题，而其支付房屋占用费的诉讼请求亦可在房屋腾退后再行主张。故，一审法院裁定驳回王某某的起诉并无不当。

北京市第一中级人民法院依照《中华人民共和国民事诉讼法》第一百七十七条第一款第一项、第一百七十八条规定，裁定如下：

驳回上诉，维持原裁定。

【法官后语】

房屋权利人据生效裁判取得房屋权利后，因履行义务人或协助履行义务人未按生效裁判确定的时间向房屋权利人腾房，房屋权利人应通过何种途径对腾房前的损失进行救济？司法实践中存在三种不同观点：观点一认为，房屋权利人应在执行程序中主张。主要理由：根据《最高人民法院关于人民法院民事执行中拍卖、变卖财产的规定》第二十七条规定，履行义务人或协助履行义务人拒绝腾房的，房屋权利人应当申请强制执行，房屋权利人的损失是因履行义务人或协助履行义务人拒绝腾房造成的，也应一并在执行程序中解决。观点二认为，房屋权利人应另行起诉主张占有使用费。主要理由：占有使用费与腾房不属于同一法律关系，占有使用费实质是房屋权利人向占有人主张因占有房屋造成损失的赔偿，属于民事案件的受案范围，应另诉解决。观点三认为，房屋权利人待执行腾房后可另诉主张占有使用费。本案最终采取了这种观点，理由如下：

一、房屋权利人可通过迟延履行金而非占有使用费形式在执行程序中主张权利

生效裁判必须履行。履行义务人不履行义务，权利人可申请法院强制执行，并根据《中华人民共和国民事诉讼法》第二百六十条规定及《最高人民法院关于适用〈中华人民共和国民事诉讼法〉的解释》第五百零四条规定向被执行人

主张迟延履行金。迟延履行金既具有补偿性质，对权利人迟迟未获履行的损失进行补偿，也具有惩罚性质，不论权利人是否因迟延履行产生损失均可向被执行人主张迟延履行金。所以，在履行义务人或协助履行义务人未按生效裁判确定的时间履行腾房义务时，房屋权利人可以申请强制执行，并向被执行人或履行义务人主张迟延履行金。而腾房义务属于非金钱给付义务，未腾房必然给房屋权利人造成损失，按照《最高人民法院关于适用〈中华人民共和国民事诉讼法〉的解释》第五百零五条规定，房屋权利人可向被执行人或履行义务人主张双倍补偿受到的损失，损失标准为房屋的占有使用费。本案中，王某某依据生效裁判从李某处取得房屋所有权，但李某并未履行生效裁判，王某某有权申请强制执行，并在执行程序中以房屋占有使用费的二倍标准向李某主张迟延履行金。

二、房屋权利人亦可另行起诉向履行义务人或协助履行义务人主张占有使用费

房屋权利人因生效裁判取得的房屋权利属于物权，具有对世性。不论履行义务人或协助履行义务人在此之前基于何种原因占有房屋，亦不论其占有系合法还是非法，其自生效裁判确定的履行义务的起始之时起，即当然地负有向房屋权利人腾房的义务，即向房屋权利人转移房屋占有，否则就构成对房屋权利人物权的侵害。房屋权利人向房屋占有人主张占有使用费，就是向侵权人主张因物权受侵害造成的损失赔偿。因此，房屋权利人主张占有使用费具有侵权请求权基础。同时，不论因履行原生效裁判确定的义务是否实际上损害了占有人的合法权益，在其另行起诉主张房屋权利并得到法院支持前，占有人对于房屋的占有均无法律依据。履行义务人或协助履行义务人因占有房屋享有占有利益，且其占有因生效裁判而丧失占有依据，而房屋权利人却因此遭受损失，二者之间存在因果关系，房屋权利人据此可向履行义务人或协助履行义务人主张不当得利返还，即占有使用费。因此，房屋权利人主张占有使用费亦具有不当得利请求权基础。可见，房屋权利人另行起诉向履行义务人或协助履行义务人主张占有使用费，具有侵权和不当得利双重请求权基础，二者构成请求权上的竞合。该占有使用费涉及的法律关系与原生效裁判所涉的法律关系并非同一法

律关系，因此，占有使用费不能在执行程序中解决，只能另诉主张。但占有使用费与以占有使用费为标准主张的迟延履行金的目的是一致的，房屋权利人只能择一主张权利，房屋权利人在执行程序中未就迟延腾房向被执行人或履行义务人主张迟延履行金的，可另诉向履行义务人或协助履行义务人主张占有使用费。本案中，王某某既可以在执行程序中向李某主张迟延履行金，也可以向房屋实际占有使用人贾某某、李某甲另诉主张房屋占有使用费，但二者只能择一主张。

三、特殊情形下，房屋权利人另诉协助履行义务人支付占有使用费的权利受限

房屋权利人主张占有使用费的期间应自履行义务人或协助履行义务人应向房屋权利人转移房屋占有而未转移之时起，至履行义务人或协助履行义务人实际向房屋权利人转移占有之时止。司法实践中，当房屋权利人在执行腾房尚未完毕之前即另诉主张占有使用费时，法院一般对已经发生的占有使用费作出判决，或者判决至实际腾房之日止的占有使用费。但本案中，王某某与李某之间的执行案件的管辖法院为山西某法院，该执行案件正在办理过程中，案涉房屋占有终止时间尚未确定，房屋权利人的损失亦不确定并处于持续发生状态，且王某某在本案中未向法院提交证据证明其在前述执行案件中未向李某主张迟延履行金，其亦随时有在执行案件中向李某主张迟延履行金的可能性。此时，如在本案中对房屋权利人主张的已发生部分的占有使用费先行处理，后续因占有持续状态会不断产生新的诉讼，权利人可能就不同的占有期间向不同的主体主张不同性质的权利，甚至出现双重受偿的情形。另外，履行义务人李某与协助履行义务人贾某某、李某甲之间就给付王某某的迟延履行金或占有使用费的最终责任承担问题亦会产生新的诉讼，在前述各情形叠加之下径行先就本案作出实体判决，不利于各方之间的纠纷得以完全解决，更会给各方当事人平添不必要的诉累。因此，本案最终认为，从纠纷实质性化解角度来说，实际腾房前房屋权利人暂不宜另诉主张部分占有使用费，其应直接在执行程序中主张迟延履行金或者在腾房完毕后一次性另诉主张全部占有使用费。

编写人：北京市第一中级人民法院　何锐　唐静静

20

涉建设工程排除妨害纠纷案件中责任主体的认定

——某某房地产开发有限公司诉江苏某某建设工程有限公司等排除妨害案

【案件基本信息】

1. 裁判书字号

山东省威海市中级人民法院（2023）鲁10民终1162号民事判决书

2. 案由：排除妨害纠纷

3. 当事人

原告（被上诉人）：某某房地产开发有限公司（以下简称某房地产公司）

被告（被上诉人）：江苏某某建设工程有限公司（以下简称某建工公司）、秦某甲、秦某乙

被告（上诉人）：某某建筑机械租赁有限公司（以下简称某甲租赁公司）

【基本案情】

某建工公司曾用名为某集团有限公司（以下简称某集团）。2013年6月18日，某房地产公司与某集团签订建设工程施工合同，后签订《补充协议》，约定某集团系某房地产公司开发的某家园二期项目总包单位。关于工程具体施工人，某建工公司、秦某甲及秦某乙各执一词。后某房地产公司进行重整，某建工公司向某房地产公司管理人申报建设工程款债权9067955.72元并要求确认其享有某房地产公司已经抵顶工程款的56套房屋的所有权。2021年3月16日，某房地产公司管理人向某建工公司发出通知限期拆除位于工地上的塔吊等设备。3月21日，因管理人未确认某建工公司申报债权，其不同意拆

除。4月24日，某房地产公司管理人未通过某建工公司申报的债权审查。后某建工公司向法院提起破产债权确认诉讼。因未依法预交案件受理费，法院裁定按撤诉处理。8月2日，某建工公司进行破产清算。10月26日，秦某甲向某房地产公司主张某建工公司对某房地产公司的权益应当由其享有，并附某建工公司于2018年1月3日出具的情况说明。情况说明的主要内容是秦某甲借用某建工公司的资质进行案涉工程的施工，相关权益归秦某甲所有。2021年11月1日，某房地产公司再次通知某建工公司尽快拆除工地上的建筑设备，依法向其移交工地；并要求某建工公司明确其与秦某甲之间的关系。庭审中，某建工公司认可秦某甲系其公司威海分公司的负责人，不认可秦某甲系借用其公司资质施工。

2013年6月26日，某乙租赁公司与某建工公司威海分公司签订塔机租赁合同。10月8日，某乙租赁公司与某甲租赁公司签订建筑机械租赁权利义务转让协议书，将其在该租赁合同当中的权利义务整体转让给某甲租赁公司。其作为塔机的出租方因某建工公司欠其租赁费，且不确认某乙租赁公司主张的债权，某乙租赁公司、某甲租赁公司不同意拆除案涉塔机。某家园二期工程工地上仍有某甲租赁公司的塔机二台及其上附着的两个标准节和一套附墙及某租赁站的架子管等，由秦某乙派4名工人在场看管，某房地产公司至今尚未接收工地。

【案件焦点】

某甲租赁公司是否负有与某建工公司、秦某甲、秦某乙共同拆除案涉塔机并向某房地产公司移交工地之义务。

【法院裁判要旨】

山东省威海市环翠区人民法院经审理认为：人民法院受理破产申请后，管理人对破产申请受理前成立而债务人和对方当事人均未履行完毕的合同有权决定解除或者继续履行，并通知对方当事人。管理人自破产申请受理之日起二个月内未通知对方当事人，或者自收到对方当事人催告之日起三十日内未答复的，视为解除合同。本案中，某房地产公司与某建工公司之间的建设工程施工合同，某建工公司与某成公司的租赁合同，均系某房地产公司及某房地产公司破产案件受理前成立的合同，且均未履行完毕，某房地产公司破产管理人在法院受理破产申请之日起二个月内未通知对方当事人，上述合同依法解除。合同解除后，某房地产公司及某甲租赁公司均应协助拆除案涉工地上的塔机及附属设备，按照破产管理人的要求将案涉工程移交给某房地产公司破产管理人，对于各自债权提出权利主张。至于秦某甲、秦某乙是借用资质承包建设工程还是实际施工人，均可持证据向某建工公司及某房地产公司管理人主张，但不应妨害某房地产公司管理人接收案涉工程工地及后续开发建设。综上，某房地产公司请求四被告拆除位于案涉工地上的塔机及附属设备并移交工地，于法有据，予以支持。

山东省威海市环翠区人民法院依照《最高人民法院关于适用〈中华人民共和国民法典〉时间效力的若干规定》第一条第三款、《中华人民共和国民法典》第二百三十六条、《中华人民共和国民事诉讼法》第一百四十七条规定，判决：

被告某甲租赁公司、某建工公司、秦某甲、秦某乙于本判决生效之日起三十日内将位于案涉工地上的二台塔机及塔机上附着的两个标准节和一套附墙拆除，并向原告某房地产公司移交某家园二期项目工地。

某甲租赁公司不服一审判决，提起上诉。

山东省威海市中级人民法院经审理认为：某房地产公司与某建工公司之间的建设工程施工合同因某房地产公司进入破产程序而解除，该建设工程施工合同解除后，基于该建设工程施工合同而产生的某乙租赁公司与某建工公司、秦某甲、秦某乙之间就案涉工地所签订的建筑机械设备租赁合同丧失继续履行的基础，某甲租赁公司亦丧失继续占有施工场地放置塔机的基础，且案涉塔机已停止使用并长期闲置在工地，已对某房地产公司重整阶段的正常经营产生妨害，某甲租赁公司作为塔机的所有权人及出租方应与施工方某建工公司、秦某甲、秦某乙共同将案涉塔机拆除并搬离工地，某房地产公司的诉讼请求具有事实及法律依据，予以支持。另，某房地产公司提起的是排除妨害诉讼，形成妨害的是案涉塔机，而案涉塔机的所有权人系某甲租赁公司，某甲租赁公司理应承担塔机的拆除义务，至于某甲租赁公司与某建工公司、秦某甲、秦某乙就案涉塔机租赁合同的权利义务关系、某房地产公司与相关行为人之间的法律关系及责任等，均不属于本案排除妨害之诉的审查范围，对于由此产生的其他争议当事人可另行依法主张相应权利。

山东省威海市中级人民法院依照《中华人民共和国民事诉讼法》第一百七十七条第一款第一项规定，判决：

驳回上诉，维持原判。

【法官后语】

本案为建筑工程领域的排除妨害纠纷，涉多方主体和多重合同关系，各主体因其债权未被确认、履行而拒不配合排除妨害，致权利人物权受损。审理类似案件，应以物权请求权为核心，依次查明物权、妨害行为及责任主体。

一、涉建筑工程排除妨害纠纷案件审理的法理基础问题和规范依据

1. 确认物权主体。妨害排除请求权的基础权利是物权，享有合法物权是行使妨害排除请求权的前提。《中华人民共和国民法典》第二百三十六条规定，妨害物权或者可能妨害物权的，权利人可以请求排除妨害或者消除危险。物权是绝对权，具有排他属性，因此物权人可要求除去阻碍物权行使的障碍。具有妨害排除请求权的主体包括所有权人、行使所有权权能的人和他物权人，他物权人又包含用益物权人和担保物权人。针对同一标的物可同时存在自物权和他物权，但因二者权利位阶不同，具有更高位阶的自物权人可排除他物权人对其物权行使的阻碍。因此，在确认排除妨害责任主体前，应先确认被妨害的标的物及其物权性质及物权主体。

本案中，某房地产公司依法取得案涉工地的建设用地使用权，是他物权中用益物权的一种，其依法对该工地享有权利。其与某建工公司签订施工合同、某建工公司与案涉租赁公司签订租赁合同后，施工方、设备出租方等即有权在该工地上进行相关建设施工行为，其权利依赖某房地产公司的物权存在，且权能受限，在相关施工合同、租赁合同解除后，某建工公司、某甲租赁公司等主

体即丧失了该种权利，无权继续在该工地上施工或保留相关建筑设备。

2. 标的物是否构成了妨害、阻碍相关权利人正当行使权利。根据《中华人民共和国民法典》第二百三十六条规定，妨害物权或者可能妨害物权的，权利人可以请求排除妨害或者消除危险。本案中案涉塔机留存在工地且秦某乙等看守工地，导致某房地产公司无法进入、正常施工，已经构成持续的妨害状态，阻碍了某房地产公司行使物权。

3. 排除妨害责任主体的认定，相关合同关系以及当事人履约情况是认定排除妨害责任主体的事实依据。谁无权占有使用谁构成妨害，谁构成妨害谁应当排除妨害。此时应当查明妨害的原因，即向前探索相关合同关系以及履约情况。以本案为例，正是因为签订了施工合同后相关货款清偿未能达成一致，导致施工方拒不配合消除妨害。在该合同中，合同相对方为某房地产公司和某建工公司，合同内容为提供施工、支付款项，而某建工公司主张未支付款项，则需先行认定当事人履约情况即施工内容，并非本案审理范围，而实际施工方的认定也需另案解决，各方当事人在本案中提出的其债权尚未得到确认及清算的抗辩理由，并非其拒绝排除妨害的正当事由，债权清偿问题亦无法在本案中一并解决。

二、厘清涉建筑工程排除妨害纠纷相关的法律关系

涉建筑工程排除妨害纠纷往往存在着因各种施工、转包、分包合同等在先合同、连环合同的履行、清偿纠纷而产生妨害的情况，并存在多个合同主体，在审理过程中需要厘清最常见的合同法律关系。以本案为例，本案判决非合同相对方主体承担排除妨害责任，即首先查明了妨害设施及其责任主体，其次查明这些责任主体真正应当主张抗辩的权利义务人，即明晰其抗辩应否得到支持。本案判令某甲租赁公司承担责任，并非绝对性的突破合同相对性判令非合同主体承担责任，而是按图索骥，根据相关连环合同的主体进行明晰。某房地产公司与某建工公司签订施工合同，而后某建工公司某分公司又与某乙租赁公司签订租赁合同，某甲租赁公司受让某乙租赁公司在前述合同中的权利义务，环环相扣，而施工合同、租赁合同相继解除后，伴随而来的消除妨害义务也通过该

种义务链条进行了传递，故最终判令某甲租赁公司与某建工公司等主体共同承担责任。

三、审理建设工程类排除妨害案件需要注意的问题

建设工程类排除妨害案件主体众多，分包情况复杂，亦有众多供应商、设备厂家，在未得到清偿时，容易导致设立妨害阻止施工以要挟清偿的情况发生。本案还涉及公司破产及合同整体权利义务转让，更为复杂。排除妨害纠纷属于物权纠纷，审理时首先应确认物权权利人，而其中可能存在多个物权权利人，此时应明细各个权利人的权利位阶，如自物权应当高于他物权，从而明确设立相关妨害的行为是否正当。本案中涉及合同解除后合同主体附随的配合拆除、移交工地的义务，亦涉及非合同主体的配合移交责任，应根据相关合同法律规定，确定各义务主体的责任。在涉及连环合同等主体较为复杂的情况时，可通过梳理相关合同、主体等进行权利义务分配。审理中应以物权纠纷审理思路审查判断相关要素，首先是判断责任主体。某房地产公司系案涉工地合法的权利人，其对该土地享有物权，而相关合同解除后，某建工公司、某甲租赁公司、秦某甲、秦某乙即丧失了对于该工地的合法占有、使用的权利，无权在该工地上保留建筑设备。其次是判断妨害标的物是否构成妨害。本案中案涉塔机构成了妨害且一直持续，阻碍了某房地产公司施工。

综上，在审理涉建设工程排除妨害纠纷案件中对于责任主体的认定，首先，应识别物权权利主体，从而判断相关权利人是否有权主张排除妨害、相关妨害行为是否有存续之权利；其次，应查明妨害行为，是否阻碍相关权利人行使权利、是否一直持续；最后，应基于相关合同关系以及当事人履约情况等来认定排除妨害的责任主体。

编写人：山东省威海市环翠区人民法院　陈为良　孔令杰

21

地役权与相邻权的区分认定

——张某甲等诉姜某排除妨害案

【案件基本信息】

1. 裁判书字号

吉林省延边朝鲜族自治州中级人民法院（2023）吉24民终1349号民事判决书

2. 案由：排除妨害纠纷

3. 当事人

原告（上诉人）：张某甲、张某乙、王某

被告（被上诉人）：姜某

【基本案情】

本案案涉12个车库、无证房产和土地使用权原属于案外人袁某所有。2010年5月，袁某将案涉12个车库及无证房产抵债给案外人王某甲、李某甲、李某乙，（2009）汪法执裁字第2号执行裁定书要求王某甲、李某甲、李某乙对案涉车库“保证进出车辆通畅，维持现状”。嗣后，张某甲、张某乙夫妻购买其中6个车库，王某购买另外6个车库，张某甲与王某共同购买上述无证房产，三人将上述车库共同对外出租。2013年11月，袁某的另一处房产及土地使用权为姜某竞买所得。确认该竞买的（2012）汪法执补字第10-2号裁定要求“买受人姜某使用此土地时必须保证案涉车库车辆正常出入”。后因姜某在案涉车库和房产所在小区安装一扇铁门并用锁头固定，禁止车辆通行，导致出入案涉车库的大型货车受到限制。为此，张某甲、张某乙、王某提起诉讼，法院作出（2016）吉2424民初911号民事判决，判令姜某保证案涉车库车辆正常出入，不得锁住所建的铁门。张某甲、王某购买的案涉无证房产，坐落在姜某竞买所得土地上。经（2020）吉24终81号行政判决，前述无证房产被认定为违章建筑，现被强制拆除后形成一条新通道。案涉车库车辆可从该新通道正常出入。2023年5月，姜某又将前述铁门锁住。

【案件焦点】

姜某是否有义务在自己享有使用权的土地上为张某甲、张某乙、王某提供通行便利。

【法院裁判要旨】

吉林省汪清县人民法院经审理认为：王某甲、李某甲、李某乙依据（2009）汪法执裁字第2号执行裁定从袁某处取得案涉车库的所有权，该四人签收上述执行裁定时对裁定中“保证进出车库车辆通畅，维持现状”的内容未提出异议，可视为袁某与王某甲、李某甲、李某乙对案涉土地已设立地役权。此后，张某甲、张某乙、王某购买上述车库，姜某通过拍卖程序竞得案涉土地使用权。因拍卖裁定中要求“买受人姜某使用此土地时必须保证案涉车库车辆正常出入”，因此，姜某在受让案涉土地使用权的同时，张某甲、张某乙、王某主张的地役权对姜某亦具有约束力。因拆除违章建筑形成的新通道仍在姜某竞买的土地范围内，且该新通道能够满足“案涉车库车辆正常出入”。因此，张某甲、张某乙、王某要求开启案涉铁门，并保证车辆从该铁门出入的诉讼请求缺少事实依据。

吉林省汪清县人民法院依照《中华人民共和国民法典》第一百七十六条、第三百七十六条规定，判决：

驳回张某甲、张某乙、王某的诉讼请求。

张某甲、张某乙、王某不服一审判决，提起上诉。

吉林省延边朝鲜族自治州中级人民法院经审理认为：关于不动产权利人姜某对相邻权利人张某甲、张某乙、王某是否构成因通行必须利用其土地，并提供必要便利的问题。本案中，坐落在姜某竞买所得土地上的无证房已被生效判决认定为违章建筑，现该违章建筑被强制拆除后，案涉大院已形成新通道。经查，大型车辆可通过新通道正常出入，姜某所建铁门已不再是张某等三人通往车库的必经通道。邻地通行权作为权利的延伸，相邻权利人应将权利限制在合理的范围内，因客观环境发生变化可以改道通行时，应利用其他更为经济的路线通行，尽量减少给不动产权利人的生产、生活带来不便。因此，在客观情况发生变化，新通道能满足案涉车库车辆正常出入的情况下，张某甲、张某乙、王某应遵循团结互助、公平合理的原则行使相邻权，尽量减少给不动产权利人生产、生活带来不便。综上，一审法院驳回张某甲、张某乙、王某的诉讼请求，并无不当。

吉林省延边朝鲜族自治州中级人民法院依照《中华人民共和国民事诉讼法》第一百七十七条第一款第一项规定，判决：

驳回上诉，维持原判。

【法官后语】

地役权与相邻权两种制度较为相似，二者既有联系又有区别。因此，在审理涉及地役权或相邻权纠纷案件中，应当准确掌握地役权和相邻权的区别与联系，正确认定诉争法律关系的性质，进而准确适用法律。

一、地役权和相邻权制度的联系与区别

地役权是指利用他人不动产以有效地使用或经营自己不动产的权利，是依当事人意思表示而设立的一种独立的用益物权。相邻权是基于两个或两个以上相互毗邻不动产的所有权人或使用权人，在行使不动产的所有权或使用权时权利的延伸和限制。上述两种制度的设立目的都是调整不同的不动产权利人之间的权利义务关系，进而实现合理、共同、友好利用各自不动产的目的。

地役权和相邻权有着很多相似之处，如其基本内容都是不动产权利的延伸与限制，规范目的是调整不动产的利用，最终结果是形成对所有权的限制。但二者法律性质不同，适用于不同的法律关系。因此，辨析二者的区别是正确解决涉及地役权与相邻权的前提。

二者的区别主要表现在：一是不动产位置关系不同。地役权的设立不要求需役地与供役地直接相邻，只要存在利用的必要性和合同约定即可；而相邻权的产生基于不动产之间的毗邻关系，无法延伸至非相邻的不动产。二是权利性质不同。地役权属于独立的用益物权，具有物权支配性；相邻权属于所有权或使用权的法定限制或延伸，不是独立的物权。三是物权效力不同。地役权未经登记不得对抗善意第三人，而相邻权是法定权利，只要不动产相邻，权利即自动产生并具有对抗效力。四是经济效益不同。地役权基于双方约定，可以有偿也可以无偿；相邻权因法定自动产生，无须协商，通常也无须支付对价。五是权利救济的请求权基础不同。地役权人可以直接以地役权受到侵害为由行使物上请求权或损害赔偿请求权；相邻权中，受害人可以其享有的不动产所有权或使用权受到侵害为由依法向侵害人主张权利，但一般不能直接以相邻关系为基础提起诉讼，而应以不动产所有权或使用权的行使受到妨害为由提起诉讼。

二、本案当事人之间的法律关系性质认定

本案中，一审法院认为，袁某与王某甲等三人签收要求其提供通行便利的法院执行裁定书的行为，可视为在双方之间设立地役权，姜某作为案涉土地使用权受让人，张某甲等三人作为案涉车库的受让人，相应的地役权对姜某具有约束力，该论理存在瑕疵。地役权需基于当事人之间的合同约定产生，当事人签收执行裁定书只是认可执行裁定书的要求，并不能当然推定为具有设立地役权的意思表示。姜某与张某甲等三人之间也未形成有关地役权的书面合同或口头约定，张某甲等三人对案涉土地并未设立地役权。二审法院认为，因双方当事人的不动产相邻，相邻权作为法定权利，自不动产相邻关系成立时即存在，故张某甲等三人要求姜某保证案涉车库车辆正常出入，属于对相邻关系中通行权的行使，应适用相邻关系的相关规定予以审查。

三、不动产相邻权行使的限制

相邻权的行使以必要为原则。关于相邻关系的一方张某甲等三人是否构成因通行必须利用姜某的土地，姜某是否应当提供必要便利的问题。《中华人民共和国民法典》第二百九十一条规定："不动产权利人对相邻权利人因通行等必须利用其土地的，应当提供必要的便利。"本条所称"必须"，是指一方权利的行使以利用相邻一方的土地为条件，若不利用相邻一方的土地，就无法行使自己的民事权利，影响自己正常的生产生活。因在相邻关系中，一般相邻权利人的权利行使是无偿的，所以相邻权利人应将权利限制在合理范围内。就本案而言，因客观环境发生变化可以改道通行，应利用其他路线通行，尽量减少给不动产权利人的生产生活带来不便。

综上，审理此类纠纷时，只有厘清、掌握地役权和相邻权的区别与联系，准确判断一方利用另一方土地通行的必要性，选择对相邻另一方影响最小的方案，才能有助于促进相邻关系的和谐。

编写人：吉林省延边朝鲜族自治州中级人民法院　金花　王静　朴泽虎

22

虚拟产权式商铺业主之通行权应受合理限制

——高某某诉北京某技术有限公司等排除妨害案

【案件基本信息】

1. 裁判书字号

北京市第一中级人民法院（2024）京 01 民终 1670 号民事判决书

2. 案由：排除妨害纠纷

3. 当事人

原告（上诉人）：高某某

被告（被上诉人）：北京某技术有限公司（以下简称某技术公司）、甲公司、乙公司、丙公司、丁公司

【基本案情】

案涉商铺产权人系高某某，位于北京市海淀区某广场（以下简称案涉楼

宇）×号（以下简称案涉商铺），该商铺只有专有面积，不具备隔绝于其他商铺的空间。2007年3月24日，高某某与北京某开发公司就案涉商铺签订《北京市商品房预售合同》，同日与某商业公司就案涉商铺签订《委托经营合同》，就委托出租、统一经营事项进行了约定，委托经营期限至2017年8月30日。

北京某开发公司已获得案涉楼宇绝大多数商铺面积业主的同意和委托，对案涉楼宇进行对外出租和管理。就案涉商铺在内的部分房屋，北京某开发公司与北京某物业公司签订了租赁合同，同意北京某物业公司转租。某技术公司与北京某物业公司签订了《某广场房屋租赁合同》，显示案涉商铺的租期至2023年12月31日。包括案涉商铺在内的部分房屋现整体用于办公。

高某某称未经其同意，某技术公司等公司占有使用其案涉商铺，故主张某技术公司等公司不得阻挠其对案涉楼宇的正常通行。某技术公司称其系合法承租方，有权占有和使用案涉商铺；案涉商铺为分割式产权商铺，产权人的权利行使应当受到一定限制；高某某的诉求将直接损害其他业主的合法权益。甲、乙、丙、丁四公司辩称其不是案涉商铺的实际占有使用人。

另案生效裁判认定事实如下：2020年8月17日，北京某开发公司取得案涉楼宇装修改造的建筑工程施工许可证；合同工期为499天。该判决认为北京某开发公司对楼宇进行整体装修改造是为消除安全隐患、提升楼宇整体价值，其施工行为具有合法性，在施工过程中设立围挡，禁止非施工人员进入施工现场是安全施工的必然要求。

【案件焦点】

虚拟产权式商铺业主是否有权要求实际使用人排除妨害以保证其在案涉楼宇内通行。

【法院裁判要旨】

北京市海淀区人民法院经审理认为：业主行使权利不得危及建筑物的安全，不得损害其他业主的合法权益。现高某某的主张不能成立，理由如下：第一，甲、乙、丙、丁四公司并非案涉商铺的实际占有使用人，高某某对该四公司的诉请，没有事实与法律依据；第二，高某某虽为案涉商铺的所有权人，但该商铺并无物理上的四至，系分割式虚拟商铺，高某某在购买案涉商铺后就将案涉商铺委托他方经营管理，可见，高某某购买案涉商铺的目的也是获得租金收益；第三，某技术公司作为案涉商铺的实际占用使用人，案涉商铺系其从北京某物业公司处租赁而来，北京某物业公司是从北京某开发公司处租赁而来，而北京某开发公司作为开发商，持有案涉楼宇大部分产权面积，对案涉楼宇进行统一装修改造升级、将部分商铺对外统一出租，系对案涉楼宇的统一经营管理行为；第四，案涉商铺仅占案涉楼宇建筑面积中很小的一部分，高某某对商铺权利的行使不应当影响案涉楼宇整体功能的发挥及损害其他业主的利益；第五，在上述统一经营管理的情况下，某技术公司对案涉商铺的占有使用系基于合法的租赁关系，主观上并无侵害或妨害高某某物权行使的故意或过失，高某某可就其遭受的损失另行主张权利。综合上述分析，高某某本案之全部诉请，依据不足，均不予支持。

北京市海淀区人民法院依照《中华人民共和国民法典》第二百七十二条规定，判决如下：

驳回高某某的全部诉讼请求。

高某某不服一审判决，提起上诉。

北京市第一中级人民法院经审理认为：二审争议焦点为高某某是否有权要求本案五被上诉人排除妨害以保证其在案涉楼宇内通行。

根据《中华人民共和国民法典》第二百三十六条之规定，高某某要求五被上诉人排除妨害，保证其在案涉楼宇内通行，应举证证明五被上诉人妨害物权的行为导致其不能正常行使权利，即五被上诉人存在妨害行为且具有违法性。

根据《不动产登记暂行条例》第八条规定，高某某虽为案涉商铺的所有权人，但案涉商铺系分割式虚拟商铺，并无空间上的四至范围，即案涉商铺不存在特定的空间界限，不具有与其他不动产显著区分的独立性，高某某对此事实应属明知。故，其对案涉商铺行使所有权应受到一定限制。且高某某在购买案涉商铺后委托第三方统一进行经营管理。因此，根据案涉商铺的房屋性质、规划用途、空间界限等事实，结合案涉楼宇利用的空间整体性、高某某购买商铺用于投资经营的目的，可以得知案涉商铺的财产归属和财产利用存在事实上的分离，案涉商铺经济效用的实现有赖于案涉楼宇整体功能的发挥，高某某在对案涉商铺行使所有权和案涉楼宇其他权利人行使权利时负有一定的容忍义务。根据《中华人民共和国民法典》第六条规定和《中华人民共和国民法典》物权编的立法目的，在明晰物的归属和实现物的利用自由之间，实现物的归属和物的利用的平衡，以充分发挥物的效用，实现物的经济效益的最大化，是《中华人民共和国民法典》物权编的应有之义。结合案涉商铺的面积以及案涉商铺与案涉楼宇建筑面积的比例，高某某的上述容忍义务应以不影响案涉楼宇整体功能的发挥和损害其他业主的利益为限。

北京某开发公司作为案涉楼宇的开发商和大部分产权面积的所有权人，在对案涉楼宇进行统一装修改造升级后对外出租，系对案涉楼宇的统一经营管理行为，该行为并不具有侵害高某某所有权的恶意；某技术公司作为案涉商铺的承租人，其通过合法方式承租案涉楼宇的部分房屋，主观上并无侵害或妨害高某某行使所有权的故意或过失。结合案涉楼宇经营管理的历史沿革以及案涉楼宇更新改造、产业整合后周边区域的发展现状，案涉楼宇目前统一经营管理对外出租的方式，更有利于发挥案涉楼宇的整体功能，更有利于案涉楼宇效用的实现和社会经济效益的创造。某技术公司基于租赁关系对案涉楼宇的占有使用并不构成对高某某权利的侵害，高某某要求某技术公司排除妨害的诉讼请求，不予支持。基于现有证据，无法证明另外四被上诉人占有使用案涉楼宇，故高某某要求上述公司排除妨害的诉讼请求，事实依据不足，亦不予支持。案涉商铺在租赁期间的损失问题，高某某可以向相关主体另行依法主张权利。

北京市第一中级人民法院依照《中华人民共和国民事诉讼法》第一百七十七条第一款第一项规定，判决如下：

驳回上诉，维持原判。

【法官后语】

“虚拟产权式商铺”指的是房地产开发商将大型商场分割成若干没有物理

上四至的空间进行出售，业主拥有其所有权，但不独立经营，而是通过委托经营、售后回租等方式获取收益的一类商铺。本案中，高某某作为虚拟产权式商铺小业主主张对案涉商铺的通行权，两审法院均未予支持。为何虚拟产权式商铺小业主在行使权利时应当受到限制，其所受限制的合理范围为何，系值得讨论的问题。

一、虚拟产权式商铺权利行使之限制依据

我国现行法律未对虚拟产权式商铺作出明确规定，其既具有建筑物区分所有权的部分特征，又类似于按份共有，但又区别于二者。我国现行法中对于其中专有部分权利行使的限制主要是根据《中华人民共和国民法典》（以下简称《民法典》）第二百七十二条之规定，即不得危及建筑物的整体安全，不得损害其他业主的合法权益。根据《最高人民法院关于审理建筑物区分所有权纠纷案件适用法律若干问题的解释》第二条规定，区分所有权建筑物的专有部分应当具有构造上的独立性、利用上的独立性和物权登记上的独立性。由于虚拟产权式商铺往往没有物理上的四至，不具备独立使用的条件，也可能不能获得产权登记，故严格意义上这类商铺并不属于区分所有建筑物，其权利行使也不仅受到建筑物区分所有权制度的一般限制。

在法律没有专门规定的情况下，此类商铺业主对商铺所有权的行使，应当落入民法上权利行使的一般限制范围，如要符合诚实信用原则、公平原则、不损害社会公共利益和他人的合法权益等。此外，由于虚拟产权式商铺客体特征及运营模式上的特殊性，其所有权行使还应因集体关系受到全体业主的共同特殊限制。虚拟产权式商铺的物理特征决定了整个楼宇（商场）只有统一规划、统一经营、统一管理，才能使业主获得最大利益。商铺业主在与开发商签订买卖合同时往往知晓商铺统一经营情况，并与经营方签订委托经营合同，使商铺的所有权与经营权分离。在经营利益分配时，也是将整个商场收益按照业主投资比例进行分配。因此，单个商铺的利益必须服从广大业主的共同利益，接受商场整体规划布局的约束和限制，方能获得稳定的回报。此种特殊状态决定了每个业主所享有的所有权应当受到合理的限制。

二、虚拟产权式商铺通行权属于应受限制的合理范围

民法上的通行权是为了满足己方行使不动产权利的需要通过他人所有或占有的土地的权利，性质为不动产所有权或使用权的适当扩张，其依据是法律关于通行相邻关系的规范或当事人设定通行权的合同约定。根据《民法典》第二百九十一条规定，相邻关系中通行权的行使以必要为前提，且需以对他人损害最小的方式行使。而《民法典》第三百七十二条规定，允许当事人通过合同约定不动产的利用方式，包括在他人的不动产上通过合同设置通行权。那么虚拟产权式商铺业主的通行权与民法上的通行权有何区分，是否应受限制，结合本案，可从以下方面理解：首先，从虚拟产权式商铺之物理属性来看，其没有明确四至，常以建筑面积抽象划分，导致其通行权行使的物理范围难以清晰界定，权利人也难以证明其行使通行权的必要性；其次，从虚拟产权式商铺之设立目的来看，其系为实现楼宇整体收益最大化而创设，业主往往通过买卖合同、管理规约或租赁合同接受统一经营模式，业主通行权应受合同目的之限制，不得悖逆设立初衷；最后，从虚拟产权式商铺之权利特征来看，其相较一般的不动产所有权专有属性弱化，与一般不动产可独立行使占有、使用、收益权能存在本质差异，因此，虚拟产权式商铺业主对于通行权的行使应受到比一般不动产更为严格的限制。

本案中，案涉楼宇已经出租给某技术公司用作办公，办公用地需要保障其整体空间与外界的相对独立性，保障公司员工办公不受公司外人员干扰，如果允许各商铺业主在楼宇中随意通行，则楼宇经营方与某技术公司间的租赁合同目的将无法正常实现，从而导致经营方无法正常获取租金，各业主的正常收益也会受到不利影响。因此，高某某对案涉商铺主张通行权，应当在此类商铺业主容忍义务之合理范围内，该容忍义务应以不影响案涉楼宇整体功能的发挥和损害其他业主的利益为限。从本案实际情况来看，高某某主张对案涉商铺的通行权，不仅违反合同原意，还有可能侵犯其他业主的利益，破坏商场整体经营的商业价值，故不应予以支持。

编写人：北京市海淀区人民法院　张慧　黄文妍

23

依据行政机关生效确权决定起诉要求返还土地、排除妨害不属于民事案件受理范畴

——潘某甲诉潘某乙、潘某丙排除妨害案

【案件基本信息】

1. 裁判书字号

广西壮族自治区桂林市中级人民法院（2024）桂03民终103号民事裁定书

2. 案由：排除妨害纠纷

3. 当事人

原告（上诉人）：潘某甲

被告（被上诉人）：潘某乙、潘某丙

【基本案情】

潘某甲系某市某镇某村某屯A村民小组村民，潘某乙与潘某丙系父子，二人为某屯B村民小组村民。案涉土地位于潘某乙、潘某丙房屋前及右侧。潘某乙户于2014年将该土地地面进行了水泥硬化，并一直占有和使用。双方因该土地的权属产生争执，申请某市人民政府进行确权处理，某市人民政府于2020年6月16日作出《某市人民政府权属纠纷处理决定书》，将该土地确认归潘某甲所在集体所有，并制作了相关权属界线图。该决定书作出后，双方均未申请复议、未提起诉讼，该决定已经发生法律效力。2023年5月4日，潘某甲所在集体出具《土地使用权证明》一份，确认案涉土地现属于潘某甲户管理使用。为此，潘某甲向人民法院提起诉讼，要求潘某乙、潘某丙交还土地，停止侵害和恢复原状。

【案件焦点】

行政机关作出的确权决定生效后，依据生效确权决定起诉要求返还土地、排除妨害是否属于民事诉讼受理范畴。

【法院裁判要旨】

广西壮族自治区荔浦市人民法院经审理认为：案涉土地权属争议经某市人民政府处理，于 2020 年 6 月 16 日作出了《某市人民政府权属纠纷处理决定书》，该决定书已经生效。《中华人民共和国行政诉讼法》第九十七条规定："公民、法人或者其他组织对行政行为在法定期限内不提起诉讼又不履行的，行政机关可以申请人民法院强制执行，或者依法强制执行。"二被告在上述决定书生效后，没有主动将土地退还给权利人，对此，权利人应当向作出处理决定的行政机关申请强制执行，或提请该行政机关申请人民法院强制执行，不应当作为一个违法行为另案处理。综上，原告的起诉不是民事法律调整的范围，依法应当驳回原告的起诉。

广西壮族自治区荔浦市人民法院裁定如下：

驳回原告潘某甲的起诉。

潘某甲不服一审裁定，提起上诉。

广西壮族自治区桂林市中级人民法院经审理认为：本案中，潘某甲起诉请求潘某乙、潘某丙将案涉土地交还潘某甲，停止侵害，恢复原状，但根据潘某甲提供的案涉权属纠纷处理决定书等证据，案涉土地权属争议经某市人民政府处理，已于 2020 年 6 月 16 日确权给潘某甲所在村民小组集体所有；且该处理决定书上载明，2011 年林改时潘某甲母亲户取得林权证书，经某市林改办核实，该证所登记项不包括本案争议地。现有证据不足以证明潘某甲是案涉土地的实际权利人，故潘某甲作为原告提起本案诉讼不适格。一审法院裁定驳回潘某甲的起诉的结果并无不当，依法应予以维持。

广西壮族自治区桂林市中级人民法院依照《中华人民共和国民事诉讼法》第一百七十七条第一款第一项、第一百七十八条规定，裁定如下：

驳回上诉，维持原裁定。

【法官后语】

农村集体土地确权后，诉至法院请求返还土地、排除妨害的案件不居少数，且多数案件是在确权结束后不久，确权后亦未产生新的侵权事实。本案中，除二审法院认为驳回起诉的依据是主体不适格，还有一个值得深入探讨的问题：行政机关作出的确权决定生效后，依据生效确权决定再起诉要求返还土地、排除妨害等是否属于民事案件受理范畴。

实务中，对此类案件的审理，存在两种裁判观点：一是认为构成民事侵权，应当受理，并作出实体判决；二是认为已确权属于生效行政行为，可以强制执行，不存在新的侵权行为，不属于民事诉讼受理范畴，应当裁定驳回。笔者赞同第二种观点。理由如下。

第一，生效确权决定具有法律效力，应当直接执行生效确权决定的内容，无须通过诉讼程序解决。根据《土地权属争议调查处理办法》第三十一条"……在规定的时间内，当事人既不申请行政复议，也不提起行政诉讼，处理决定即发生法律效力。生效的处理决定是土地登记的依据"之规定，依据生效确权决定确定的权属关系，当事人均应当遵守履行。当事人依生效确权决定再诉排除妨害的，无异于是要求人民法院对该确权决定效力进行重复认定，极大地浪费司法资源。本案中，某市人民政府将案涉土地确认归潘某甲所在集体所有，并明确土地四至范围，在确权决定生效时，潘某甲所在集体对案涉土地即享有权利，潘某乙与潘某丙应当停止侵占案涉土地并将案涉土地返还。拒不返还的，依法可以强制执行。之所以屡屡出现该类案件，主要是实践中执行生效确权决定存在一定的困难，如部分确权决定书未明确义务人的义务，缺乏具体的执行内容，行政机关执行意愿不强，存在推诿现象等，但这不应成为人民法院以民事案件受理该类纠纷的理由。对此，部分地区在地方性法规中明确，确权决定生效后，侵权人应当排除妨害，返还或退出土地，不能妨害权利人行使权利，否则可由行政机关强制执行或申请人民法院强制执行。例如，《海南省土地权属确定与争议处理条例》第五十一条及《广东省土地权属纠纷处理条例》第十八条的规定明确了行政机关的强制执行职能及侵权人的义务，为权利人提供了正当的救济途径，有效破解了上述困境。

第二，确权后未发生新的侵权行为的，人民法院不予受理有据可依。《最高人民法院关于行政机关对土地争议的处理决定生效后一方不履行另一方不应以民事侵权向法院起诉的批复》（已失效）曾对此明确："行政机关对土地争议的处理决定生效后，一方当事人不履行的，对方当事人不应以民事侵权案向法院起诉，可向行政机关提出申请执行，该行政机关依照行政诉讼法第六十六条的规定，可以申请人民法院强制执行，或依法强制执行。"虽然该批复已于2020年12月废止，但此后并未出现与此相反的规定，其中体现的意见精神仍为司法实务中的主流观点，例如，（2021）辽10民终157号①及（2021）桂1302民初2310号②案件，均以确权后未发生新的侵权行为而裁定不予受理。同时，《中华人民共和国行政诉讼法》第九十七条规定："公民、法人或者其他组织对行政行为在法定期限内不提起诉讼又不履行的，行政机关可以申请人民法院强制执行，或者依法强制执行。"本案中，潘某乙与潘某丙在2014年即将案涉土地硬化供自己家使用，行政机关相关确权决定生效于2020年6月，在案涉土地确权前后，潘某乙与潘某丙侵占案涉土地的行为一直持续，并未有新的侵权行为产生，本案不予受理合法有据。

第三，直接执行生效确权决定书更符合准确、高效的执法要求。政府作为土地权属的主管部门，对于土地纠纷尤其是地界范围的认定更具专业优势。南方的土地权属争议以山岭为多，这些山岭大多面积宽广，形状不规则，对这些土地的实际面积及精准界线，法官仅依据权属凭证及自身条件难以作出准确判断。故，由作出确权决定的政府部门主导确权决定的执行，法院予以配合，则可有效地解决上述问题，且生效确权决定与生效裁判一样具有法律效力，直接执行生效确权决定即可实现权利人的权利，有利于当事人的权利快速得到实现，

---

① 辽宁省辽阳市中级人民法院（2021）辽10民终157号民事裁定书，载中国裁判文书网，https://wenshu.court.gov.cn/，2025年5月18日访问。

② 广西壮族自治区来宾市兴宾区人民法院（2021）桂1302民初2310号民事裁定书，载中国裁判文书网，https://wenshu.court.gov.cn/，2025年5月18日访问。

亦有利于提升政府行政行为的权威性、严肃性。

因此，不论是从高效执法还是从便利当事人的角度来说，对于此类案件不纳入民事案件受理范畴利大于弊，亦符合《中华人民共和国行政诉讼法》第九十七条关于非诉强制执行的规定。

编写人：广西壮族自治区荔浦市人民法院　莫田华　刘远萍

（四）恢复原状纠纷

24

小区改造施工中业主恢复原状请求权的适用与相邻权的权利边界

——田某某诉某房地产集团有限公司、曾某某恢复原状案

【案件基本信息】

1. 裁判书字号

北京市第一中级人民法院（2023）京01民终11310号民事判决书

2. 案由：恢复原状纠纷

3. 当事人

原告（上诉人）：田某某

被告（被上诉人）：某房地产集团有限公司（以下简称某公司）、曾某某

【基本案情】

田某某系北京市石景山区某小区A07号房屋（以下简称A07号房屋）的所

有权人，曾某某系同楼楼下A05号房屋的所有权人。2022年，某小区实施老旧小区改造，某公司系小区改造的施工单位。

在改造之前，田某某和曾某某均在《小区上、下水改造意见征询表》上签字，同意对上下水、厨房、卫生间进行改造，其中卫生间改造的内容为：管道封包拆除并恢复，吊顶拆除并恢复，地砖拆除并恢复、局部墙砖拆除并恢复，洁具拆除并恢复、主材居民自己提供，防水层局部拆除并恢复（距地60厘米）。《户内改造说明》载明："卫生间坐便、洗脸盆等洁具拆除及安装，主材利旧（如更换居民自行出资）。卫生间台阶可以根据居民需求及现场情况拆除后适当降低；蹲坑改坐便，坐便需居民自行出资。"另，某公司向小区居民公示的改造样板间系蹲便改坐便。

改造之前，田某某家安装的是蹲便，与蹲便配套的铸铁反水弯安装在曾某某家中。改造过程中，某公司将蹲便拆除，卫生间墙壁上写有"拆除注意蹲便保留拆除水箱管保留不换新的蹲便恢复"等内容。田某某陈述该内容系某公司的施工人员在拆除蹲便时写的。改造之后，田某某要求恢复蹲便，并将反水弯继续安装在曾某某家中。

某公司表示新建工程已淘汰蹲便器，给田某某提供的解决方案是为其提供自带反水弯的蹲便器或为田某某安装坐便器。田某某表示自带反水弯的蹲便器会抬高地面，其已经购买蹲便器，某公司应该予以安装。曾某某不同意田某某将反水弯安装在其家中。

【案件焦点】

1. 田某某是否有权要求某公司将卫生间的蹲便器恢复原有制式；2. 曾某某是否有义务提供必要便利。

【法院裁判要旨】

北京市石景山区人民法院经审理认为：实施老旧小区改造系为了提升小区住宅品质，实现小区在环保、适老、宜居等方面的综合需求，小区居民对此项民生工程应当予以配合。某小区改造公示的样板间显示的是坐便，田某某在意见征询表中签字同意改造内容，并未注明特殊要求。首先，某公司在田某某同意改造后将蹲便拆除，并非违法行为。其次，田某某要求恢复原状，应考虑恢复原状的可能性和必要性。依据规定，不动产的相邻权利人应当按照有利生产、方便生活、团结互助、公平合理的原则，正确处理相邻关系。不动产权利人因用水、排水、通行、铺设管线等利用相邻不动产的，应当尽量避免对相邻的不动产权利人造成损害。某公司提供的解决方案既能保障田某某的生活需求，又不影响曾某某的合法权益。在具有可替代性方案的情况下，田某某坚持要求恢复蹲便，缺乏事实和法律依据，应不予支持。

北京市石景山区人民法院依照《中华人民共和国民法典》第二百三十七条规定，判决如下：

驳回田某某的诉讼请求。

田某某不服一审判决，提起上诉。

北京市第一中级人民法院经审理认为：《中华人民共和国民法典》第二百九十二条中的“必须利用”应理解为无可替代，舍此别无他法。田某某家卫生间除使用原有形制蹲便器之外，尚有其他替代方案可以选择。选择其他替代方案后，连接排水主管线的排水支管线的反水弯则处于田某某自家的卫生间内，而无须置于曾某某家的卫生间。由此可见，适当替代方案的选择对于田某某及曾某某的居住生活均有便利，且符合法律规定的相邻关系的处理原则。现田某某坚持要求恢复原状，不利于上下相邻权利人的生活便利，且与法律规定原则相悖，故对其请求不予支持。

北京市第一中级人民法院依照《中华人民共和国民事诉讼法》第一百七十七条第一款第一项规定，判决如下：

驳回上诉，维持原判。

【法官后语】

本案系上下楼层的邻居在小区升级改造过程中因卫生间的上、下水管线施工方式争议引发的纠纷，其核心争议焦点属于物权中的相邻关系范畴，在当下政府全面推进老旧小区改造工作的背景下，该案具有一定的代表性和典型性。

本案涉及三方主体，存在两个法律关系，包括业主与施工方的合同法律关系、业主之间的相邻关系。

关于小区改造施工中的施工人义务以及业主恢复原状请求权的适用。小区改造施工的施工人与小区业主之间的法律关系，一般为装饰装修合同关系或者承揽合同关系，施工人的义务源于合同约定以及相应法律规定。本案中，田某某基于对某小区案涉改造意见的认可，与某公司成立事实上的装修合同关系。双方明确了改造内容，某公司的合同义务包括按公示方案及行业标准施工、保障改造工程安全合规、尊重业主事先告知的合理需求。田某某的合同权利限于改造方案明确约定的内容，超出部分需与某公司或相关权利人另行协商。如小区业主认为施工人的施工行为侵害其合法权益，可基于物权法律关系或者合同法律关系主张权利，此时存在权利竞合的情形。《中华人民共和国民法典》（以下简称《民法典》）第二百三十七条规定："造成不动产或者动产毁损的，权利人可以依法请求修理、重作、更换或者恢复原状。"该规定赋予物权人在物权受损时请求恢复原状的权利，将恢复原状纳入物权请求权体系。恢复原状请求权成立的基本前提是物权因受到侵害导致形态或功能受损，且采取相应措施使物权恢复到受损前的状态具有可能性。首先，某公司拆除田某某的蹲便器是基于田某某的事先同意，性质为履行合同义务，不构成物权侵权或者违约，田某某请求某公司恢复原状不具备物权请求权以及损害赔偿请求权成立的前提基础。其次，某公司提出可以为田某某安装蹲便器，仅是安装方案与原有状态存在区别，但是田某某不接受。故某公司并未违反合同义务，不存在过错，无须按照田某某的请求承担恢复原状的民事责任。

关于小区改造施工中相邻权的权利边界。本案核心争议焦点为田某某家中卫生间排水管线布局的空间利用。田某某与曾某某作为上下层业主形成相邻关系。相邻关系是相邻不动产权利人在生产、生活中形成的相互给予便利和接受限制而产生的权利义务关系。《民法典》第二百八十八条将有利生产、方便生活、团结互助、公平合理规定为解决相邻不动产权利人之间权利冲突的基本原则；第二百九十二条规定了临时修建施工中相邻土地的利用："不动产权利人因建造、修缮建筑物以及铺设电线、电缆、水管、暖气和燃气管线等必须利用相邻土地、建筑物的，该土地、建筑物的权利人应当提供必要的便利”。小区改造施工属于《民法典》第二百九十二条规定的临时修建施工情形，因此引起的相邻关系纠纷应当适用该条规定予以调整。在田某某家中卫生间装修期间，曾某某作为相邻一方应当提供必要的便利。但是，任何权利义务都有其边界，相邻权亦不得滥用。根据处理相邻关系的公平合理原则，一方面，不动产权利人行使权利需要对方提供便利的，应当以必要为原则，有替代方案能满足自己的需求时，不得限制相邻对方的权利；另一方面，《民法典》第二百九十五条、第二百九十六条分别规定了不动产权利人行使相邻权时负有维护相邻不动产安全以及避免造成损害的义务，即不动产权利人行使相邻权应当确保相邻对方不动产的安全，尽量避免对相邻权利人造成损害。本案中，田某某原有蹲便器反水弯位于曾某某家中卫生间内，该布局虽为历史形成，但改造后原有管线已拆除，新管线布局需要重新界定权利边界。曾某某作为不动产权利人，对其专有空间内的管线安装享有决定权，田某某欲恢复原有布局需符合上述法律条文中“必须利用相邻建筑物”的法定要件。此处的“必须利用”应理解为不动产权利人的临时修建施工系生产、生活之必须，即利用相邻权利人的土地或建筑物具有现实紧迫性、无可替代性或者替代方案成本显著提高。某公司向田某某提供了两种改造方案，其中之一是安装蹲便器，只是反水弯安在田某某自己家中，但田某某以该方案会抬高卫生间地面为由，坚持要求按照原先制式将反水弯安装在曾某某家中。在存在能够满足田某某基本要求也不影响相邻方不动产利益的合理替代方案的情形下，田某某的要求违背了相邻关系的公平合理原则，曾某某无容忍义务，有权予以拒绝。

本案作为老旧小区改造中相邻权纠纷的典型案例，凸显了民生工程推进与个体权益保护的平衡。临时修建施工引起的相邻关系纠纷，不仅要根据相邻关系的法律规范确认各方权利义务，而且要审查认定相邻权行使的合理界限。本案裁判通过严格界定“必须利用相邻不动产”的适用条件，在实现利益衡平的基础上合理裁判。引导当事人优先选择对相邻方损害最小的方案，既维护了改造工程的公益性，又体现了对相邻权的合理限制。同时，本案明确了施工单位无过错时的责任边界，为同类案件民事责任的审查认定提供了裁判参考，有助于促进社区和谐与居住环境优化。

编写人：北京市第一中级人民法院　王志栋

（五）财产损害赔偿纠纷

25

网约代驾发生事故导致车损的责任认定

——洪某诉兰某、石狮市某汽车服务有限公司财产损害赔偿案

【案件基本信息】

1. 裁判书字号

福建省泉州市中级人民法院（2023）闽05民终7285号民事判决书

2. 案由：财产损害赔偿纠纷

3. 当事人

原告（上诉人）：洪某

被告（上诉人）：兰某、石狮市某汽车服务有限公司（以下简称某公司）

【基本案情】

某公司系从事代驾服务、网络技术服务等业务的有限责任公司。2022年4月17日，某公司（甲方）与兰某（乙方）签订《信息服务协议》，约定了甲方为××代驾信息服务平台开发运营主体，乙方为该平台注册用户，并独立对外提供汽车代驾服务；甲方仅充当乙方与代驾服务使用者之间的中间人，与乙方不

存在任何劳动、劳务、雇佣等关系；在代驾服务中（含途中）发生交通事故、意外事故、违法行为等造成自身、代驾服务使用者第三方人身、财产损失的，或发生违章等行政处罚的，由乙方自行承担责任等内容。

2022 年 7 月 6 日凌晨 3 时许，洪某酒后通过某公司的微信公众号“××代驾”呼叫代驾。某公司接单后，指派兰某为洪某进行代驾服务。兰某驾驶洪某名下案涉小型轿车行驶至福建省石狮市某路口，兰某告知洪某前方路段积水较深，并请示应如何处理，洪某指示其“赶紧过”。后，兰某将案涉车辆驶入积水路段，造成案涉车辆熄火。凌晨 5 时许，救援车辆将事故车辆从积水路段中拖出运走。事故车辆因浸泡水中近两个小时，导致车头的进气口进水，发动机受损，内室、后备箱严重受损。诉讼过程中，经福建省某评估有限公司对案涉车辆在事故发生后所需花费的维修费及造成的车辆贬值数额进行鉴定，鉴定结果为：案涉车辆因事故造成损坏的修复费用为 690980 元；车辆修复后的总贬值损失为 331600 元。

【案件焦点】

1. 网约代驾司机代驾过程中发生事故导致车损，责任主体应当如何认定；2. 责任份额应当如何分配。

【法院裁判要旨】

福建省石狮市人民法院经审理认为：

1. 当事人之间的关系。从洪某呼叫代驾的过程，结合某公司的企业登记信息和“××代驾”公众号平台内容可以看出，洪某通过该平台呼叫代驾，某公司通过该平台委派代驾司机，洪某通过代驾平台支付、结算代驾费用，兰某通过平台获取代驾收入。因此，洪某与某公司形成代驾服务关系，而非仅为代驾平台信息服务关系，某公司与兰某无论如何约定内部关系，均不影响与洪某之间的关系。由于案涉车辆受损的赔偿责任与保险责任并非同一法律事实，对兰某、某公司关于追加保险人作为本案共同被告参加诉讼的申请，不予准许。

2. 本事故的过错。事故发生过程中，兰某提出水太深可能过不了，洪某指示涉水通行并帮忙挑选路线，其行为存在一定的过错。但是，本事故发生的原因，离不开主客观因素，其中当事人双方的主观过错，主要应当围绕对于本事故的“引起和被引起”予以综合审查。首先，从车辆管理控制角度看，代驾系一种专业服务性质的经营活动，对代驾公司、代驾司机、代驾司机驾驶技能有特殊要求。代驾特别是酒后代驾，车辆钥匙已经交到代驾司机手上，代驾司机处于车辆控制的中心区域，应当在整个代驾过程中对机动车运行进行独立判断和决策，车辆和乘客安全主要依赖于代驾司机的专业技术，安全义务主要应由代驾司机承担。其次，驾驶风险、代驾路线的判断和选择属于代驾业务范围事项，除了目的地要求以外，主要应当考虑安全性标准。对于可能引发安全风险的情形，代驾人员有权拒绝。对于是否偏离代驾导航路线行进，代驾司机有权自主选择。因此，兰某对本事故的发生具有较大过错。

本案系代驾车辆在代驾过程中涉水受损导致的财产事故，洪某所有的案涉小型轿车在委托兰某、某公司代驾过程中受损，损失总金额经审查确定为724980元。某公司运营“××代驾”信息服务平台，接受洪某服务订单，收取服务费用，指派代驾司机，对事故的发生具有一定的过错，应当承担侵权责任；兰某作为某公司指派的代驾司机，在代驾过程中不顾危险，未能利用职业技能独立判断危险来源，驾驶代驾车辆强行通过积水严重的路段导致案涉车辆受损，对事故的发生具有较大过错，应当承担侵权责任；由于兰某与某公司之间未能合理约定相互关系和责任，其行为对于洪某应视为一个完整共同行为，故兰某与某公司应当承担共同侵权责任。洪某在兰某向其提出“水太深可能过不了”时，指示涉水通行并帮忙挑选路线，其行为存在一定的过错。结合当事人过错大小，酌定兰某、某公司按60%承担本事故责任。据此，兰某与某公司应当共同赔偿洪某724980元×60%＝434988元。

福建省石狮市人民法院依照《中华人民共和国民法典》第一千一百六十五条第一款、第一千一百七十三条、第一千一百八十四条，《最高人民法院关于审理道路交通事故损害赔偿案件适用法律若干问题的解释》第十二条，《最高人民法院关于适用〈中华人民共和国民事诉讼法〉的解释》第九十条、第五百四十九条规定，判决如下：

一、兰某、某公司应于本判决生效之日起十日内赔偿洪某因本事故造成的各项损失434988元；

二、驳回洪某的其他诉讼请求。

洪某、兰某、某公司均不服一审判决，提起上诉。

福建省泉州市中级人民法院经审理同意一审法院裁判意见，依照《中华人民共和国民事诉讼法》第一百七十七条第一款第一项规定，判决如下：

驳回上诉，维持原判。

【法官后语】

机动车网约代驾已成为一种新型的商业模式。代驾过程中发生事故，当事人之间的法律关系及责任如何厘定在实务中存在较大的争议，以本案为例，主要有以下几个方面的问题需要明确。

一、当事人之间法律关系的认定

关于代驾平台与被代驾人之间的法律关系。本案中，洪某通过网约代驾平台提交代驾服务需求时，构成订立合同的要约，某公司接收订单即构成承诺，洪某与某公司之间存在代驾服务合同关系，该合同为无名合同，应参照适用最相类似合同的规定。该合同关系中，某公司实际上是作为承揽人，其主要任务是将洪某连同其车辆送到指定的地点，然后由洪某支付代驾服务费，以代驾服务结果的实现作为合同履行完毕的依据，属于结果之债，而不是促成洪某与兰某达成代驾服务协议，亦不是受洪某的委托为其寻找合适的代驾司机，并且代驾服务是兰某凭借其驾驶技能、驾驶经验独立完成，不受洪某过多的干涉和约束，因此，双方之间的法律关系更符合承揽合同的认定标准，而非某公司所主张的双方仅为代驾平台信息服务关系。

关于代驾平台与代驾司机之间的法律关系。本案中，某公司对兰某具体的代驾服务和收费有管理和监督的行为。在工作时，兰某系以代驾平台的名义提供代驾服务，并穿戴印有代驾平台标识的工服和工牌执行代驾任务。且在提供服务时，兰某需严格履行其与代驾服务平台之间的合同约定，负有将客户及其机动车安全送达目的地的义务。因此，双方之间的关系特征和居间合同中居间人与委托人的关系特征并不相似。在兰某按约完成代驾服务后，系由洪某支付相应的代驾费用，这使得兰某与某公司的关系与传统的雇佣合同关系又有所差别，故宜将兰某与某公司的关系定性为无名合同。鉴于二者的关系与雇佣合同关系具有很大的相似之处，处理本案时可参照雇佣合同关系的相关规定处理。

二、本案赔偿责任主体的认定

对于道路交通事故责任主体的认定，我国一直奉行传统二元论，即通过运行支配和运行利益对道路交通事故责任主体进行认定。

在运行支配方面，兰某作为代驾机动车的实际驾驶人，其势必对车辆具有运行支配资格。且兰某受某公司指派，其向洪某提供的服务均受到某公司的指示与管理，故某公司亦具有运行支配资格。洪某基于自身醉酒无法开车而选择代驾，其在一般情况下不会对兰某的操作提出指令，但若其提出有效指令，便间接且有效地具有了运行支配的资格。因此，兰某、某公司及提出有效指令的洪某均具有运行支配资格。

在运行利益方面，洪某通过代驾，降低了路途发生意外、违反交通规则等情况的风险，具有相应利益。兰某代驾所得款项由某公司统一管理，某公司会在该费用中收取一定比例的金额，也获取了相应利益。兰某通过一定周期后从网约代驾平台获得洪某支付的报酬，亦具有运行利益。综上，某公司和兰某组成的网约代驾方及作出有效指令的洪某均是责任主体。

三、本案事故责任比例的划分

本案中，某公司与洪某之间的合同性质为无名合同，其与承揽合同的特征属性最为近似，故案涉网约代驾服务合同关系可优先适用承揽合同的相关规定进行调整。《中华人民共和国民法典》第一千一百九十三条规定，承揽人在完成工作过程中造成第三人损害或者自己损害的，定作人不承担侵权责任。但是，定作人对定作、指示或者选任有过错的，应当承担相应的责任。因此，应将过错责任原则作为对被代驾人的归责原则。同时，我国法律并未对网约代驾服务方作为承揽人的侵权责任进行规定，因此，应适用一般侵权责任规则即过错责任原则。

某公司与兰某之间的合同性质亦定性为无名合同，可参照最相类似的雇佣合同关系处理。一般而言，雇员在从事雇佣活动中致人损害的，雇主应当承担赔偿责任，雇员因故意或者重大过失致人损害的，应当与雇主承担连带赔偿责任。雇主承担连带赔偿责任的，可以向雇员追偿。本案中，某公司作为雇主，无论其是否具有过错，只要代驾司机在执行代驾过程中致人损害，某公司必须承担侵权责任，故应以无过错责任原则对网约平台公司进行归责。代驾司机作为雇员，在对被侵权人的损害具有故意或者重大过失时需承担连带责任，故应以过错责任原则对代驾司机进行归责。

本案中，兰某作为专业的代驾司机，在洪某处于酒后状态、服务时间为凌晨 3 点、天气为暴雨、路况较为复杂等情况下，应对机动车运行过程中可能遇到的风险进行独立判断和决策，并对车辆行驶过程中的安全义务承担责任。兰某驾驶代驾车辆强行通过积水严重的路段导致案涉车辆受损，对事故的发生具有较大过错，应承担主要责任。而某公司作为具有间接运行支配资格和获得运行利益的主体，应与兰某承担连带责任。驾驶过程中，兰某曾向洪某进行过风险提示，但洪某指示涉水通行并帮忙选择通行路线，故发出有效行驶指令的洪某也对事故的发生存在一定的过错，应承担次要责任。

编写人：福建省石狮市人民法院　蔡玉玲

26

事故车辆被拆卸而无法推定全损时责任的认定

——湖北某环保设备公司诉湖北某汽车销售公司财产损害赔偿案

【案件基本信息】

1. 裁判书字号

湖北省武汉市中级人民法院（2023）鄂 01 民终 22942 号民事判决书

2. 案由：财产损害赔偿纠纷

3. 当事人

原告（上诉人）：湖北某环保设备公司（以下简称某设备公司）

被告（被上诉人）：湖北某汽车销售公司（以下简称某销售公司）

【基本案情】

某设备公司为案涉车辆在某保险公司投保了机动车损失保险，保险金额为75388.2元，保险期间为2022年8月2日至2023年8月1日。10月2日，案涉车辆发生交通事故后到某销售公司修理。10月9日，某设备公司的李某通过微信与某4S店的孙某沟通车辆维修事宜，孙某回复："车子的事我们和保险公司对接，你不用管；要看保险公司评估能不能推定全损。"10月12日，某保险公司要求某销售公司对案涉车辆进行拆卸。

11月28日，李某要求报全损，某保险公司回复无法推定全损，并表示案涉车辆是某销售公司拆卸的。

【案件焦点】

事故车辆被4S店拆卸而无法推定全损时，能否要求4S店承担恢复原状及损害赔偿责任。

【法院裁判要旨】

湖北省武汉市江岸区人民法院经审理认为：某销售公司未经某设备公司同意而拆解车辆，侵犯了某设备公司对案涉车辆的所有权。但是，车辆拆解具有不可逆性，一旦拆解将无法恢复原状，某设备公司也认可车辆已无法恢复原状，故对某设备公司要求某销售公司将案涉车辆恢复至某保险公司认可状态的诉请，不予支持。

关于赔偿金额的问题，某设备公司未提交证据证明案涉车辆所需的维修费用、事故发生前的价值及车辆残值，不能证明案涉车辆可以推定全损，故对其要求某销售公司赔偿车辆损失75388.2元的诉请，不予支持。

湖北省武汉市江岸区人民法院依照《最高人民法院关于适用〈中华人民共和国民事诉讼法〉的解释》第九十条、《中华人民共和国民事诉讼法》第一百四十五条规定，判决如下：

驳回某设备公司的全部诉讼请求。

某设备公司不服一审判决，提起上诉。

湖北省武汉市中级人民法院经审理认为：某设备公司要求某销售公司承担侵权责任，应就某销售公司存在主观过错、侵权行为、损害后果以及因果关系负举证义务，在其未能完成该等事实的举证责任之下，所导致不利诉讼的法律后果应自行承担。案涉事故车辆送至某销售公司修理，实质是双方建立了承揽合同关系。因案涉事故车辆仅是无法推定全损，并非无法修复至可使用状态，且某设备公司亦未证明某保险公司因某销售公司的拆解行为拒绝履行承保义务，事故车辆修复工作的停滞原因在于，某设备公司拒绝某保险公司提供的维修理赔方案，事实说明某销售公司独立完成工作内容的行为并未造成某设备公司的实际损害后果。在某设备公司主张恢复原状所附条件即某保险公司认可状态，实际是要求将车辆恢复至受损时的事故状态下，该自设条件因不符合交易双方所订立承揽合同的目的和实现方式，实质应为某设备公司意欲达到其要求车辆全损保险理赔目的而为的阻却车辆维修行为所致，故其主张不可获得法律的额外宽宥。基于此，在某设备公司未能证明某销售公司行为导致该车辆已无价值且拒绝履行维修义务下，其要求某销售公司承担侵权责任，无事实和法律依据，不予支持。

湖北省武汉市中级人民法院依照《中华人民共和国民事诉讼法》第一百七十七条第一款第一项规定，作出如下判决：

驳回上诉，维持原判。

【法官后语】

车辆发生交通事故后，部分车主为置换新车，希望保险公司能推定全损。当事故车辆已被4S店拆卸，保险公司无法对车辆推定全损时，车主应如何维护其合法权益，是否可以要求4S店恢复原状并赔偿损失，是司法实务中较为新颖的问题。

一、车辆推定全损的标准

车辆的灭失分为实际全损与推定全损。实际全损是指车辆因事故全部灭失而不复存在，推定全损是受损车辆仍然存在，但是实际维修时间过长、费用过高，保险公司按照机动车损失保险金额或车辆出险前的实际价值全部赔偿给被保险人。推定全损是从美国市场引入的商业模式，对于维护车主及保险公司的利益具有重要价值。保险公司对全损推定的标准有所不同，亦无明确法律规定车辆推定全损的具体标准，仅由相应的行业标准予以规范，如中国价格协会《交通事故车辆及财物损失价格鉴证评估技术规范》规定维修费达到或者超过车辆实际价值的100%就应当认定该车达到推定全损的程度。不论前述标准如何，各家保险公司推定车辆全损的共同之处均在于，如果事故车辆的维修金额与推定全损后残值车的拍卖价格相加后大于车辆的车损险保额的，经保险公司与车主协商一致，车主就有权选择全损的理赔方式。

二、拆卸车辆恢复原状的责任承担

车辆不同于一般商品，将其关键零部件拆卸之后，即使能够对车辆进行重新安装，车辆的市场价值也将大打折扣，且无法推定全损。恢复原状作为民事责任的一种承担方式，本意是使受损财产恢复到受损前的状态，恢复权利人受损的财产权益，但是不能作为当事人为达到其他目的而采取的不合理手段。恢复原状的语义具有一定的抽象性，对于该诉请，当事人应当明确表达恢复至原有的何种状态，以准确判断其诉求是否具有现实可能性和经济合理性。本案中，某设备公司明确恢复原状即将车辆恢复至保险公司认可的拆卸前的状态，其目的是使事故车辆能够被顺利推定全损，并非为了维修车辆而要求恢复原状，该诉求不具有客观性及合理性，故不应予以支持。如果车主要求恢复原状的目的是恢复正常使用功能，综合考虑车辆毁损状况、维修后的车辆预期使用状况等因素之后，可以对该诉求予以支持。

三、拆卸车辆致推定全损不能的责任认定

4S店拆卸车辆致推定全损不能给车主造成损害的，属于一般侵权责任，适用过错责任原则，行为人主观过错、违法行为、损害事实及因果关系，是认定行为人构成侵权责任不可或缺的条件。本案中，某设备公司要求某销售公司即4S店承担拆卸车辆导致其推定全损不能的损害赔偿责任，尚缺乏侵权责任成立的基础。首先，某设备公司将车辆交到4S店维修，双方构成承揽合同关系，且某设备公司员工委托4S店参与案涉交通事故的处理事宜，代理事项及权限为全权代理，4S店员工亦向某设备公司员工表明不用管车辆的事情，故4S店对车辆如何进行维修具有独立性，不受定作人某设备公司的指挥或管理，在某设备公司未明确禁止4S店拆卸车辆的情况下，不宜认定4S店拆卸车辆存在过错。其次，现有证据不能证明4S店受某保险公司指示拆卸车辆是为了阻碍车辆推定全损，因为不排除拆卸车辆确实是为了检查车辆的受损状况，故难以认定4S店拆卸车辆属于违法行为。再次，车辆拆卸后能否推定全损需要某设备公司、4S店及某保险公司协商或者由专业第三方机构经过评估确定，由于各方未协商一致且车主不申请对车辆残值、维修金额进行评估，不足以认定某设备公司的权利受到损害。最后，某设备公司未能证明如果4S店未拆卸车辆，则车辆可以被推定全损这一因果关系链条，拆卸车辆与不能推定全损之间的因果关系不成立。综上所述，某设备公司应承担举证不能的法律后果，对其要求4S店按保险金额全额赔偿的诉请，不应予以支持。

综上，事故车辆被拆卸的，如果车主所请求之恢复原状与该种责任方式的立法目的不符，同时，车主不能证明拆卸行为构成侵权的，对其相关诉求不能予以支持，避免车主以推定全损不能为由不当要求全额赔偿。

编写人：湖北省武汉市江岸区人民法院　汪为

27

工程建设致相邻建筑物损害的责任主体认定

——毕节市某房屋征收补偿服务中心诉贵州省某甲房地产开发有限公司等财产损害赔偿案

【案件基本信息】

1. 裁判书字号

重庆市第三中级人民法院（2023）渝03民终966号民事判决书

2. 案由：财产损害赔偿纠纷

3. 当事人

原告（被上诉人）：毕节市某房屋征收补偿服务中心（以下简称某征收中心）

被告（上诉人）：贵州省某甲房地产开发有限公司（以下简称甲房地产公司）

被告（被上诉人）：贵州省某乙房地产开发有限公司（以下简称乙房地产公司）

被告：重庆某实业集团有限公司（以下简称某实业公司）

【基本案情】

案涉受损房屋位于某小区，由乙房地产公司开发建设，于2008年7月开工至2009年11月竣工。截至2013年9月24日，乙房地产公司就某小区已取得建设用地规划许可证、土地使用权证（载明土地用途为住宅兼容商业，使用权类型为出让）、质量合格报告建设工程规划许可证、建设工程竣工规划许可证、建筑工程施工许可证和房屋产权证书。

2012年11月，甲房地产公司将其开发的某花园项目边坡和基坑建设工程承包给某实业公司施工。其间，某小区与某花园项目边坡相邻的三、四、五单元房屋开始出现倾斜、墙体开裂、地基下沉现象。经某建筑检测中心对案涉房屋进行安全性鉴定，其鉴定结论为，案涉房屋的建筑安全性等级综合评定为Csu级，部分承重结构承载力不能满足正常使用要求，局部出现险情，构成局部危房。2016年6月，案涉房屋原业主全部搬离受损房屋。2018年3月14日，毕节市某区人民政府决定由某征收中心对案涉房屋进行征收，征收后拆除案涉房屋，土地用于储备用地。2018年8月至10月，某征收中心分别与案涉房屋原业主签订《房屋征收安置补偿合同》，依法对案涉房屋进行征收补偿，并向原业主支付房屋征收安置补偿费22824198.15元。

诉讼阶段，一审法院委托某检测公司对案涉房屋的安全性等级、受损原因及原因力大小、适修性进行鉴定。鉴定结论为：(1) 案涉房屋安全性严重不符合《民用建筑可靠性鉴定标准》(GB50292—2015) 中对Asu级的规定，严重影响整体承载，必须立即采取措施；(2) 某花园项目进行边坡和基坑施工是导致案涉房屋受损的主要原因；(3) 案涉房屋适修性根据《民用建筑可靠性鉴定标准》(GB50292—2015) 评定为Dr级，建议直接拆除案涉房屋。一审法院委托重庆某评估公司对案涉房屋损失数额进行评估，评估结果为：(1) 地上建筑物重置成本为12154100元；(2) 原地旧房地产总价为20387600元 (含装修价值和土地价值)。

2021年9月28日，重庆市第三中级人民法院作出民事裁定书，载明："……某区房屋征收补偿服务中心提起本案诉讼，诉讼主体适格……"某实业公司在2019年被申请破产清算，法院受理后指定重庆某律师事务所担任破产清算管理人。某征收中心因本案支出司法鉴定费、评估费共计480990元。

【案件焦点】

1. 甲房地产公司对某花园项目进行边坡和基坑的建设行为与案涉受损房屋的损害结果之间是否存在因果关系；2. 本案责任主体如何确定。

【法院裁判要旨】

重庆市涪陵区人民法院经审理认为：本案的争议焦点问题为：(1) 某征收中心就涉案房屋受到损害后造成的损失提起诉讼的主体是否适格；(2) 乙房地

产公司开发建设的房屋是否存在质量问题；（3）甲房地产公司“某花园”项目边坡和基坑建设行为与涉案房屋受到损坏之间是否存在因果关系；（4）某征收中心诉请的损失如何进行认定；（5）本案责任主体如何确定。

关于争议焦点一，法院生效民事裁定书已就该问题进行论述并作出认定：案涉房屋经依法征收，物权发生变动，原产权人不再享有物权，物权由征收人取得，某征收中心是毕节市某区政府授权实施房屋征收与补偿工作的职能部门，亦是毕节市某区人民政府授权管理案涉房屋的职能部门。故，某征收中心提起本案诉讼主体资格适格。

关于争议焦点二，案涉房屋已取得建设施工规划许可、建设用地规划许可、建设工程规划许可、建筑工程施工许可，已经取得质量合格报告，且从2009年11月（案涉房屋建设竣工）至2021年11月（花园项目边坡、基坑项目开始建设）三年内未发生任何质量问题，结合司法鉴定意见书足以认定乙房地产公司开发建设的案涉房屋质量合格。乙房地产公司就案涉房屋开发项目补办相关许可、取得质量合格报告与案涉房屋质量是否存在问题并无关联，乙房地产公司仅应承担行政处罚等不利法律后果。

关于争议焦点三，案涉司法鉴定意见书程序合法、鉴定意见客观真实，应予采纳。再结合第二项论述及生活经验，甲房地产公司某花园项目边坡和基坑建设行为与涉案房屋受到损坏之间存在因果关系。

关于争议焦点四，我国民事赔偿采用填平原则，亦即“权利人损失多少，侵权人就赔偿多少”。如案涉房屋不存在质量问题，某征收中心就不会对案涉房屋进行征收，也不会因此支付房屋征收安置补偿费22824198.15元。某征收中心为消除安全隐患、保障受损业主的合法权益，与业主签订的《房屋征收安置补偿合同》系当事人的真实意思表示，不违反法律、行政法规的强制性规定，属合法有效。另外，《司法鉴定意见书》将案涉房屋评定为Dr级，并建议直接进行拆除，且案涉房屋土地上不能再修建房屋。综上，某征收中心据此支付的22824198.15元应认定为合理损失。诉讼中，某征收中心现基于《房地产评估报告书》将案涉房屋损失调整为20387600元是其在法律规定的范围内处分自己的民事权利和诉讼权利，予以准许。综上，对某征收中心诉请的案涉房屋损失 20387600 元予以认定。

关于争议焦点五，《中华人民共和国民法通则》（2009 年修正）第八十三条规定，给相邻方造成妨碍或者损失的，应当停止侵害，排除妨碍，赔偿损失。《最高人民法院关于贯彻执行〈中华人民共和国民法通则〉若干问题的意见（试行）》第一百零三条规定，相邻一方在自己使用的土地上挖水沟、水池、地窖等或者种植的竹木根枝伸延，危及另一方建筑物的安全和正常使用的，应当分别情况，责令其消除危险，恢复原状，赔偿损失。《中华人民共和国物权法》第九十一条规定，不动产权利人挖掘土地、建造建筑物、铺设管线以及安装设备等，不得危及相邻不动产的安全。某花园项目不动产权利人系甲房地产公司，且该项目边坡和基坑建设行为与涉案房屋受到损坏之间存在因果关系，其应依照法律规定对某征收中心案涉损失承担赔偿责任。某实业公司不是相邻不动产权利人，且本案亦没有证据证明其在施工中存在过错，其不应就案涉房屋损坏承担赔偿责任。需要说明的是，本案裁判并不影响甲房地产公司基于相关法律和事实向包括某实业公司等在内的施工方主张赔偿损失的权利。

重庆市涪陵区人民法院依照《中华人民共和国民法通则》（2009 年修正）第八十三条，《中华人民共和国物权法》第三十七条、第九十一条，《中华人民共和国侵权责任法》第七条、第十五条第一款第六项、第十九条，《最高人民法院关于贯彻执行〈中华人民共和国民法通则〉若干问题的意见（试行）》第一百零三条，《最高人民法院关于适用〈中华人民共和国民法典〉时间效力的若干规定》第一条第二款，《中华人民共和国民事诉讼法》第十三条第二款、第七十二条规定，作出如下判决：

一、甲房地产公司于本判决发生法律效力后三十日内赔偿某征收中心案涉房屋损失 20387600 元；

二、甲房地产公司于本判决发生法律效力后十五日内支付某征收中心鉴定费、评估费共计 480990 元；

三、驳回某征收中心的其他诉讼请求。

甲房地产公司不服一审判决，提起上诉。

重庆市第三中级人民法院经审理认为：本案的二审争议焦点主要为：（1）甲房地产公司对某花园项目进行边坡和基坑的建设行为与案涉受损房屋的损害结果之间是否存在因果关系；（2）谁应对案涉房屋受损承担民事赔偿责任。

关于争议焦点一，乙房地产公司提交了其开发建设某小区的建设施工规划许可、建设用地规划许可、建设工程规划许可、建筑工程施工许可，证明其建设行为已经合法审批，所建设的房屋为合法建筑。在案涉房屋竣工后，依法取得了质量验收合格报告，且交付业主使用并办理了相关产权登记，足以证明案涉房屋质量合格，案涉房屋受损事实发生于其交付使用三年后，当时甲房地产公司在相邻的某花园小区地块进行边坡和基坑建设。对于受损结果与建设行为之间有无关联性，经一审法院依法委托司法机构鉴定，鉴定结论为“某花园项目进行边坡和基坑施工是导致案涉房屋受损的主要原因”，故甲房地产公司的建设行为是造成本案财产损失的主要原因。

关于争议焦点二，甲房地产公司将某花园项目的建设交由某实业公司施工，双方形成建设工程施工合同关系。某实业公司在甲房地产公司提供的土地上按照施工图纸进行作业，系按甲房地产公司的要求完成承揽事务，现没有证据证明某实业公司存在违规施工或未按图纸施工的事实，故某实业公司基于甲房地产公司的意思，在甲房地产公司土地上进行的建造行为，现因该行为造成相邻不动产发生的损害结果，应由相邻不动产权利人甲房地产公司承担责任。对于某实业公司作为行为人是否承担赔偿责任的问题，因赔偿权利人某征收中心在本案中未向其提出诉讼主张，且没有证据证明其存在过错，故一审法院判决某实业公司在本案中不承担赔偿责任并无不当。至于甲房地产公司认为系某实业公司在施工中未做好安全防护，未编制施工方案，是否存在违约损害赔偿的问题，系双方之间建设工程施工合同关系应审查的问题，与本案不属同一法律关系，法院不予评述。

重庆市第三中级人民法院依照《中华人民共和国民事诉讼法》第一百七十七条第一款第一项规定，作出如下判决：

驳回上诉，维持原判。

【法官后语】

本案这类侵权案件中，由于工程建设行为涉及包括发包单位、施工单位、监理单位等诸多参与方，赔偿权利人可选择物权请求权或者侵权请求权作为请求权基础主张损害赔偿。选择不同的请求权基础，赔偿义务人也会相应发生变化。

1. 工程建设致相邻建筑物损害的请求权基础并不唯一。工程建设致相邻建筑物损害的，一般存在发包人和承包人，被侵权人针对两者均应具有相应的请求权基础。首先，被侵权人可基于侵权损害赔偿请求权向施工单位主张赔偿责任。理由为：施工单位是工程建设行为的直接实施者，应对可能造成相邻建筑损害的施工活动采取足够的保护措施，并严格按照国家工程技术标准施工，保证工程安全。在有证据证明其施工行为是造成相邻房屋致损主要原因的情况下，应基于侵权请求权基础由施工单位承担赔偿责任，发包方只有对定作、指示或选任有过错的才承担责任。其次，被侵权人可基于物权请求权向相邻不动产权利人主张赔偿责任。理由为：相邻不动产权利人对相邻建筑负有不得侵害其安全或者使用权能的义务。项目工程的勘察、设计、施工等主体均为相邻不动产权利人服务，其理应对该项目所有环节可能存在的风险对外负责。在没有证据证明施工单位存在过错的情况下，应基于物权请求权基础，由相邻不动产权利人承担赔偿责任。

2. 对被侵权人选择由发包业主承担赔偿责任应予支持。由于工程建设致相邻建筑损害的赔偿存在请求权基础竞合，法院基于何种请求权下判决，关键在于被侵权人如何选择请求权基础。对此，物权请求权具有天然优势。首先，被侵权人举证负担轻。基于物权请求权，被侵权人只要证明有物权受损的事实，即可要求损害赔偿；若基于侵权请求权，被侵权人不仅需承担过错举证义务，还需面临因对方抗辩无过错或免责不赔的风险。其次，赔偿主体更易确定。工程建设涉及多方主体行为，损害结果具有滞后性。若适用侵权请求权基础，被侵权人需耗时耗力去确定真正的侵权主体，还可能面临侵权人赔付能力不足的情况；相反，发包方作为相邻不动产权利人，赔偿主体确定容易，经济实力雄厚，被侵权人有效维权的概率高。最后，行使权利不受诉讼时效限制。适用侵权损害赔偿请求权要受到三年诉讼时效的限制，超过诉讼时效不受法律保护；而物权作为对世权、绝对权，不受诉讼时效的限制。

具体到本案中，虽有证据证明某实业公司的建设行为与案涉房屋受到损坏之间存在因果关系，但某实业公司在案发时已被申请破产清算，某征收中心在本案中亦未向其提出赔偿请求。而甲房地产公司作为相邻不动产权利人，某实业公司是按其提供的勘察设计图纸进行施工，在没有证据证明施工人具有过错的情况下，本案根据某征收中心的请求，基于物权请求权判决由甲房地产公司承担赔偿责任，具有充分的法律依据。

编写人：重庆市第三中级人民法院　何玥婷

28

出租人的适租义务不因约定发生免除或转移，发生财产损害的，应结合双方义务和责任边界合理划分责任

——某纺织公司诉某发展公司、张某某财产损害赔偿案

【案件基本信息】

1. 裁判书字号

山东省聊城市中级人民法院（2024）鲁15民终1396号民事判决书

2. 案由：财产损害赔偿纠纷

3. 当事人

原告（上诉人）：某纺织公司

被告（被上诉人）：某发展公司、张某某

【基本案情】

某发展公司将其自有厂房及设备等租赁给某贸易公司使用，某贸易公司负

责对厂房、设备等进行维护、保养。2007 年，某贸易公司的股东于某某、胡某与王某某、宋某某签订了一份承包合同转让协议，约定由王某某、宋某某继续履行某贸易公司与某发展公司签订的前述协议。2012 年 8 月 6 日，某发展公司与宋某某签订补充合同，约定原合同继续有效，承包期限变更为 2012 年 8 月 6 日至 2020 年 8 月 18 日。2020 年 5 月 30 日，某发展公司委托某影视道具公司与宋某某签订承包经营合同，合同约定宋某某继续承包某发展公司的厂房设备，并对厂房设备进行维护、保养，宋某某自合同签订后自行注册公司经营。合同签订后宋某某注册了某纺织公司，并以某纺织公司的名义向某发展公司支付租金（支付到某发展公司股东张某某的个人账户中）。2022 年 6 月 28 日，某纺织公司生产车间发生火灾，消防救援大队认定火灾系油浸式变压器有载分接开关漏油导致变压器故障引发，某纺织公司据此认为某发展公司、张某某应承担赔偿责任。

某发展公司在另案提交的由某发展公司、某影视道具公司共同出具的书面证明，明确两家公司系一家企业（属家族企业）。

【案件焦点】

如何认定某纺织公司因案涉火灾引起的财产损失的责任主体。

【法院裁判要旨】

山东省冠县人民法院经审理认为：宋某某对案涉变压器负有维修、保养义务，案涉变压器着火引燃厂房导致损失的责任不应由某发展公司和张某某承担。理由如下：

首先，某发展公司委托某影视道具公司与宋某某在 2020 年 5 月 30 日签订协议的双方为某发展公司与宋某某，该协议适用于某发展公司与宋某某。其次，根据协议约定，宋某某成立某纺织公司，并以某纺织公司的名义向某发展公司股东张某某个人账户支付租金，结合某纺织公司将租金支付给张某某的行为，可以认定某纺织公司实则与某发展公司构成事实租赁关系，某发展公司与宋某某于 2020 年签订的协议同样适用于某纺织公司。最后，根据协议约定，宋某某对厂房及设备负有维护、保养义务，且案涉变压器也一直由宋某某实际控制，宋某某对变压器设备的日常维护及保养更具有便利性。宋某某在案涉变压器出现漏油的情况后，未及时进行相应的检修，也未通知某发展公司及张某某，而是自行组织人员用盆接漏油后继续合闸生产，不符合安全生产要求。由于宋某某未尽到维护、保养义务导致变压器出现故障而引燃厂房产生的损失应由宋某某自行承担。综上，因宋某某对案涉变压器负有维修、保养义务，变压器着火引燃厂房导致损失的责任不应由某发展公司和张某某承担。

山东省冠县人民法院依照《中华人民共和国民法典》第七百零三条、第七百一十二条、第一千一百六十五条，《中华人民共和国民事诉讼法》第六十七条第一款，《最高人民法院关于民事诉讼证据的若干规定》第九十条，《最高人民法院关于适用〈中华人民共和国民事诉讼法〉的解释》第九十条规定，判决如下：

驳回原告某纺织公司的诉讼请求。

某纺织公司不服一审判决，提起上诉。

山东省聊城市中级人民法院经审理认为：一审认定合同系有效合同且系双方当事人之间实际履行的合同，并无不当，某发展公司与某纺织公司签订的转让协议明确过户的仅为使用权，而非所有权，另案中，某发展公司将案涉变压器作为其损失予以主张，因此，某发展公司仍为案涉变压器的产权人。而且，就案涉火灾事故的发生，某纺织公司与某发展公司均存在相应过错。一方面，某纺织公司对案涉火灾事故的发生具有主要过错。依照《承包经营合同》的约定，某纺织公司对案涉变压器在内的资产负有维护、保养义务。某纺织公司在明知变压器发生漏油出现明显安全隐患的情况下，未及时停用维修仍继续使用，其行为系造成案涉火灾事故的直接和主要原因，应就案涉损失承担主要责任。另一方面，某发展公司作为案涉变压器、配电室的产权人，对案涉变压器的规范安装及防火安全措施负有法定的义务。作为产权人，某发展公司就案涉变压器的使用年限及老化程度应是明知的，其对案涉变压器、配电室等财产负有法定的安全保障和适租义务，该义务不以约定而免除或转移。根据鉴定意见，案涉变压器的安装存在屋内配电装置的安全净距、变压器与后壁之间的最小净距不符合标准要求等多处不符合相应国家标准的情形，案涉变压器室的防火设施不符合国家标准的要求，与变压器漏油发生故障失火后火情蔓延致厂房被烧毁之间存在一定因果关系。因此，某发展公司对本案火灾损失亦应承担一定的责任。结合双方的过错，二审法院酌定某发展公司承担 20%的责任，即某发展公司赔偿某纺织公司损失 1576163.4 元，鉴定费 70000 元。张某某非案涉合同主体，某纺织公司要求张某某就案涉损失承担责任缺乏依据，不予支持。

山东省聊城市中级人民法院依照《中华人民共和国民法典》第一千一百六十五条第一款、《中华人民共和国民事诉讼法》第一百七十七条第一款第二项规定，判决如下：

一、撤销山东省冠县人民法院一审民事判决；

二、某发展公司于本判决生效之日起十五日内赔偿某纺织公司损失 1576163.4 元；

三、某发展公司于本判决生效之日起十五日内支付某纺织公司鉴定费 70000 元；

四、驳回某纺织公司的其他诉讼请求。

【法官后语】

本案主要涉及出租方和承租方约定由承租方对租赁物进行维护、保养，那么在因租赁物而引起损失的情况下，出租方是否可以依据双方的约定而免责的问题。司法实践中，涉及厂房、设备租赁的，合同当事人可能会特别约定承租人负责租赁物的维修，那么这些约定是否有效？发生纠纷如何处理？是审理这类案件需要重点考虑的问题。就本案体现的涉租赁物维修相关的责任主体认定与责任分配的问题，应当根据以下审判思路予以把握。

首先，出租人依法应当向承租人提供适租租赁物，并就租赁物使用向承租人承担安全保障义务。依据《中华人民共和国民法典》第七百零八条规定，出租人应当按照约定将租赁物交付承租人，并在租赁期限内保持租赁物符合约定的用途。据此，租赁合同中出租人的基本义务有两项：一项是交付租赁物；另一项是在租赁期间保证租赁物符合实现租赁目的的状态，即出租人的适租义务。出租人适租义务的基本内涵包含以下两个方面：一方面，适租义务是一项合同义务；另一方面，适租义务具有持续性，出租人不仅需要依约向承租人交付租赁物，还需要在租赁期间保持租赁物的适租性，这是出租人对租赁物的瑕疵担保，也与租赁合同作为继续性合同的性质相匹配，不以双方合同约定而改变。比如，本案中，某纺织公司在使用租赁物从事生产过程中，住房和城乡建设部对变压器的安装位置等作了进一步的要求，而某发展公司作为所有权人，在该国家标准实施后，未按照该国家标准的要求对案涉变压器室的防火设施进行升级改造，导致案涉变压器室的防火设施不符合国家标准的要求，与变压器发生故障失火并导致厂房被烧毁之间存在一定因果关系，故某发展公司作为出租人应对某纺织公司的损失承担一定的责任。

其次，就租赁物使用期间发生的损坏或不适合使用的情形，双方可以约定维修责任，但出租人的安全保障和适租义务不因约定而发生免除或转移。《中华人民共和国民法典》第七百一十二条规定，出租人应当履行租赁物的维修义务，但是当事人另有约定的除外。在租赁关系中，租赁物的维修义务原则上由出租人承担，但维修并不专属于出租人，租赁合同当事人可自行约定租赁物的维修义务由谁来承担，只要不影响租赁物的使用收益即可。但双方约定的维修范围是有限制的，即使约定了维修义务由承租人承担，出租人仍须确保租赁物符合安全使用标准，如基础设施、消防设施、通风采光等应当符合国家强制性规定。本案中，某纺织公司与某发展公司签订的租赁合同中约定“合同存续期间，厂区内的水、电、房产、设备的维护及保养和地上一切附属物的维护均由乙方（某纺织公司）负责”，虽然双方关于租赁物维护维修的约定为法律所允许，但并不意味着出租人的安全保障和适租义务因此而免除。

最后，因租赁物致害发生的财产损害赔偿纠纷诉讼中，应适用过错责任原则界定出租人和承租人的责任。因租赁物发生财产损害引起的侵权赔偿纠纷，应适用过错责任原则进行责任分配，具体来讲，应综合考虑租赁物是否符合安全标准、出租人是否及时履行法定维护义务、承租人是否明知租赁物存在安全隐患仍继续使用、承租人是否尽到合理维护义务以及租赁物的损害程度、承租人维修的现实可能性等因素合理确定出租人和承租人之间的责任划分。本案中，依照《承包经营合同》的约定，某纺织公司就案涉变压器在内的资产负有维护、保养义务，在明知变压器发生漏油出现明显安全隐患的情况下，未及时停用维修仍继续使用，其行为系造成案涉火灾事故发生的直接和主要原因，应就案涉损失承担主要责任。某发展公司作为案涉变压器、配电室的产权人，对案涉变压器的规范安装及防火安全措施负有法定的义务，就案涉变压器的使用年限及老化程度应是明知的，其对案涉变压器、配电室等财产负有法定的安全保障和适租义务，该义务不因约定而免除或转移，应就案涉损失承担适当赔偿责任。

综上，出租人负有法定的安全保障及适租义务，该义务不因双方约定由承租人承担维修等责任而免除。因租赁物使用造成财产损害的，应结合出租人是否尽到法定的安全保障及适租义务、承租人是否尽到基本的维修义务等双方的义务和边界界定双方责任。

编写人：山东省冠县人民法院　刘建立

二、所有权纠纷

（一）侵害集体经济组织成员权益纠纷

29

农村集体经济组织成员资格司法认定要点

——蒋某甲等诉重庆市沙坪坝区某社侵害集体经济组织成员权益案

【案件基本信息】

1. 裁判书字号

重庆市第一中级人民法院（2021）渝01民终13361号民事判决书

2. 案由：侵害集体经济组织成员权益纠纷

3. 当事人

原告（被上诉人）：蒋某甲、蒋某乙、熊某某

被告（上诉人）：重庆市沙坪坝区某社（以下简称某社）

【基本案情】

蒋某甲与熊某某系夫妻关系，蒋某乙系二人之子。2000年10月，蒋某甲、熊某某户口由某社迁往重庆市某区，户口性质变更为城镇非农业家庭户口。蒋某乙于2000年10月由重庆市某县迁往重庆市某区，户口性质变更为非农业户

口。蒋某甲、熊某某、蒋某乙陈述，蒋某乙和蒋某甲平时以帮人开短途货车、打零工维持生计，熊某某无工作。

1998年5月，蒋某甲之父作为承包户户主，取得沙坪坝区政府颁发的农村土地承包经营权证书，载明人口5人，承包土地面积为五亩二分。蒋某甲父母分别于2016年、2019年去世。

2013年1月26日，某社召开社员会议讨论以下各项分配方案：(1) 各队将各户原来已领到户口的二环路等占地的土地费统一拉平分配，按每亩16430元计算集体与社员户实行多退少补；(2) 分配按原来讨论的8、2开分成计算，8成按承包地的人口计算，2成按2013年1月26日上午会议截止的人口计算现有人口的分配（包括已农转非的人员）……(4) 有关2013年的土地租金也按8、2开分成计算到各户，但今后的各项分配都按会议的讨论执行分配……(7) 凡属各队的农转非人员，通过这次讨论的分配以后，就与队脱离关系，不再享有集体的任何分配直到全队统征占。某社分配集体资产时，蒋某甲、熊某某、蒋某乙在2020年12月8日之前分得分配方案确定的款项，之后未再分得款项。

【案件焦点】

蒋某甲、蒋某乙、熊某某是否具有某社集体经济组织成员资格，应否参与分配土地补偿费、土地租金等集体资产。

【法院裁判要旨】

重庆市沙坪坝区人民法院经审理认为：蒋某甲、蒋某乙、熊某某的户口虽于2000年迁往某区，户口变为非农业户口，但在三人未取得其他集体经济组织成员资格，也未加入城镇居民社会保障体系、未明确退出承包地的情况下，按照以人为本的原则，不宜否定其集体经济组织成员资格，蒋某甲、蒋某乙、熊某某仍具有某社集体经济组织成员资格，理应参与该社的土地补偿费、土地租金等集体资产的分配，并享有同等分配权。

蒋某甲、蒋某乙、熊某某应作为“承包人口”“现有人口”参与分配。因历年分配金额是通过社员大会讨论决定的，即对于每一个“承包人口”“现有人口”的分配金额是固定的，蒋某甲、蒋某乙、熊某某应按照历年分配表所确定的人均标准分得相应的款项，计算为15538.3元。

重庆市沙坪坝区人民法院依照《最高人民法院关于适用〈中华人民共和国民法典〉时间效力的若干规定》第一条第二款，《中华人民共和国物权法》第五十九条第一款，《最高人民法院关于审理涉及农村土地承包纠纷案件适用法律问题的解释》第二十四条，《中华人民共和国民事诉讼法》第六十四条第一款，《最高人民法院关于适用〈中华人民共和国民事诉讼法〉的解释》第九十条、第九十一条之规定，判决如下：

一、确认蒋某甲、蒋某乙、熊某某具有某社集体经济组织成员资格；

二、某社于本判决发生法律效力之日起十日内支付蒋某甲、蒋某乙、熊某某集体资产分配款15538.3元；

三、驳回蒋某甲、蒋某乙、熊某某的其他诉讼请求。

某社不服一审判决，提起上诉。

重庆市第一中级人民法院经审理认为：某社因土地被征用、占用获得相应的补偿费用，由此形成了集体资产，该集体资产属于某社成员共同所有，可以通过民主议定的形式决定如何分配。2013年，某社在分配集体资产时，对不同类型的人员予以区分，并形成了分配方案，该分配方案经社员会议民主议定产生，符合民主议定程序。分配方案中对有土地无户口的人员按照有土地有户口人员80%的比例分配集体资产，属于村民自治范畴，也没有剥夺蒋某甲、蒋某乙、熊某某作为集体经济组织成员的权益。现，蒋某甲、蒋某乙、熊某某请求按照有土地有户口人员的标准参与集体资产分配，系改变通过民主议定程序形成的分配方案，于法无据。

蒋某甲、蒋某乙、熊某某虽将户口迁入某区，但其未取得其他集体经济组织成员资格、未加入城镇居民社会保障体系、原土地承包关系没变，三人均无固定职业，仍有赖于农村集体土地作为生活保障之一，一审法院确认其具有某社集体经济组织成员资格认定正确，故在2020年12月8日某社分配集体资产时，蒋某甲、蒋某乙、熊某某享有分配相应份额的权利，其作为有土地无户口的人员，按照“承包人口”人均762元的标准，应分得2286元（762元×3人）。

重庆市第一中级人民法院依照《中华人民共和国民事诉讼法》第一百七十七条第一款第二项规定，判决如下：

一、维持重庆市沙坪坝区人民法院一审民事判决第一项；

二、撤销重庆市沙坪坝区人民法院一审民事判决第二项、第三项；

三、某社于本判决发生法律效力之日起十日内支付蒋某甲、蒋某乙、熊某某集体资产分配款2286元；

四、驳回蒋某甲、蒋某乙、熊某某的其他诉讼请求。

【法官后语】

《中华人民共和国农村集体经济组织法》专章规定“成员”，其中包括成员认定标准，弥补了此前立法对集体经济组织成员认定缺乏具体规范的空缺。

土地是农民重要的生产资料。农地参与流转后，尽管有资源整合、效率优化等效用，但对农民个体而言，意味着丧失了对土地的控制，无法利用土地将劳动直接转化为经济收入，而是依据集体经济组织成员资格参与农地流转收益分配。司法认定农村集体经济组织成员资格，应以民生保障为中心要素。具体而言，包含以下两个层面的规则。

第一，以户籍信息为集体经济组织成员资格认定的外观标准。实践中，常以户籍状态为农村集体经济组织成员资格的直接依据，这一标准最为直观高效，基于户籍信息的行政审查效力，一般情况下户籍信息与农民出生、成长甚至生活状态是一致的，故认定农村集体经济组织成员资格应以户籍信息为第一层的外观标准。但由于实践中存在户籍信息与农民实际生活状态错位的情形，为实质保障农民民生权益，在二者错位时，司法应作进一步的审查认定，防止机械套用户籍状态。

第二，以依赖土地保障生存为集体经济组织成员资格认定的实质标准。争议发生时户籍未登记在集体经济组织所在地，但以该集体土地为生存保障的，应认定为集体经济组织成员。《中华人民共和国农村集体经济组织法》第十一条规定："户籍在或者曾经在农村集体经济组织并与农村集体经济组织形成稳定的权利义务关系，以农村集体经济组织成员集体所有的土地等财产为基本生活保障的居民，为农村集体经济组织成员。"该法施行后，因各种原因迁出户籍的农户主张确认集体经济组织成员资格将更加有法可依。最常见的是按照农村传统婚嫁观念，"出嫁女"户籍迁出原集体，但若其未在新加入的集体中实际取得土地承包权利，则原集体的经济组织成员资格不丧失；对应地，若其取得了新集体的经济组织成员资格，则自然丧失原集体成员权，审查关键在于明晰边界，排除权利真空。同理，"入赘男"户籍未迁入本集体的，若有长期实际生活事实，以本集体土地为生存保障，则应具有本集体经济组织成员资格的标准。因婚姻关系取得的成员资格，不因婚姻关系的解除而当然灭失，认定成员资格仍以生存保障为标准。大学生入学迁户，毕业后因政策原因未能迁回原籍的，其集体经济组织成员资格认定是实践中纠纷多、争议大的一类典型情况，法院审查时除认定个体依赖集体土地为生活保障外，还应考虑户口性质变化系基于政策因素，不可归责于个体，在存在本集体的长期实际生活事实的情况下，对"生活保障"的审查标准可适当放宽，如仍实际居住于村民小组内，家庭以承包土地为主要收入来源的灵活就业人员，可认定其具备集体经济组织成员资格。

相对应地，户籍登记在集体经济组织所在地，但不以土地为生存保障的，不应认定为集体经济组织成员。实践中常见的有以下两种情形：一是未实际长期生活在本集体范围，主要指仅出于利益驱动或其他原因将户口挂在集体经济组织所在地的"空挂户"；二是已取得其他途径的社会保障，如离退休人员将户籍迁回原籍的，因其已享受社会养老保险待遇，事实上无须依靠集体土地生活。前述情况的个体虽有户籍外观，但不应认定其集体经济组织成员资格。另外，对于非亲缘关系的迁入人员，是否取得集体经济组织成员资格，可归入集体自决范畴。

本案中，原告虽将户口迁出至市区，且将户口性质变更为非农业户口，但其在户口迁出后未加入城镇居民社会保障体系，没有获得适用于城镇居民的生活保障，也没有加入其他农村集体经济组织，取得新的集体经济组织成员资格，如若仅因户籍迁出就否认他们原有的农村集体经济组织成员资格，则会置其基本生活于保障真空，不符合以民生保障为中心要素的实质审查要求。且原告所在户原土地承包关系未发生变化，三人均无固定职业，仍依赖耕种土地收入或土地流转收益为主要生活来源。故，法院认定其实际以某社集体土地为生存保障，具有某社集体经济组织成员资格，有权参与集体土地资产分配。

编写人：重庆市第一中级人民法院　刘静　詹勤艳　杨韵加

30

农村集体经济组织成员身份的认定

——梁某甲诉扶绥县某乡某村民小组侵害集体经济组织成员权益案

【案件基本信息】

1. 裁判书字号

广西壮族自治区崇左市中级人民法院（2023）桂 14 民终 355 号民事判决书

2. 案由：侵害集体经济组织成员权益纠纷

3. 当事人

原告（被上诉人）：梁某甲

被告（上诉人）：扶绥县某乡某村民小组（以下简称某村民小组）

【基本案情】

2019 年期间，某村民小组因项目征地获得土地补偿款，决定分配给其集体成员。2020 年 11 月，某村民小组通过《征地补偿分配方案》，内容为：“……三、集体土地征地补偿来源：（1）截至 2019 年 10 月 16 日，某村民小组集体土地征地补偿款共 6202561. 50 元。其中，本次从集体土地征地补偿款中列支共约 560 万元，进行分配；（2）从 2019 年 10 月 17 日至 2020 年 11 月 30 日止，某村民小组集体土地征地补偿款共129222412.6元。其中，本次从集体土地征地补偿款中列支共约80000000元进行分配；四、享受分配对象时间界定及分配办法：2020年11月30日前，依法登记在某村民小组常住户口健在的人员，可以参加……集体土地征地补偿款的分配，每人分得107000元。”方案公布无异议后，某村民小组向确认具有该集体经济组织成员资格的人员按分配方案的标准发放了征地补偿款。

梁某丙与梁某丁是梁某乙的父母，梁某乙与梁某甲系母女关系。梁某丙为某村民小组集体经济组织成员，户籍登记于某村某屯，系户主，梁某乙的户籍登记在该户，外嫁后也没有迁出。梁某甲户籍原登记于扶绥县某镇，2020年1月因子女投靠父母，由扶绥县某镇迁入某村某屯孙某丙户。梁某甲因未获得上述土地补偿款，遂向法院起诉要求某村民小组向其支付征地补偿款分红107000元。

扶绥县人民政府先后于2020年4月和7月作出案涉两次征地的《乡镇建设用地征收土地补偿安置方案公告》。

【案件焦点】

梁某甲在某村民小组分配本案征地补偿款时是否享有分配资格，其要求某村民小组向其支付本案征地补偿款应否予以支持。

【法院裁判要旨】

广西壮族自治区扶绥县人民法院经审理认为：《最高人民法院关于审理涉及农村土地承包纠纷案件适用法律问题的解释》第二十二条规定，“农村集体经济组织或者村民委员会、村民小组，可以依照法律规定的民主议定程序，决定在本集体经济组织内部分配已经收到的土地补偿费。征地补偿安置方案确定时已经具有本集体经济组织成员资格的人，请求支付相应份额的，应予支持”。因此，征地补偿安置方案确定时是否已具备村集体经济组织成员资格，是审查梁某甲是否享有参与某村民小组征地补偿款分红的资格权利的依据。扶绥县人民政府曾就案涉集体土地征收补偿先后两次作出《乡镇建设用地征收土地补偿安置方案公告》，依法应以上述两个公告作出的时间点即 2020 年 4 月及 2020 年 7 月确认梁某甲是否具备某村集体经济组织成员资格，作为确认其是否享有参与某村民小组征地补偿款分红的资格权利的依据。

《中华人民共和国妇女权益保障法》第三十三条规定："任何组织和个人不得以妇女未婚、结婚、离婚、丧偶等为由，侵害妇女在农村集体经济组织中的各项权益。因结婚男方到女方住所落户的，男方和子女享有与所在地农村集体经济组织成员平等的权益。"《广西壮族自治区高级人民法院〈关于审理承包地征收补偿费用分配纠纷案件若干问题的解答〉》亦对审查认定农村集体经济组织成员资格作出了明确规定，"农嫁农"的妇女，以其实际生产、生活所在地集体经济组织认定其成员资格。如其未取得夫家所在地集体经济组织的承包地，未享受夫家所在集体经济组织成员待遇，应当认定其具有娘家集体经济组织成员资格。梁某甲的母亲梁某乙因为系梁某丙与梁某丁的独生女，梁某乙为赡养父母，结婚后户籍一直未迁出某村某屯，梁某乙及梁某甲的生活来源有一部分应该系经营梁某丙承包户的承包地所得，梁某乙现未享受夫家所在地集体经济组织成员待遇。梁某甲户籍原登记于扶绥县某镇，但于 2020 年 1 月因子女投靠父母，由扶绥县某镇迁入某村某屯，征地补偿安置方案确定时，梁某甲及其母亲梁某乙的户籍已在某村民小组，某村民小组没有充分证据否定两人已经尽到村民义务的，应当认可其村民资格，充分保护妇女、儿童的合法权益，因某村民小组未能提供证据证实梁某甲符合丧失集体经济组织成员资格的情形，故确认梁某甲符合某村民小组分配土地征地补偿款的条件，依法应当享受该集体成员获得相关收益的权利。

根据《中华人民共和国村民委员会组织法》第二十七条的规定，某村民小组召开全体村民代表大会表决结果的内容不得与宪法、法律、法规和国家的政策抵触，不得有侵犯村民的人身权利、民主权利和合法财产权利的内容，某村民小组于 2020 年 11 月通过的《征地补偿分配方案》将梁某甲排除在分配成员名单外，侵害了其作为该集体经济组织成员的权益。

广西壮族自治区扶绥县人民法院依照《中华人民共和国民法典》第二百六

十一条、《中华人民共和国妇女权益保障法》第三十三条、《中华人民共和国村民委员会组织法》第二十七条、《中华人民共和国民事诉讼法》第六十七条、《最高人民法院关于审理涉及农村土地承包纠纷案件适用法律问题的解释》第二十二条规定，判决：

某村民小组于本判决生效之日起十日内向梁某甲支付征地补偿款分红107000元。

某村民小组不服一审判决，提起上诉。

广西壮族自治区崇左市中级人民法院经审理认为：《中华人民共和国民法典》第二百六十一条规定，农民集体所有的不动产和动产，属于本集体成员集体所有。土地补偿费等费用的使用、分配办法等事项应当依照法定程序经本集体成员决定。《中华人民共和国村民委员会组织法》第二十四条规定，涉及征地补偿费的使用、分配方案经村民会议讨论决定方可办理，即土地征收补偿费的分配属于农村集体经济组织自治范畴，土地征收补偿费“分不分”“分给谁”“分多少”等问题均应当由农村集体经济组织成员通过民主议定程序形成决议。

土地补偿费是指在集体土地被依法征收后对集体土地所有权进行的补偿，根据《最高人民法院关于审理涉及农村土地承包纠纷案件适用法律问题的解释》（2020年修正）第二十二条规定，梁某甲是否具有某村民小组集体经济组织成员资格，是其是否享受分配集体土地征收补偿费的前提和条件。而确定农村集体经济组织成员资格，应综合考虑当事人户籍关系、农村土地承包关系、生产生活情况、生活基础保障等因素，即除以该当事人是否具有户籍登记为基本的形式标准外，还应结合是否在该集体经济组织形成较为固定的生产生活关系，是否与村集体形成较为固定的经济权利义务关系，是否以本集体土地承包作为赖以生活的保障基础等因素来综合分析判断。本案中，虽然梁某甲在某村民小组确定土地征收补偿款分配方案前已将其户籍迁移至其外祖父所在的某村民小组，但梁某甲提供的证据尚不足以证明其父母婚后至今一直在某村民小组生产生活，与某村民小组形成了较为固定的经济权利义务关系，并以某村民小组的土地承包作为其基本的生存保障来源，且经过某村民小组民主议定程序所确定的分配方案第五条第四款也未赋予其分配的权利，故其并不具备某村民小组集体经济组织成员资格的基本要件，其要求某村民小组按集体经济组织成员标准支付土地征收补偿款的请求，缺乏法律和事实依据，不能成立，依法不予支持。一审确认梁某甲符合某村民小组《征地补偿分配方案》确定的分配对象不当，予以纠正。

广西壮族自治区崇左市中级人民法院依照《中华人民共和国民事诉讼法》第一百七十六条第一款、第一百七十七条第一款第二项规定，判决如下：

一、撤销广西壮族自治区扶绥县人民法院一审民事判决；

二、驳回梁某甲的诉讼请求。

【法官后语】

根据《最高人民法院关于审理涉及农村土地承包纠纷案件适用法律问题的解释》（2020年修正）第二十二条规定，拥有被征收土地的村集体经济组织成员身份是获得土地补偿费的前提。本案争议的问题是，梁某甲在征地补偿款方案确定时是否具有某村民小组成员身份，这涉及三个方面的问题认定：一是取得集体经济组织成员资格的认定；二是外嫁女集体经济组织成员资格的认定；三是外嫁女的子女集体经济组织成员资格的认定。

1. 关于取得集体经济组织成员资格的认定。《中华人民共和国农村集体经济组织法》（以下简称《农村集体经济组织法》）第十一条规定："户籍在或者曾经在农村集体经济组织并与农村集体经济组织形成稳定的权利义务关系，以农村集体经济组织成员集体所有的土地等财产为基本生活保障的居民，为农村集体经济组织成员。"由此可知，认定集体经济组织成员资格主要从以下三个方面考虑：一是具有该集体的户籍或户籍曾经在该集体；二是与该集体形成了稳定的权利义务关系；三是以该集体土地等财产作为基本生活保障。可见，户籍归属并非认定集体经济组织成员身份的唯一条件。从以人为本的角度，不能仅凭户籍作为是否具有集体经济组织成员的资格的唯一判断。户籍只是形式认定标准，具有稳定的权利义务关系和以集体土地等财产作为基本生活保障来源才是实质认定标准，即使户籍不在该集体，但满足了实质性标准，仍可认定为集体经济组织成员。因此，认定集体经济组织成员应从实质性标准进行审查。如何判断是否形成稳定的权利义务关系以及是否以集体土地等财产作为基本生活保障，《农村集体经济组织法》没有明确规定。对此，笔者认为，一般情况下，在集体有承包地、宅基地的可认定为具有稳定的权利义务关系；在集体有承包地并以土地租金或自行耕种的收入作为基本生活保障来源的，可认定为以集体土地作为基本生活保障。本案作出裁判时，虽然《农村集体经济组织法》尚未出台，但实际上是按照上述三个方面进行考量后作出的裁判，梁某甲户籍虽在征地补偿方案确定前就已迁入某村民小组，满足了户籍的形式要件，但还需进一步审查其是否具备相应的实质条件。梁某甲实际上并非一直在某村民小组生活，与某村民小组并没有形成稳定的权利义务关系和以集体土地等财产作为生活保障来源，不符合认定集体经济组织成员的实质要件。

2. 关于外嫁女集体经济组织成员资格认定。《农村集体经济组织法》第十八条第二款规定："农村集体经济组织成员结婚，未取得其他农村集体经济组织成员身份的，原农村集体经济组织不得取消其成员身份。"根据该规定，外嫁女保留原集体经济组织成员资格的前提是未取得夫家所在地集体经济组织成员身份。因外嫁女的身份具有特殊性，即使其户口未迁入夫家，但外嫁女跟随夫家共同生活，其居住和生活均在夫家，根据历史传统和自然习惯以及从保护妇女权益上看，通常应认定其成为夫家所在集体的成员，同时丧失其原有集体经济组织成员资格，避免出现"两头空"或"两头占"的现象，除非其能提供充分的证据证实其未在夫家取得集体经济组织成员资格。本案中，梁某甲的母亲梁某乙外嫁后，虽户籍一直未迁出某村民小组，但其实际上一直在夫家生活，其也没有提供充分证据证实其没有取得夫家所在集体的成员身份，应认定其已成为夫家所在集体成员，丧失了某村民小组成员的身份。

3. 关于子女农村集体经济组织成员资格认定。子女集体成员资格认定。《农村集体经济组织法》第十二条第二款规定，对因成员生育而增加的人员，农村集体经济组织应当确认为农村集体经济组织成员。对因成员结婚、收养或者因政策性移民而增加的人员，农村集体经济组织一般应当确认为农村集体经济组织成员。根据该规定，对子女应结合父母农村集体经济组织成员资格情况确认。农村集体经济组织成员资格的取得方式主要有两种：一是出生取得；二是因加入而取得。因出生而依法律规定自然取得集体经济组织成员资格的方式最为常见。集体经济组织成员的子女跟随父母户籍落户，且其父母被认定为该村集体经济组织成员的，子女自然取得本集体经济组织成员资格。实践中，外嫁女户籍、居住地等的迁移调整，直接影响其及其子女集体经济组织成员资格的判断，特别是父母子女户籍不是登记在同一集体经济组织时情况更为复杂，不仅要判断外嫁女的集体经济组织成员资格归属，还要判断其子女与入籍村集体经济组织之间是否存在权利义务关系。只有其在户籍、生活生产、基本生活保障等方面确实与村集体存在密不可分的联系时，才能确定其具有集体经济组织成员资格。本案中，梁某甲母亲梁某乙外嫁后虽未将户口从某村民小组迁入夫家，但梁某乙及其丈夫没有证据证实其婚后一直在某村民小组生产生活，梁某甲父母不具有某村民小组集体经济组织成员资格。梁某甲作为未成年人一直跟随父母一同生活，故梁某甲不具有某村民小组的集体经济组织成员身份。

编写人：广西壮族自治区扶绥县人民法院　吴鸿亮

（二）建筑物区分所有权纠纷

31

经规划建设但不能办理产权登记的地面车位权属之认定

——佛山市某房地产开发有限公司诉佛山市三水区某小区业主委员会、佛山市三水区某小区业主大会车位案

【案件基本信息】

1. 裁判书字号

广东省佛山市中级人民法院（2023）粤06民终5069号民事判决书

2. 案由：车位纠纷

3. 当事人

原告（上诉人）：佛山市某房地产开发有限公司（以下简称某房地产公司）

被告（被上诉人）：佛山市三水区某小区业主委员会（以下简称某业委会）、佛山市三水区某小区业主大会（以下简称某业主大会）

【基本案情】

某房地产公司系案涉某小区的开发商，于2010年获得案涉宗地并建成某小区，小区的商品房已销售完毕并已移交业主。案涉558个地面车位位于小区建筑与用地红线之间的区域，均为经规划部门批准建设的车位，但无法办理产权登记。

2020年11月，某业委会委托物业管理公司管理某小区外围停车场。某房地产公司向某业委会、某业主大会提出《关于对某小区外围停车场管理协议的异议函》，认为案涉558个地面车位为经规划部门批准建设的车位，应属于某房地产公司所有。某房地产公司与某业委会、某业主大会协商未果，故诉至法院，请求判令某小区建筑区划范围内558个地面车位的占有、使用、收益权归某房地产公司所有。

【案件焦点】

案涉车位是否为《中华人民共和国民法典》第二百七十五条规定中定义的“规划用于停放汽车的车位”。

【法院裁判要旨】

广东省佛山市三水区人民法院经审理认为：《中华人民共和国民法典》第二百七十五条规定的规划内车位，是建设单位在开始建造之初经规划部门批准并于建造完成后可以办理产权登记的车位。案涉露天停车位虽然经过规划部门的批准建造，但并无上盖建筑物，不属计容面积，某房地产公司在建成之初即可根据道路通行、商铺经营等实际情况对车位进行一定的调整，包括增减数量，调整位置等，佛山市某测绘有限公司出具的《某小区车位测量技术报告》亦可证实这一点，某房地产公司对车位的调整并没有经过规划部门的审批，因此案涉车位本质上不具备《最高人民法院关于审理建筑物区分所有权纠纷案件适用法律若干问题的解释》第二条所规定的专有部分具有构造上的独立性、利用上的独立性及能够登记成为特定业主所有权的客体的特性，不能单独办理产权登记，也不能成为享有专有权的专有部分。所以案涉车位不属于《中华人民共和国民法典》第二百七十五条中规定的规划车位，不能由开发商与购房者通过出售、附赠或者出租等方式进行约定。某房地产公司所认为的规划仅仅是对土地用途的规划，只能确定用途和功能。从案涉车位的不确定性可以看出，双方的争议焦点在于某小区建筑红线与用地红线之间的土地使用权的归属问题。某房地产公司虽然通过公开交易（挂牌）方式取得某小区的土地使用权，但通过逐步地开发及房屋的售卖，小区建筑区划内的土地使用权随房屋的出售而转移，小区的共有部分土地使用权归小区全体业主共有，某房地产公司已丧失案涉地面停车位的土地使用权。某房地产公司应对建设成本是否已经分摊至建筑区划内众多业主身上承担举证责任，但某房地产公司现有的证据无法证明这一点，因此也可以确定案涉露天停车位的土地使用权属全体业主共有。某房地产公司在建造案涉露天停车位时虽然支出了一定的开发成本，但按照规划建设的地面停车位属于其开发建设的附属设施，这是某房地产公司履行土地出让合同义务的体现，但并非依据规划建设的附属设施都归开发商所有。且某房地产公司亦未提供其他证据证明其对案涉地面停车位享有土地使用权。因此，本案地面停车位是由某房地产公司依照行政规划建设的附属设施，属于业主共有土地使用权范畴，其权益也应归全体业主共同享有。

广东省佛山市三水区人民法院依照《中华人民共和国民事诉讼法》第六十七条第一款规定，判决：

驳回某房地产公司的诉讼请求。

某房地产公司不服一审判决，提起上诉。

广东省佛山市中级人民法院经审理认为：案涉地面车位未办理产权登记，

某房地产公司亦确认无法办理产权登记，故案涉地面车位不具有利用上的独立性、可以排他使用及能够登记成为特定业主所有权的客体的特性，不属于《中华人民共和国民法典》第二百七十五条第一款规定的“规划用于停放汽车的车位”，应属业主共有。某房地产公司以案涉地面车位已经规划部门批准建设为由诉请确认其享有案涉地面车位的物权，缺乏理据，不予支持。

广东省佛山市中级人民法院依据《中华人民共和国民事诉讼法》第一百七十七条第一款第一项的规定，判决：

驳回上诉，维持原判。

【法官后语】

随着人们家庭用车的数量不断增长，车库车位的价值逐步凸显，开发商与业主之间因小区车位权属问题引发的纠纷亦显著增加。根据《中华人民共和国民法典》第二百七十五条的规定，规划用于停放汽车的车位，由当事人约定归属。但实务中建设完成后往往是归开发商所有；对于占用业主共有的道路或者其他场地用于停放汽车的车位，属于业主共有。对于经规划建设但不能办理产权登记的地面车位，是属于规划用于停放汽车的车位，抑或占用业主共有的道路或者其他场地用于停放汽车的车位，其所有权归属问题往往易引发纠纷。

1. 小区建筑区划内的土地使用权随房屋的出售已转移至全体业主。《中华人民共和国民法典》第三百五十七条规定：“建筑物、构筑物及其附属设施转让、互换、出资或者赠与的，该建筑物、构筑物及其附属设施占用范围内的建设用地使用权一并处分。”《中华人民共和国城市房地产管理法》第三十二条规定：“房地产转让、抵押时，房屋的所有权和该房屋占用范围内的土地使用权同时转让、抵押。”虽然开发商通过拍卖等方式购得小区土地使用权，但在开发商将所开发建设的商品房出售并交付全体业主后，根据“房地一体处分”原则，小区建筑区划内的土地使用权随房屋的出售已转移至全体业主，小区的共有部分土地使用权已归业主共有，开发商因此丧失案涉地面车位所处土地使用权。

2. 不能办理产权登记的地面车位不能成为由特定业主所有的专有部分。

《最高人民法院关于审理建筑物区分所有权纠纷案件适用法律若干问题的解释》第二条第一款规定："建筑区划内符合下列条件的房屋，以及车位、摊位等特定空间，应当认定为民法典第二编第六章所称的专有部分：（一）具有构造上的独立性，能够明确区分；（二）具有利用上的独立性，可以排他使用；（三）能够登记成为特定业主所有权的客体。"专有部分的构成要件除必须具备构造上和使用上的独立性这两个要件外，还需具备"通过登记予以公示并表现出法律上的独立性"这一要件。构造上和使用上的独立性，是经济上的独立性，只有通过登记才能表现为法律上的独立性。不能办理产权登记的地面车位，因不能够登记成为特定业主所有权的客体，不能成为享有专有权的专有部分，其本质属于占用业主共有道路或其他场地用于停放汽车的车位。

3.《中华人民共和国民法典》第二百七十五条第一款规定的"规划用于停放汽车的车位"应指经规划部门批准并可以办理产权登记的车位。该条文第一款和第二款分别采用"规划用于停放汽车的车位"和"占用业主共有的道路或者其他场地用于停放汽车的车位"两种表述，从体系解释上看，其第一款和第二款规定的应当是两种不同类型的车位，且两种车位的概念外延应不存在重合。但上述条款分别采用是否经规划建设和是否占有业主共有场地两个不同标准来认定车位类型，标准不统一导致第一款和第二款规定的概念从文义解释上外延存在重合，如本案案涉车位，虽然经过规划批准，但是使用的是业主共有的土地使用权，如果仅按照"规划审批"的标准认定案涉车位属于开发商所有，明显违背该条款的立法目的。故，有必要根据立法目的，对第一款"规划用于停放汽车的车位"的含义进行合理限缩。因这类车位可作为区分所有建筑物的专有部分进行转让，所以应当理解为，是指不仅需要经规划部门批准建设，而且可以办理产权登记的车位。只有能够办理产权登记，才能成为由特定业主所有的专有部分，不属于占有业主共有土地使用权范畴，在本质上不同于第二款规定的"占用业主共有的道路或者其他场地"的车位。

编写人：广东省佛山市中级人民法院　李寿桥　杨全欣

32

建设成本摊入房价的住宅小区会所一般为业主共有

——南京市某小区业主委员会诉南京某置业有限公司等建筑物区分所有权案

【案件基本信息】

1. 裁判书字号

江苏省高级人民法院（2022）苏民申 8901 号民事裁定书

2. 案由：建筑物区分所有权纠纷

3. 当事人

原告（被上诉人、再审被申请人）：南京市某小区业主委员会（以下简称业委会）

被告（上诉人）：南京某置业有限公司（以下简称置业公司）

被告（上诉人、再审申请人）：南京某物业管理有限公司（以下简称物业公司）

被告（再审申请人）：南京市某幼儿园（以下简称幼儿园）

【基本案情】

南京市某小区系置业公司开发建设，其中小区会所共有三层，于 2008 年 10 月竣工验收合格，竣工备案总建筑面积为 1191 平方米，规划用途为“公建”，目前尚未进行不动产权登记。《商品房预售许可证》的“商品房共有共用部位明细表”载明，会所属于公共配套建筑。南京市某区物价局关于该小区商品住宅销售价格的批复载明，会所的建设费用分别分摊进入某小区相应楼栋的商品房成本。南京市某区物业管理办公室出具说明，某小区会所内有 500 平方米的物业管理用房。

某小区《商品房预售许可证》的商品房共有共用部位明细表中载明会所及人防设施属于公共配套建筑（部位），并附说明“该部位是开发商根据总体规划需求而建，在不改变用途下，开发商享有使用权、收益权利”。置业公司与业主签订的《商品房预售合同》对配套房屋和建筑的产权归属进行了约定，即附件所列配套房屋和建筑归全体业主所有，其余配套房屋和建筑归置业公司所有，该附件未列示案涉会所和地下车库。

置业公司与物业公司在《前期物业服务合同》约定的基础上签订《补充协议》，约定会所由物业公司负责经营和管理，在满足业主需求的前提下，其经营收入归物业公司所有。物业公司在受聘期间曾将会所部分区域作为物业服务用房使用，将会所部分房屋交由幼儿园经营使用至今。现，某小区业主已解除了与物业公司之间的物业服务合同。

经南京市某区人民防空办公室批复，置业公司在某小区相应楼房地下修建防空地下室，建设费用由置业公司自理。该防空地下室的平时功能为汽车库，战时功能为人员掩蔽体。2009 年 8 月，置业公司与物业公司签订《人防地下车库使用权租赁协议书》，约定了置业公司向物业公司移交地下车库的时间、物业公司向置业公司支付转让价款的数额和方式以及使用期限，并约定，该期限过后，无偿提供给物业公司使用。如遇国家战备，物业公司需无条件服从国家安排。

因某小区业主与物业公司因会所使用方式及使用收益归属产生争议，经业主大会授权，业委会提起本案诉讼，请求二公司将某小区会所及人防地下车库返还给业主委员会。一审诉讼过程中，业委会进行换届改选，经表决产生新一届业委会，并经所在街道物业管理办公室备案。在本案中，新一届业委会对前一届业委会的诉讼行为进行了追认。

【案件焦点】

小区会所的产权归属如何确定。

【法院裁判要旨】

江苏省南京市六合区人民法院经审理认为：本案的主要争议焦点为：（1）业

委会是否系适格主体；（2）某小区会所的产权归属。

关于争议焦点一，在本案诉讼过程中，某小区在政府主管部门的指导下换届改选产生新一届业委会，新一届业委会对本案中前一届业委会的诉讼行为进行了追认。业委会的主体资格符合法律规定，可以提起本次诉讼。

关于争议焦点二，结合立法精神及相关案例，小区会所权属的判断应按照如下方法处理：（1）会所中某些房屋如属于国家规定开发商应配套修建并明确其产权的配套公共设施，则该部分房屋产权按国家有关规定确定，如物业服务用房。（2）在没有规定的情况下，商品房买卖合同如约定会所整体或其中的某些房屋产权归属的，按约定执行。（3）在没有规定也没有约定的情况下，区分投资情况具体确定：如果有证据证明会所的成本实际列入了商品房建造成本，构成商品房对外销售的组成部分，则归业主所有；反之，基于谁投资、谁所有、谁受益的原则，会所产权归开发商所有。某小区会所权属的判断应分为两部分：一是确认是否包含法定共有的部分；二是确认法定共有之外的部分是否存在约定。根据某区物管办出具的说明、前期物业服务合同及法院现场勘察，均能证实会所部分房屋系物业管理用房。依据《物业管理条例》（2007 年修订）第三十八条之规定，物业管理用房的所有权依法属于业主。未经业主大会同意，物业服务企业不得改变物业管理用房的用途。故，会所中物业管理用房应归全体业主共有。物业服务用房之外的部分，置业公司与业主在《商品房预售合同》中约定为归置业公司所有。但本案的特殊之处在于置业公司已将小区会所的建设成本分摊给业主承担，并构成商品房对外销售价格。商品房预售合同关于会所归开发商所有的约定是否有效，是本案的争议所在。某小区共有共用部位明细表中虽列明在按照规划用途使用的情况下会所的使用权、收益权归置业公司所有，但未明确会所的产权归属，且现会所在无业主决议的情形下被改变了用途，故对《共有共用部位明细表》的证明目的不予采信。置业公司通过约定排除了全体业主对法定共有房屋的权利，在效力上存在重大瑕疵。结合会所的所有成本已被分摊的事实，会所归置业公司所有的约定因违反法律法规、侵害全体业主的利益而归于无效。基于谁投资、谁所有、谁受益的原则，某小区会所产权应归全体业主所有。目前会所被幼儿园占用，但置业公司、物业公司均未向法院提交合法有效的合同，也未提交幼儿园支付租金的凭证。考虑到物业公司与幼儿园的法定代表人有亲属关系，幼儿园的法定代表人应当知晓某小区业主与物业公司解除物业服务合同等情形，故认定幼儿园非善意占有人，应向全体业主返还占用的会所。为妥善处理幼儿园内幼儿的安置问题，酌情给予其六个月迁出时间。

江苏省南京市六合区人民法院依照《中华人民共和国物权法》第七十四条、第七十六条、第七十八条，《中华人民共和国合同法》第四十条，《中华人民共和国人民防空法》（2009 年修正）第五条第二款，《物业管理条例》（2007 年修订）第三十八条，《最高人民法院关于适用〈中华人民共和国民法典〉时间效力的若干规定》第一条，《中华人民共和国民事诉讼法》第四十条、第六十七条、第一百四十七条规定，判决如下：

一、某小区会所归全体业主所有；

二、幼儿园于本判决生效后六个月内向某小区业委会返还小区会所；

三、驳回某小区业委会的其他诉讼请求。

置业公司、物业公司不服一审判决，提起上诉。

江苏省南京市中级人民法院同意一审法院裁判意见，依照《中华人民共和国民事诉讼法》第一百七十七条第一款第一项规定，判决如下：

驳回上诉，维持原判。

物业公司、幼儿园不服二审判决，申请再审。

江苏省高级人民法院经审查认为：物业公司、幼儿园的再审申请不能成立，理由如下：

1. 关于某小区会所的产权归属问题。置业公司与某小区购房人之间签订的商品房买卖合同正文约定，附件所列配套房屋和建筑，虽未计入共有公用分摊面积，但随着商品房的销售，应当无偿转移归全体业主共有；附件所列项目以外配套房屋和建筑归置业公司所有。即使该表述采用了示范合同文本，其附件所列具体项目则是置业公司单方填写并重复使用的。关于配套房屋和建筑是否计入分摊面积及其产权归属的约定，合同前后内容结合起来方能表达完整意思，故相关合同内容依法属于格式条款。

第一，《中华人民共和国物权法》第七十三条规定，建筑区划内的其他公共场所、公用设施和物业服务用房，属于业主共有。《物业管理条例》亦规定，物业管理用房的所有权依法属于业主。某小区会所内第一层及第三层系物业服务用房，依法应当属于业主共有。

第二，物价部门的批复反映，某小区会所的建设费用已分摊进入商品房成本，并在此基础上确定商品房基准价格。置业公司系基于物价部门的批复拟定商品房销售价格，该价格按照规定必须在销售场所进行公示，而购房人系基于对公示信息的信赖签订商品房买卖合同。结合法律规定和建设费用分摊情况，置业公司在拟定商品房买卖合同时，将小区会所排除在分摊面积之外，拒绝向购房人转移小区会所产权，实质系排除购房人对于小区共有部分的权利，但未就相关格式条款采取合理方式进行提示说明，该约定对购房人无约束力。基于法律规定和建设费用分摊情况，应当认定小区会所权属归全体业主所有。

2. 关于幼儿园是否应当返还会所的问题。本案一审期间，业委会提交书面申请，请求追加幼儿园为被告，理由为幼儿园系会所实际使用人，涉及该建筑返还问题。可见，业委会已提出要求幼儿园返还会所的诉请。业委会并非置业公司与物业公司之间合同的当事人，其诉请返还会所是基于该建筑产权归属，而非置业公司与物业公司之间的合同。本案不涉及请求权基础变更的问题。幼儿园占用某小区会所无合法的权利基础，无论其是否系善意占有，业委会均有权要求其予以返还。幼儿园是否系善意占有，不属于本案的争议焦点，也不影响本案裁判结果。

江苏省高级人民法院依照《中华人民共和国民事诉讼法》第二百一十五条第一款、《最高人民法院关于适用〈中华人民共和国民事诉讼法〉的解释》第三百九十三条第二款规定，裁定如下：

驳回物业公司、幼儿园的再审申请。

【法官后语】

小区会所是对商品住宅小区配套建筑设施的俗称，因规划用途不同，小区会所的具体形态和利用方式各异。法律、行政法规对于小区会所的权属并无统一规定，其权利归属在实践中常存争议。商品房销售时，当事人可以通过约定对小区会所权属作出安排，但开发商可能利用其缔约优势地位，在商品房买卖合同中设置对消费者有违诚信和公平的条款。人民法院在认定小区会所产权归属时，既要尊重当事人的意思自治，也要妥善保护消费者的合法权益。

对于小区会所的权属争议，可以遵循以下处理路径：

第一，法律、法规明确规定小区会所权属的，应当依照规定处理。《中华人民共和国民法典》第二百七十四条规定，建筑区划内的道路，属于业主共有，但是属于城镇公共道路的除外。建筑区划内的绿地，属于业主共有，但是属于城镇公共绿地或者明示属于个人的除外。建筑区划内的其他公共场所、公用设施和物业服务用房，属于业主共有。国家还规定开发商应配套修建一定类型、数量、规模的配套设施。住建部《城市居住区规划设计标准》（GB50180—2018）附录中，将住宅以外的其他设施统称为配套设施，并将其分为六类，包括公共管理和公共服务设施、商业服务业设施、市政公用设施、交通场站、社区服务设施、便民服务设施。会所并非附录中列明的配套设施类型，具体需要根据其实际用途归入相应类型。以公共服务设施为例，诸如初中、小学、体育馆、卫生服务医院、养老院、司法所等，在竣工后一般会直接移交给当地教育、司法等相关主管部门，其权利归属由法律、法规确定。

第二，法律、法规对小区会所权属无明确规定的，按照商品房买卖合同的约定处理，但排除或者限制购房人权利的除外。商品房买卖合同一般由开发商提供，合同条款由开发商单方拟定并重复使用，系典型的格式条款。实践中，有些开发商既将配套建筑设施的建设成本摊入商品房销售价格，甚至多次重复摊入，又在商品房买卖合同中声明保留其产权，排除购房人对其已经支付价款的配套建筑设施享有的权利。此类条款虽尚不足以认定限制、排除了购房人的主要权利，但显然违背常人的一般认知，且对购房人的权益有重大影响。本案例中，开发商即通过多个合同条款的隐晦行文，将建设成本已经摊入房价的小区会所排除在业主共有权利之外。对于此类合同条款，如无特别提示说明，购房人在签订合同时很难注意并理解。因此，商品房买卖合同对小区会所权属的约定与法律、行政法规示范性规定或者商品房价格构成不符时，应当审查相关条款是否属于排除或者限制购房人权利的异常条款。《中华人民共和国民法典》第四百九十六条第二款规定，采用格式条款订立合同的，提供格式条款的一方应当遵循公平原则确定当事人之间的权利和义务，并采取合理的方式提示对方注意免除或者减轻其责任等与对方有重大关系的条款，并按照对方要求对条款予以说明。《最高人民法院关于适用〈中华人民共和国民法典〉合同编通则若干问题的解释》第十条明确了异常条款的提示方式。开发商未履行提示说明义务，致使购房人没有注意或理解异常条款的，购房人可以主张该条款不成为合同内容。

第三，商品房买卖合同对小区会所权属约定不明的，应当按照建设成本分摊情况确认会所权属。当商品房买卖合同关于小区会所权属未作约定或语义含糊时，应当依照《中华人民共和国民法典》第四百九十八条之规定依序采用通常解释、不利解释。按照通常理解，谁出资、谁收益。购房人支付的房价涵盖小区会所的建设成本时，双方关于商品房价格的约定即可视为将会所纳入开发商向购房人转让标的物的意思表示，小区会所权属应由全体业主共同取得。近年来，为规范住宅商品房市场，各地政府一般要求商品房销（预）售价格由物价局核准或备案并向社会公示。开发商需要向物价部门申报商品房价格构成，其中能够反映建设成本与商品房价格之间的对应关系，这使得通过建设成本分摊确定小区会所权属的方法具备可操作性。

编写人：江苏省高级人民法院　姚盛中

33

在未配套设立专用烟道的商住综合楼内经营餐饮服务是否污染生活环境的认定及责任承担

——曾某某等诉珠海某打边炉店等建筑物区分所有权案

【案件基本信息】

1. 裁判书字号

广东省珠海市中级人民法院（2023）粤 04 民终 1557 号民事判决书

2. 案由：建筑物区分所有权纠纷

3. 当事人

原告（上诉人）：曾某某、靳某某、黄某某、梁某某、吴某（以下简称曾某某等 5 人）

被告（被上诉人）：珠海某打边炉店（以下简称某打边炉店），张某甲、雷某某、廖某某、唐某、卢某某、张某乙、王某某、张某丙（以下简称张某甲等 8 人）

【基本案情】

珠海某小区建成于 20 世纪 90 年代，一、二层为商业服务用途，三层至六层为住宅。曾某某等 5 人是该小区住宅部分的业主，张某甲等 8 人是该小区商铺业主。案外人蔡某向张某甲等 8 人承租小区一楼 9 间商铺用于经营某打边炉店，于 2019 年办理营业执照及食品经营许可证。该小区建设之初对一层商铺的用途未作具体规划，未设置专用的油烟管道。某打边炉店外安装有排烟管、排污管以及排污池等设施。曾某某等 5 人认为，某打边炉店和商铺业主私自安装前述设施，向室外排放大量油烟，商业污水等通过某打边炉店的排污池全部排入小区用于排放生活污水的排污池中，超出原本规划设计的承载能力，导致池内污水溢出。住宅业主每天生活在油烟、污水之中。某打边炉店及商铺业主的行为给住宅业主造成了伤害，应将商铺外排烟管、排污管、排污池拆除，恢复至竣工验收时的状态。

某打边炉店经营者辩称，某打边炉店基于租赁合同合法占用案涉商铺，依法申领营业执照及餐饮业相关证照，合法开展经营活动。某打边炉店与曾某某等5人的住宅相隔甚远，并不相邻。张某甲等8人认为，曾某等5人并未举证证明某打边炉店排污、排烟行为对其生活造成实际影响。此外，排烟、排污等设备设施并非自己安装，自己对某打边炉店的经营行为不具有管理义务和责任。

经法官组织当事人勘验现场，并向城管、环保等职能部门发函调查。相关部门复函称，某打边炉店设置在未配套专用烟道的商住综合楼，该店安装了油烟净化设施、集气罩及排气筒，但存在选址不当、油烟排放口未按规范设置等一系列问题。同时，检查中并未发现某打边炉店在废水排放方面存在未按规范设置的问题。

【案件焦点】

某打边炉店是否应当拆除其店外墙排烟管、排污管等并恢复原状。

【法院裁判要旨】

广东省珠海市香洲区人民法院经审理认为：根据《中华人民共和国民法典》第二百八十七条、第二百九十四条之规定，业主对建设单位、物业服务企业或者其他管理人以及其他业主侵害自己合法权益的行为，有权请求其承担民事责任。不动产权利人不得违反国家规定弃置固定废物，排放大气污染物、水污染物等有害物质。相关排放行为是否构成相邻污染侵害，一般应以污染物排放有无超出国家标准作为判断依据。

案涉小区油烟问题属实且长期未能改善，经相关部门现场检查发现，某打边炉店确实存在油烟排放口选址不当、未按规范设置等问题。对于油烟排放是否达标，某打边炉店并未提供相关证据。对于排烟设施，因建设之初对商铺用途未作具体规划，案涉商铺为经营餐饮后续配置了排烟设施，该附属设施最初由何人所建虽无法查实，但某打边炉店作为商铺现实际使用人，应承担停止侵害、排除妨害的民事责任；商铺业主明知商铺未设置专用烟道，仍将其出租作为餐饮业使用，也应承担相应的民事责任。从停止侵害及排除妨害出发，某打边炉店应限期对店铺内油烟净化设施进行清洗、维护、改造，确保油烟净化设施正常使用及油烟排放达标；在上述期限内，若无法通过采取油烟净化措施使油烟排放达标的，某打边炉店及商铺业主应拆除商铺外的排烟管道。另外，因相关职能部门在检查中并未发现某打边炉店在废水排放方面存在未按规范设置的问题，故对曾某某等5人要求拆除某打边炉店排污管、排污池等请求，不予支持。

广东省珠海市香洲区人民法院依照《最高人民法院关于适用〈中华人民共和国民法典〉时间效力的若干规定》第一条第三款，《中华人民共和国民法典》第二百八十七条、第二百九十四条，《中华人民共和国大气污染防治法》第八十一条、第一百一十八条，《广东省大气污染防治条例》第六十条、第六十一条，《中华人民共和国民事诉讼法》第一百四十七条以及《最高人民法院关于适用〈中华人民共和国民事诉讼法〉的解释》第九十条规定，判决如下：

一、某打边炉店于判决生效之日起三十日内对该店内安装的油烟净化设施进行清洗、维护、改造，确保油烟净化设施正常使用及油烟达标排放；在上述期限内，无法通过采取油烟净化措施使油烟达标排放的，某打边炉店及张某甲等8人应立即拆除安装于某打边炉店厨房外墙的两处排烟管道；

二、驳回曾某某等5人的其他诉讼请求。

曾某某等5人不服一审判决，提起上诉。

广东省珠海市中级人民法院经审理认为：案涉排烟管现主要分布于商铺业主专有部分相对应的外墙面，有关排污管、排污池与内部商铺拆改已融为一体，内部结构与验收时相比差异明显，从建筑物区分所有权的角度要求将其恢复至竣工验收时的状况，难以支持。同时考虑到珠海市主城区餐饮单位多存在部分区域早期规划的建筑物未配套专用烟管、餐饮项目流动性强等现实状况，对于具有合法手续的餐饮生活服务业单位宜采取按照法律法规要求落实规范设立、安装油烟净化设施，定期清洗维护等措施为主解决相关纠纷，化解矛盾。一审法院判令商铺实际使用人限期对店铺内油烟净化设施进行清洗、维护、改造，确保油烟净化设施正常使用及油烟达标排放，无法通过采取油烟净化措施使油烟达标排放的，再拆除位于该店铺厨房外墙上安装的两处排烟管道，综合平衡了各方利益，符合本案具体情况，并不违反法律规定。

广东省珠海市中级人民法院依照《中华人民共和国民事诉讼法》第一百七十七条第一款第一项规定，判决：

驳回上诉，维持原判。

【法官后语】

随着餐饮业的不断发展，油烟排放已成为城市大气的主要污染源之一。一些规模不大的餐饮经营单位多与住宅相邻或位于住宅的底层商铺中，直接影响居民的日常生活。因油烟排放引发的相邻纠纷时有发生，如何结合实际平衡各方利益，依法妥善处理此类案件，是值得研究探讨的问题。

一、关于油烟排放引发纠纷问题的成因调查

调查是法官全面、深入了解案件相关事实的重要手段。本案中，从现场勘验来看，某打边炉店的厨房内设有两处灶台，安装有油烟净化收集设施，油烟经排放管道朝小区地面排放。某打边炉店称其已定期清洗、维护净化设施且油烟排放达标，但未提供相应证据。此外，经调查发现，案涉小区在建设之初对商铺的用途未作具体规划，未设置专用的油烟管道；餐饮经营单位申办营业执照等证件证照时，商事登记部门（市场监管部门）无须审查住所和经营场所的法定用途及使用功能，同时，办理食品经营许可审批不得增设安装使用除油烟设备等条件。根据案涉小区所属地区环保部门的反馈，2021 年，该单位摸底调查了共 10692 家餐饮单位，存在部分区域早期规划的建筑物未配套专用烟管等突出问题；虽通过整治，多数餐饮单位安装了油烟净化设施，但难以从根本上解决餐饮项目不符合选址的问题。可见，除了餐饮单位超标排放之外，餐饮项目选址不当也是导致油烟排放引发纠纷的深层原因。

二、关于油烟排放引发纠纷案件的裁判思路

其一，根据《中华人民共和国大气污染防治法》第八十一条第二款之规定，禁止在未配套设立专用烟道的商住综合楼以及商住综合楼内与居住层相邻的商业楼层内新建、改建、扩建产生油烟、异味、废气的餐饮服务项目。对于此类违法行为的处理，该法第一百一十八条第二款规定，应由县级以上地方人民政府确定的监督管理部门责令改正；拒不改正的，予以关闭，并处罚款。据此，如仅涉及餐饮单位选址不当问题，应由行政主管部门按照上述法律规定处理。

其二，法院民事裁判不能替代行政机关对选址违法进行处理，但有权处理因油烟排放引发的相邻污染侵害问题。根据《中华人民共和国民法典》第二百九十四条之规定，不动产权利人不得违反国家规定弃置固定废物，排放大气污染物等有害物质。曾某某等人主张某打边炉店在经营中向小区排放油烟等，影响楼上住户的正常生活，该争议实际上属于相邻污染侵害纠纷的范畴。排放行为是否构成相邻污染侵害，一般应以污染物排放有无超出国家标准（如《饮食业油烟排放标准》）作为主要判断依据。如果超出国家规定的标准，受到侵害的不动产权利人不再负有容忍义务，有权要求侵害人停止侵害、消除危险及排除妨害。此外，对于建设之初用途未作具体规划的商铺，因经营餐饮后续配置了有关排污设施，排烟管仅分布于商铺业主专有部分相对应的外墙面，未超出合理范围，楼上住宅业主仅从建筑物区分所有权的角度要求将其拆除并恢复原状，理据不足。排污管、排污池虽非原规划，但已与商铺结构相结合，恢复原状超出“必要限度”。

其三，从平衡利益与尊重现实的角度出发，居民需对历史规划缺陷导致的轻微影响承担一定的容忍义务，但超标排放不在此列。根据《中华人民共和国大气污染防治法》第八十一条第一款规定，餐饮服务业经营者应当安装油烟净化设施并保持正常使用，或者采取其他油烟净化措施，使油烟达标排放，并防止对附近居民的正常生活环境造成污染。

本案中，法院充分考虑了案涉小区所属地区早期规划缺陷以及餐饮业流动性强等特点，认为对于具有合法手续的餐饮单位，宜采取按照法律要求落实规范设立、安装油烟净化设施，定期清洗维护等整改措施为主的解决相关纠纷的思路，既保障居民环境权益，又避免过度冲击经营者生计。“整改优先、拆除兜底”的整体裁判思路，亦符合中央、地方禁止环保“一刀切”的政策导向。

餐饮业是城市长期存在并不断发展的行业。城市油烟治理是一项系统性工程，需要政府部门、餐饮经营者等各方共同参与。对于因油烟排放引发的相邻关系纠纷，在审理过程中，一方面，要结合原告的诉讼主张，区分行政责任和民事责任，厘清民事裁判的边界；另一方面，要通过勘验、调查全面掌握纠纷的具体成因，兼顾环境保护和经济发展需求，实现裁判法律效果和社会效果的统一。

编写人：广东省珠海市香洲区人民法院　谢光

（三）业主撤销权纠纷

34

业主委员会选举中的争议不属于人民法院民事案件受理范围

——杨某某等诉武汉经济技术开发区某街道某社区居民委员会业主撤销权案

【案件基本信息】

1. 裁判书字号

湖北省武汉市中级人民法院（2023）鄂 01 民终 15371 号民事裁定书

2. 案由：业主撤销权纠纷

3. 当事人

原告（上诉人）：杨某某等 6 人

被告（被上诉人）：武汉经济技术开发区某街道某社区居民委员会（以下简称某社区居委会）

【基本案情】

杨某某等6人系某小区业主。某小区第二届业主委员会职责终止后由某社区居委会组织某小区业主委员会换届选举工作。杨某某等6人认为业主委员会换届选举过程中存在违法情况，严重侵害了包括其6人在内的广大业主合法权益，故向法院起诉请求：（1）判令撤销2022年6月22日作出的某小区业主委员会投票（选举）结果；（2）判令撤销某社区居委会依据2022年6月27日的某小区业主委员会投票选举结果所作出的业委会委员具体人员的决定；（3）判令撤销2022年8月24日作出的某小区召开业主大会会议的时间、地点、形式和内容的公告；（4）判令撤销2023年2月24日作出的某小区业主委员会会议决定的公告。

【案件焦点】

业主委员会选举中产生的争议是否属于人民法院民事案件受理范围。

【法院裁判要旨】

湖北省武汉经济技术开发区人民法院经审理认为：本案系杨某某等6人因对某小区业主委员会委员选举事项有异议而提起的业主撤销权纠纷之诉。根据《中华人民共和国民法典》第二百八十条规定："业主大会或者业主委员会的决定，对业主具有法律约束力。业主大会或者业主委员会作出的决定侵害业主合法权益的，受侵害的业主可以请求人民法院予以撤销。"据此，业主撤销权纠纷之诉的请求范围应是撤销业主大会或业主委员会作出的小区共同管理事项具体结论性的处理决定。本案中，业主大会或者业主委员会的召开、成立、选举、表决、业主委员会委员的资格及选任等属于业主大会、业主委员会内部程序性或自治范畴决定的事项，不属于业主撤销权纠纷之诉和民事案件受理范围，且杨某某等6人的第3项和第4项诉讼请求针对的只是拟召开会议的公告，并不是业主大会或业主委员会的决定，故杨某某等 6 人的起诉，依法应裁定驳回。根据《物业管理条例》第十条及第十九条第二款之规定，房地产行政主管部门或者街道办事处、乡镇人民政府对业主大会的成立、业主委员会的选举事宜，负有指导职责。杨某某等 6 人就某小区业主委员会委员选举中的争议事项，可向相应的政府相关部门申请解决。

湖北省武汉经济技术开发区人民法院依照《中华人民共和国民事诉讼法》第一百二十二条、第一百二十七条第三项、第一百五十七条第一款第三项，《最高人民法院关于适用〈中华人民共和国民事诉讼法〉的解释》第二百零八条第三款规定，裁定：

驳回杨某某等 6 人的起诉。

杨某某等 6 人不服一审裁定，提起上诉。

湖北省武汉市中级人民法院同意一审法院裁判意见，依照《中华人民共和国民事诉讼法》第一百七十七条第一款第一项、第一百七十八条规定，裁定如下：

驳回上诉，维持原裁定。

【法官后语】

业主自治权的规范、有效行使对于构建稳定和谐的基层社会具有十分重要的意义。但在群众普遍对公共事务参与积极性不高、业主自治意识淡薄的大背景下，如何保障业主自治权的顺利行使？如何平衡业主的个体权利与小区的整体利益？对于这些涉及业主自治权的问题，司法应恪守谦抑和尊重的态度。回归本案，涉及的法律适用问题有二：一是社区居委会是不是业主撤销权之诉的适格被告；二是业主委员会选举中产生的争议是否属于人民法院民事案件受理范围。

关于社区居委会是不是业主撤销权之诉的适格被告的问题。业主撤销权是业主基于建筑物区分所有权所享有的一项权利。《中华人民共和国民法典》第二百八十条第二款规定："业主大会或者业主委员会作出的决定侵害业主合法权益的，受侵害的业主可以请求人民法院予以撤销。"业主大会、业主委员会作为小区业主的集体议事机构和执行机构，作出的决定对每个业主都具有法律约束力。因此，为防止业主大会或业主委员会作出的决定侵害个体业主的合法权益，需要设置业主撤销权这一救济条款，以寻求集体利益和业主个体权利之平衡。业主撤销之诉所指向的撤销对象应为业主大会或者业主委员会作出的具体决定。同时，因业主大会仅是一个集体议事机构，并非一个实体组织，因此，不管要求撤销的是业主大会的决定还是业主委员会的决定，都应由业主委员会作为被告参加诉讼。社区居委会对业委会的成立具有指导、协助职责，不可能基于建筑物区分所有权而作出对小区业主有普遍约束力的决定，因此，无法成为业主撤销权之诉的被告。

关于业主委员会选举中产生的争议是否属于人民法院民事案件受理范围的问题。《中华人民共和国民法典》第二百七十七条规定："业主可以设立业主大会，选举业主委员会。业主大会、业主委员会成立的具体条件和程序，依照法律、法规的规定。地方人民政府有关部门、居民委员会应当对设立业主大会和选举业主委员会给予指导和协助。"该条明确了人民政府有关部门、居民委员会对业主委员会选举事项的指导和协助的权利和义务，并没有赋予人民法院相应审查权力。对此，《物业管理条例》有更进一步的明确规定，其中第十条规定，"同一个物业管理区域内的业主，应当在物业所在地的区、县人民政府房地产行政主管部门或者街道办事处、乡镇人民政府的指导下成立业主大会，并选举产生业主委员会"。召开业主大会、选举成立业主委员会，是业主大会和业主委员会代表小区业主整体进行自治的先决条件，属于业主自治的程序性事项。考虑到我国基层自治的相关机制建设起步较晚，业主的自治意识、参与的积极性并不高，还需要行政权给予更多的指导和管理，因而法律赋予人民政府相关部门指导和协助的权力。但在法律法规没有明确规定的情形下，司法权不应过多地干涉和介入公民私权自治领域，因此，业主委员会选举中的自治事项，不属于人民法院民事案件受理范围。本案中，六原告诉请要求撤销某小区召开业主大会会议的公告，以及业主委员会投票选举的决定、投票选举的结果等，均属于在小区选举业主委员会过程中所引发的纠纷，应属于业主自治范畴，不属于人民法院民事案件的受理范围。

编写人：湖北省武汉市中级人民法院　汪丽玲

35

业主撤销权纠纷案件中业主权利是否受损的双维度审查

——吴某诉上海市某公寓业主大会业主撤销权案

【案件基本信息】

1. 裁判书字号

上海市第一中级人民法院（2022）沪 01 民终 12057 号民事判决书

2. 案由：业主撤销权纠纷

3. 当事人

原告（上诉人）：吴某

被告（被上诉人）：上海市某公寓业主大会（以下简称某业主大会）

【基本案情】

吴某系上海市某公寓的业主及地下车位的产权人。2021 年 10 月 22 日，某业主大会发出《关于召开某业主大会的公告》，载明拟以书面征求意见的形式召开业主大会，对某公寓管理规约（草案）等进行表决，并载明了表决的具体事项、选票发放方式、选票回收及开箱计票时间、地点。同日，某公寓业委会在其公众号上发布了召开业主大会的公告、管理规约（草案）等。10 月 26 日，某公寓业委会在小区业委会公告栏内张贴了上述文件。

2021 年 11 月 13 日，某业主大会会议召开，同日发出业主大会表决结果公告，载明：同意某公寓管理规约的业主人数比例为 84.85%，占建筑面积比例为 85.24%，管理规约获得通过。前述管理规约中包含的《小区车辆管理办法》（以下简称《车辆管理办法》）写明，小区规划机动车位配置比为 0.5，总建设固定机动车停车位 1448 个，每户业主的第一辆车收费标准 150 元/月，第二辆车收费标准300元/月，已经拥有一个产权车位的业主，如还需租用小区车位，则按照第二辆车的标准收费。某公寓所属居民委员会按照相关法律法规规定对本次业主大会表决过程进行了指导监督。

现，吴某起诉要求撤销某业主大会制定的《车辆管理办法》中关于地下产权车位业主租用地面车位视同为第二辆车进行收费的规定。

【案件焦点】

1. 某业主大会制定的《车辆管理办法》的程序是否合法，是否符合相关法律法规和业主大会的规定；2. 该管理办法是否侵害了个别业主的合法权益，尤其是针对拥有地下产权车位的业主在租赁地面车位时按第二辆车收费的规定是否合理、公正。

【法院裁判要旨】

上海市松江区人民法院经审理认为："停车难"是城市化发展难以回避的问题。合理、合法地利用业主自治模式，最大限度上公平处理小区停车矛盾系业主自治管理发挥功能价值的空间所在。本案所涉小区即存在停车难的问题，某业主大会以表决形式制定小区车辆管理办法，设定业主停放车辆、租赁车位及停车收费的管理方案，有利于避免小区车辆无序停放、破解业主争抢车位之困，合理合法。吴某虽然为地下产权车位的所有人，但是不论何种形式的停车位，均是住宅小区的配套设施，属于住宅小区整体的停车资源，某业主大会制定的《车辆管理办法》是基于全体业主的利益考虑而对小区车位租赁事宜作出的规范，其设定的业主承租顺位合理调节了资源分配，既确保了每户业主的基本的停车需求，又抑制了部分过高的停车需求，充分体现了小区业主意思自治原则，对小区全体业主平等适用，对拥有地下产权车位的业主需租赁地面车位按第二辆车对待的做法，不构成对地下产权车位业主权益的侵犯。

上海市松江区人民法院依照《中华人民共和国民法典》第六条、第二百七十五条、第二百七十八条规定，判决如下：

驳回吴某的诉讼请求。

吴某不服一审判决，提起上诉。

上海市第一中级人民法院经审理认为：对于业主撤销权的行使，应从业主程序权利及实体权益是否受到侵害两部分审查。

首先，关于《车辆管理办法》的作出程序是否适当。根据《中华人民共和国民法典》第二百七十八条的规定，业主共同决定事项，应当经过相应占比的业主参与表决或同意。《车辆管理办法》包含在某公寓管理规约中，且经过相应表决程序。关于小区停车资源的分配并未超越小区内重大事项的共同管理权的范围，表决权的行使也经过了相应的法定程序。吴某亦未提供证据证明某业主大会作出上述管理办法的程序违反了相关法律法规的规定。故，《车辆管理办法》作为某业主大会以表决形式制定的管理办法，在作出程序上并无不当。

其次，关于《车辆管理办法》是否侵害了吴某作为业主的合法权益。根据《中华人民共和国民法典》第二百八十条的规定，业主行使撤销权的前提是其合法权益受到业主大会或者业主委员会决定的侵害。在某公寓车位配置比低、存在“停车难”问题的背景下，某业主大会以表决形式制定车辆管理办法，设定业主停放车辆、租赁车位及停车收费的管理方案，系积极寻求破解业主争抢车位之困的业主自治。该办法系基于小区整体业主的停车利益考虑而对小区车位事宜作出的规范，通过以“户”为单位，进行业主承租顺位的调节，具有一定的合理性。对拥有地下产权车位的业主需租赁地面车位按第二辆车对待的管理方案，固然需要地下产权车位业主让渡部分利益，但该管理方案系基于大多数业主行使自治权利所作出，在缓解停车矛盾上确保了每户业主的基本停车需求，具有合理性，且并未超过大多数业主的容忍义务范围。故，对吴某关于其合法权益受到侵害的主张，不予支持。

上海市第一中级人民法院依照《中华人民共和国民事诉讼法》第一百七十七条第一款第一项规定，判决：

驳回上诉，维持原判。

【法官后语】

业主自治是社会治理的重要方式，在《中华人民共和国民法典》中占有重要地位。小区业主自治可以有效提升居住环境质量和社区文明程度。但业主大会和业委会作为业主自治机构行使自治权时，需要遵守法律法规，并充分尊重业主的个人权利。小区业主自治首先要做到公开透明，杜绝利益输送、权力寻租；业主大会和业委会应公开财务和会议记录，保障业主的知情权和监督权。其次要做到平等参与，保障所有业主的参与权和表决权，避免出现少数人利益得到优先保障的情况。

一、人民法院审理业主撤销权纠纷案件的基本考量

在小区业主大会或业委会的决策过程中，业主个人利益和小区公共利益之间难免会发生冲突。业主大会的决议可能会对部分业主产生不利影响，但是评价决议是否公正合理，应当从是否有利于实现业主整体利益进行考量，二者不存在绝对的对立关系，而是相互依存、相互促进。法院通过业主撤销权纠纷的审理，可以促进业主依法、规范自治，保障业主合法权益。当部分业主请求撤销业主大会的决议时，应考虑决议是否符合相关法律法规和业主大会的规定、是否公正合理，以及是否符合维护业主整体利益的原则。司法实践中，需要根据法律规定和实际情况，对业主个人利益和小区公共利益进行综合考虑和权衡，坚持公平原则和社会效益导向，保障各方合法权益的平等保护。在业主大会作出的决议符合法定程序的情况下，司法应秉持谦抑原则，尊重业主团体的自治，避免轻易撤销决定。但与此同时，如果为了团体利益最大化而必须限制少数人的利益时，应选择对少数人影响最小的方式。尽管多数人的决定应受到保护，但不能因此侵害少数人的基本权利。

二、业主撤销权纠纷案件审理中业主合法权益是否受到侵害的双维度审查

业主撤销权诉讼的核心问题是认定业主合法权益是否受到小区业主大会或业委会决定的侵害，这一审查包括程序维度和实体维度。程序维度上，业主享有事先知情、事中决定和事后监督的权利，决议程序必须符合法定程序和规则，确保业主的权益得到维护和保障。如果业主大会和业委会在议事和表决过程中违反了相关法律法规或小区议事规则，可以认定其侵害了业主的程序权利。在实体维度上，业主的实体权益是指业主基于建筑物区分所有所享有的合法权利。

如果业主大会或业委会通过决定限制或剥夺业主对共同所有部分所享有的使用、收益等权利，构成侵害业主的实体权益，则业主可以行使撤销权。判断业主的实体权利是否受损，可以综合考虑决议内容是否在业主大会、业委会的决策权限内、决议是否存在针对少数业主歧视性设定权利义务、决议是否在业主的可预见范围内，以及决议是否符合法律法规和公共利益。

三、本案原告合法权益是否受到侵害的认定

在某些情况下，业主大会制定的管理办法旨在避免小区资源无序使用、破解管理困境，合理合法。虽然个别业主可能因特定决议导致利益受损，但作为小区整体资源，业主大会的决策往往基于全体业主的利益，对资源使用作出规范，以确保每户业主的基本需求。这类决议通常具有合理性和合法性，并未侵害少数业主的合法权益。比如，本案中，尽管原告利益因某业主大会的决议在一定程度上受损，然而在程序维度上，该决议的作出未侵犯业主事先知情、事中决定和事后监督的权利，符合法定程序和规则；在实体维度上，该决议内容未超越小区内重大事项的共同管理权的范围，也未侵害原告的基本权利，符合法律法规和公共利益。因此，法院对该业主的撤销请求不予支持。

编写人：上海市第一中级人民法院　盛萍　董健

36

业主撤销权纠纷中“是否侵害业主合法权益”的认定

——余某某等诉枝江市某小区业主委员会等业主撤销权案

【案件基本信息】

1. 裁判书字号

湖北省宜昌市中级人民法院（2024）鄂05民终476号民事判决书

2. 案由：业主撤销权纠纷

3. 当事人

原告（上诉人）：余某某、李某、郑某某

被告（被上诉人）：枝江市某小区业主委员会（以下简称某业委会）、宜昌市某物业管理有限公司（以下简称某物业公司）、宜昌市某物业管理有限公司枝江分公司（以下简称某物业枝江分公司）

【基本案情】

余某某、李某、郑某某为枝江市某小区业主，该小区原为某厂生活区，原社区物业服务单位是该厂房管科，后房管科更名为某物业公司。根据国务院国资委、财政部《关于国有企业职工家属区"三供一业"分离移交工作指导意见》要求，2017年6月6日，枝江市A社区申请筹备该社区业主委员会。6月9日，某集团资产经营管理有限公司宜昌分公司向枝江市A社区B街道办事处发出《关于成立业主大会、业主委员会的函》。9月13日，B街道办事处公示《业主大会筹备组组成人员名单》。10月17日，业主大会筹备组（以下简称筹备组）公示《关于业主委员会委员候选人产生办法及业主委员会选举方式》。10月19日、20日，筹备组先后公示《关于小区参加业主代表大会的业主代表推选公告》《关于小区业主身份及其在业主大会会议上投票权数公告》。11月23日，筹备组公示《关于拟定邓某某等为业主代表的公告》。11月30日，筹备组公示《关于业主代表主要工作、业委会宣传横幅标语》。

2018年1月22日，A社区、筹备组公示《关于业主委员会候选人产生办法的公告》，委员采取自荐、联合提名、筹备组推荐三种方式产生。2月8日，某集团资产经营管理有限公司宜昌分公司与B街道办事处、枝江市城市管理局签订生活区物业管理项目分离移交协议。4月25日，B街道办事处发布《关于小区业主大会筹备组成员变更的公告》并公示。5月11日，B街道办事处发布《关于小区业主委员会候选人的公示》。6月15日，筹备组发布《关于小区业主大会会议形式公告》，明确业主大会采用书面征求全体业主意见的形式；发布《关于小区业主身份及其在业主大会会议上投票权数的公告》，投票总权数为2806票，其中个人住宅2804票，法人单位2票。8月9日至30日，筹备组召开业主大会以书面征求意见的形式进行，物业管理区域专有部分占建筑物总面积过半数的业主且占总人数过半数的业主参加了投票选举，会议审议通过《小区管理公约》《小区业主大会议事规则》《业主委员会议事规则》，会议投票选举通过了马某某等11名业主委员会委员。9月8日，业主大会对投票结果进行公示。9月25日，小区业主委员会（某业委会）成立，任期5年，某业委会第一次会议推选产生业委会主任及副主任。10月10日，召开“三供一业”分离移交第十次联席会，将小区更名。11月19日，某业委会向枝江市房地产管理局备案。12月8日，召开业主代表大会，表决通过对外招聘物业公司。某业委会将招标事宜委托招投标公司负责，12月17日，正式投标，某物业公司中标。12月18日，业委会将投标结果公示。12月20日，某业委会、招投标公司发布中标结果通知书。12月28日，某物业公司公示《致业主的一封信》《小区物业服务费公示牌》《小区机动车停放收费标准》《与周边小区物业服务费价格比较》。

某业委会与某物业公司先后于2019年1月1日、2021年12月31日签订《小区物业服务合同》。2023年1月1日，某业委会与某物业公司签订《物业服务合同补充协议》，合同期限2年。前述合同及补充协议均在枝江市住房保障服务中心备案。

除上述公示内容外，某小区公示栏公示过的内容有：《物业服务合同》《物业服务费用（小区物业服务费公示牌）》、《物业服务费的用途》、《小区2019年1—6月物业财务收支公示表》（落款时间为2019年9月）、《小区2020年度物业财务收支汇总表》（落款时间为2021年2月28日）、《小区2021年度物业财务收支公示》（落款时间为2022年3月24日）、《小区2022年度1—12月物业财务收支公示》（落款时间为2023年1月31日）、《小区物业共用部分经营收支情况表》（时间为2023年1月1日至6月30日）、《小区业委会财务收支明细》（2019—2021年）。

现，余某某、李某、郑某某请求：（1）依法确认业委会成立不合法，要求撤销业委会。（2）若被告不能出示物业服务合同所依据的业主大会决议，请求撤销物业服务合同和业委会的会议决议。(3)判令某业委会向原告公布自2018年业委会成立以来至今的所有决定、小区物业共有部分的使用和收益情况、业委会工作经费的收支情况，并在小区显著位置进行公示。(4)判令某物业公司、某物业枝江分公司在小区显著位置公示2019—2022年的物业服务合同履行情况、物业服务项目收支情况。

【案件焦点】

1. 业委会成立是否合法；2. 余某某、李某、郑某某主张的撤销权是否成立；3. 余某某、李某、郑某某关于公示、查阅相应资料的主张是否成立。

【法院裁判要旨】

湖北省枝江市人民法院经审理认为：

一、关于本案案由问题

原告主张本案存在多个法律关系，应该按诉争的法律关系分别确定相应的案由，本案为业主撤销权、物业服务合同纠纷，应在本案中一并审理。业主撤销权是指如业主大会或者业主委员会的决议存在违反程序规定或者侵害业主合法权益的，相关业主可以请求予以撤销的权利。就原告来说，需为有权业主，本案三原告为某小区的业主，有房产证为凭，为业主撤销权的适格原告；就被告来说，应为业主大会或者业主委员会，某物业公司不是业主撤销权之诉的适格被告，本案中某业委会应为业主撤销权的适格被告，某物业公司、某物业枝江分公司不是业主撤销权的适格被告。物业服务合同是物业服务人在物业服务区域内，为业主提供物业服务，业主支付物业费的合同。物业服务合同纠纷的适格原、被告为物业服务合同的主体。本案中，原告基于物业服务合同起诉的适格被告应为某物业公司、某物业枝江分公司，某业委会不是物业服务合同纠纷中的适格被告。就本案而言，物业服务合同与业主撤销权的诉讼对象不相同，诉讼请求不相同，诉讼请求所依据的法律关系也不相同，不属于基于同一事实发生可以合并审理的案件，本案应为业主撤销权纠纷，原告基于物业服务合同可向相关主体另行主张权利。

二、关于原告的诉讼请求应否得到支持的问题

1. 关于原告第一项诉讼主张：业委会成立不合法，要求撤销业委会

业主可以设立业主大会，选举业主委员会。业主大会、业主委员会成立的具体条件和程序，依照法律、法规的规定，地方人民政府有关部门、居民委员会应当对设立业主大会和选举业主委员会给予指导和协助。业主的撤销权诉讼应当限于业主大会或者业主委员会作出的具体决定，对于小区业主大会或者业主委员会选举中出现的争议，属业主自治范畴，不属于人民法院民事案件受案范围。综上，原告的第一项诉讼请求，不属于人民法院民事受案范围。

2. 关于原告第二项诉讼主张：要求查阅物业服务合同签订所依据的业主大会决议资料，若无业主大会决议，要求撤销物业服务合同和业委会的会议决议。《中华人民共和国民法典》第二百七十八条规定：下列事项由业主共同决定：(1) 制定和修改业主大会议事规则；(2) 制定和修改管理规约；(3) 选举业主委员会或者更换业主委员会成员；(4) 选聘和解聘物业服务企业或者其他管理人……决定上述事项，应当经参与表决专有部分面积过半数的业主且参与表决人数过半数的业主同意。业主代表大会，是由区域内业主本人授权所产生的，经过业主大会投票通过后的自治组织，在业主大会闭会期间或来不及启动全体业主大会时，根据程序，作出针对区域内的公共事务管理的正确决策，提交给业委会执行。某小区于2017年11月23日由业主选取了业主代表，并进行了公示。2018年8月9日至30日以书面征求意见的形式召开了业主大会。根据《小区业主大会议事规则》载明的内容：采用集体讨论形式议事的，本业主大会选择以下第2种方式：(2) 由业主推选业主代表参加会议。某小区于2018年12月8日召开业主代表大会，大会通过举手表决的方式对小区物业管理实行社会公开招标。某业委会将招标事宜委托招投标公司负责，某物业公司中标，并将投标结果公示，整个过程并无不当。另外，业主撤销权的对象是业主大会或者业主委员会的决定，业主大会或业主委员会与物业公司签订的合同并非业主撤销权的对象。业主个人无权就物业服务合同中的内容行使撤销权，故对原告的该项诉讼请求，不予支持。

3. 关于原告第三项诉讼主张：要求被告向原告公布业委会自 2018 年成立以来至今的所有决定、小区物业共有部分的使用和收益情况、业委会工作经费的收支情况，并在小区显著位置进行公示。

本案审理中，已向原告释明要求其明确具体需要查阅、撤销的决议内容，原告就该项诉请，并未明确；且某物业公司提交的证据，能够证实小区已对共用部分经营收支、业委会财务收支进行了公示，故对原告的该项诉讼请求，不予支持。

4. 对于原告第四项诉讼主张：要求某物业公司、某物业枝江分公司在住宅小区显著位置公示 2019 年至 2022 年的物业服务合同履行情况、物业服务项目收支情况。

根据某物业公司庭审中提交的证据，能够证实该公司已按照相关法律规定对 2019 年至 2023 年的物业收支情况进行了公示，故对原告的该项诉讼请求，不予支持。

湖北省枝江市人民法院依照《中华人民共和国民法典》第二百七十七条、第二百七十八条、第九百三十七条，《中华人民共和国民事诉讼法》第五十五条、第六十七条，《最高人民法院关于适用〈中华人民共和国民事诉讼法〉的解释》第二百三十二条规定，判决如下：

驳回原告余某某、李某、郑某某的诉讼请求。

余某某、李某、郑某某不服一审判决，提起上诉。

湖北省宜昌市中级人民法院经审理认为：

一、关于业委会成立是否合法的问题

余某某、李某、郑某某的该主张属于因业主大会或业委会选举而产生的纠纷，《中华人民共和国民事诉讼法》中并未规定业主大会和业主委员会选举中的纠纷属于人民法院民事案件受理及审理范围。同时，根据《物业管理条例》（2018 年修订）第十条的规定，同一个物业管理区域内的业主，应当在物业所在地的区、县人民政府房地产行政主管部门或者街道办事处、乡镇人民政府的指导下成立业主大会，并选举产生业主委员会。因此，业主大会和业委会选举中的纠纷不属于人民法院民事案件受理范围，余某某、李某、郑某某等业主若对业主大会或者业委会选举中的事宜有异议，应当向有关行政主管部门申请解决。

二、关于业主撤销权的问题

首先，业主撤销权针对的是业主大会或业委会的决议，业委会基于决议与物业服务人签订的物业服务合同并非业主撤销权行使的对象。其次，案涉物业服务企业为小区提供物业服务多年，大多数业主对于其提供的物业服务没有提出异议，如果未经业主大会或业主代表集体讨论决定即可诉请解除、撤销物业服务合同，势必会严重损害业主的权利，也将导致物业服务秩序的混乱。最后，某小区居民众多，一些事项组织全体业主共同决定，协调难度较大。小区以业主代表参加会议共同决定的形式通过公开招标选聘物业服务企业，符合《湖北省物业服务和管理条例》第十九条的规定以及某小区业主大会议事规则，与法律规定的业主共同决定事项应由参与表决的专有部分面积占比和人数占比过半数的规定不冲突，据此业主代表大会决议签订的物业服务合同，业主没有行使撤销权的法定理由。

三、关于业主查阅相应资料的问题

业主对涉及小区事务的决定有知情权，业委会聘请物业服务企业的决定或决议是否合法是本案成诉的主要原因。从现有证据来看，某小区的业委会成立以及选聘物业服务企业等情况已分别采取不同形式予以公示。余某某、李某、郑某某再主张某业委会公示自2018年成立以来至今的所有决定，一方面，上述部分内容已公示不必再重复公示，另一方面，2018年至今时间相对久远，公示业委会成立至今的决定不具可操作性也浪费资源。因此，对于余某某、李某、郑某某的该项主张不予支持。至于其三人诉请某业委会公示共有部分的收益，工作经费的收支等以及某物业公司、某物业枝江分公司在住宅小区显著位置公示2019年至2022年的物业服务合同履行情况、物业服务项目收支情况。某业委会、某物业公司提交的证据，能够证实其已按照相关法律规定对上述情况进行了公示，余某某、李某、郑某某的该项主张不能成立。

湖北省宜昌市中级人民法院依照《中华人民共和国民事诉讼法》第一百七

十七条第一款第一项规定，判决如下：

驳回上诉，维持原判。

【法官后语】

《中华人民共和国民法典》《物业管理条例》等法律法规规定了业主有权共同决定和管理与共有相关的事务，在重大事项的决策中规定了“特别多数决规则”，但在业主大会或者业主委员会决议的形成过程中仍有可能存在违反程序规定或侵害部分业主权益的情况，故赋予业主撤销权。业主撤销权主张能否成立的关键在于业主大会或业主委员会的决议是否违反法律规定程序或者侵害业主实体权益。实践中，关于决议是否违反法定程序的认定难度较大。具体可以参照以下步骤。

首先，应审查主体是否适格，提起业主撤销权之诉的原告是不是有权业主，被告是否为业主委员会或者业主大会。有权业主是指房屋所有权人，承租人或其他物业使用人无权提起业主撤销权之诉；业主撤销权的被告，针对业委会决议的，业委会为被告，针对业主大会决议的，业主大会为被告，业主不能以业委会委员个人为被告提起诉讼，也不能以物业公司为被告提起诉讼。

其次，应审查撤销对象是否符合法律规定。业主撤销权指向的对象应当限于业主大会或者业主委员会作出的具体决定，对于小区业主大会或者业主委员会选举中出现的争议，属业主自治范畴，不属于人民法院民事案件受案范围。同时撤销对象应当明确具体，必须为已经形成的具体的决议。比如，本案的物业服务合同，是业委会执行业主代表大会决定的结果，不属于撤销权的对象，业主无权就物业服务合同中的内容行使撤销权。

最后，应审查业主主张撤销的对象是否侵害业主的合法权益。业主撤销权能否成立的重点在于业主大会或业委会的决定是否侵害业主的合法权益，所谓合法权益又可细分为实体权益（业主大会或者业委会决定的实质内容）和程序权益（作出的程序）。因此，业主大会或业委会的决定不仅在内容上不能侵犯业主的实体权益，而且作出决定的程序也不能违反法律规定。以本案为例，案件涉及业主认为侵害其合法权益最常见的情形，即选聘物业公司的决议侵犯业主的合法权益。从程序权益来看，案涉小区居民众多，根据《湖北省物业服务和管理条例》第十九条的规定，“业主人数超过三百人的物业区域可以成立业主代表大会，履行业主大会议事规则规定的职责，业主代表的产生方式由业主大会决议”，以及案涉小区业主大会议事规则，以业主代表参加会议共同决定的形式通过公开招标选聘物业服务企业，与法律规定的业主共同决定事项应由参与表决的专有部分面积占比和人数占比过半数的规定不冲突。业主代表大会亦是业主自治的形式之一，并未超出业主自治的范畴。从实体权益来看，作为小区业主，享有管理权利的同时对业主大会作出的决定有适当的容忍义务，主张侵害实体权益的业主，其受侵害的权益应该是明确具体的。案涉小区的多数业主普遍对现有物业服务不持异议，原告也不能举证证明案涉选聘物业服务企业的决议侵害其合法权益的情况下，其在本案中的撤销权主张不能成立。

在审理业主撤销权纠纷案件时，既要鼓励、支持业主自治组织的管理，又要通过保障业主正当行使撤销权促进业主自治组织的规范管理。审理中，应当以相关法律法规、政策性文件及小区内部管理规约为基础，结合个案的实际情况，灵活、妥善处理好业主个人利益与小区集体利益之间的平衡关系。

编写人：湖北省枝江市人民法院　李娟

37

业主自治规范中限制性条款的司法审查规则

——徐某某等诉上海市闵行区 A 小区业主委员会业主撤销权案

【案件基本信息】

1. 裁判书字号

上海市第一中级人民法院（2022）沪 01 民终 9804 号民事判决书

2. 案由：业主撤销权纠纷

3. 当事人

原告（被上诉人）：徐某某等 3 人

被告（上诉人）：上海市闵行区 A 小区业主委员会（以下简称 A 小区业委会）

【基本案情】

徐某某等 3 人系上海市闵行区 A 小区业主。该小区原规划用于停车的车位数量为 80 个，小区公共道路可停车辆约 112 辆。2021 年 3 月 17 日，A 小区第四届业委会表决通过自 2021 年 4 月 1 日起实施《停车管理办法》，其中第四条规定，“小区目前可用车位共有 192 个，已办理登记的月租车牌共有 219 辆。在本小区停车位与住宅房屋套数比例不足 1：1 的情况下，实行‘一户一车停车证’制度，仅限对小区产权人第一辆符合登记要求的车辆发放月租停车证。在本管理方法通过表决日起暂不对产权人第二辆及以上车辆、租客车辆开放月租停车位资格”。3 月 28 日，A 小区第四届业委会作出《决议》，内容包括“三、根据《停车管理办法》第四条 停车资格……请物业尽快通知所有租户自 4 月 1 日起所有租户车辆作为外来车辆管理和收费……”

11 月 5 日，A 小区第五届业委员会备案成立。徐某某等 3 人认为案涉决议不平等地对待租户权益，排除租售同权，系严重侵害业主权利，诉至法院，要求撤销《停车管理办法》第四条中“仅限对小区产权人第一辆符合登记要求的车辆发放月租停车证”“在本管理方法通过表决日起暂不对产权人第二辆及以上车辆、租客车辆开放月租停车位资格”的内容及上述《决议》中的第三条内容。

【案件焦点】

业主大会作出的案涉决议中关于限制租户停车权益的内容是否侵害业主的合法权益。

【法院裁判要旨】

上海市闵行区人民法院经审理认为：A 小区业委会就案涉《停车管理办

法》的实施作出《决议》，徐某某等 3 人作为 A 小区的业主，有权就有争议内容提出业主撤销权之诉。本案争议焦点为徐某某等 3 人申请撤销的争议内容是否侵害其合法权益。

第一，关于租户的停车权益受到损害是否导致徐某某等 3 人的合法权益受到损害。在小区停车资源紧张的状态下，业主对停车位的合理分配，未侵犯徐某某等 3 人利益，不应予以撤销。争议内容排除了租客车辆享有月租停车位资格的权益，一定程度上排除了徐某某等 3 人对占用业主共有道路的车位的共有权利。

第二，关于租户是否对占用业主共有道路用的车位享有使用的权利。《中华人民共和国民法典》仅规定建筑区划内，规划用于停放汽车的车位、车库应当首先满足业主的需要，但未就小区共有部位的车辆停放作出优先规定。本案中，考虑该小区现有的停车位数量，若根据“一户一车”原则，允许租客停车并未额外增加小区内停放车辆的负担。然，争议内容排除了租客车辆享有月租停车位资格的权利，侵害了租客对公共道路的使用权。

第三，相关争议内容不符合《国务院办公厅关于加快培育和发展住房租赁市场的若干意见》中依法鼓励住房租赁、保护承租人稳定居住权的政策。若赋予业主大会投票通过即能禁止租客在小区内停车的权利，将导致承租人难以安居生活。

综上，《停车管理办法》第四条中“仅限对小区产权人第一辆符合登记要求的车辆发放月租停车证”及“在本管理方法通过表决日起暂不对租客车辆开放月租停车位资格”的条款侵害了徐某某等 3 人的合法权益应予以撤销；2021 年 3 月 28 日所作《决议》中的第三条系对上述条款的执行方案，亦应予以撤销。

上海市闵行区人民法院经审理依据《中华人民共和国民法典》第二百八十条规定，判决如下：

一、撤销《停车管理办法》第四条中“仅限对小区产权人第一辆符合登记要求的车辆发放月租停车证”及“在本管理方法通过表决日起暂不对租客车辆开放月租停车位资格”的条款；

二、撤销A小区业委会（第四届）于2021年3月28日所作《决议》中的第三条条款；

三、驳回原告徐某某等3人的其余诉讼请求。

A小区业委会不服一审判决，提起上诉。

上海市第一中级人民法院经审理认为：本案审查的重点在于案涉决议中关于限制租客停车权益的相关内容是否侵害徐某某等3人的合法权益。

首先，根据《中华人民共和国民法典》第二百七十一条规定，对于小区事务的参与权是基于业主身份而获得的，应当尊重业主作为房屋所有权人和共有部分共有人的社区自治权。对于公共停车位的分配和使用关系全体业主的利益，应当属于全体业主共同决定的事项，属于业主自治的范畴。

其次，《中华人民共和国民法典》第二百七十六条规定，建筑区划内，规划用于停放汽车的车位、车库应当首先满足业主的需要。其中"业主的需要"应指业主的停车需要，即停车位分配的核心价值在于满足业主的停车需求，而非业主将房屋出租便利的需要。满足"业主的需要"也不是指满足特定业主的需要，而是满足全建筑区划内所有业主的停车需要。在案涉小区停车位十分紧张的情形下，业主大会基于小区的特殊情况，从保障小区全体业主停车需求的角度出发，对租户的停车权益进行限制，目的是维护全体业主的利益。案涉决议内容并不构成对业主使用停车位的不当限制，业主如果将房屋对外出租，在此情况下应当首先满足其他业主的停车需求，故案涉决议内容从根本上并未损害业主的利益。

再次，租户基于与业主的租赁合同取得房屋的租赁权，但业主不仅仅拥有房屋本身的使用权，还有对公共区域、公共设施以及设备的管理权和决定权，此项权利并未转让给承租人。根据《最高人民法院关于审理建筑物区分所有权纠纷案件适用法律若干问题的解释》第十六条第二款规定，租户对案涉小区车位的使用权利必须受制于管理规约，未经全体共有权人同意，业主无权将车位使用权作为附属权益一并转让给租户。

最后，从效果来看，A小区实行新的停车方案后，停车紧张问题得到有效解决。在小区停车管理中，业主的个体权益并非绝对不受影响，当业主大会通过的决定是为了小区的整体公共利益，而提起撤销权的业主同样是这一决定的受益人，在此种情形下业主应当对此承担相应的容忍义务。

综上所述，案涉决议的内容并未侵害徐某某等3人的合法权益。

上海市第一中级人民法院依照《中华人民共和国民事诉讼法》第一百七十七条第一款第二项、第一百八十二条规定，判决如下：

一、撤销上海市闵行区人民法院一审民事判决；

二、驳回被上诉人徐某某等3人一审全部诉讼请求。

【法官后语】

一、业主自治规范中作出限制性条款的合法正当性

关于自治规范的法律性质，理论界与实务界素来存在争议。自治规范性质的认定不同，则会影响其效力范围、法律后果。业主自治规范不仅是业主意思自治的集合，还蕴含身份关系、行为规范、业主习惯乃至社会功能等多种社会因素和社会关系。限制性条款相当于双向互惠役权，业主互为权利人与义务人，每位业主都可就违反限制性条款的行为进行监督并提出异议。从限制性条款来源于业主意思自治的集合，具有防范业主恣意行为妨碍其他业主权益、提升业主整体利益的功能而言，限制性条款的存在具有合法正当性。

二、业主自治规范中限制性条款的常见类型及审查要素

司法实践中可将限制性条款划分为以下类型：限制业主专有权的规定；限制业主共有权的规定；限制业主成员权的规定。若业主以自治规范存在上述限制情形，侵害其程序权利或者实体权利，请求撤销相关规定，法院应当掌握何种审查尺度？

笔者认为，法院应审慎限制业主自治，审理该类案件应坚持程序合法、实体合法兼具合理的裁判原则，逐一酌量程序与实体审查标准。根据请求撤销的事项内容及效率成本区分审查标准，若为程序性事项，一般仅作形式审查，即审查涉诉决议是否符合程序要件；若为实体性事项，则针对自治机构决策权限、是否平等为业主设定权利义务、是否实现利益均衡、是否超越业主可预见认知等作全面实质审查。

三、业主自治规范中限制性条款的实体审查路径

法院应首先审查业主大会是否有权就争议事项作出限制性条款，其次依据平等原则判断限制性条款中是否设有歧视性条款，最后比对利益位阶并权衡业主利益获取与受损的差额，以及是否贯彻比例原则，综合认定限制性条款是否侵害少数业主的实体权益。

（一）首要前提：审查是否属于意思自治范畴

当业主大会超越法律授权其决定的事项而作出限制性决议，则认定业主大会作出的决议侵害业主的实体权益。相反，则需结合其他因素审查是否已最大程度保护少数业主的权利且对其权利损害程度最小。

（二）基本标准：判定是否违反平等的基本原则

平等原则的要求是具备同等条件的业主应当分配相同的利益。业主大会或者业主委员会可依据业主自身差异设定差异化权利义务，但不可无正当理由设定差异化权利义务。尤其是业主大会不得利用多数人同意的表决规则，设定歧视性权利义务。例如，业主大会规定已分配固定共有车位的业主继续使用所分配的固定车位，剩余业主按先到先得方式使用剩余共有临停车位，该决议内容即侵害剩余业主对公共车位的平等使用权。

（三）核心要点：权衡是否充分实现利益均衡

业主撤销权纠纷产生的根源在于持同意意见的多数业主与持反对意见的少数业主之间的利益冲突。如何权衡两者利益，进而认定限制性条款是否侵害持反对意见的业主的利益？首先，划分权益位阶。当不同性质的权益发生冲突时，需根据权益位阶确定保护顺位。一般而言，人格权优先于物权，物权优先于债权，即便限制性条款设定是为维护大多数业主的利益，但具体内容侵犯少数业主人格权的，也应予以撤销。其次，权益同位阶的情形下，按照成本收益法对比多数业主获取的经济利益与少数业主产生的经济损失。最后，审查是否采取损害最小方式且最大限度保护少数业主利益。经业主大会举证限制性条款作出系必要，也需证明业已作出的限制性条款采取的方式对业主损害最小，且已对业主权利尽到最大限度的保护。

本案中，根据法律规定，A小区业委会有权就使用占用业主共有道路的车位作出决议，且作出决议的程序符合法律规定。在案涉小区车位十分紧张的情形下，业委会是从保障小区全体业主停车需求的角度，对租户的停车权益进行适当限制，并不构成对业主使用车位的不当限制。提起撤销权的业主同样是决议的受益人，在此种情形下业主应当对此承担相应的容忍义务，故案涉决议内容并未实质损害业主的利益，符合程序合法、实体合法且合理的原则，不具备撤销情形。

编写人：上海市第一中级人民法院　任明艳
上海市闵行区人民法院　潘杰二

（四）业主知情权纠纷

38

物业管理活动中"其他管理人"的司法认定

——姚某某诉湖北省某院服务中心业主知情权案

【案件基本信息】

1. 裁判书字号

湖北省武汉市中级人民法院（2023）鄂01民终24029号民事判决书

2. 案由：业主知情权纠纷

3. 当事人

原告（上诉人）：姚某某

被告（被上诉人）：湖北省某院服务中心（以下简称某服务中心）

【基本案情】

湖北省某院社区某小区（以下简称某小区）系湖北省某院职工住宅在2000年房改之后形成的一个相对集中的住宅区域，原由某服务中心管理，未成立业主委员会。姚某某系该小区业主。自2015年起某小区由某服务中心收取停车费及物业费。因某小区物业管理从未公示业主共有收益的相关信息，姚某某通过口头及书面形式要求某服务中心提供小区物业相关公示内容及业主共有部分的经营、收益情况，均无果。2019年10月，某院社区代表物业管理委员会选聘某物业有限公司为该小区物业服务单位。2023年5月，姚某某诉某物业有限公司及湖北省某院业主知情权纠纷案经法院审理，但该物业有限公司未提供2019年其入驻之前某小区的业主共有收益结余转入情况。因某小区一直未成立业主委员会，且该小区涉及业主知情权的资料确由某服务中心管理掌握，故姚某某诉至法院，请求判令：（1）某服务中心提供自2015年至2019年某小区专项维修资金筹措情况、支出项目、小区公共收益的收支明细、2019年结余盈余、涉及利用公共设施和公共区域对外经营的合同、协议，并提供复印件；（2）某服务中心提供办理停车收费资格的相关材料及对小区业主进行收费的相关法规依据说明。姚某某认为：（1）湖北某院社区于2019年10月31日代表物业管理委员会选聘某物业公司为某小区物业服务企业的行为违法，相关物业服务合同应为无效；（2）某服务中心属于《中华人民共和国民法典》第二百八十五条规定的“其他管理人”，应就该中心自2015年至2019年管理某小区期间所有的包括但不限于收费资格等资料均负有提供姚某某备查的义务。

【案件焦点】

某服务中心是否应被认定为物业管理活动中的“其他管理人”。

【法院裁判要旨】

湖北省武汉市洪山区人民法院经审理认为：原告姚某某虽为某小区业主，但该小区系某院职工住宅区域，原由被告某服务中心管理，未成立业主委员会。某服务中心系某院服务部门，不属于法律规定的物业服务企业。姚某某要求某服务中心公示小区专项维修资金筹措情况、支出项目、小区公共收益的诉讼请求，不符合上述法律规定。

湖北省武汉市洪山区人民法院根据《中华人民共和国民法典》第二百八十五条，《中华人民共和国民事诉讼法》第六十七条第一款、第一百四十五条规定，判决如下：

驳回原告姚某某的诉讼请求。

姚某某不服一审判决，提起上诉。

湖北省武汉市中级人民法院经审理认为：业主作为建筑小区的共有权利人，就所涉小区共有权利享有知情权，是实行小区自治的基本前提，亦是建筑物区分所有权的应有内容，但业主行使知情权的范围仅能囿于法律规定的范围，不可随意增设、扩大其行权范围而导致权利滥用。依据《中华人民共和国民法典》第二百八十四条规定，业主可以自行管理建筑物及其附属设施，也可以委托物业服务企业或者其他管理人管理。为避免造成小区无人管理的情况，法律允许在没有物业服务企业为小区提供服务的情况下，其他管理人以自管的方式为小区提供物业服务。因某服务中心自认其于2015年至2019年履行了部分物业服务企业职责，并收取了某小区的停车费，应属上述法律规定的其他管理人，理当依据《中华人民共和国民法典》第二百八十五条规定，就其履行物业服务企业职责范围内事项及时答复业主的提问，业主依法享有该服务范围内的知情权。但姚某某仅举证证实某服务中心收取某小区停车费的事实，故根据《最高人民法院关于审理建筑物区分所有权纠纷案件适用法律若干问题的解释》第十三条规定，姚某某只能要求某服务中心就自2015年至2019年停车费收支明细供其查阅。

因建筑物区分所有权制度主要解决的是所有权行使与保护的问题，并基于共有部分而形成的权利义务关系，以及依成员权而享有的权利和承担的义务，与履行管理行为义务人的行政许可资质无关，业主行使知情权不以管理人有无资质为前提，管理人的资质缺失也非业主行使知情权的阻却条件，该等资料不属于《最高人民法院关于审理建筑物区分所有权纠纷案件适用法律若干问题的解释》第十三条规定的业主知情权行使范围。据此，综合全案证据，姚某某仅举证证实某服务中心收取案涉小区停车费的事实，无证据证实某小区还存在其他公共收益，亦未提供证据证明某服务中心为某小区专项维修资金的管理主体及存在对外签署经营合同的情形，故根据《最高人民法院关于审理建筑物区分所有权纠纷案件适用法律若干问题的解释》第十三条规定，对姚某某主张某服务中心提供自 2015 年至 2019 年停车费收支明细供其查阅的诉请，予以支持，超出上述查阅范围的主张，不予支持。

湖北省武汉市中级人民法院依照《中华人民共和国民事诉讼法》第一百七十七条第一款第二项规定，作出如下判决：

一、撤销湖北省武汉市洪山区人民法院一审民事判决；

二、某服务中心于本判决发生法律效力后二十日内向姚某某提供自 2015 年至 2019 年某小区停车费收支明细，用于姚某某查阅；查阅地点为某服务中心办公室，查阅时间为查阅当日上午九时；

三、驳回姚某某的其他诉讼请求。

【法官后语】

《中华人民共和国民法典》第二百八十四条第一款规定，业主可以自行管理建筑物及其附属设施，也可以委托物业服务企业或者其他管理人管理。“其他管理人”指的是除物业服务企业外的根据业主委托管理建筑区划内的建筑物及其附属设施的主体，主要包括管理单位住宅的房管机构，或者根据业主委托处理物业事项的组织、自然人等。我国对物业管理行为实行自治原则，尽管已在物业服务管理模式上实现由行政福利性、企事业单位自行管理、房屋建设单位自行管理转向市场型专业化管理和业主自营式管理，但转型时期仍然存在大量非物业服务企业的物业管理人。

一、区分所有建筑物“其他管理人”的内涵及其形式

《中华人民共和国民法典》第二百八十四条第一款将“其他管理人”与物业服务企业并列作为物业服务的主体，二者同为该法第九百三十七条规定的“物业服务人”。“其他管理人”在物业服务过程中的权利义务与物业服务企业

基本一致，主要包括：与建设单位或业主委员会签订物业服务合同，且物业服务合同对业主具有约束力；其他管理人不履行或者不完全履行物业服务合同约定或者法律、法规以及相关行业规范确定的维修、养护、管理和维护义务，应承担违约责任；其他管理人应当按照物业服务合同的约定或者法律、法规、规章的规定，向业主收取物业服务费用等。对于“其他管理人”范围的讨论和相关实践由来已久。在物业管理地方性立法中，北京、深圳、河南、广西等地方的物业管理条例中均予以提及。比如，《成都市物业服务其他管理人名录管理暂行办法》将从事物业管理服务的“其他管理人”规定为社区服务机构、民办非经营性企业及由国家物业管理师、物业服务项目经理设立的个人独资企业、合伙企业等组织。部分司法实践中也将未取得物业管理资质而从事物业管理活动的企业认定为“其他管理人”。

二、区分所有建筑物“其他管理人”的司法认定

1. 实践分歧。当前，法律法规及相关司法解释未对“其他管理人”的内涵和外延作出相应规定，导致“其他管理人”的司法认定仍存在不同意见。以本案为例，一审法院认为某服务中心系单位的服务部门，不属于物业服务企业，因此无须履行向业主公开相关信息、接受业主监督与询问的义务；二审法院则根据某服务中心履行了部分物业服务职责并收取了停车费的事实，将其认定为“其他管理人”，判令其在履行物业服务企业职责的范围内及时答复业主的提问，支持业主在该服务范围内的知情权诉请。

2. 实质要件。根据2018年国务院对《物业管理条例》的修订内容，物业服务企业不再实行资质管理。同样，“其他管理人”也并不要求具有物业服务资质。“其他管理人”的司法认定应重点从是否实际承担了物业服务职责进行判定，而与其是否取得物业服务资质、是否获得行政许可无关。本案中，尽管某服务中心未取得相应的物业管理资质，但其自房改后与街道有关部门及社区共同组成物业管理委员会，在无法成立业委会的情况下共同决定某物业有限公司为案涉小区提供物业服务，结合其2015年至2019年收取案涉小区停车费等事实，可以证明某服务中心实际进行物业管理活动，承担物业服务职责，与业

主之间存在事实上的物业管理服务关系，应当认定其系物业管理活动中的“其他管理人”。

三、区分所有建筑物“其他管理人”满足业主知情权义务的认定

物业服务企业或其他管理人是受业主委托为其提供物业服务的机构，在物业管理过程中，其权力和职责范围由业主赋予，并接受业主监督。依据《中华人民共和国民法典》第二百八十五条规定，“其他管理人”在行使收取物业费用等权利的同时，也应当履行接受业主监督、及时答复业主询问等义务。根据《最高人民法院关于审理建筑物区分所有权纠纷案件适用法律若干问题的解释》第十三条的规定意旨，业主权利行使的范围仅能囿于法律规定的范围，且应遵循效益原则，不可随意增设、扩大其行权范围而导致权利滥用。本案中，某服务中心作为物业管理活动中的“其他管理人”，应当保障业主在其服务范围内知情权的行使，就其履行物业服务企业职责范围内及时答复业主的提问。

编写人：湖北省武汉市洪山区人民法院　李惠

39

界定业主知情权范围时的司法考量因素

——胡某诉长沙市某小区业委会业主知情权案

【案件基本信息】

1. 裁判书字号

湖南省长沙市中级人民法院（2022）湘01民终1571号民事判决书

2. 案由：业主知情权纠纷

3. 当事人

原告（被上诉人）：胡某

被告（上诉人）：长沙市某小区业委会（以下简称某业委会）

【基本案情】

胡某系长沙市某小区的业主。2020 年 12 月 19 日至 27 日，某小区召开业主大会，会议审议通过了《管理规约》《业主大会议事规则》，选举产生了某小区第一届业委会，并已经长沙市某区住房和城乡建设局备案。2021 年 7 月 5 日，某业委会公布了《某小区 2021 年第一次业主大会会议决议公告》，就业主大会投票结果进行了公布。胡某对业主大会会议召开的程序产生质疑，不认可业主大会会议筹备组公布的全部会议表决结果，并诉至法院请求某业委会提供某小区召开首届业主大会表决事项所有参与投票的表决票原件。

【案件焦点】

业主的表决票原件是否属于其他业主可以查询和复制的范围。

【法院裁判要旨】

湖南省长沙市开福区人民法院经审理认为：《湖南省物业管理条例》第十六条规定，业主大会投票表决的全部资料应当保存三年以上，业主可以查询、复制相关原始资料，并依法实施监督。该条规定中，虽未将业主大会表决票原件列明为业主可以查询、复制的业主大会投票表决的相关原始资料，但在业主大会投票表决过程中，最能真实直接反映投票表决情况的载体为业主大会表决票原件，业主通过查询、复制业主大会表决票原件，能有效保障其知情权和监督权，故将业主大会表决票原件理解为该条规定的可查询、复制的业主大会投票表决的原始资料范围，符合该条规定的立法目的，胡某诉请某业委会提供本案业主大会表决票原件供其查阅、复制，应予支持。如胡某查询、复制业主大会表决票原件对其他业主个人信息进行不当使用，属其他法律、法规调整的问题。

湖南省长沙市开福区人民法院依据《中华人民共和国民法典》第二百七十一条，《最高人民法院关于审理建筑物区分所有权纠纷案件具体应用法律若干问题的解释》第十三条，《湖南省物业管理条例》第十六条、第二十一条，《中华人民共和国民事诉讼法》第一百四十八条之规定，判决如下：

某业委会于一审判决生效后五日内将某小区2020年12月19日至27日召开首届业主大会表决事项所有参与投票的表决票原件提供给胡某查阅、复制（复制费用由胡某负担）。

某业委会不服一审判决，提起上诉。

湖南省长沙市中级人民法院经审理认为：

1. 从业主知情权的法律规范来看。业主知情权是指业主了解建筑区划内涉及业主共有权以及共同管理权相关事项的权利。根据《最高人民法院关于审理建筑物区分所有权纠纷案件具体应用法律若干问题的解释》第十三条的规定，业主有权请求公布、查阅建筑物及其附属设施的维修基金使用、业委会的决定及会议记录、共有部分的收益、物业服务合同等情况和资料。但该条并未直接规定表决票原件可供其他业主查询、复制。《湖南省物业管理条例》第十六条规定，业主大会投票表决的全部资料应当保存三年以上，业主可以查询、复制相关原始资料。该条中的相关原始资料并未明确包括表决票原件。

2. 从业主隐私权的保护来看。本案中的业主表决票原件，除了记载业主的投票权数以外，还附有业主的姓名、出生日期、住址、身份证号、联系方式等个人信息，上述个人信息均属于隐私权的保护范畴。因此，业主表决票原件亦属于业主的个人隐私，而在未征得业主授权或同意的情况下，公开业主的表决票原件就是对业主隐私权的侵犯。

3. 从公民权利行使的界限来看。根据公民权利行使的基本原则，公民在行使权利的同时，不得损害国家的、社会的、集体的利益和其他公民的合法权利。业主的知情权和业主的隐私权都同等受法律保护，业主行使知情权不能以侵害其他业主的隐私权为代价。虽然基于公共利益的考虑，在特殊情况下，需要业主适当地让渡一部分自己的隐私权，但本案中胡某并未提供证据证明其查询、复制其他业主的表决票原件系基于公共利益的需要，故业主行使知情权亦应在诚实信用范围内行使，防止滥用权利，其范围应限于涉及业主合法权益的信息，并遵循简便的原则。

4. 从业主表决票的性质来看。业主表决票原件系业主投票产生，属于业主行使权利的有效载体。业主表决票的处分权在于业主，业委会只是代替业主保管，表决票原件并非属于业委会的资料，故在未征得业主同意或授权的情形下，业委会无权擅自公开业主的投票资料，业委会仅能公开其自身的资料。

5. 从业主知情权的实现途径来看。除了复制、查询投票业主的表决票原件，业主还可以通过其他途径保障其知情权。业主如果对投票公示结果有异议，或者对表决结果的公正性、合法性有合理的怀疑，可以申请中立机构或公证机关在各方当事人参与下重新计票，审查结果的正确与否。

湖南省长沙市中级人民法院依据《中华人民共和国民法典》第一千零三十二条、第一千零三十四条、第一千零三十五条，《最高人民法院关于审理建筑物区分所有权纠纷案件具体应用法律若干问题的解释》第十三条，《湖南省物业管理条例》第十六条，《中华人民共和国民事诉讼法》第一百七十七条第一款第二项规定，判决：

一、撤销湖南省长沙市开福区人民法院一审民事判决；

二、驳回胡某的全部诉讼请求。

【法官后语】

业主知情权是指业主了解建筑区划内涉及业主共有权以及共同管理权相关事项的权利。法律、司法解释对业主知情权虽作出了原则性、列举式规定，但因为业主知情权的行使界限并不明确，审判实践中对业主知情权的行使范围亦缺乏统一的认定标准，在个案中如何平衡保护业主知情权和信息提供者利益、其他主体的合法利益及公共利益，成为当前亟待解决的问题。本案针对其他业主的业主大会表决票原件是否属于知情权范畴的分析，提出法院判断业主诉求是否属于知情权范畴，应考量请求权依据、目的正当性、是否损害他方权益、权利实现可行性等，并遵循诚实信用与简便原则，综合认定。

一、现有规定对于业主知情权范围不够明确

关于业主知情权的行使范围，散见于《中华人民共和国民法典》第二百八十一条、第二百八十五条，《物业管理条例》第六条，以及《最高人民法院关于审理建筑物区分所有权纠纷案件适用法律若干问题的解释》第十三条（以下简称第十三条）的相关规定。《中华人民共和国民法典》第二百八十一条仅规定维修资金的筹集、使用情况应当向业主定期公布；第二百八十五条规定了物业服务企业应当接受业主的监督，并及时答复业主对物业服务情况提出的询问。《物业管理条例》第六条第二款第八项规定，业主对物业共用部位、共用设施设备和相关场地使用情况享有知情权和监督权，这是对业主知情权最直接的规定；《最高人民法院关于审理建筑物区分所有权纠纷案件适用法律若干问题的解释》第十三条则采取不完全列举的方式，相对厘清了业主知情权的范围。但因为第十三条系不完全列举，关于“其他应当向业主公开的情况和资料”的涵射范围，司法实践中有不同的理解。一种理解是该条款属于兜底性条款，只是为了法律条文的周延，凡是不属于第十三条第一项至第四项范围内的情况和资料，均不属于业主知情权的范围；另一种理解是该条款属于开放性条款，为法官自由裁量留下了空间。只要业主系为了行使共同管理权和监督权，与第十三条前四项具有同样的必要性，均属于业主知情权范畴。因存在不同理解，当一些资料的性质和名称无法与法律规定直接对应时，对于应否公开就会产生分歧。本案中，业主要求查阅、复制业主大会表决票原件，该内容不在第十三条明确列举之列，应否支持有不同的观点。

实践中，业主关于知情权的诉讼请求种类繁多，远远超出第十三条列举的范畴。这不仅给义务主体造成不必要的负担，也给司法裁判审查其诉求是否成立带来一定困难。

二、业主知情权的法理探究和特征分析

要界定业主知情权的范围，必须清楚业主知情权的法理依据及权利特征。面对个案诉求无法明确是否涵盖在“知情权”范围内时，可以回归该诉求的权利本质进行界定。

（一）业主知情权的法理探究

业主知情权是业主成员权的组成部分，业主成员权主要包括共同的管理权、知情权和监督权。业主行使管理权的主要方式是参与民主决策，民主决策的基础是信息对称，业主首先要有机会获得对公共事务的了解，才能就小区管理事项充分行使自己的表决权。而业主知情权能够保障业主获得供作决策参考的关键信息，充分的信息公开也能避免业主大会民主决策过程流于形式，保障业主公共管理权更加落到实处。[①] 同时，业主行使监督权的主要方式是请求业主委员会或物业服务企业公布或提供相关信息和资料。因此，业主知情权是实现业主共同管理权和监督权的基础和保障，是业主成员权的基石。

（二）业主知情权的特征分析

第十三条列举了四类业主知情权，通过对其内容的分析，可探寻业主知情权的外在特征和内在逻辑，并从业主知情权的特征方面甄别业主的诉求是否属于可以向业主公开的情况和资料。

1. 利益公共性。业主请求公布、查阅的内容应当与小区共用部位、共用设施设备的使用、管理相关。维修资金的筹集、使用情况，共有部分的使用和收益情况，建筑区划内规划用于停放汽车的车位、车库的处分情况等，都具有公共属性，涉及全体业主的公共利益。如果业主申请公布查阅的情况和资料的目的不是参与小区公共事务管理，或对业主委员会、物业服务企业进行监督，不具有公共属性，则应当予以慎重考虑。

2. 内容自治性。业主知情权属于业主自治的延伸权利，其内容是允许业主和义务主体协商确定的，业主与义务主体可以通过物业服务合同、小区自治规则、管理规约等进行协商确定。

3. 信息客观性。业主要求公布、查阅的情况和资料必须是在申请时就客观存在的已有资料。如果相关信息和资料并不存在，或者尚未发生，则不属于业主知情权的保护范畴。

4. 公众未知性。业主知情权的范围应当是业主委员会或物业服务企业从未向全体小区业主公示过的信息和材料。如果义务主体已经在物业管理区域内公布了相关信息，应当视为业主对已经公示的信息知情，业主不能以个人未注意、不知情为由再来行使权利。

---

① 王雷：《民法典中业主大会决议行为的法教义学体系》，载《法治社会》2022年第5期。

三、界定业主知情权范围时的司法考量因素

通过对本案业主知情权纠纷的审理，笔者认为，在确定某项诉求是否属于业主知情权范畴时，可从以下几个因素进行考量。

（一）审查业主的诉求是否有明确的请求权依据

此处的请求权依据包括两部分：一是看是否有法律依据；二是看是否有合同依据。法律依据应作广义理解，包括法律、行政法规、司法解释、地方政府规章及小区自治规则等。考虑到随着社会经济的发展，业主知情权的内容会越来越丰富，而法律又具有一定的滞后性，故必须依靠地方性规章及小区自治规则等来填补法律的漏洞，通过规范性文件对业主知情权的内容进行充实和细化。如果《议事规则》《管理规约》中对业主知情权的内容有相关规定，可以作为业主行使知情权的依据。同时，业主的权利很多来源于《商品房买卖合同》《物业服务合同》，业主可以基于《商品房买卖合同》要求开发商提供小区的规划图纸等；还可以基于《物业服务合同》要求物业服务企业提供物业收费标准和具体服务项目等内容。故针对业主的知情权诉求，首先要审查业主的权利来源是否正当合法。本案中，法院首先审查的亦是业主的诉讼请求是否有明确的请求权依据，从权利的合法性方面进行论证。

（二）审查业主行使知情权的目的是否具有正当性

业主行使知情权应当具有一定的公共属性，即业主行使知情权在目的上应当具有正当性。所谓“正当目的”，实践中认为只要业主行使知情权获取信息的目的与保护业主的合法权益相关，有利于对公共事务的管理和监督，其目的就具有正当性。[①] 审查业主知情权是否具有正当性，主要看业主是否存在利用知情权谋取私利，是否故意扰乱业主委员会、物业服务企业等义务主体正常的管理活动，是否会对其他业主的合法权益造成损害等。业主在起诉时应当明确其行使业主知情权的正当理由，义务主体如果认为业主具有不正当目的，应当承担举证责任。

---

① 最高人民法院民事审判第一庭编著：《最高人民法院建筑物区分所有权、物业服务司法解释理解与适用》，人民法院出版社2009年版，第193页。

（三）审查业主行使知情权是否会损害其他主体的合法权益

在判断业主的某项诉求是否应当予以支持时，应当考虑权利主体和义务主体之间的权益平衡，不能以保护业主知情权为名，而损害其他主体的合法权益。本案中，业主要求查阅、复制业主大会其他业主的表决票原件，这就涉及业主知情权和其他业主隐私权之间的冲突。因为业主表决票原件除了记载业主的投票权数以外，还会附有业主的姓名、出生日期、住址、身份证号、联系方式等个人信息，这些个人信息涉及业主隐私权的保护范畴。比如，业主一般不想公开自己的投票意愿，故在无相关业主授权或同意的情况下，公开业主的表决票可能侵害业主的隐私权。业主知情权和业主隐私权都受法律保护，如果没有充足的理由，如基于公共利益的需要等，业主行使知情权不能以侵害其他业主的隐私权为代价。另，业主知情权可能还会和其他权益产生冲突。比如，物业服务企业的财务报表或会计凭证等，可能涉及企业的商业秘密等，业主要求查阅复制上述资料时，人民法院亦应当进行权益衡量，一般不宜支持。业主行使知情权亦不得干扰业主委员会的正常履职和物业服务企业的正常经营，如果业主滥用知情权，意图扰乱业主委员会的履职和企业的正常经营，不应进行支持。

（四）审查业主行使知情权是否穷尽了其他救济手段

业主行使知情权应当遵循简便经济的原则，诉讼是业主行使知情权最后的救济途径。业主可以就涉及自身利益的事项向业主委员会、物业服务企业等义务主体直接提出询问，义务主体应当予以答复。遭到不合理拒绝的，业主还可以向法院起诉主张知情权。本案中，业主因为对业主大会表决结果的公正性、合法性有怀疑，就起诉申请复制、查阅其他业主的表决票原件。但实际上业主在起诉之前从未与业委会进行过沟通，业委会在业主起诉后才知道业主的具体诉求。其实业主如果对表决结果的公正性、合法性有合理质疑，可以通过其他多种途径保障其知情权，譬如可以申请中立机构或公证机关在各方当事人参与下重新唱票，审查结果的正确与否，而非必须通过诉讼方式来行使知情权。

（五）审查业主行使知情权在权利实现上是否具有可行性

业主行使知情权所请求查阅和公布的应当是实际发生的情况或实际存在的

资料，业主应当提供证据证明其主张的材料和情况是客观存在的。否则，其请求无法获得支持。业主行使知情权的方式亦应当合理、正当。比如，某案例中，业主起诉要求业委会将维修基金账目张贴于小区的每个门牌号幢前，法院经审理后认为此项诉请不具备合理性和必要性，亦有违经济原则，遂判决业委会将维修基金账目张贴于小区公告栏内。①

为保障业主知情权，建议：一是业主委员会、物业服务企业应定期在信息化平台发布信息和资料，如通过业主微信群、公众号等，对于法律明确规定应当向业主公示的情况和资料定期公示，业主可以通过信息化平台自助查询相关信息，亦符合简便原则和绿色原则。二是对业主知情权诉讼设置前置程序，坚持既保护业主知情权的合理行使，也防止知情权滥用。具体可参照《中华人民共和国公司法》第五十七条规定，如业主要求查阅共有部分使用和收益情况的会计账簿和原始会计凭证时，要求业主提出书面请求并说明查阅的目的。如义务主体认为业主行使知情权有不正当目的，可以拒绝提供，但需书面答复业主并说明理由。

编写人：湖南省长沙市中级人民法院　廖征　常晓华

40

业主知情权的范围界定及行使规制

——杨某某诉北京市延庆区某公寓业主委员会业主知情权案

【案件基本信息】

1. 裁判书字号

北京市第一中级人民法院（2023）京01民终11091号民事判决书

---

① 李兴魁、沈烨：《业主知情权的范围界定及合理实现》，载《人民司法》2013年第6期。

2. 案由：业主知情权纠纷

3. 当事人

原告（上诉人）：杨某某

被告（被上诉人）：北京市延庆区某公寓业主委员会（以下简称某业委会）

【基本案情】

杨某某是某公寓的业主。某业委会于2013年3月20日成立并在北京市延庆区某街道办事处（以下简称某街道）备案，第一届业委会主任为陈某某，任期3年，2014年8月5日，某公寓业委会主任陈某某变更为李某某，任期3年。现，杨某某以行使业主知情权为由诉至法院，要求某业委会公开该业委会成立时的合法手续等10项内容。

【案件焦点】

1. 如何认定业主知情权的范围；2. 如何对业主知情权的行使进行规制。

【法院裁判要旨】

北京市延庆区人民法院经审理认为：根据《最高人民法院关于审理建筑物区分所有权纠纷案件具体应用法律若干问题的解释》第十三条规定："业主请求公布、查阅下列应当向业主公开的情况和资料的，人民法院应予支持：（一）建筑物及其附属设施的维修资金的筹集、使用情况；（二）管理规约、业主大会议事规则，以及业主大会或者业主委员会的决定及会议记录；（三）物业服务合同、共有部分的使用和收益情况；（四）建筑区划内规划用于停放汽车的车位、车库的处分情况；（五）其他应当向业主公开的情况和资料。"本案中，杨某某作为小区业主，业主知情权应受到保护，其有权依法请求某业委会公开相关信息，但业主亦应在法律规定的范围内合法合理行使其权利。对杨某某的诉讼请求分别论证如下：

关于杨某某第1项诉讼请求。杨某某要求公开某业委会成立时的合法手续。因某业委会成立时，参加业主大会业主的联系方式、身份证明、授权委托书，选任业主委员会委员的各位委员的选票以及通过《某公寓业主大会议事规则》《某公寓管理规约》的选票均涉及相关业主的隐私权，杨某某主张公开上述事项，于法无据，不予支持。

关于杨某某第2项诉讼请求。杨某某要求公开某业委会成员变更时，小区总户数、总面积情况说明，某业委会应予公开。但因参加业主大会的业主名单、联系方式、房间号、业主身份证明、业主代表拥有专属面积及面积总和、业主代表选票和业主授权委托书均涉及业主个人隐私，并非业主委员会应该向业主公开的事项，故对杨某某该部分请求，不予支持。

关于杨某某第3项诉讼请求。杨某某要求公开某公寓一层至十五层业主的服务间洗消间用房、消防中控室、楼顶现移动公司用房、大厅超市、饮水机、快递柜、暖气泵房的使用情况、收益来源、去向情况，以及与使用人签署的合同原件，因以上均为小区公共部位或者公共设施的使用情况，杨某某主张公开于法有据，予以支持。同时，对于以上区域出租是否有业主大会授权证明，该请求公开的事项亦属于业主委员会应该向业主公开的事项，予以支持。但杨某某要求公开签署合同双方公司和法人证明，合同签署人员的合法身份证明，该部分涉及企业自身经营信息，并非业主委员会应该向业主公开的事项，故对杨某某该项请求，不予支持。

关于杨某某第4项诉讼请求。杨某某要求公开业主大会依法选聘北京某物业公司的相关合法手续。选聘和解聘物业服务企业属于业主大会决定的事项，属于业主委员会应当向业主公布的事项，杨某某要求公开业主大会依法选聘北京某物业公司的相关合法手续，包含选聘方式、物业公司收费的依据以及服务时间的法律依据于法有据，予以支持。但杨某某要求公开参加选举的业主身份证明、房间号、联系方式、专属面积，涉及业主个人隐私，并非业主委员会应当向业主公开的事项，法院不予支持。

关于杨某某第5项诉讼请求。杨某某要求公开某业委会历次业委会会议纪要和决议，该项请求于法有据，予以支持。

关于杨某某第6项诉讼请求。杨某某要求公开某公寓暖气改造手续，包括通过何种方式（招标或选聘）引入某建筑公司施工及暖气改造价格的法律依据，签署合同的经办人员，签署合同时的公章使用情况，有无业主大会授权等事项，于法有据，予以支持。但杨某某要求公开业主身份证明、房间号、联系方式、专属面积及业主大会的选票，均涉及业主个人隐私，并非业主委员会应当向业主公开的事项，故不予支持。

关于杨某某第 7 项诉讼请求。杨某某要求公开历次业主大会的召开时间、方式、纪要、决议，该请求事项属于业主委员会应当向业主公布的事项，予以支持。但业主选票、业主委托书均涉及业主个人隐私，不属于业主委员会应当向业主公布的事项，不予支持。

关于杨某某第 8 项诉讼请求。杨某某要求公开业委会刻两个公章的原因、现在两个公章都由何人保存、刻章的合法手续和法律依据、第二个公章由物业经理刻章的原因、两个公章都在什么文件上盖过章。杨某某的该项诉讼请求应理解为要求公开某公寓业委会公章的刻章、使用和保管情况，如何使用、保管公章以及刻章问题等系业主委员会会议决定的事项，业主委员会应当向业主公布，予以支持。

关于杨某某第 9 项诉讼请求。杨某某要求某业委会公开某公寓 11 层服务间、洗消间为什么委托案外某公司出租，有无业主大会授权，出租资金的入账凭证和资金去向，承租方的付款方式、通讯地址和联系方式。根据前述杨某某第 3 项诉讼请求，法院已支持其请求公开小区相关共用部位的使用情况，故出租资金的入账凭证和资金去向亦包含在其第 3 项诉讼请求之内。杨某某主张公开承租方的付款方式、通讯地址和联系方式均涉及具体个人信息及个人隐私，法院对其请求不予支持。杨某某主张公开的“为什么委托北京某投资有限公司出租，有无业主大会授权”情况系某业主委员会会议决定的事项，予以支持。

关于杨某某第 10 项诉讼请求。杨某某要求公开某业委会成员变更备案，为什么由物业经理备案，备案的合法手续，业委会成员变更所开的业主大会是由谁组织的。杨某某要求公开某业委会成员变更备案手续，于法有据，予以支持。杨某某主张公开的“为什么由物业经理去备案，业委会成员变更所开的业主大会是由谁组织的”情况系业主请求公布、查阅形成业主大会决议的过程性情况资料，杨某某提交的证据尚不足以证明其主张公开的事项与业主共有权及管理权密切相关，故对杨某某的该项诉讼请求不予支持。

北京市延庆区人民法院依照《中华人民共和国民法典》第二百七十一条、第二百七十八条，《最高人民法院关于审理建筑物区分所有权纠纷案件具体应用法律若干问题的解释》第十三条，《中华人民共和国民事诉讼法》第六十七条第一款、第一百四十七条，《最高人民法院关于适用〈中华人民共和国民事诉讼法〉的解释》第九十条规定，判决如下：

一、某业委会于本判决生效后十日内，向杨某某公开某业委会成员变更时小区总户数、总面积情况，以供杨某某查阅；

二、某业委会于本判决生效后十日内，向杨某某公开某公寓一层至十五层业主的服务间洗消间用房、消防中控室、楼顶现移动公司用房、大厅超市、饮水机、快递柜、暖气泵房的使用情况、收益来源、去向情况，上述区域与使用人签署的合同原件，上述区域的出租是否有业主大会授权证明等情况，以供杨某某查阅；

三、某业委会于本判决生效后十日内，向杨某某公开业主大会依法选聘北京某物业公司的相关合法手续，包含选聘方式、物业公司收费的依据以及服务时间的法律依据，以供杨某某查阅；

四、某业委会于本判决生效后十日内，向杨某某公开历次业委会会议纪要和决议，以供杨某某查阅；

五、某业委会于本判决生效后十日内，向杨某某公开暖气改造手续，包括通过何种方式（招标或选聘）引入某建筑公司及暖气改造价格的法律依据，签署合同的经办人员，签署合同时的公章使用情况，有无业主大会授权，以供杨某某查阅；

六、某业委会于本判决生效后十日内，向杨某某公开历次业主大会的召开时间、方式、纪要、决议，以供杨某某查阅；

七、某业委会于本判决生效后十日内，向杨某某公开业委会公章的刻章、使用和保管情况，以供杨某某查阅；

八、某业委会于本判决生效后十日内，向杨某某公开某公寓11层服务间、洗消间为什么委托某公司出租，有无业主大会授权的情况，以供杨某某查阅；

九、某业委会于本判决生效后十日内，向杨某某公开业委会成员变更备案手续，以供杨某某查阅；

十、驳回杨某某的其他诉讼请求。

杨某某不服一审判决，提起上诉。

北京市第一中级人民法院经审理同意一审法院的裁判意见，判决：

驳回上诉，维持原判。

【法官后语】

一、业主知情权范围的认定

根据《最高人民法院关于审理建筑物区分所有权纠纷案件适用法律若干问题的解释》第十三条规定："业主请求公布、查阅下列应当向业主公开的情况和资料的，人民法院应予支持：（一）建筑物及其附属设施的维修资金的筹集、使用情况；（二）管理规约、业主大会议事规则，以及业主大会或者业主委员会的决定及会议记录；（三）物业服务合同、共有部分的使用和收益情况；（四）建筑区划内规划用于停放汽车的车位、车库的处分情况；（五）其他应当向业主公开的情况和资料。"基于上述司法解释，业主知情权是业主基于自己的特定身份对其所居住的住宅小区共有部分的收益及使用、管理情况、业主大会及业主委员会决议、物业服务合同等涉及业主权益事项所享有的知情权。《最高人民法院关于审理建筑物区分所有权纠纷案件适用法律若干问题的解释》第十三条第五项虽为兜底性条款，但并非意味着公开的范围是没有限制的，业主知情权应界定一定的范围，以防止业主无限扩大知情权的范围。结合本案情况，业主知情权的范围应限于业主共同监督、共同管理等涉及业主权益的事项。

本案中，杨某某的第3~10项诉求中，要求公开的部分事项包括相关公共部分的使用和收益情况、选聘物业公司合法手续、业委会会议纪要和决议、暖气改造手续、业主大会召开时间、召开方式、业委会公章的使用和保管情况、业委会成员变更备案等，这些属于业主监督业委会的必要知情范围，与业主权益联系密切，故法院支持公开该部分诉求内容。

二、业主知情权的行使规制

保障业主知悉与其利益相关的信息，可以有效行使共有管理权、监督物业服务人或者业委会的工作，防范侵害业主合法权益的行为，更好地维护住宅小区稳定的秩序。但是也要防范业主滥用知情权侵犯他人的合法权益，扰乱物业服务人、业主委员会等义务主体的正常管理活动等，因此应对业主知情权的行使予以一定的规制，确保业主正当合理行使知情权。

结合本案情况，应从下述几个方面合理规制业主知情权：首先，业主行使知情权应具有正当目的，若业主主张事项过于庞杂，明显超出法律保护的上限，应通过正当目的原则审查其主张事项是否触犯权利滥用边界。业主的诉求有正当目的且涉及业主权益则其具有知情权，否则法院不能支持其诉求。其次，业主知情权的行使以不损害他人利益为边界，若请求公开的事项涉及他人个人信息、个人隐私或者物业服务人内部经营信息的，法院不予支持。自然人的隐私权、个人信息均受法律保护，任何组织或者个人均不能予以侵犯。作为业主知情权的义务主体如业委会、物业公司等，自身的经营信息、内部的保密信息等均不予支持公开。最后，对于只适合查阅不适合公开的事项，法院允许当事人查阅但对公开不予以支持。业主可以查阅应当向业主公开的资料、情况等，但是部分资料或情况无法予以公开的，应只能支持当事人通过查阅方式合理行使知情权。可类比公司会计账簿，公司股东查阅也要经过特别程序，提出书面申请说明查阅的目的，且有可能面临被拒绝的风险。业主知情权在行使过程中如若遇到不适宜公开事项但有正当目的的可予以查阅但不能予以公开。

本案中，杨某某的第10项诉求中要求公开的“为什么由物业经理备案，备案的合法手续，业委会成员变更所开的业主大会是由谁组织的”情况，与业主行使其共有管理权、监督权的必要性、关联性需要进一步的审查，杨某某在没有充分证据证明该项诉求与其业主权益相关的情形下，法院无法支持该项诉求，故予以驳回。杨某某的第1、2、4、6、7、9项诉求中，要求公开的部分事项包含其他业主的身份信息、联系方式、通讯地址等个人信息以及案外企业的经营信息，涉及他人隐私或公司保密事项，不得随意公开，否则侵犯了他人的合法权益，故法院对此类诉求亦均未支持。

编写人：北京市延庆区人民法院　毛宝双　王乐菲

（五）相邻关系纠纷

41

相邻关系纠纷中容忍义务的认定

——许某甲、王某某诉许某乙相邻关系案

【案件基本信息】

1. 裁判书字号

浙江省嵊州市人民法院（2023）浙0683民初5431号民事判决书

2. 案由：相邻关系纠纷

3. 当事人

原告：许某甲、王某某

被告：许某乙

【基本案情】

许某甲、王某某的房屋与许某乙的楼房相邻，中间隔有一条约80厘米宽的滴水墙弄。2023年5月，许某乙未征求许某甲、王某某意见，在该墙弄中自己房屋的外墙上安装了制冷量为8.97千瓦的压缩冷凝机组。该机器产生的噪声对许某甲、王某某房屋的居住使用产生了影响。故，许某甲、王某某起诉请求许某乙立即排除妨碍，移除空调外机到噪声不影响许某甲、王某某正常生活的区域，且不得影响住宅的正常排水、正常维修。

【案件焦点】

对于许某乙安装的案涉压缩冷凝机组产生的噪声，许某甲、王某某是否有容忍义务。

【法院裁判要旨】

浙江省嵊州市人民法院经审理认为：许某甲、王某某房屋与许某乙房屋相邻中间的墙弄属于各方使用的滴水空间，房屋所有权的使用范围应以墙外滴水为界，而滴水尺寸一般不低于 30 厘米。许某乙在约 80 厘米宽的墙弄中安装了压缩冷凝机组，不仅侵犯了许某甲、王某某房屋的滴水空间，且功率为 8.97 千瓦的压缩冷凝机组运转时所产生的噪声还对许某甲、王某某的正常生活造成了影响。依据法律规定，不动产相邻人安装设备时应当避免对相邻的不动产权利人造成影响和损害，所以对于许某甲、王某某要求许某乙移除安装在墙弄中的压缩冷凝机组，排除对其生活妨碍的请求，应予支持。

浙江省嵊州市人民法院依照《中华人民共和国民法典》第二百八十八条规定，判决如下：

安装在许某甲、王某某房屋与许某乙房屋相邻墙弄中的压缩冷凝机组，许某乙应在本判决生效后五日内移除。

宣判后，双方当事人均未上诉，一审判决已经生效。

【法官后语】

相邻关系既涉及基于邻近不动产之上权利的扩张，也涉及基于邻近不动产之上权利的限制。相邻纠纷的实质就是利益冲突的产生，也就是不动产相邻权利人之间一方利益的扩张导致另一方损害的产生。本案中涉及的，如何认定不动产相邻权利人一方制造的噪声及排水受限问题是否超过另一方应当负担的容忍义务限度，值得研究探讨。

一、核心价值：相邻关系中的容忍义务

《中华人民共和国民法典》物权编第七章对相邻关系作出专门规定。第二百八十八条提供原则性规定，要求不动产相邻权利人应当按照有利生产、方便生活、团结互助、公平合理的原则，正确处理相邻关系；第二百九十条至第二百九十四条通过区分不同类型的相邻关系，确立了不同类型相邻关系中不同的相邻妨害认定标准，对相邻用水、排水关系，相邻通行，相邻土地，建筑物利用和不可量物，譬如大气、水污染物、噪声等的排放进行了规定。第二百九十五条规定对相邻不动产使用时需同时履行安全保障义务；第二百九十六条规定利用相邻不动产应当尽量避免对不动产相邻权利人造成损害。

梳理法律条文可以看出，上述法律规范以容忍义务为基点构建了相邻关系制度。[①] 立法表述中虽然没有直接采用容忍义务概念，但相邻关系规范的多个法律条文的表述当中，如“提供必要的便利”“不得违反规定”“不得危及安全”，皆从义务角度进行切入，规定不动产权利人的权利限制。从容忍的范围和相邻人不得逾越的界限正反两个角度，将容忍义务作为相邻关系中权利行使边界的判断标准。这实际上是对容忍义务的另一种语言表达，因诚实信用是民法的基本原则，而通常又认为容忍义务的价值渊源在于诚实信用原则，这就为容忍义务进入相邻关系规范体系提供了正当性基础，构成容忍义务的规范基础。[②] 无论是《中华人民共和国民法典》第二百八十八条规定的十六字方针的一般原则还是其他条款的具体规定，都体现了容忍义务在相邻关系规范体系中的核心地位和价值所在。

二、动态边界：容忍义务的限度

容忍义务不仅是不动产相邻关系规则的价值体现，也是法律适用的核心考量。相邻关系事关相邻不动产权利的扩张和限制，但无论是扩张还是限制，均

---

① 曹万莉：《容忍义务视角下相邻妨害责任的认定》，华东政法大学2023年硕士学位论文。

② 韩光明：《〈民法典〉相邻关系规范的体系化构造：兼论容忍补偿请求权的独立性》，载《财经法学》2022年第5期。

有一定的限度。扩张的权利需要在一定的范围内行使，受限的权利和负担的义务也要保持在合理的范围内，如果说所有权划定了相邻关系中双方权利的静态边界，那么容忍义务则划定了不动产权利人对不动产利用的动态边界。

相邻关系中若相邻人的妨害行为突破了所有权或者使用权限制或扩张的最低限度，那么可以认定其有相邻妨害之嫌。而这个限度就是成立相邻妨害的认定标准，对于相邻另一方而言就是容忍义务的合理限度。学理上对于容忍义务合理限度的判断标准从“一般人”的角度展开提炼构造，目前存在实质性损害（损害是否属于一般理性人所不能忍受的重大损害）、过错判断（对于过错行为不予容忍）、利益衡量（又称比例原则）三种主张。[①] 以上三个判断标准在必要时可以结合起来综合考量。

从立法角度看：一是对不同类型的相邻关系设置了不同的权利限制或扩张限度的标准。二是分别从权利限制和扩张设定不动产相邻人的权利和义务，从权利限制的角度设定最低标准，即以提供“必要的便利”为原则；从权利扩张的角度设定底线要求，即“不得违反国家有关建设工程标准”“不得违反国家规定”等。

从实际操作看，我国事实上采用较大利益原则，化解相邻关系纠纷时，需要对相邻双方的利益进行衡量，进行价值排序，选择优先保护的利益。即，要衡量相邻不动产权利人是否有较优利益从而可以对相邻另一方的所有权进行干涉，以实现一种合理、必需的利益平衡。[②] 一是对于轻微的妨害，不影响正常使用之功效，受害人有绝对容忍义务，否则使大量妨害甚微的小纠纷也演化为诉讼，造成司法资源浪费的同时造成邻里关系不睦，不动产也无法创造更大的价值。二是对于较大的妨害但不具有“违法性”，没有超过限度和标准，另一方则有相对的容忍义务，但可以就遭受的妨害请求补偿。这就是“有利生产”与“公平合理”原则之间利益衡量的结果。三是对于重大妨害超过相邻权利人

---

① 王利明：《论相邻关系中的容忍义务》，载《社会科学研究》2020年第4期。

② 王泽鉴：《民法物权第1册：通则·所有权》，中国政法大学出版社2001年版，第210页。

的容忍义务限度，则相邻权利人可以选择物权请求权、占有保护请求权或侵权责任请求权要求赔偿。

三、法律适用：容忍义务的规范效力

相邻关系案件的审理重点是通过事实调查确定相邻人的行为是否属于相邻妨害。一是要判定妨害是否存在；二是要审查是否超过另一方的容忍义务限度。

针对妨害是否存在，可以通过损害后果、实地勘察、鉴定、历史现状对比等方法手段进行认定。本案中，通过原告提供的照片可以表明现场情况，照片显示空调外机放置在两幢房子的中间，空调外机的功率高达8.97千瓦，同时也看出房屋内墙体存在开裂霉变的情况，可证明妨害确实存在。

在认定构成妨害的前提下，应当审查该妨害是否超过相邻权利人的容忍义务限度，这也是本案的争议焦点所在。一从国家相应标准看，案涉制冷机的制冷量为8.97千瓦，远远超过家用标准①。根据国家标准《家用和类似用途空调器安装规范》（GB17790—2008）规定，空调器的室外机组应尽可能远离相邻方的门窗和绿色植物，对空调器额定制冷量大于4.5千瓦的与相对方门窗距离不得小于4米。本案中，仅有的80厘米宽的墙弄，却安装制冷量为8.97千瓦的制冷机，运行时必然会产生振动、噪声，影响正常居住。此外，墙弄属于各方使用的滴水空间，房屋所有权的使用范围应以墙外滴水为界，该压缩冷凝机组也侵犯了原告房屋的滴水空间。二从一般理性人角度看，在日常生活使用的房屋中安装远超过家用标准的冷凝机组，不符合一般常理和习惯，其产生的噪声和致使滴水空间的缩小超过理性一般人的容忍限度。三从衡量其他因素看，本案中被告是为了匹配家中建造的商业冷库而安装大功率的冷凝机组，尽管便利生产，但是导致的噪声和排水损害超过相邻权利人应当忍受的限度，违背公平合理原则。

综上，本案被告的行为妨害了原告的正常生活，超过权利人一般容忍义务范围，原告要求被告拆除压缩冷凝机组应当予以支持。俗话说远亲不如近邻，邻里之间，本应相互帮助、相互理解、和睦相处，方便自己的同时也要考虑他

① 一般而言，一匹家用空调制冷量为2.3千瓦，适用于10~15平方米的房间。

人的“苦”，遇有摩擦、纠纷时应以和为贵，施以宽容和礼让。在法律实践中相邻关系的解决，要符合人之常情、社会常理，还社会和谐。

编写人：浙江省嵊州市人民法院　吴展宁　操乃尔

42

因双方违法改造房屋引起的相邻关系纠纷应驳回起诉

——洪某某诉覃某某相邻关系案

【案件基本信息】

1. 裁判书字号

福建省厦门市同安区人民法院（2023）闽0212民初5298号民事裁定书

2. 案由：相邻关系纠纷

3. 当事人

原告：洪某某

被告：覃某某

【基本案情】

洪某某所有的房屋与覃某某所有的房屋毗邻。洪某某房屋天台楼梯的基座，是两户分别改建的上述楼顶阳台之间用于彼此隔断的女儿墙。覃某某改建房屋施工在先，先砌了一道女儿墙，洪某某改建在后，又砌了一道女儿墙以便加宽加固作为楼梯基座使用。该基座与屋顶连接位置正好位于屋顶排水沟的末端，导致排水沟被阻断拦截，加上该基座与屋顶连接处上方一黏土块表面不规则，进一步影响了排水的顺畅。洪某某、覃某某均无法明确，上述黏土块是哪一方施工时设置，其作用是什么。覃某某将共用隔墙向南延伸施工时，延伸部分墙体厚度比原有共用隔墙厚度减少约18厘米，而洪某某后来改建施工时，直接利用了覃某某已砌筑的共用隔墙的延伸部分，未在其己方一侧对墙体进行加厚。

洪某某主张覃某某建筑的阳台女儿墙位置偏西，超过了共用隔墙中线，且没有做好与屋顶连接处的防水作业，导致雨水向下渗入洪某某房屋内部；覃某某在外墙上打钻的空调排水孔位置不合理，在公用隔墙上；覃某某在改建共用隔墙时故意敲掉洪某某房屋的墙角，侵占洪某某房屋面积，导致洪某某房屋常年积水渗水，故诉求覃某某支付侵占洪某某房屋面积的赔偿款915元、顶楼天台楼梯基座与屋顶坡面连接处的防水层处理费用13400元（200元/年×57年=11400元，引水及地漏安装费2000元）、赔偿覃某某造成洪某某房屋屋顶缺角损失10000元，并将覃某某房屋一楼南面外墙上打钻在公共墙体上的空调出水孔洞向覃某某房屋方向移动10厘米。

【案件焦点】

洪某某基于违章改建事实引发纠纷提出的诉求是否属于人民法院民事诉讼的受理范围。

【法院裁判要旨】

福建省厦门市同安区人民法院经审理认为：洪某某、覃某某在未取得规划建设行政许可的情况下，先后对各自的房屋实施改建，对房屋的结构和样貌作出重大改变。洪某某提出的各项诉讼请求所根据的事实均因双方当事人改建房屋的行为而产生，案涉房屋改建部分应由有关行政主管部门依法依规处理。双方当事人对案涉房屋私自改建部分所主张的利益，缺乏法律依据，不属于法律所要保护的民事权利范畴，因此，本案不属于人民法院受理民事诉讼的范围，应当裁定驳回起诉。

福建省厦门市同安区人民法院依据《中华人民共和国民事诉讼法》第一百二十二条第四项、第一百五十七条规定，裁定如下：

驳回洪某某的起诉。

宣判后，双方当事人均未提起上诉，一审裁定已经生效。

【法官后语】

相邻权是一种从属性权利，从属于所有权或使用权，不能独立存在，违章建筑因对建筑物不享有所有权，故其能否以相邻利益被侵害主张相应权利存在疑问。

司法实践中，因一方的违章建筑侵害到另一方不动产权利引起的相邻关系纠纷是否应由人民法院受理存在争议，主要观点有两种：第一种观点认为，当事人主张认定违章建筑，从而要求拆除的，人民法院不予受理。因为民法调整的相邻关系是为了对相邻不动产所有权或使用权进行适当限制或扩展，以谋取相邻各方利益满足的必要。违章建筑因其违法性，建造人不可能对违章建筑享有合法的权利，不可能产生所有权，也不能取得使用权，其建造人或实际使用人不能成为相邻关系的主体。故，因违章建筑引起的相邻权纠纷，应当由行政部门先行处理，这是保证当事人诉权实现的需要，法院应当裁定不予受理。第二种观点认为，建筑物是否违建与相邻权被侵害是两个法律问题，分属不同法律调整。建筑物毗邻各方当事人享有的相邻权不以建筑物合法为前提，在建筑物未被有关部门依法认定为违法建筑并合法拆除前，其占有建筑的事实状态及居住权应受法律保护，在相邻权被侵害时，占有人仍可主张相应权利，但是该种相邻权因建筑物本身的违法性而受到一定限制，如权利人不能要求对方恢复原状（替代性的可以要求对方赔偿损失）。因此，当事人以享有违法建筑相邻权为由提起诉讼属于民事侵权范畴，人民法院应当依法受理以维护占有人的占有利益，与对方建筑违法与否无关，此类纠纷人民法院应予受理。

上述观点涉及的事实是一方的违章建筑妨害相邻方不动产权益引起的相邻关系纠纷。而本案中，双方的房屋均系违章改建，争议产生的原因系因一方的违章改建部分影响到另一方的违章改建部分的使用，属于自己的违章建筑受到他人违章建筑的妨害而引起的相邻关系纠纷。就本案的具体情况来看，笔者支持上述第一种意见，认为因双方的违章建筑引起的相邻关系纠纷，不属于人民法院的受理范围，应当裁定不予受理，理由如下。

1. 相邻关系纠纷是因不动产物权引发的物权纠纷类型。不动产相邻权的实质是对不动产相邻各方行使不动产所有权或使用权的合理延伸或必要限制。不动产相邻权是由法律所赋予的，它对相邻各方所有权或使用权的延伸和限制是法律所允许的，是有关各方的法定权利和义务。法律并未对违章建筑进行定义，通常情况下，违章建筑是指违反《中华人民共和国土地管理法》《中华人民共和国城乡规划法》等相关法律法规规定而动工建设的房屋及设施。违章建筑危害了法律所保护的社会秩序，给社会生活带来了消极影响。法律不保护非法权益，对不动产享有合法物权是主张相邻权的基础，而如果主张相邻权的权利基础本身并不合法，则违反了法律不保护非法权益的原则。

2. 由行政部门先行处理的做法，是保证当事人诉讼权利实现的需要。改建房屋是否属于违章建筑，从程序上来看，关键在于行为人有没有取得规划行政部门的许可。虽然本案已经查明被告的改建属于私自改建，未取得规划部门的许可，但根据法治的原则，只有规划行政部门确认其改建行为违法并作出有关决定后，才能按照法律规定进行处理。这不仅是行政机关职权行使的体现，也是出于保证当事人诉讼权利实现的需要。因为先由行政机关依职权作出处理决定，行政相对人若不服可就该行政行为提出行政复议，进而提出行政诉讼，由司法机关审查行政行为的合法性，以此保护行政相对人的合法权益；如果直接由法院作出裁决的话，当事人无法通过行政复议和诉讼来保护自己的合法权利。

3. 民法调整相邻关系是为了对相邻不动产所有权或使用权进行适当限制或扩展，以谋取相邻各方利益满足的必要。根据《中华人民共和国城乡规划法》第六十四条规定，未取得建设工程规划许可证或者未按照建设工程规划许可证的规定进行建设的，由县级以上地方人民政府城乡规划主管部门责令停止建设；尚可采取改正措施消除对规划实施的影响的，限期改正，处建设工程造价百分之五以上百分之十以下的罚款；无法采取改正措施消除影响的，限期拆除，不能拆除的，没收实物或者违法收入，可以并处建设工程造价百分之十以下的罚款。因此，行政机关负有认定和处理违章建筑的职权，对违章建筑的认定和处理不属于人民法院的主管范围，应先由相关行政机关处理当事人一方或双方的违章改建问题，这是行政机关与司法机关主管职权划分的实际体现。人民法院应避免通过司法程序代行行政职权而直接认定和处理违法建筑。

4. 从原告的诉讼主张和现实状况来看，本案的根本起因：一是双方当事人均违反城市规划管理，超出规划许可范围改建各自的房屋，给相邻方造成妨碍；二是双方当事人均过度追求各自住宅房的商业价值，给对方造成妨碍的同时，还要求对方给予超出必要限度的便利。如果双方当事人在主张自己的相邻权利之前，先行将自己的不动产恢复到规划许可的范围和用途，本案的纠纷就不会产生。所以本案纠纷的实质还是属于执行规划许可的范畴，不属于人民法院民事案件的受案范围。

编写人：福建省厦门市同安区人民法院　林霞玲

43

绿化利益与业主相邻权益冲突时的法律适用

——张某某诉杜某相邻关系案

【案件基本信息】

1. 裁判书字号

上海市第一中级人民法院（2023）沪 01 民终 6830 号民事裁定书

2. 案由：相邻关系纠纷

3. 当事人

原告（被上诉人）：张某某

被告（上诉人）：杜某

【基本案情】

张某某系上海市浦东新区某路某弄×号 30A 室房屋权利人，杜某是×号 10A 室（以下简称 10A 室）房屋权利人，二人系上下楼邻居。近年来，因 10A 室房屋南侧的树木影响邻居通风、采光并存在安全隐患，导致相邻关系不睦。

2022年9月5日，杜某妻子钱某出具《放弃所有权（包括管理权在内的其他一切权利）声明书》，内容包括：本人杜某知位于10A室南侧的9棵高大树木已对邻居的通风采光造成影响且存在安全隐患，作为上述树木的栽种者，放弃上述树木的所有权（包括管理权在内的其他一切权利）的任何主张和权利要求，并交由相关部门全权处置。

某村第三居民委员会于2022年9月14日公告《关于将某弄5号10A室南侧9棵高大树木纳入小区公共绿化管理居民管理意见征询结果》，内容包括：关于将该9棵高大树木纳入小区公共绿化管理居民管理的意见征询结果如下，总共发出25张征询单，实收25张征询单，共计192户192票，其中同意3票、不同意150票、无效（空白、只打钩不签名等）35票。张某某对该征询结果无异议。杜某认为该事项不属于业主共同决定的事项，所以该征询不合法，不具备法律效力，而且案涉树木属于业主共有的，不需要征询就属于小区公共绿化管理，管理方应当是小区物业公司；杜某以已放弃所有权、反对毁绿等为由拒绝承担责任，因此张某某诉至法院，请求法院判决杜某移除树木。

关于案涉9棵树木，杜某自认7棵青桐树是由杜某亲属种植，因其中1棵已经截断，未纳入诉讼请求范围。

【案件焦点】

业主相邻权与绿化利益出现冲突时如何进行处理。

【法院裁判要旨】

上海市浦东新区人民法院经审理认为：不动产的相邻权利人应当按照有利生产、方便生活、团结互助、公平合理的原则，正确处理相邻关系。妨害物权或者可能妨害物权的，权利人可以请求妨害或者消除危险。本案中，杜某房屋南侧的案涉树木因树龄较长，树木高大，落叶较多，距离南侧墙体较近，影响了张某某正常生活，且存在一定的安全隐患。杜某作为其中6棵青桐树的实际管理人，负有管理责任。杜某关于其已弃权、树木属于业主共有的抗辩意见，于法无据，不予采信。根据案涉青桐树实际生长情况，并结合绿化技术指导部门的相关意见，杜某应将案涉青桐树移除以排除妨害、维护相邻关系，避免更大损失的发生。关于张某某主张的误工费，根据本案纠纷处理及举证情况，法院酌定 300 元。关于张某某主张的应当移除的香樟树和冬青树，因无证据显示为杜某种植，不予支持。

上海市浦东新区人民法院根据《中华人民共和国民法典》第二百八十八条规定，判决如下：

一、杜某应于本判决生效之日起三十日内移除 10A 室房屋南侧的 6 棵青桐树；

二、杜某应于本判决生效之日起十日内赔偿张某某误工费 300 元；

三、驳回张某某的其余诉讼请求。

杜某不服一审判决，提起上诉，后在二审审理期间提出撤回上诉的请求，上海市第一中级人民法院依照《中华人民共和国民事诉讼法》第一百八十条规定，裁定如下：

准许上诉人杜某撤回上诉。一审判决自本裁定书送达之日起发生法律效力。

【法官后语】

本案系一起业主在住宅小区自行种植林木引发的相邻关系纠纷，争议焦点体现为绿化与业主个体利益的平衡保护，审理难点就在于相邻关系和谐与绿化保护的平衡。

首先，绿化是建立在生态环境考核、城乡规划、树种择别等合理规划上的科学布局，而相邻关系重在保护居住的安全、便利、通风、采光等要素，其中安全更是应被优先考虑保障的因素。本案中，案涉树木经过 20 余年的生长，树木已长至约 10 米高，与 4 层楼楼顶相当，主干离临近住宅仅约 2 米，有的树冠枝杈已触及 4 楼阳台。附近居民均反映台风季节存在树枝掉落造成安全隐患、树枝击打门窗玻璃、树根生长破坏地基、果实落地后致地面打滑等情况，均要求迁移或砍伐，至少也应回缩修剪。因此，案涉树木已严重影响居民居住安宁与安全。

其次，树木的修剪、迁移或砍伐均需要遵循相应技术规范，并按照当地如

《上海市绿化条例》履行报备手续，法院裁判应注意与绿化管理法律法规及相关技术要求的衔接；此外，因绿化问题涉及小区公共事务，法院应综合考虑基层自治组织及居民的意见，尝试能否首先以业主自治作为解纷路径。本案审理中，法院主动向属地城运部门、12345市民服务热线、绿化部门等了解相关情况，城管部门及12345热线反映，因涉及多部门、多层法律关系，案涉乔木扰民问题已定性为疑难工单；绿化部门明确表示，依据《中华人民共和国森林法》，采伐林木必须申请采伐许可证，按许可证的规定进行采伐，农村居民采伐自留地和房前屋后个人所有的零星林木除外。因案涉树木权属为杜某个人所有，应由权属人自行处置，无须至绿化部门办理审批手续。绿化部门另指出，案涉树木违反中华人民共和国行业标准《居住绿地设计标准》（CJJ/T 294—2019），按居住绿地设计标准，植物与建（构）筑物的最小间距，建筑物外墙南窗至乔木中心最小间距应在5.5米以上。案涉树木属违规种植，建议由权属人自行处置，使其他居民得到适宜的居住环境。

最后，应正确认定责任主体并根据实际情况对案涉绿植作出正确处理。依据《中华人民共和国森林法》规定，城镇居民在自有房屋的庭院内种植的林木，归个人所有。案涉树木所有权主体为杜某，应予确认。争议焦点在于，杜某以放弃案涉树木所有权为由拒绝承担民事责任，能否得到法律支持？权利能否受限制，取决于有没有高于权利的价值以及能否援用那些可能高于权利的价值来排斥权利的行使。只能为了满足高位阶权利的需要，限制低位阶权利；不能为了保全低位阶权利而限制高位阶权利行使。依据《中华人民共和国民法典》第一百三十二条规定："民事主体不得滥用民事权利损害国家利益、社会公共利益或者他人合法权益。"《最高人民法院关于适用〈中华人民共和国民法典〉总则编若干问题的解释》第三条规定："对于民法典第一百三十二条所称的滥用民事权利，人民法院可以根据权利行使的对象、目的、时间、方式、造成当事人之间利益失衡的程度等因素作出认定。行为人以损害国家利益、社会公共利益、他人合法权益为主要目的行使民事权利的，人民法院应当认定构成滥用民事权利。构成滥用民事权利的，人民法院应当认定该滥用行为不发生相应的法律效力。滥用民事权利造成损害的，依照民法典第七编等有关规定处理。”依据上述法律规定，应根据相邻权、物权之间权利位阶确定杜某作为所有权人在诉讼中弃权的效力。案涉树木经过多年生长，树木现状已经不符合城市住宅小区的绿化规范，距离相邻权人住宅墙体过近，已违反相关强制性标准，亦不符合回缩修剪的技术要求，因此相邻权人只能要求移除案涉树木，应予支持。杜某以弃权行为构成对物权的滥用，应予以必要限制，杜某的树木已经妨害相邻权人权益，在权利上已存在负担的情况下，不可以弃权为由回避应承担的法律责任，即杜某应及时消除危险、排除妨害。

本案裁判意义在于：在努力实现人与自然和谐统一的愿景下，确保了判决的可执行性及与属地相关绿化规范性文件的协调一致，系平衡绿化保护与相邻关系处理的典型案例，对此类案件审理具有一定参考价值。本案对于居民居住权益与享受绿化权益产生冲突的案件提供以下裁判思路：首先，查明树木权属，做到权责一致。本案提示我们，应当充分认识到，和谐社会并非零权利冲突的社会，恰恰相反，权利冲突是社会转型期的常态现象，必须树立正确的权利观，既要重视对民事权利的保护，又要注意权利行使的边界。物权同样如此，物权具有绝对性与物权是绝对性权利并非同一概念，人民法院应根据实际案情将利益冲突各方重归理性，符合社会公共利益要求。其次，审慎、合理地认定绿化对居民权益的影响，能调则调，当判则判。一般而言，相对于其他法益（尤其是财产性权益），人身安全或人格尊严有较高位阶。尤其涉及安全隐患时，优先保护居民安全。该起纠纷经属地物业公司、居民委员会，城管部门、市民热线、属地政府多方协商处理无果，甚至引发报警，耗费多方社会资源，成为“扰民树”。纠纷进入诉讼程序后，法院及时征询业委会、居委会、物业企业意见，在尽力保护案涉树木的方案确不具有可行性、双方意见分歧较大无法调解的情形下，为保护居民安全，及时定分止争，一审判决由杜某移除案涉树木，消除隐患，达到了较好的法律效果和社会效果。

编写人：上海市浦东新区人民法院　刘明

（六）共有纠纷

44

家庭成员以房屋拆迁补偿款购房并登记为按份共有是否构成赠与的认定

——周某甲诉周某乙等共有物分割、法定继承案

【案件基本信息】

1. 裁判书字号

上海市第一中级人民法院（2023）沪01民终10387号民事判决书

2. 案由：共有物分割、法定继承纠纷

3. 当事人

原告（被上诉人）：周某甲

被告（上诉人）：周某乙、蔡某某

被告（被上诉人）：周某丙

【基本案情】

周某甲与被继承人梅某某系夫妻关系，周某乙与周某丙系双方所生子女。周某乙与蔡某某系夫妻关系。梅某某于2013年2月死亡。

2012年7月，周某甲承租的公房被征收，周某甲与相关部门签订补偿安置协议，选择以货币补偿，周某甲获得两张金额分别为3014037.89元及124429.58元的存单。动迁安置人为5人，包括周某甲、梅某某、周某乙、蔡某某及案外人周

某丁（系周某乙、蔡某某之女）。

2012 年 12 月 2 日，周某甲、梅某某、周某乙、蔡某某与案外他人签订房地产买卖合同，以 198 万元的价格购买系争房屋。次日，周某甲支取前述拆迁补偿款 3014037.89 元。同日，周某甲向周某乙转账 155 万元。2012 年 12 月 27 日和 2013 年 1 月 10 日、1 月 23 日，周某甲分别向周某乙转账 10 万元、80 万元、25 万元，共计 115 万元。2013 年 1 月，系争房屋登记至周某乙、蔡某某、周某甲、梅某某名下，其中周某乙、蔡某某各占 49%的产权份额，周某甲、梅某某各占 1%的产权份额。

2017 年 12 月至 2018 年 4 月，周某甲因病多次住院治疗。

2018 年 2 月至 2020 年 11 月，周某乙多次从周某甲名下银行卡内支取 33 余万元，收取周某甲的借款债权本息 107000 元不向周某甲返还。双方因此发生多起纠纷，经法院调解、判决，周某乙自动履行义务或者经法院强制执行完毕。

2018 年，周某丙曾报警称周某乙拿了周某甲身份证不还，导致周某甲生活不便。

本案系再审发回重审案件。周某甲在本案中认为，其和梅某某对系争房屋共出资 90 万元，按出资比例，其应享有 22.72%的产权份额，实际登记的产权比例为 1%，其余周某甲应享有的产权份额系对周某乙、蔡某某的赠与。因该二人不尽赡养义务，并侵占周某甲财产，要求撤销赠与，另梅某某产权份额要求依法继承，故诉至法院。周某乙、蔡某某否认系争房屋产权登记是赠与性质，认为是各方对于动迁利益的协议处分。

【案件焦点】

1. 系争房屋产权登记行为是否构成赠与；2. 如果赠与成立，周某甲是否有权撤销赠与。

【法院裁判要旨】

上海市浦东新区人民法院经审理认为：

关于争议焦点一，周某乙、蔡某某在原一、二审中对于周某甲赠与的事实并无争议，二人关于“改判不撤销周某甲对周某乙、蔡某某在系争房屋中属于周某甲产权份额的赠与”的上诉请求，也表明其不否认周某甲赠与的事实，分歧在于赠与是否应当撤销。周某乙、蔡某某在原二审判决后否认存在赠与，对此未作出合理解释，根据禁反言原则，对其该辩称意见不予采纳。周某甲在拿到安置补偿款及签订房屋买卖合同后向周某乙转账270万元，包括动迁款及购房款。双方之间并无书面协议，本案中周某甲认可其中90万元是其夫妇购房款，根据出资比例，周某甲夫妇理应享有系争房屋45.45%的产权份额，但产权份额登记仅为各占1%。周某甲夫妇与周某乙、蔡某某共同购房、共同出资，并共同登记成为房屋权利人，双方已经形成赠与合意，且已履行，故周某甲夫妇赠与成立，且赠与的是房屋产权份额而非购房款。周某乙、蔡某某也认为对其二人的赠与是共同平均赠与，故周某甲在系争房屋中超出1%部分的产权份额系周某甲对周某乙、蔡某某的赠与。

关于争议焦点二，根据法律规定，受赠人严重侵害赠与人权利的，赠与人可以撤销赠与。首先，周某甲出院后向周某乙提出要求返还相关证件及银行卡等物品，此时周某乙不再具有保管的基础。但周某乙经周某甲多次催讨后仍拒绝归还，在警方介入下才归还周某甲相关证件。其次，周某乙先后从周某甲银行账户转账及支取款项共计四十余万元，也未将案外人归还的本息十余万元转给周某甲，这些款项对于耄耋之年的周某甲而言，可能是其一辈子的积蓄，更是其养老的基本保障。而周某甲最终通过三次诉讼甚至是申请强制执行的方式才得以解决。因此，周某乙的行为显然严重侵犯了周某甲的财产权益。最后，蔡某某作为周某乙配偶，对周某乙上述行为理应知晓。其对于周某乙案涉行为未予以阻止，特别是在警方介入后，蔡某某了解相关情况后仍未劝阻，导致矛盾不断激化，最终引发诉讼。因此，周某甲要求撤销对周某乙、蔡某某赠与的诉讼请求，法院予以支持。

继承开始后，按照法定继承办理；有遗嘱的，按照遗嘱继承或者遗赠办理。被继承人梅某某生前未立遗嘱，故梅某某在系争房屋内1%的产权份额依法按照法定继承处理。现，周某甲要求对于梅某某的遗产份额由周某甲与周某乙、周某丙各继承三分之一，并无不当，予以照准。周某丙主张其继承的份额赠与周某甲所有，并无不当，予以照准。因此，周某甲主张要求确认其在系争房屋中的产权份额为23.39%，周某乙的产权份额为38.47%，蔡某某的产权份额为38.14%，并由被告方协助周某甲办理系争房屋的产权变更登记手续，法院予以支持。

上海市浦东新区人民法院依照《最高人民法院关于适用〈中华人民共和国民法典〉时间效力的若干规定》第五条，《中华人民共和国继承法》第五条、第十三条第一款，《中华人民共和国合同法》第一百九十二条第一款第一项、第二款的规定，判决如下：

一、撤销周某甲对周某乙、蔡某某在系争房屋中属于周某甲产权份额的赠与；

二、确认周某甲在系争房屋中享有23.39%的产权份额，周某乙享有38.47%的产权份额，蔡某某享有38.14%的产权份额；周某乙、蔡某某、周某丙于本判决生效之日起十日内协助周某甲办理上述房屋的产权变更登记手续。

周某乙、蔡某某不服一审判决，提起上诉。

上海市第一中级人民法院经审理同意一审法院裁判意见，依照《中华人民共和国民事诉讼法》第一百七十七条第一款第一项规定，判决：

驳回上诉、维持原判。

【法官后语】

家庭内部成员关系较为密切，赠与往往缺乏书面形式，当双方产生矛盾时，赠与合意的达成、赠与合同的履行以及法定撤销权的行使等往往容易构成案件争议焦点。

一、家庭内部是否达成赠与合意的司法认定

赠与合同系赠与人与受赠人达成的由赠与人无偿给予受赠人财产的合意，《中华人民共和国民法典》对赠与合同的成立和生效没有其他特殊要求，即赠与合同属于非要式合同、诺成合同，赠与合同的成立以双方当事人意思表示一致为原则，并不要求书面合同形式或以赠与人交付赠与财产为要件。司法实践中，因分家析产协议一般同时具有赠与和家庭财产分割的内容，所以涉及家庭成员之间的赠与时，往往容易和分家析产协议产生混淆，但是两者的法律性质与后果截然不同。因家事纠纷具有较强的人身依附性和家庭伦理性等特征，故家庭成员之间形成的家庭财产分割协议，包括关于征收补偿利益分割事宜所达成的协议，是家庭成员对于家事问题、财产问题等事宜的一揽子处理协议，内含妥协和让步，对所涉家庭成员都具有约束力，协议各方不得随意撤销。法院在处理此类案件时应尊重家庭成员之间的合意。而在赠与合同中，赠与人则享有任意撤销权和法定撤销权。

如果家庭成员间对家庭财产的处分未签订书面协议，如何判断当事人之间是否存在赠与合意，主要把握以下三个方面：一是从所涉财产的性质、来源判断，赠与财产通常是属于赠与人合法所有的个人财产，其来源于赠与人个人合法所得，而家庭财产分割协议通常处理的是基于家庭内部关系共有的财产，其来源于家庭合法所得。二是从履行方式、情况来看，家庭成员之间关于共有财产分配的协议，往往包含全体家庭成员就共有财产归属、子女抚养、老人赡养等多项家庭问题达成的一致合意，整体上能大致体现各家庭成员间权利义务的均衡状态；而赠与合同的性质表明其多呈现为一方得利、一方受损的不均衡状态。三是应尊重家庭成员对于合意性质的一致意见。

结合本案，首先，周某甲户对于动迁安置选择了货币补偿形式，就周某甲领取的安置补偿款形成了家庭财产的共有关系。后，周某甲作为原公房承租人支取安置补偿款，并多次向周某乙转账，周某甲自认其中155万元是对安置补偿款的分割，且双方确认动迁利益原则上均分，周某乙、蔡某某分得的该数额亦属合理，结合款项来源及数额，该155万元应认定为对安置补偿款的分割。其次，周某甲另转账给周某乙的90万元，属于周某甲夫妇享有的安置补偿款，周某甲夫妇作为系争房屋的共同买受人，该转账行为应视为二人的购房出资，也是周某甲在本案重审中确认的金额。周某甲夫妇按出资比例各自在系争房屋中所占份额远超出产权登记的1%，超出部分属于对周某乙、蔡甲的赠与。最后，结合双方对系争房屋共同购买、共同出资、共同登记等行为，可以认定双方之间就赠与产权份额达成赠与合意且已履行完毕。

二、关于赠与人行使法定撤销权的司法认定

《中华人民共和国民法典》第六百六十三条对赠与人法定撤销权明确规定："受赠人有下列情形之一的，赠与人可以撤销赠与：（一）严重侵害赠与人或者赠与人近亲属的合法权益；（二）对赠与人有扶养义务而不履行；（三）不履行赠与合同约定的义务。赠与人的撤销权，自知道或者应当知道撤销事由之日起一年内行使。"由于赠与合同系无偿、单务合同，赠与人在合同中负有给付财产权利的义务但并不获得对价，即使在附义务的赠与合同中，受赠人所负担的义务和其接受赠与财产的权利相比，也不构成双务合同意义上的对待给付，因此，赠与合同中赠与人始终处于承受不利益一方、受赠人处于获利一方。这种无偿性、单务性决定了赠与合同是以赠与人对某种感情的维系或出于道德的考量为基础的，为了缓解赠与人之不利益地位，同时还能保证赠与合同的正当性、目的性基础不受动摇，从公平和诚信原则出发，法律赋予赠与人特定情形下的法定撤销权。

赠与人的法定撤销权不同于可撤销民事法律行为中意思表示存在瑕疵时的撤销权，其并不要求赠与人因受到欺诈、胁迫或重大误解而作出不真实的意思表示，只要是符合《中华人民共和国民法典》第六百六十三条规定的情形即可。赠与人的法定撤销权也不同于任意撤销权，其行使不以赠与财产的权利未转移为要件。对于第一种法定撤销权情形，赠与人行使条件如下：一是受赠人侵害的对象是赠与人或赠与人的近亲属，根据《中华人民共和国民法典》规定，近亲属的范围包括赠与人的配偶、父母、子女、兄弟姐妹、祖父母和外祖父母、孙子女和外孙子女；二是受赠人的侵权行为达到严重侵害的程度，否则赠与人不得行使法定撤销权。对于严重侵害的认定标准，要结合侵害行为的情节和后果判断，且从文义解释及体系解释角度来看，无须达到构成犯罪或治安处罚的程度；三是受侵害的合法权益既包括财产权益，也包括人身权益；四是受赠人侵害行为的主观状态不以故意为限，也包括过失。从立法目的来看，该条规定的本意在于保护处于不利益状态的赠与人，而非旨在惩罚受赠人，故受赠人实施严重侵害行为时的主观状态即使为过失，其亦有违赠与人作出赠与时的初衷，因此应赋予赠与人撤销赠与的权利。

结合本案，在周某甲出院后提出要求返还的情况下，周某乙不再具有保管周某甲财产的基础。从侵害行为的情节上来看，周某乙未经周某甲同意多次擅自支取、转移周某甲银行账户存款，并侵占案外人对周某甲的还款，在周某甲多次要求的情况下仍拒不返还，从而导致后续报警、周某甲多次起诉乃至申请法院强制执行等一系列事实产生。从侵害行为后果上来看，经多份法院生效文书确认，周某乙及蔡某某应返还周某甲的钱款金额高达40余万元，该金额对于耄耋之年的周某甲而言实属巨大，不仅严重侵害了周某甲的财产权益，更是动摇了周某甲安享晚年的基本保障，伤害了父子亲情。至于蔡某某，其虽不是上述侵害行为的直接实施人，但其作为配偶明知或应知上述侵害行为，特别是警方介入了解相关情况后仍未进行劝说、劝阻，导致矛盾不断激化，最终引发诉讼。综上，可以认定周某乙、蔡某某严重侵害了周某甲的合法权益，周某甲据此享有法定撤销权。

编写人：上海市浦东新区人民法院　俞硒　吴莉

45

人民法院能否在共有物分割之诉中对城镇国有土地使用权径行分割

——郭某某等诉魏某乙共有物分割案

【案件基本信息】

1. 裁判书字号

河南省南阳市中级人民法院（2022）豫13民终7082号民事裁定书

2. 案由：共有物分割纠纷

3. 当事人

原告（反诉被告、被上诉人）：郭某某、裴某甲、裴某乙、刘某、魏某甲、时某某

被告（反诉原告、上诉人）：魏某乙

【基本案情】

2015 年 8 月 18 日，魏某乙（乙方）与案外某公司（甲方）、苗某（丙方）签订《协议书》，约定三方共同出资，以具有受让国有土地使用权主体资格的某公司名义竞拍案涉 58.92 亩国有土地使用权，竞买成功后将土地使用权办理至某公司名下，由魏某乙与某公司、苗某三方共同使用该土地，三方形成实际上的按份共有关系，其中，魏某乙使用 23.92 亩、某公司使用 15 亩、苗某使用 20 亩，三方对属于自己份额的土地上的建筑物及一切设施、设备、道路等均自行投资，若三方今后要求土地独立切割办证，某公司予以配合。

后，某公司取得案涉地块土地不动产权证，登记的权利人为某公司，共有情况为单独所有。

2017 年 8 月 1 日，魏某乙（甲方）与赵某某（乙方）、郭某某、裴某甲、裴某乙、刘某、魏某甲、时某某（丙方）签订《协议书》，约定八人共同出资竞买上述土地中魏某乙的份额 23.92 亩，由于八人均不具有受让国有土地使用权的主体资格，因此约定由魏某乙代表其他七方与某公司、苗某三方竞买成功后，将土地使用权办理至某公司名下，但所有出资人共同使用该土地，形成实际上的按份共有关系，该协议还约定了八人分别所占用的土地面积。

2020 年 7 月 14 日，魏某乙以某公司、苗某为被告诉至法院，请求分割上述双方共同出资受让的登记在某公司名下的国有土地使用权、将案涉 58.92 亩土地中的 23.92 亩土地使用权归魏某乙所有、变更地上建筑物的不动产权证及相关规划、建设审批手续，法院作出（2020）豫 1391 民初 2206 号民事判决（以下简称 2206 号判决），判决某公司、苗某协助魏某乙办理 23.92 亩的国有土地使用权过户登记。该判决生效后，某公司、苗某协助魏某办理了该 23.92 亩

土地的分割变更登记。

现，郭某某、裴某甲、裴某乙、刘某、魏某甲、时某某持八人所签《协议书》提起本案诉讼，请求确认其六人对系争23.92亩土地所占份额并按份额对土地进行分割。魏某乙提起反诉，请求郭某某等六人支付购地费、资金占用费、魏某乙为办理土地使用权过户登记所花费的税务咨询费、测绘费、评估费、土地使用税、魏某乙起诉某公司与苗某土地分割案的支出等。

【案件焦点】

1. 本案各方当事人对其共有关系和共有份额是否存在争议；2. 如何处理当事人对共有城镇国有土地使用权进行分割的请求。

【法院裁判要旨】

河南省南阳市卧龙区人民法院经审理认为：本案各方当事人于2017年8月1日签订的《协议书》系双方当事人的真实意思表示，内容不违反法律行政法规的禁止性规定，该协议合法有效，各方系按份共有关系，予以确认。经法院生效裁判查明和确认，魏某乙已从某公司分割取得案涉土地使用权并获得不动产权证登记。本案中，当事人签订的《协议书》中仅约定八方各自土地使用权地理位置自西向东划分，但该土地之上已建设附属物，同时存在公共道路、利用率较低的地块等因素，如何合理划分地理位置走向和各方土地使用权具体坐落位置，双方争议较大，且无法协商达成一致分割意见。同时，郭某某等六人提供的勘测定界报告系单方委托，相关地理位置走向划分未得到郭某乙及赵某某的认可。因此，郭某某等六人主张分割共有的土地使用权条件不成就，依据不足，不予支持，可待证据充分后另行依法主张分割。郭某某等六人请求确认的案涉土地使用面积以不动产权证证载面积应以土地使用权证证载为基数，按照协议约定亩数比例，确定其各自占有的份额。

对魏某乙反诉主张的各项费用，其中魏某乙起诉某公司与苗某土地分割案虽系魏某乙单方提起，但系为郭某某等六人在内的共同利益，应由其六人按照协议约定的份额及其对土地使用权享有的比例共同分摊必要的支出费用。魏某乙主张的其他费用依据不足，不予支持。

河南省南阳市卧龙区人民法院依照《中华人民共和国民法典》第二百九十七条、第二百九十八条、第三百零二条、第三百零四条、第三百零七条、第五百零九条规定，判决如下：

一、确认登记在魏某乙名下的案涉土地使用权为原告郭某某、裴某甲、裴某乙、刘某、魏某甲、时某某，被告魏某乙及第三人赵某按份共有。其各自享有的份额（略），魏某乙于本判决生效后十日内协助原告郭某某、裴某甲、裴某乙、刘某、魏某甲、时某某办理上述土地权属登记手续；

二、原告郭某某、裴某甲、裴某乙、刘某、魏某甲、时某某于本判决生效后十日内共同向魏某乙支付费用 195571 元；

三、驳回原告郭某某、裴某甲、裴某乙、刘某、魏某甲、时某某的其他诉讼请求。

四、驳回被告魏某乙的其他诉讼请求。

魏某乙不服一审判决，提起上诉。

河南省南阳市中级人民法院经审理认为：《中华人民共和国城镇国有土地使用权出让和转让暂行条例》第二十五条规定："土地使用权和地上建筑物、其他附着物所有权转让，应当依照规定办理过户登记。土地使用权和地上建筑物、其他附着物所有权分割转让的，应当经市、县人民政府土地管理部门和房产管理部门批准，并依照规定办理过户登记。"即，对于城镇国有土地使用权的分割转让，需要经过政府土地管理部门批准，并办理过户登记。南阳市自然资源和规划局、南阳市住房和城乡建设局、南阳市工业和信息化局、南阳市不动产登记服务中心于 2022 年 10 月 31 日联合出台的《南阳市工业项目国有建设用地使用权及房屋所有权分割和不动产登记实施意见》第七条规定："企业申请宗地及房屋分割的，应向区自然资源部门提出申请，区自然资源部门在征询住建、环保等相关部门意见后，对土地及房屋分割提出初审意见报区政府（管委会），由区政府（管委会）结合招商引资协议履行及土地开发利用等综合因素研究决定，区自然资源部门依据区规委会形成的会议纪要出具是否分割的意见。”第十四条规定：“工业项目宗地及房屋转让的受让人应为工业企业并取得合法注册的企业法人，受让方不得为自然人，因生效法律文书发生转移或者法律法规另有规定的除外。辖区政府（管委会）对受让方是否符合园区准入标准或者行业管理政策作出书面认定，市、区不动产登记服务中心依法办理转移登记手续。”依据该文件之规定：一是分割申请应当向自然资源部门提出申请，由自然资源部门在征询住建、环保等相关部门意见后，由政府（管委会）结合招商引资协议履行、土地开发利用等综合因素研究决定；二是工业项目宗地及房屋转让的受让人应为工业企业并取得合法注册的企业法人，受让方不得为自然人。

本案中，郭某某等六人请求确认城镇国有工业用地的共有关系并予以分割，因各方对共有关系并无异议，且对出资比例亦无异议，因此对共有关系当事人并不存在争议，其争议实质内容为共有土地使用权分割，而分割问题如前所述应当由政府部门按照国家规定审查决定是否批准，因此本案不属于人民法院受理民事案件范围，一审法院受理该案并予以审理无法律依据，本案应当驳回郭某某等六人的起诉。魏某乙提出的反诉与本诉具有牵连关系，本诉与反诉基于牵连关系而产生合并审理的基础，由于郭某某等六人本诉被驳回起诉，魏某乙提出的反诉请求亦不应在本案中予以审理，其可另行主张解决。

河南省南阳市中级人民法院依照《中华人民共和国民事诉讼法》第一百五十七条第一款第三项、第一百七十七条第一款第二项规定，裁定如下：

一、撤销河南省南阳市卧龙区人民法院一审民事判决；

二、驳回郭某某、裴某甲、裴某乙、刘某、魏某甲、时某某的起诉；

三、驳回魏某乙的反诉。

【法官后语】

我国对于城镇国有土地使用权由政府土地管理部门进行统一规划、管理，共有状态下的国有土地使用权分割案件通常涉及共有人份额之确认与按份额进行分割并进行过户登记之请求。在此类案件的处理中有必要厘清司法与行政的关系，明确司法权与行政权的行使范围。

一、国有土地使用权分割协议与分割行为的法律效力

对于合同效力的认定一般依据《中华人民共和国民法典》第一百三十四条、第五百零二条之规定，依法成立的合同，自成立时生效，即订立合同之主体具备相应的民事行为能力、合同系当事人真实意思之表示、不违反法律及行政法规的强制性规定、不违背公序良俗，合同则有效。司法实务中，对于国有土地使用权分割协议效力的争议，通常涉及是否违反行政法规的强制性规定。笔者认为，订立国有土地使用权分割协议的行为不违反强制性效力性规定。原因在于，对于国有土地使用权之转让法律、行政法规并无禁止性规定，土地使用权分割转让亦无禁止性规定，根据《中华人民共和国城镇国有土地使用权出让和转让暂行条例》第二十五条的规定，分割转让需经主管部门批准，但该规定是对国有土地使用权进行分割的管理性规定，并非对国有土地使用权分割协议效力的强制性规定，故签订国有土地使用权分割协议的行为不违反强制性效力性规定，如本案中，双方均认可合同效力，在协议满足其他有效条件的情况下，应认定为合法有效。

对国有土地使用权进行分割的行为属于处分行为，即对物权进行处分，不同于分割协议设定各方债权债务的后果，分割行为直接后果是发生物权权利变动。不动产物权变动需满足标的物确定、处分人有处分权、进行变更登记三个条件，具体到国有土地使用权的分割，需满足宗地面积以及宗地四至明确、土地使用权共有人有处分权、经有关国家主管部门进行变更登记三个条件。

二、涉及共有的国有土地使用权的确认合同效力与确认份额请求的处理思路

从当事人提出的诉的内容和目的来看，对国有土地使用权分割协议的效力确认以及按份共有人份额确认请求均属于确认之诉，确认之诉的目的只是请求人民法院对法律关系存在与否进行司法认定，因其并不附载给付行为，对确认之诉作出的判决并不具有强制执行效力。

从法律行为效力来看，对国有土地使用权分割协议的效力确认以及按份共有人份额确认均属于负担行为，不涉及物权变动，不会对土地管理部门的行政权造成干扰。因此，人民法院应当对当事人提起的该项诉讼请求进行审理并依

法处理。

此外，确认之诉以当事人之间对某一法律关系是否存有争议为基础，即有争议才有确认之必要。本案中，各方当事人对于案涉国有土地使用权系按份共有之事实以及各共有人所占份额并无异议，人民法院对此无确认之必要，基于此，二审法院裁定对该起诉予以驳回。

三、涉及共有的国有土地使用权分割及变更登记请求的处理思路

根据《中华人民共和国城镇国有土地使用权出让和转让暂行条例》第二十五条规定，土地使用权与地上建筑物及其他附着物所有权的分割转让以及土地使用权的分割转让，应当经过市、县人民政府土地管理部门批准，并依照规定办理过户登记。而关于过户登记具体办理通常由地方政府通过地方性法规、地方政府行政法规或规章等方式进行具体规定。因此，国有土地使用权分割及变更登记请求不属于人民法院受理民事诉讼的范围。

本案中，对于案涉土地的分割转让需要经过当地政府土地管理部门批准，并办理过户登记。依据当地政府规范性文件的相关规定，在办理国有土地使用权分割转让时，分割申请应当向自然资源部门提出，由自然资源部门在征询住建、环保等相关部门意见后，由政府（管委会）结合招商引资协议履行、土地开发利用等综合因素研究决定，且要求工业项目宗地及房屋转让的受让人应为工业企业并取得合法注册的企业法人，受让方不得为自然人。原告对共有关系、出资比例无异议，其争议实质内容为共有土地使用权分割，而分割问题应当由政府部门按照规定审查决定是否批准，因此本案的争议问题不属于人民法院受理民事案件范围，本案应当驳回原告的起诉，在本诉被驳回起诉的情况下，被告提出的反诉请求亦不应在该案中予以审理，其可另行主张解决。

在涉及共有的国有土地使用权分割案件中，对于当事人提起的确认分割协议效力及共有人份额的诉讼请求，属于人民法院的受理范围，人民法院应予以审理并依法作出判决；对于当事人提出的对国有土地使用权按份额进行分割并进行过户登记的诉讼请求，不属于人民法院的受理范围，应当驳回起诉。

编写人：河南省南阳市中级人民法院　左金鹤

46

夫妻一方婚姻存续期间与他人共同购房，所涉各方的利益平衡问题

——顾某诉沈某、陈某共有物分割案

【案件基本信息】

1. 裁判书字号

上海市静安区人民法院（2023）沪0106民初33718号民事判决书

2. 案由：共有物分割纠纷

3. 当事人

原告：顾某

被告：沈某、陈某

【基本案情】

陈某和沈某原系夫妻，于1992年登记结婚、2001年协议离婚，二人生育一女沈某某（2014年死亡）。2003年，沈某和顾某登记结婚。

2005年12月，陈某、沈某和沈某某购买上海市静安区某房屋（以下简称系争房屋），该房屋登记为陈某、沈某和沈某某共同共有。2011年11月22日，系争房屋进行产权变更登记，变更为陈某占产权三分之二，沈某某占产权三分之一。

2006年9月，沈某以系争房屋抵押贷款500000元，借款期限为2006年10月10日起至2011年10月9日止。

2021年2月，顾某起诉陈某、沈某赠与合同纠纷一案，要求确认陈某、沈某就系争房屋进行的产权变更登记行为无效，恢复登记至原状态。法院生效判决确认前述产权变更登记行为无效，认为，系争房屋登记于陈某、沈某、沈某

某名下时，陈某与沈某已离婚多年，沈某也与顾某再组家庭，故登记在沈某名下的财产应属于沈某与顾某夫妻共同财产；陈某主张购房款全部是其出资，沈某仅是挂名，但因涉及顾某合法权益，故即使陈某与沈某两人陈述一致，亦不能证明沈某仅是挂名的事实；2011 年 11 月 22 日，陈某、沈某未经顾某同意，以“减少配偶沈某份额”之虚假理由将产权变更登记为陈某占产权三分之二，沈某某占产权三分之一，顾某以该行为损害其合法利益为由主张无效，理由成立。

2022 年顾某起诉沈某离婚纠纷一案，法院判决准予二人离婚，因系争房屋涉及案外人，故未予处理。

现顾某提起本案诉讼，要求依法确认系争房屋三分之一产权归沈某、顾某共同所有，其中顾某享有六分之一份额。陈某、沈某均认为系争房屋是陈某全款出资购买，沈某并无份额，二人不希望在本案中对沈某某享有的系争房屋产权份额进行处理。

【案件焦点】

1. 沈某对系争房屋是否享有产权份额；2. 如沈某享有系争房屋的产权份额，该部分是否属于其与顾某的夫妻共同财产以及顾某可分得的具体份额。

【法院裁判要旨】

上海市静安区人民法院经审理认为：

第一，针对系争房屋登记在沈某名下的事实，本案中，陈某、沈某坚持沈某只是挂名并提交了相关证据，但并未提交构成直接推翻前案生效判决的新证据；而系争房屋的登记情况以及沈某亦认可的抵押系争房屋并获得相应钱款的事实，更是难以支持沈某在系争房屋上只是挂名的抗辩意见，故沈某在系争房屋中应当享有相应的产权份额。

第二，本案中顾某诉讼请求的实质是要求确认沈某享有的系争房屋的产权份额后，再对其与沈某在系争房屋上所涉及双方的夫妻共同财产进行确权、分割。根据前案判决，陈某、沈某就系争房屋进行的产权变更登记行为无效，系争房屋登记状态应恢复为陈某、沈某和沈某某共同共有，但因沈某某去世，故无法处理无效之后的法律后果。陈某现以产权登记在其与沈某某名下为由否认沈某的权利份额缺乏事实和法律依据，不予采纳。结合系争房屋的购买情况及各方当事人的陈述，法院酌情确定沈某享有系争房屋三分之一的产权份额，且沈某就系争房屋所享有的产权份额取得于其与顾某的婚姻关系存续期间，应为其二人的夫妻共同财产，现沈某与顾某的婚姻关系已经解除，相关生效判决中未见对于离婚过错方的认定，因此，顾某现主张要求确认其享有系争房屋六分之一产权份额，并无不当。

就沈某某的产权份额，陈某、沈某作为其法定继承人，考虑到双方的主观意愿及相关案件事实的特殊性，对沈某某的产权份额暂不作处理，由法定继承人陈某、沈某共同共有。

上海市静安区人民法院依照《中华人民共和国民法典》第二百九十七条、第二百九十九条、第三百零三条、第三百零八条、第一千零八十条、第一千零八十七条规定，判决如下：

确认系争房屋中六分之一的产权份额归顾某所有，六分之五的产权份额归沈某、陈某共同共有。

宣判后，双方当事人均未上诉，一审判决已生效。

【法官后语】

《中华人民共和国民法典》婚姻家庭编沿用原《中华人民共和国婚姻法》的相关规定，明确我国实行夫妻共同财产制，对于夫妻关系存续期间取得的财产，除法律特别规定或双方另有约定外，均属于夫妻共同财产。因此，夫妻关系存续期间，一方与他人基于共同购置取得的共有财产份额，如双方未约定为个人财产，应属于夫妻共同财产。当夫妻离婚需要对共同财产处理时即涉及他人财产利益，故在处理上应当考量以下因素：

首先，程序上可对夫妻相关共同财产另案处理。司法实践中，一方面，因为部分当事人在离婚纠纷案件中更为迫切的诉求是解除与对方的夫妻之人身关系，财产于离婚时分割可能涉及不利于双方的利益保护或诉讼时间过长等情形；另一方面，当夫妻共同财产如房产涉及案外人利益时，因案外人并非离婚案件的当事人，亦不适合参与该案诉讼，如径行对涉及案外人的夫妻共同财产进行分割，将难以保障案外人的合法权益，因此，相关夫妻共同财产需要另案进行处理。另案处理涉及案外人利益的夫妻共同财产分割的案件时，在诉讼主体方面，夫妻双方及案外人均应为案件当事人。如本案，顾某与沈某于2022年经法院判决离婚，因系争房屋涉及案外人陈某的利益，故离婚诉讼未予处理。

其次，从共有财产的处理原则来看，根据《中华人民共和国民法典》物权编关于共有的规定，对于共有财产，没有约定或者约定不明确的，按份共有人可以随时请求分割，共同共有人在共有的基础丧失或者有重大理由需要分割时可以请求分割。夫妻双方的婚姻关系解除，就相关共有财产中夫妻共有的份额而言，属于共有基础丧失的情形，具备了提起共有物分割诉讼的前提，因此，无论夫妻一方与案外人的共有财产系按份共有还是共同共有，均已符合要求分割的基础条件，应当以准许进行分割为原则。如本案，根据法院生效裁判，系争房屋登记状态恢复为陈某、沈某和沈某某共同共有，但是因沈某在其中的份额属于沈某与顾某的夫妻共同财产，在其二人已经离婚的情况下，顾某有权请求对系争房产进行分割。

最后，需要着重考量案外人利益与夫妻一方或双方合法权益的平衡保护问题。为此，需要赋予与形成共有财产事实更近的夫妻一方和案外人更重的举证责任。在夫妻双方均知晓或均登记为共有财产共有人的情形下，因为财产的取得情况以及出资情况等均为各方所知晓，法官仅需根据各方提交的证据及陈述，形成内心确信并据此依法进行裁判即可。然而，部分案件中当事人之所以会产生争议，是因为夫妻中的一方（A）在离婚时或婚姻存续期间对于另一方（B）与案外人（C）形成的共有财产不知情，此种情况下，即使案外人C和其共有人B提供了相应的证据证明该财产并非由B出资或仅由B代持，鉴于A属于被B所隐瞒的一方，且A在提供初步证据后基于上述情况明显难以提供进一步的证据，因此，对于B和C提交的证据应当进行更为严格的审查，在相应的证据并未形成完整的证据链或让法官足以形成内心确信的情况下，就各方当事人的陈述意见及其合理性需进行更为严苛的分析，此时应倾向于优先保护A的权益。其法理基础是A作为夫妻一方对夫妻共同财产享有权利，在有表面证据的情况下无须再行自证，如案外人 C 和夫妻另一方 B 认为共有财产并非夫妻共同财产，则需提供有充分证明力的证据并进行合理的解释。本案中，夫妻一方沈某和案外人陈某均认可沈某只是系争房屋的挂名权利人，但是该意见不能推翻系争房屋的登记情况以及沈某曾以系争房屋进行抵押贷款的事实，故应当认定沈某是系争房屋的共有人。

综上，夫妻一方在婚姻关系存续期间与他人共同购房形成共有房产等类似情形下，案件审理涉及各方合法权益，存在利益冲突，法官应当根据当事人的陈述和提交的证据对各方的合法权益进行平衡，如存在一方被刻意隐瞒而存在隐瞒行为的另一方未能提供充分反证的情形时，无论是从侵害夫妻共同财产的角度还是有违公序良俗等角度来说，均应当优先考虑保护权益可能受侵害一方当事人的利益。

编写人：上海市静安区人民法院　董锟　王菁

47

电梯免费使用权随房屋所有权一并转移[①]

——朱某某诉张某某等共有案

【案件基本信息】

1. 裁判书字号

重庆市綦江区人民法院（2023）渝 0110 民初 3192 号民事判决书

2. 案由：共有纠纷

3. 当事人

原告：朱某某

被告：张某某等（以下简称张某某等 16 户业主）

① 入库案例，参见人民法院案例库 2024-07-2-054-001。

【基本案情】

重庆市万盛经开区某路×号楼系老旧小区，未安装电梯。2021 年，张某某等 16 户业主开始筹备集资加装电梯，并陆续办理报建等手续。该栋楼 A 号房屋业主黄某认为加装电梯对其房屋采光、隐私等造成妨害，对加装电梯提出异议。后，经社区调解委员会调解，黄某与张某某等 16 户业主达成《调解协议》，约定黄某不承担电梯安装费，享有免费电梯乘用权。此后，张某某等 16 户业主在各自出资之外，分摊了黄某的加装电梯集资费用 1 万元。

2022 年 1 月，黄某将 A 号房屋转让给朱某某，并办理了产权转移登记手续。张某某等 16 户业主要求朱某某交纳电梯安装费 1 万元，否则不能乘用电梯。朱某某遂诉至法院，请求判决确认朱某某不承担电梯安装费，享有免费电梯乘用权。

【案件焦点】

朱某某可否继受享有原业主通过协议取得的免费电梯乘用权利。

【法院裁判要旨】

重庆市綦江区人民法院经审理认为：改建、重建建筑物及其附属设施应当经参与表决专有部分面积四分之三以上的业主且参与表决人数四分之三以上的业主同意。案涉电梯系张某某等 16 户业主集资加装，属于对整栋建筑物进行改建，且已办理相关报建手续，故案涉电梯属于×号楼专有部分之外的共有部分。业主对专有部分以外的共有部分享有共有和共同管理的权利。建筑物及其附属设施的费用分摊、收益分配等事项，有约定的，按照约定。案涉 A 号房屋的原业主黄某已与张某某等 16 户集资户业主达成协议，由张某某等 16 户集资户业主分摊黄某加装电梯的集资费用，黄某享有案涉电梯使用权。而黄某就此享有共有部分即案涉电梯的使用权系基于其对专有部分即 A 号房屋享有所有权而产生。《中华人民共和国民法典》第二百七十三条第二款规定，业主转让建筑物内的住宅、经营性用房，其对共有部分享有的共有和共同管理的权利一并转让。朱某某作为 A 号房屋的购房者且已办理不动产权证，其作为该房屋转让后的所有权人亦享有原所有权人黄某对共有部分即案涉电梯的使用权，且不支付案涉电梯的安装费用。

重庆市綦江区人民法院依照《中华人民共和国民法典》第二百七十一条、第二百七十三条第二款、第二百七十八条、第二百八十三条，《中华人民共和国民事诉讼法》第四十二条、第一百四十七条，《最高人民法院关于适用〈中华人民共和国民事诉讼法〉的解释》第九十条规定，判决如下：

确认朱某某享有×号楼电梯的使用权，不支付该电梯的安装费用。

宣判后，双方当事人均未上诉，一审判决已经生效。

【法官后语】

本案是因老旧小区加装电梯的使用产生的纠纷。多数业主承诺特定业主可免费乘用电梯后，可否因房屋转让而否定继受业主继续享有免费乘用电梯的权利，关键在于根据建筑物区分所有权法理和法律规定，厘清免费乘用电梯权利性质，明确该种权利是否具有可转让性，进而判断继受业主在满足何种条件下可以继续主张权利。

一、特定房屋业主因加装电梯权益受损而协议取得的免费乘用电梯权利应受法律保护

《中华人民共和国民法典》（以下简称《民法典》）第二百八十八条规定，不动产的相邻权利人应当按照有利生产、方便生活、团结互助、公平合理的原则，正确处理相邻关系。容忍义务是相邻关系的核心，其以实现有效协调不动产权利人之间利害冲突为目的。基于相邻关系而享有利益者（不动产权利内容受有扩张利益者），自不因不动产权利主体的变动而受影响；于不动产权利内容受有限制者，为其不动产的物上负担，随该不动产而存在，并不因其权利人的变易而不受拘束。本案中，虽然加装电梯会给A号房屋业主的采光、隐私等造成权益损害，但该业主负有适度容忍权益损害的法定义务，主要是为了维护建筑物区分所有权人的共同关系和大多数业主的共同利益，且加装电梯行为对相邻A号房屋业主的权益损害并未超过合理限度，不能认定为侵权行为。

此外，容忍义务应有合理限度，超过容忍限度可能构成侵权，相邻不动产权人可以主张排除妨碍或损害赔偿。从利益衡量角度出发，业主在承担容忍义务，便利其他业主物权行使和生产生活的同时，业主确因容忍义务而承受了某种程度的不利益，虽然还达不到侵权程度，无法主张排除妨碍或损害赔偿，但也不能忽视该部分业主合法利益的救济和维护，否则既有失公平，也可能激化业主之间的矛盾对抗，影响小区和谐稳定。从公平合理原则考量，其他业主自愿给予容忍相邻关系中遭受不利益的业主适当经济补偿或其他利益补偿，可以有效平衡业主之间的利益关系，维护小区共同的生活秩序。本案中，案涉房屋因加装电梯在采光、隐私等方面受到权益损害，在业主容忍这一损害的情况下，其他业主承诺不要求该业主分摊电梯建设费用，并给予其免费乘用电梯的权利，有效兼顾了业主之间的利益平衡关系，符合公平原则，对于案涉房屋业主的权利应予以法律保护。

二、受让业主可基于住宅专有权转让而概括受让原业主享有的免费电梯乘用权

（一）免费乘用电梯的权利随住宅所有权一并转让

《民法典》第二百七十三条第二款规定，业主转让建筑物内的住宅、经营性用房，其对共有部分享有的共有和共同管理的权利一并转让。通说观点认为，建筑物区分所有权系复合型权利，包含专有权、共有权和共同管理权等三项具体权利。从区分专有权和共有权的关系角度看，一般认为，共有部分具有从属性和不可分割性，亦即专有权在建筑物区分所有权体系中处于主导地位，而共有权从属于专有权。从权利变动上看，区分所有权中共有权的设定、转移、消灭决定于专有权的设定、转移和消灭，不能单独转让或继承。特定业主对小区共有物享有的免费使用权的法律性质属于共有权利，从属于专有部分专有权，应随专有权的权属变动而变动。换言之，房屋买受人对前业主依据协议取得的共有物免费使用权利可基于住宅转让而概括受让，买受人在取得专有部分所有权时，也概括受让共有物免费使用权利。

本案中，A号房屋业主依据协议取得的免费乘用电梯的权利系从属性权利，

即从属于A号房屋所有权，应随A号房屋转让而一并转让。依法受让A号房屋的新业主，同时也依法取得A号房屋对应的共有部分的共有和共同管理的权利。朱某某作为继受业主，基于住宅转让可概括受让前业主黄某取得的免费电梯乘用权。

（二）免费乘用电梯的权利不具有人身专属性，不得限制一并转让

《民法典》对人身专属性没有明确界定，但《最高人民法院关于适用〈中华人民共和国民法典〉合同编通则若干问题的解释》第三十四条对“专属于债务人自身的权利”予以列举式规定。一般认为，人身专属性是指在特定人身关系中民事主体所应享有、承担的权利和义务，其为特定的民事主体所专有，故而不得抛弃、转让和继承。人身专属性权利源于民事主体的人格身份，与特定的人格身份关系不可分离。建筑物区分所有权中的共有权客体是共有部分，归根结底是对物享有的权利，性质上属于财产性权利，与特定业主的人格身份不存在直接关联，故不具有人身专属性，并不属于限制转让的范畴。

本案中，案涉房屋业主享有的免费乘用电梯的权利，衍生于特定房屋因加装电梯致权益受损而协议取得的损害补偿，属于财产性权利。换言之，免费电梯乘用权仅针对特定房屋，并不是专属于特定业主，不是其人身专属性权利。该房屋权属发生转移后，加装电梯对其采光、隐私等权益损害会持续客观存在，新的所有权人亦应继续享有损害补偿。因此，虽然免费乘用电梯的权利不得单独转让或继承，但房屋所有权权属发生变动后，其他业主不得限制该权利一并转让给新的房屋所有权人。

三、受让业主乘用电梯并未超出电梯本来用途，免费乘用亦未给其他业主带来新的负担

一般认为，业主按照共有部分的本来用途使用、管理共有部分系业主的基本权利和义务。本来用途又称之为“固有用途”，是指须依共有部分的种类、位置、构造、性质及依管理规约所定的共有部分的目的或者用途使用之。如果业主对共有部分使用超过其固有用途，可能无益于建筑物的保存，亦违反业主的共同利益，应当予以限制。换言之，业主按照共有物的本来用途及性质在合

理范围内使用共有物，属于业主的一项基本权利，不应受到干预或限制。例如，若原业主将其住宅改为经营性用房，基于生产经营需要，相比单纯的日常居住生活，可能会增加电梯的使用频次，由此加大电梯磨损或缩短使用年限，损害其他业主的共同利益。因此，受让人享有原业主免费电梯乘用权的范围，应当以满足日常居住生活为目的，超出本来用途的，无权主张免费乘用权。

本案中，案涉楼栋属于住宅，加装的电梯主要用于业主日常上下楼通行，以满足业主日常居住生活为主要目的。朱某某购买A号房屋后也是用于居住生活，并未改变房屋的性质或用途，其乘用电梯亦是便利日常生活，并无不当使用电梯的情况，对其免费乘用的请求应予支持。

综上所述，免费电梯乘用权性质上属于建筑物区分所有权中的共有权，从属于建筑物内的住宅专有权，随住宅转让而一并转让。房屋受让人在取得专有权时，概括受让原业主协议取得的免费电梯乘用权。司法裁判支持房屋受让人主张在原使用范围内继续免费乘用电梯的诉讼请求，可以有效平衡业主之间的利益关系，助力构建守望相助的邻里关系，弘扬公正、诚信、文明、友善的社会主义核心价值观。

编写人：重庆市綦江区人民法院　徐贤飞

48

债权人代位析产诉讼的适用条件和范围

——张某甲诉罗某甲等债权人代位析产案

【案件基本信息】

1. 裁判书字号

广东省广州市中级人民法院（2023）粤01民终23657号民事判决书

2. 案由：债权人代位析产纠纷

3. 当事人

原告（上诉人）：张某甲

被告（被上诉人）：罗某甲、沈某甲、罗某乙

【基本案情】

罗某甲与沈某甲系夫妻关系，育有罗某丙、罗某乙和罗某丁三个子女。罗某某系罗某甲之母。

现有生效判决确定：罗某甲应向债权人张某甲返还1534000元并支付利息。因罗某甲未如期还款，张某甲于2022年7月向法院申请强制执行。2022年8月，法院作出执行裁定书，查封了被执行人罗某甲在广州市增城区的案涉房产（现登记为罗某甲与某开发总公司已订立合同，但尚未过户状态）和被执行人罗某甲在广州市增城区的案涉土地使用权。后，法院向某开发总公司征询是否同意处置上述不动产，但至今未回复，暂不具备处置条件。另，经多方调查未发现被执行人有其他可供执行的财产，法院对被执行人罗某甲采取限制高消费及失信惩戒。申请人亦未在期限内提供可供执行财产的财产线索，故裁定终结本次执行。

2017年4月27日，根据《增城某村庄整体搬迁土地和房屋征收补偿安置方案》等文件要求，确定罗某甲、罗某某、沈某甲、罗某丙、罗某乙五人符合方案规定的被征收人条件。五人共享有安置住房回购指标400平方米，户型搭配面积为：60平方米+100平方米+120平方米+120平方米。罗某甲、沈某甲及罗某乙陈述，其户内成员共获得位于广州市增城区的四套安置房：（1）A号房，建筑面积为60平方米，权利人为罗某甲，现处于查封状态，因被查封未能办理确权手续；（2）B号房，建筑面积为100平方米，确权登记在沈某甲名下，已出售；（3）C号房，建筑面积为120平方米，现登记在沈某甲、罗某丙名下；（4）D号房，建筑面积120平方米，现登记在沈某甲、罗某乙名下，不动产占有方式为共同共有，登记时间为2022年10月11日，已被法院查封。

现，债权人张某甲以罗某甲存在与他人共有财产未进行分割怠于析产为由提起本案诉讼，诉请要求确认D号房系罗某甲与沈某甲、罗某乙共有，且罗某

甲占该房屋三分之一的份额。为此，张某甲在本案中申请诉讼财产保全，法院查封了 D 号房。

【案件焦点】

张某甲能否对执行程序中未采取强制措施的债务人与他人的共有财产提起债权人代位析产诉讼。

【法院裁判要旨】

广东省广州市增城区人民法院经审理认为：本案属于债权人代位析产纠纷，应适用《最高人民法院关于人民法院民事执行中查封、扣押、冻结财产的规定》第十二条规定："对被执行人与其他人共有的财产，人民法院可以查封、扣押、冻结，并及时通知共有人。共有人协议分割共有财产，并经债权人认可的，人民法院可以认定有效。查封、扣押、冻结的效力及于协议分割后被执行人享有份额内的财产；对其他共有人享有份额内的财产的查封、扣押、冻结，人民法院应当裁定予以解除。共有人提起析产诉讼或者申请执行人代位提起析产诉讼的，人民法院应当准许。诉讼期间中止对该财产的执行。"代位析产的目的在于解决被执行人与案外人共有财产的执行问题，即通过析产确定执行份额以实现债权清偿。依据上述规定，申请执行人提起代位析产诉讼，应针对执行案件中被法院查封、扣押、冻结的共有财产提出析产诉讼，即代位析产的前提条件应是法院对申请执行人提起代位析产所涉及的共同财产已采取强制措施。本案中，张某甲代位主张析产的案涉房屋并未被法院采取强制措施，不符合上述法律规定的代位析产的条件，其起诉请求确认罗某甲对该房屋享有的份额，理由不能成立，不予支持。

广东省广州市增城区人民法院依照《最高人民法院关于人民法院民事执行中查封、扣押、冻结财产的规定》第十二条规定，判决如下：

驳回张某甲的全部诉讼请求。

张某甲不服一审判决，提起上诉。

广东省广州市中级人民法院经审理认为：结合《最高人民法院关于人民法院民事执行中查封、扣押、冻结财产的规定》第十二条第一款、第二款、第三款的规定，申请执行人提起代位析产诉讼，应具备以下条件：第一，被执行人无其他财产可供执行却与他人有共有财产；第二，申请执行人启动执行程序，法院已查封共有财产；第三，包括被执行人在内的共有人怠于分割共有财产，或者共有人无法达成分割共有财产的协议，或债权人不同意共有人之间达成的分割共有财产的协议；第四，虽然共有人之间达成了分割共有财产的协议，也经债权人同意，但法院经审查，认为可能损害其他相关利害关系人的利益而不予确认该协议的效力。而根据上述规定，申请执行人提起代位析产诉讼的后果是中止对共同财产的执行。可见，无论是从上述法律第一款、第二款、第三款的解释逻辑，还是从第三款本身规定的代位析产后果所表达的内涵来看，代位析产的前提条件包括被执行人无其他财产可供执行却与他人有共有财产、法院对申请执行人提起代位析产所涉及的共有财产已采取强制措施。本案中，被执行人罗某甲的其他财产虽暂不具备处理的条件，但并非无财产可供执行。而且，包括案涉房屋在内的四套房产系罗某甲及其家庭四位成员通过政府征收补偿安置的方式获得，系罗某甲及其家庭成员基于拆迁安置行为获得的整体补偿，难以确定各家庭成员在整体补偿中所持有的产权份额，以及案涉房屋在各家庭成员内部的产权划分情况。现，张某甲主张代位析产的财产系登记在沈某甲、罗某乙名下的房产，该房产在执行程序中亦未被法院采取强制措施。因此，本案不符合上述法律规定的代位析产条件。

广东省广州市中级人民法院依照《中华人民共和国民事诉讼法》第一百七十七条第一款第一项规定，判决如下：

驳回上诉，维持原判。

【法官后语】

债权人代位析产诉讼是在审执分立的基本要求之下为解决债务人怠于分割共有财产，影响债权实现而设立的涉执行诉讼。执行力的扩张构成代位析产制度的程序法依据①，但因实体法缺位及相关理论阙如，司法实践中对债权人代

---

① 覃子倩：《申请执行人代位析产诉讼之完善》，西南政法大学2020年硕士学位论文。

位析产诉讼中的构成要件和适用范围存在较大的争议。在执行难矛盾日益凸显的当下，如何在保护债权人利益，提高执行效率方面与保护财产共有人实体及程序权益之间进行较好的平衡，是债权人代位析产制度面临的困境，亟须进一步厘清完善。

一、代位析产制度的产生背景与发展现状

共有财产强制执行不同于普通财产执行，共有财产执行同时涉及申请执行人、被执行人和其他共有人之间的利益。为了在保护共有人利益的同时实现申请执行人的债权，最高人民法院于2004年出台的《关于人民法院民事执行中查封、扣押、冻结财产的规定》（以下简称《查扣冻规定》）首次提出代位析产诉讼①。因此，债权人代位析产诉讼的定义可归纳为债权人与债务人之间的民事纠纷经生效裁判确定，进入执行程序后，为保障债权实现，申请执行人可以自己的名义针对被执行人与其他人的共有财产代位提起析产诉讼。2011年，最高人民法院出台《关于执行权合理配置和科学运行的若干意见》，明确将析产诉讼纳入法院审判案件统一管理系统②；2017年，最高人民法院出台的《人民法院办理执行案件规范》再次明确代位析产制度③；2020年，最高人民法院发布《关于修改〈民事案件案由规定〉的决定》，在第三级案由‘共有纠纷’项下增加‘债权人代位析产纠纷’。

从上述代位析产制度的“立法”沿革可以看出，该项制度仅存在于最高人民法院出台的规范性文件中，并无明确的民事实体法的规定，亦无相应的诉讼理论基础。与此同时，人们对代位析产制度的功能和价值定位认识不清，致使

---

① 2004年《最高人民法院关于人民法院民事执行中查封、扣押、冻结财产的规定》第十四条第三款规定：“共有人提出析产诉讼或者申请执行人提出析产诉讼的，人民法院应该准许，诉讼期间中止对该财产的执行。”

② 《最高人民法院关于执行权合理配置和科学运行的若干意见》第十一条第一款规定：“办理执行实施、执行异议、执行复议、执行监督、执行协调、执行请示等执行案件和案外人执行异议之诉、申请执行人执行异议之诉、执行分配方案异议之诉、代位析产之诉等涉执行的诉讼案件，由立案机构进行立案审查，并纳入审判和执行案件统一管理体系。”

③ 《人民法院办理执行案件规范》第三百六十条第三款规定，共有人提起析产诉讼或者申请执行人代位提起析产诉讼的，人民法院应当准许。诉讼期间中止对该财产的执行。

司法实践中对于该制度的构成要件和适用范围存在颇多争议。代位析产制度承载的过高期待，与未能发挥其在处理共有财产强制执行案件中预期效果的现实形成较大的反差。要解决这一问题，则应回归代位析产制度的设立初衷，构建理论基础，并在实体法中作出明文规定。

二、代位析产制度的功能和价值定位

由于强制执行是以债务人财产为执行对象，决定了不能超越其责任财产的范围。[①] 为解决债务人共有财产的执行难题，代位析产制度应运而生，其制度功能也聚焦在：一是防止债务人以共有财产上存在他人的权利为由，拒绝对共有财产进行分割，以逃避债务的履行；二是在债务人逃避、隐藏、不主动分割共有财产的情形下，为维护债权人利益提供新的途径。[②]

《查扣冻规定》第十二条第三款系债权人代位析产制度法律适用的直接依据，故对第十二条规定的内容和条款间的逻辑关系进行梳理分析显得尤为必要。第一款规定的查扣冻是在执行过程中采取的措施，亦是在析产或代位析产诉讼前的“保全查封”措施，目的在于防止共有人处置共有物和激励共有人达成合意或诉讼析产。第二款、第三款是通过析产确定执行范围。因此，代位析产诉讼的目的是明确执行力具体范围而获得另一个执行依据，系以推进执行“保全查封”共有财产上份额为目标，这也决定了代位析产本身就是形成之诉，有对世既判力。同时，诉讼的实体法基础是共有关系解除后的共有财产析产，执行力具体客体必然是可以分割的财产，对于无法析产或者尚未满足析产条件的共有财产不得适用。[③]

三、代位析产制度的构成要件和适用范围

首先，申请执行人的债权不仅已得到生效法律文书的确认，且因债务人未履行债务已启动强制执行程序，即代位析“产”中所涉及的共同财产应当是已

---

① ［韩］姜大成：《韩国民事执行法》，朴宗根译，法律出版社2011年版，第129页、第131页。

② 邬砚：《代位析产诉讼的理论解析与规则构建》，载《法学杂志》2015年第12期。

③ 陈克：《代位析产纠纷中若干问题的探讨》，载《法律适用》2020年第5期。

被人民法院采取执行强制措施的共同财产，这是债权人提起代位析产诉讼的前提条件。《查扣冻规定》第十二条包含三个条款，三个条款呈现出明显逻辑递进顺序，不应当割裂理解，即人民法院可以查封不动产并通知共有人（第一款），此行为就是为了促进共有人协议分割财产（第二款），若共有人怠于分割或无法通过协议分割财产则当事人可提出析产诉讼或代位析产诉讼（第三款）。三个条款逐步递进均是为了促成共有人对案涉共有财产的份额划分，实现代位析产制度的设立目的。而在第二款、第三款中，有“……查封、扣押、冻结的效力及于协议分割后被执行人享有份额内的财产；对其他共有人享有份额内的财产的查封、扣押、冻结，人民法院应当裁定予以解除”“……诉讼期间中止对该财产的执行”的表述，显然，对案涉不动产采取了执行强制措施是债权人代位析产诉讼的前置程序。从债权人代位析产诉讼目的来看，代位析产是为了确定共有财产中可执行的债务人份额以实现债权清偿，该类诉讼伴随执行措施而产生，即应当以申请执行人提起代位析产所涉及的共有财产已被采取强制措施为前提。

其次，债务人除共有财产外无其他财产可供执行，并怠于与共有人进行析产，妨碍债权人的债权实现，是代位析产制度的本质要求。在被执行人有其他单独所有可供执行的财产且足以清偿债务时，不宜启动代位析产诉讼①。尽管代位析产诉讼根植于代位权制度，但代位析产诉讼的适用范围特殊，较代位权制度有着更为严格的限制，两者在诉讼启动条件、适用范围、适用效果等方面均有不同。比如，在启动条件上，代位析产制度除要求债权已得到生效法律文书确认外，还要求因债务人未履行债务而据此启动强制执行程序，而代位权制度则无此要求；在适用范围方面，只要债务人怠于行权加剧债权无法实现的风险，债权人即可行使代位权，而代位析产诉讼原则上仅在被执行人除共有财产无其他可供执行财产的情况下，申请执行人才可提起；在适用效果方面，代位权制度采取直接受偿规则，而代位析产诉讼则采取“入库

① 广东省深圳市中级人民法院（2021）粤03民终17111号民事裁定书，载中国裁判文书网，https://wenshu.court.gov.cn/，2025年5月15日访问。

规则”，无论共有财产如何分割，皆作为被执行对象纳入执行范围，债权人并不能直接受偿。因此，对代位析产权不能简单套用代位权的适用规则。共有人作为和债权人无直接联系的主体，其财产权益会因代位析产诉讼受到重大影响，因此应当严格审查，在实现债权人权利的同时，也应当保护其他共有人的合法利益。

最后，被执行人系执行标的财产的共有人，且满足共有物分割的法定条件，这是代位析产诉讼的必然要求。共同共有包括夫妻共同共有、合伙共有、遗产未分割时的共有、家庭财产共有等，根据《中华人民共和国民法典》第三百零三条规定，“共同共有人在共有的基础丧失或者有重大理由需要分割时可以请求分割”。而债务人及共有人怠于分割共有财产致使债权人权利受损，可以认定为法定的分割共有物的“重大理由”。此外，分割时仍应考虑财产的可分性，毕竟代位析产诉讼的最终目的是执行被执行人在共有财产中的财产份额以实现债权，如因代位析产诉讼再引发新的执行问题，将陷入执行难的循环困境。

本案中，被执行人罗某甲在执行程序中被查封的其他财产虽暂不具备处理条件，但并非无财产可供执行。而案涉D号房亦未被采取执行强制措施，张某甲就此提起分割之诉，不能达到代位析产诉讼关于“明确执行力具体范围并获得另一个执行依据”的目的，显然不符合代位析产的条件和适用范围。此外，案涉D号房系家庭成员基于拆迁安置而获得的整体补偿，要确定各家庭成员在整体补偿中的产权份额，涉及全部家庭成员的利益，仍应对家庭成员的出资及贡献等各方面进行考察认定。综合上述分析，张某甲要求对案涉D号房进行代位析产的诉请不应得到支持。

编写人：广东省广州市增城区人民法院　李旷怡　韩念秋

49

债权人就债务人夫妻共有财产提起代位析产诉讼之法律适用

——高某诉王某、张某债权人代位析产案

【案件基本信息】

1. 裁判书字号

北京市第三中级人民法院（2023）京03民终7186号民事判决书

2. 案由：债权人代位析产纠纷

3. 当事人

原告（被上诉人）：高某

被告（上诉人）：王某

被告：张某

【基本案情】

2019年11月，高某向法院提起诉讼，要求张某、王某、韩某、郭某共同偿还借款444万元。法院于2021年1月作出判决，支持了高某的诉讼请求。该判决生效后，郭某、张某未按照生效判决履行义务，高某于2021年4月向法院申请强制执行。法院受理执行案件后，未发现被执行人有足额可供执行的财产，实现债权金额为0元，于2021年8月裁定终结本次执行程序。

其间，高某发现张某与王某离婚，有转移财产嫌疑，于2021年9月向法院提起债权人撤销权之诉。经查明，张某与王某于1993年2月登记结婚。2020年1月，二人签署《离婚协议书》，载明："张某与王某现因感情不和经双方协商一致，自愿协议离婚。协议内容如下：……二、共同财产的分割：甲房屋产权归张某所有；乙房屋产权归王某所有；丙房屋产权（本案案涉房屋）归王某所

有……三、债权债务的处理：甲房屋抵押贷款尚未归还的债务约 200 万元由张某偿还。双方分别负责偿还自己签署的债务；双方分别享有自己经手的债权……”法院经一、二审审理，于 2022 年 10 月作出生效判决，撤销张某与王某于 2020 年 1 月签订的《离婚协议书》第二项中关于“案涉房屋归王某所有”的约定。

后，法院基于高某诉张某、王某、韩某、郭某借款纠纷一案民事判决的执行，查封了案涉房屋。现，高某提起债权人代位析产诉讼，请求：1. 判决分割登记在王某名下的案涉房屋，确认张某对该房屋享有 50%的份额；2. 判决张某赔偿高某经济损失 5 万元。张某与王某主张案涉房屋系王某个人财产，并非夫妻关系存续期间的共同财产，不同意分割。

【案件焦点】

高某要求对案涉房屋进行析产是否应予支持。

【法院裁判要旨】

北京市怀柔区人民法院经审理认为：共有人提起析产诉讼或者申请执行人代位提起析产诉讼的，人民法院应当准许。根据案涉法院执行裁定书载明的内容，张某作为被执行人之一，未将债务清偿完毕，且已穷尽财产调查措施，未发现被执行人有可供执行的财产线索。高某作为申请执行人在本案中提起析产诉讼，合法有据。案涉房屋系拆迁取得的定向安置房。原房屋无论是建房还是房屋拆迁，均发生在王某和张某婚姻关系存续期间，且双方在离婚协议中亦对案涉房屋为夫妻共同财产不持异议，现案涉房屋由生效判决恢复认为系夫妻共同财产，在张某无其他财产可供执行的情况下，债权人高某有权代位要求确认张某在案涉房屋中享有的份额。鉴于离婚协议已生效部分的财产安排已对女方抚养子女等因素作了考虑、进行了倾斜，现高某要求确认张某对案涉房屋享有 50%的份额，合法合理，予以支持。高某主张的律师费是实现债权的必要支出，亦予以支持。

北京市怀柔区人民法院依照《中华人民共和国民法典》第二百九十七条、第三百零三条，《最高人民法院关于人民法院民事执行中查封、扣押、冻结财产的规定》第十二条规定，判决如下：

一、确认张某对案涉房屋享有50%的份额；

二、张某于判决生效后七日内向高某支付律师费50000元。

王某不服一审判决，提起上诉。

北京市第三中级人民法院经审理同意一审法院裁判意见，依照《中华人民共和国民事诉讼法》第一百七十七条第一款第一项规定，作出如下判决：

驳回上诉，维持原判。

【法官后语】

本案系一起债权人代位析产纠纷案件，即债权人要求析分债务人与其他共有人之共有物、明确债务人就共有物享有的财产份额的诉讼。2021年之前，债权人提起代位析产诉讼并无明确的立案案由，常以共有物分割、债权人代位权、分家析产等案由立案处理。在2020年修订的《民事案件案由规定》中，第三级案由“48. 共有纠纷”项下增设了“（4）债权人代位析产纠纷”，为债权人代位析产诉讼明确了路径。

一、债权人代位析产的法律依据

2005年开始实施并于2020年修正的《最高人民法院关于人民法院民事执行中查封、扣押、冻结财产的规定》（以下简称《查扣冻规定》）第十二条规定：“对被执行人与其他人共有的财产，人民法院可以查封、扣押、冻结，并及时通知共有人。共有人协议分割共有财产，并经债权人认可的，人民法院可以认定有效。查封、扣押、冻结的效力及于协议分割后被执行人享有份额内的财产；对其他共有人享有份额内的财产的查封、扣押、冻结，人民法院应当裁定予以解除。共有人提起析产诉讼或者申请执行人代位提起析产诉讼的，人民法院应当准许。诉讼期间中止对该财产的执行。”该规定系债权人提起代位析产诉讼的直接依据，其确立了先析产后执行的共有财产执行路径，为执行财产的处置做好了准备。

从债权人代位析产的性质以及其属共有纠纷项下案由之情况可知，所谓的“析产”本质系“共有物”分割问题。在我国现行法律当中，涉及共有财产分割的法律依据是《中华人民共和国民法典》第三百零三条，即“共有人约定不得分割共有的不动产或者动产，以维持共有关系的，应当按照约定，但是共有人有重大理由需要分割的，可以请求分割；没有约定或者约定不明确的，按份共有人可以随时请求分割，共同共有人在共有的基础丧失或者有重大理由需要分割时可以请求分割”。该条规定中虽并无关于债权人代位析产的内容，但为债权人要求共有物分割提供了请求权基础，即在没有约定的情况下，按份共有财产可以随时请求分割，而共同共有人因未履行法院判决被列为被执行人的，则应属于上述规定中有重大理由需要分割共有财产的情形。

二、债权人提起代位析产诉讼的前提条件

根据《查扣冻规定》第十二条的规定并结合审判实际，笔者认为，债权人提起代位析产诉讼，应当满足以下条件：

（一）债权人享有的债权已经进入强制执行程序

从债权人代位析产诉讼的来源、性质以及法律依据来看，债权人代位析产诉讼实际上是由强制执行程序引发的衍生诉讼，其依附并服务于债权的执行，因此，债权人享有的债权须已进入强制执行程序，否则其不得请求代位析产。

（二）债务人与他人共有的财产已被采取执行措施

因债权人提起代位析产诉讼的法律依据系《查扣冻规定》第十二条，而无论是从《查扣冻规定》第十二条三款之间的逻辑顺序来看，还是从债权人代位析产的目的来看，债权人代位析产诉讼应系伴随执行措施而产生，其本质是确定共有财产中可执行的债务人的份额，亦确定执行行为的效力范围，故理应以财产被采取了查封、扣押、冻结或者其他执行措施为前提条件。

（三）共有财产权利人怠于析产或不能达成有效的析产协议

按照《查扣冻规定》第十二条之规定，共有物的分割方式可以先由共有人之间进行协商。在债务人和其他共有人怠于分割共有财产或对共有财产的分割不能形成有效析产协议的情况下，债权人才可以通过提起代位析产诉讼来分割共有财产以实现债权。其中，共有人不能形成有效析产协议的情形主要包括：析产协议不完全具备法律行为生效的要件；债权人不认可债务人和共有人之间的财产分割协议；债权人虽然同意债务人和共有人之间的财产分割协议，但是法院经审查认为，此分割协议可能损害其他案外人合法权利或损害公共利益。

（四）债务人名下没有其他可供执行的独立财产

因共有财产的分割牵涉其他共有人的权利，而其他共有权人与申请执行人并无利害关系且不负债务清偿义务，故法院在通过执行实现债权人权利的同时，应当注重保护其他共有权人的合法利益，最小范围内影响后者利益是比例原则的当然要求。债权人提起代位析产诉讼，应当以在共有财产之外，人民法院穷尽执行措施，未发现被执行人有其他可供执行的财产为前提，在被执行人有其他单独所有财产且足以清偿债务的，不应启动代位析产诉讼，如债权人坚持提起析产诉讼，考虑到其不符合提起代位析产诉讼的前提条件，法院可裁定驳回起诉。

本案中，高某提起代位析产诉讼，已经符合上述四个要求，故法院对其起诉予以受理，并经实体审理对其分割共有物的请求予以支持。

三、涉夫妻共同财产代位析产诉讼中的共有物分割原则

根据《中华人民共和国民法典》的规定，共有关系包括按份共有和共同共有。鉴于债务人按份共有的财产可直接作为执行标的，债权人通常无须提起代位析产诉讼。共同共有的财产处于未分割状态，是代位析产诉讼的主要对象，共同共有主要包括夫妻共有、家庭共有、未分割遗产的共有等，本案涉及的夫妻共有财产属于最常见的诉讼标的物。案涉房屋基于张某和王某曾经存在婚姻关系而形成共同共有。而张某和王某在债权人代位析产诉讼之前已经离婚，对其共有财产，应按照《中华人民共和国民法典》婚姻家庭编关于离婚财产分割的规定进行分割。但与普通离婚财产分割不同的是，在财产的处理方式上，代位析产纠纷仅需要通过析产确定被执行人在共有财产中的份额，即将共同共有转变为按份共有即可，以明确执行行为的效力范围，划清处置范围，而无须像普通离婚财产分割一样“分割到底”，即进行实物分割。因代位析产诉讼中的共有财产分割具有被动性，普通离婚财产分割中常采用的实物分割，以及在实物从物理上不可分割的情况下采用的作价补偿（一方获得权属，另一方获得补

偿）或者变价的分割方式，在代位析产诉讼中一般不宜适用。

如被执行人和配偶婚姻关系还在存续期间，债权人是否可以提起对其共有财产的析产要求，审判实践中存在争议。笔者认为，根据《中华人民共和国民法典》第一千零六十六条规定，婚姻关系存续期间，夫妻一方对共同财产有隐藏、挥霍等行为或者伪造共同债务等损害夫妻共同财产利益的行为，或者负有法定扶养义务的一方患重大疾病需医治，另一方不同意支付相关医疗费用的，夫妻一方可以向人民法院请求分割共同财产，从该条规定来看，夫妻一方被强制执行并未被纳入可主张分割夫妻共同财产的法定事由，但本法第一千零六十六条应适用于夫妻内部主动分割共同财产的情况，不应以此限制共同共有财产被外部被动分割，而《中华人民共和国民法典》第三百零三条关于有重大理由可以分割共同共有财产的精神可作为争议情形处理的法律基础。而且，如被查封财产属于被执行人与配偶的夫妻共同财产，则配偶一般无法排除对该财产的执行，允许析产后再执行，实际上有利于配偶一方的权益保护，此亦符合公平原则。

编写人：北京市第三中级人民法院　王天水

50

债权人代位析产之诉中债务人所签离婚析产协议对债权人是否发生效力的认定

——佘某某诉罗某某、吴某债权人代位析产案

【案件基本信息】

1. 裁判书字号

广东省广州市中级人民法院（2023）粤01民终13133号民事判决书

2. 案由：债权人代位析产纠纷

3. 当事人

原告（上诉人）：佘某某

被告（被上诉人）：罗某某、吴某

【基本案情】

2011 年 8 月，罗某某与吴某登记结婚。2020 年 4 月，吴某从案外人吴乙等人受让案涉房屋的 50%份额，并完成过户登记。

2021 年 5 月，佘某某作为原告以民间借贷纠纷为由将广州某公司、罗某某、吴某诉至法院，要求判决被告偿还借款及利息等。诉讼期间，经佘某某申请，法院查封了吴某名下的案涉房产份额。2022 年 5 月，法院作出生效裁判，判决广州某公司、罗某某向佘某某偿还本金及利息等。

2021 年 10 月，罗某某与吴某登记离婚，其签署的《离婚协议书》关于财产处理及债权债务约定：房屋一套和案涉房产份额归吴某所有，汽车一辆归罗某某所有，其他以各自名义取得的财产归各自所有；婚姻关系存续期间各自对外债权债务由各自享有与承担，其中罗某某对包括佘某某在内的债权人负担的债务由罗某某一人承担。

由于广州某公司、罗某某未履行生效判决所确定的义务，佘某某遂向法院申请强制执行。2022 年 11 月，法院作出执行裁定，载明案涉房产尚未分割，暂不予处理，被执行人名下无其他可供执行的财产，裁定终结本次执行程序。

为确保债权实现，佘某某向法院提起债权人代位析产之诉，认为罗某某与吴某所签离婚协议不能对抗作为善意第三人的债权人，对佘某某不产生法律效力，应析出吴某在案涉房屋份额后再予以执行，故请求法院确认案涉房屋份额系罗某某、吴某夫妻共有，由二人各自享有 25%的份额。

【案件焦点】

债权人代位析产之诉与离婚析产协议的效力认定能否合并审理。

【法院裁判要旨】

广东省广州市增城区人民法院经审理认为：根据《最高人民法院关于人民法院民事执行中查封、扣押、冻结财产的规定》第十二条第三款“共有人提起析产诉讼或者申请执行人代位提起析产诉讼的，人民法院应当准许。诉讼期间中止对该财产的执行”的规定，佘某某作为申请执行人，有权代位提起析产诉讼，但分割的财产应限于被执行人尚未分割的财产。案涉房屋购买及取得产权均在罗某某与吴某的婚姻关系存续期间，而双方亦未对婚姻关系存续期间所得财产进行书面约定，因此，登记在吴某名下的案涉房屋的50%产权份额属罗某某与吴某的夫妻共同财产。罗某某与吴某在离婚时已在离婚协议中约定案涉房屋归吴某所有，且该离婚协议已交由民政部门备案，已发生法律效力，即两被告已对案涉房屋吴某持有50%的产权份额进行了分割，原告代位析产的基础已不存在。佘某某请求对两被告共有的案涉房屋产权份额进行析产，两被告各占25%的产权份额，缺乏事实和法律依据，予以驳回。佘某某认为离婚协议该部分存在法定撤销事由或认为罗某某与吴某双方恶意串通损失其利益的，可另循途径解决。

广东省广州市增城区人民法院依照《最高人民法院关于人民法院民事执行中查封、扣押、冻结财产的规定》第十二条第三款、《中华人民共和国民事诉讼法》第一百四十七条、《最高人民法院关于适用〈中华人民共和国民事诉讼法〉的解释》第九十条规定，判决如下：

驳回原告佘某某的全部诉讼请求。

佘某某不服一审判决，提起上诉。

广东省广州市中级人民法院经审理认为：首先，案涉房屋50%的产权份额于2020年4月登记在吴某名下，属于吴某和罗某某婚姻关系存续期间取得财产，属于夫妻共同财产。其次，佘某某与罗某某之间的案涉债务产生于罗某某与吴某夫妻关系存续期间，虽然生效判决未认定吴某需对此承担责任，但吴某在明知罗某某对外存有债务未清偿且案涉房屋50%的产权份额已被查封的情况下，仍将案涉房屋通过《离婚协议书》约定归吴某所有，可以认定存在逃避债务、损害债权人合法权益的情形，故《离婚协议书》中有关案涉房屋的分配条款不具有对佘某某案涉债权的法律效力。最后，佘某某在提起债权人代位析产诉讼后，吴某才提交《离婚协议书》予以抗辩，现有证据未能显示吴某或罗某某曾将《离婚协议书》的签订及案涉房屋已经约定归吴某所有的情况告知佘某某，故一审法院要求佘某某就离婚协议的法定撤销及罗某某与吴某是否存在恶意串通损失其利益的问题另循途径解决，明显增加当事人诉累，确有不当，法院予以纠正。本案对《离婚协议书》中关于案涉房屋的分配条款是否损害债权人利益一并审查和认定，既有利于全面处理本案纠纷，亦不损害当事人的诉讼权利和实体权利。佘某某要求对吴某名下案涉房屋的50%产权份额进行分割，具有充分的事实和法律依据，予以支持。考虑到前述产权份额为罗某某与吴某的夫妻共同财产，而现有证据未能显示两人对婚姻关系存续期间所得财产存在书面约定，故根据等分原则，罗某某和吴某对案涉房屋各自享有25%的产权份额。

广东省广州市中级人民法院依照《最高人民法院关于人民法院民事执行中查封、扣押、冻结财产的规定》第十二条、《中华人民共和国民法典》第一百五十四条、《中华人民共和国民事诉讼法》第一百七十七条第一款第二项规定，作出如下判决：

一、撤销广东省广州市增城区人民法院一审民事判决；

二、确认罗某某、吴某对案涉房屋各享有25%的产权份额。

【法官后语】

债权人代位析产诉讼的本质是将共有财产共同共有状态变换为按份共有状态，从中析出债务人份额，明确其责任财产范围，为后续执行提供依据。但实践中，债务人通过离婚分割财产等手段逃避执行的情形越来越多。从债权人代位析产诉讼的构成来看，债权人之所以能够代债务人之位提出析产之诉，是基于债务人对夫妻共有财产的分割请求权。若债务人通过签订离婚析产协议分割共同财产，则该协议是否对债权人发生法律效力，是债权人能否代位行使分割请求权的关键。在此情形下是否需先撤销离婚析产协议或确认离婚析产协议无效再进行代位析产诉讼，还是可以直接适用代位析产诉讼，即债权人代位析产纠纷与离婚析产协议的效力认定，在二者请求权基础不同的情况下，能否在同一诉讼中合并审理，成为审理此类案件的关键。司法实践中有分案处理、直接析产、判决撤销协议或确认协议无效并析产三种裁判方式。笔者认为，将此类案件合并审理既是基于诉的合并理论的诉讼法基础，又是满足纠纷一次性解决的现实需求。以下对此类案件的合并审理思路进行梳理探析，为债权人后续衔接执行分配和实现债权提供行权保障。

一、析产标的：夫妻共同财产的认定

债权人代位析产诉讼成立的前提，是债务人对案涉财产享有共有权，此时才存在析产的可能性。实践中，夫妻在婚姻关系存续期间取得不动产，但因各种原因而登记在一方名下的情形并不罕见。但除非夫妻双方就财产所有权有事先约定，否则在婚姻关系存续期间取得的财产，无论登记在哪一共有人名下，皆推定为共同共有财产。本案中，案涉房产份额系罗某某与吴某婚姻关系存续期间购买，且罗某某与吴某均未提供证据证明对案涉财产权属事先有约定，因此即使登记在吴某一人名下，也仍属于夫妻共同所有。

二、析产前提：离婚析产协议的效力认定

离婚析产协议属于男女双方就其婚姻关系结束后对财产权属的一种清算确认行为，对双方应具有内部的约束力。《最高人民法院关于适用〈中华人民共和国民法典〉婚姻家庭编的解释（一）》第六十九条规定，当事人依法签订的离婚协议中关于财产以及债务处理的条款，“对男女双方具有法律约束力”，并非规定为“具有法律效力”。该协议能否对抗债权人，应从以下几个方面综合考量。

1. 离婚析产协议的签订时间。离婚析产协议签订与夫妻一方对外债务产生的时间顺序，是判断债务人有无逃避债务目的的重要因素。对于可以认定债务人具有逃避债务目的的签订离婚析产协议的时间，实践中有三种观点，分别是债权债务关系形成之前、案涉财产被查封冻结之前、执行所依据的生效法律文书作出之前。依据《最高人民法院关于人民法院民事执行中查封、扣押、冻结财产的规定》第二十四条第一款规定，被执行人就已经查封、扣押、冻结的财产所作的移转、设定权利负担或者其他有碍执行的行为，不得对抗申请执行人。因此，笔者认为，离婚析产协议的签订发生在案涉财产被法院查封冻结之后的，应视为夫妻双方存在串通逃废债务的恶意。

2. 债务人配偶对案涉债务的知晓状态。若在签订离婚析产协议时，债务人配偶明知案涉债务存在，仍约定明显失衡，对于债务人明显不利的析产条款，则该协议的履行必然会导致债务人偿债能力的降低，影响债权人债权的实现，可视为双方具有损害债权人利益的主观故意，则相应财产分割条款对债权人不产生法律效力。

3. 债权人是否知晓并认可该协议。根据《最高人民法院关于人民法院民事执行中查封、扣押、冻结财产的规定》规定，共有人协议分割共有财产，并经债权人认可的，人民法院可以认定有效。因此，债权人是否知晓并认可离婚析产协议，对该协议的外部效力至关重要。债务人及配偶若抗辩该协议有效，需承担举证责任，证明曾将该协议的签订及案涉财产归属的约定情况告知债权人，否则可视为该协议未经债权人认可，债务人与案外人恶意串通损害债权人的合法权益，该协议对债权人不具有法律效力。

4. 案涉共同财产的权属状态。离婚析产协议涉及不动产分割的，需考虑是否已办理不动产产权转移登记。若未办理，则不发生物权公示公信效力，该协议无法对抗第三方债权人。若已经办理，因债权人已经无法提起代位析产诉讼的，可考虑夫妻双方是否存在恶意串通或债务人无偿转让财产权益损害债权人权益的情形，通过确认该协议无效或债权人撤销权保障债权。

本案中，离婚协议签订于案涉房屋产权份额被法院查封之后；吴某在签订协议时对案涉债务明知；现有证据未能显示罗某某与吴某曾将该协议告知佘某某并获得其认可；案涉房产未因离婚协议的签订而转移登记。综上，离婚析产协议不具有对佘某某案涉债权的法律效力，也不必要求佘某某再另行提起诉讼对该协议主张撤销或无效。

三、析产程序：债权人代位析产诉讼的构成要件

关于债权人代位析产诉讼启动的程序性要求，法律未作规定。但根据相关

规定及司法实践，通常需符合以下条件：债权人对债务人的债权合法有效，且该债权已得到法律上的确认；债权人已向法院申请执行，法院已对共有财产采取查封等措施；除共有财产外，债务人无其他财产可供执行；共有人怠于分割共有财产，或无法达成共有财产分割协议（债权人不认可共有人之间达成的共有财产分割协议的，应视为未对共有财产进行有效分割），影响债权人债权实现。

本案中，佘某某提起代位析产诉讼满足上述构成要件，故法院在认定案涉房产份额属于夫妻共同财产、离婚析产协议对佘某某不具有法律效力的基础上，确定罗某某对案涉房产享有 25%的产权份额。

编写人：广东省广州市增城区人民法院　胡春燕　胡雪芬

51

父母能否以出全资购房为由推翻子女为房产共有人的不动产登记

——何某某诉张某甲等债权人代位析产案

【案件基本信息】

1. 裁判书字号

福建省漳州市中级人民法院（2024）闽 06 民终 82 号民事判决书

2. 案由：债权人代位析产纠纷

3. 当事人

原告（被上诉人）：何某某

被告：张某甲

被告（上诉人）：张某乙、徐某某

【基本案情】

何某某与张某甲民间借贷纠纷案，法院经审理后于2022年8月10日作出民事判决，张某甲应于本判决生效之日起十日内向何某某偿还借款本金392539.21元及利息。判决生效后，何某某向法院申请执行。2022年10月10日，法院查封了案涉房产。2022年12月16日，法院作出执行裁定，认定张某甲名下暂无可供执行财产，裁定终结本次执行程序。

张某乙与徐某某系夫妻关系，二人系张某甲的父母。案涉房产（建筑面积：132.92平方米，2016年10月购买）登记为张某乙与张某甲共有。

何某某主张，因案涉房产登记在张某甲及张某乙名下，为维护何某某的合法权益，请求法院对案涉房产进行析产分割，确认张某甲、张某乙各享有50%的份额，以便扣押张某甲名下所有财产用于清偿。张某乙、徐某某认为，案涉房产是其二人支付首付并每月支付按揭贷款而取得所有权，是其夫妻共同财产，张某甲只是挂名为共有人，不是该房产的实际共有权人。张某甲认为案涉房产为其与父母三人共有。

【案件焦点】

父母出全资购房并将子女登记为房产共有人的，对案涉房产应如何确权。

【法院裁判要旨】

福建省漳州市芗城区人民法院经审理认为：《最高人民法院关于人民法院民事执行中查封、扣押、冻结财产的规定》第十二条第三款规定："共有人提起析产诉讼或者申请执行人代位提起析产诉讼的，人民法院应当准许。诉讼期间中止对该财产的执行。"本案中，何某某依据生效判决向法院申请执行，案涉房产被法院查封，法院已裁定终结本次执行程序，依据上述司法解释规定，何某某作为申请执行人有权提起代位析产诉讼。

《中华人民共和国民法典》第二百零九条第一款规定："不动产物权的设立、变更、转让和消灭，经依法登记，发生效力；未经登记，不发生效力，但是法律另有规定的除外。"第二百一十六条第一款规定："不动产登记簿是物权归属和内容的根据。”根据公示公信原则，除有相反证据证明，在法律上推定记载于不动产登记簿上的人是该不动产的权利人，主张真实权利状况与登记内容不一致的当事人应当对此负举证责任。本案中，案涉房产登记在张某乙与张某甲名下，应认定案涉房产权利人为张某乙与张某甲。张某乙与徐某某主张案涉房产为其夫妻共同财产，应当对此负举证责任，但其提供张某乙银行流水及徐某某的某银行个人活期账户全部交易明细也只能证明案涉房产购房款支付情况，不足以推翻不动产登记簿内容。另外，张某乙、徐某某与张某甲系父母子女关系，在购买案涉房产时张某甲已成年，即使案涉房产购房首付款及按揭贷款偿还均由张某乙、徐某某支付，但其自愿将案涉房产登记在张某乙与张某甲名下，应认定张某乙、徐某某对案涉房产已作出处分，现因张某甲负有债务，其主张案涉房产为夫妻共同财产有违诚信原则。因此，张某乙与徐某某主张案涉房产为其夫妻共同财产的理由不能成立，不予支持。张某甲主张案涉房产为其与父母三人共有，基于上述理由，案涉房产应认定为张某乙与张某甲共有，至于张某乙的份额可以认定为张某乙与徐某某共有，但这与本案处理无关。

《中华人民共和国民法典》第三百零八条规定：“共有人对共有的不动产或者动产没有约定为按份共有或者共同共有，或者约定不明确的，除共有人具有家庭关系等外，视为按份共有。”本案中，没有证据表明张某甲与张某乙对共有的房产进行过约定，根据上述法律规定，应视为其二人对案涉房产按份共有。按照按份共有财产分割的相关规定，张某甲与张某乙对案涉房产各享有 50%的份额。

福建省漳州市芗城区人民法院依照《中华人民共和国民法典》第二百零九条第一款、第三百零八条、第三百零九条，《最高人民法院关于人民法院民事执行中查封、扣押、冻结财产的规定》（2020 年修正）第十二条规定，判决如下：

一、确认张某甲对案涉房产享有 50%的份额；

二、驳回何某某的其他诉讼请求。

张某乙、徐某某不服一审判决，提起上诉。

福建省漳州市中级人民法院同意一审法院裁判意见，依照《中华人民共和国民事诉讼法》第一百七十七条第一款第一项规定，判决：

驳回上诉，维持原判。

【法官后语】

本案为债权人代位析产之诉，在法院已裁定终结本次执行程序，且被执行人一方不能证明被执行人有能力履行判决书确定的债务的情况下，应当认定何某某作为申请执行人有权提起代位析产诉讼，故厘清本案的关键在于父母出资购买的房产登记在子女名下的行为性质之认定问题。对此，无论是一律根据不动产登记簿的记载确认权属，还是一概根据“谁出资，谁所有”的原则来处理，都失之偏颇，应根据不同情况予以分析。

一、不动产登记在不动产确权争议中的证明力

从实体法角度而言，根据《中华人民共和国民法典》物权编之规定，“不动产登记簿是物权归属和内容的根据”，这意味着不动产登记簿上记载的权利人一般会被推定为不动产物权的权利主体，此为物权公示具有权利正确性推定效力之体现；但与此同时，物权编又规定了“不动产登记簿确有错误”的情形。可见，法律一方面认可不动产登记簿在确认物权归属和内容方面具有极高的证明力，另一方面也承认现实中确实存在登记簿上记载的物权归属内容与真实情况不一致的情形，故而不可赋予登记簿绝对的证明力。

从诉讼法角度而言，一方面，不动产登记簿属于公文类书证，其对于物权归属的证明是通过法律推定完成的，故其在证明力方面远高于其他证据；另一方面，作为一种拟制事实，登记簿上登记表彰的权利状态并不必然反映真实的不动产权利归属，此时就赋予当事人可通过举证推翻登记簿记载的物权归属的权利。因此，可依据民事诉讼法及相关司法解释关于证据规则及证明责任之规定，综合判断不动产的权利归属。

二、父母出全资购房但是将子女登记为产权人的房产权属的认定

实务中，对于父母出全资购房，但是房产登记于子女一人名下，或子女与

父母为登记的共同产权人的，不宜简单按照产权登记的情况将房屋认定为子女的财产或者子女为房产的共有人，还应当结合父母在购买房屋时的真实意思表示进行综合审查。若根据赠与合同等证据能够认定父母的真实意思表示为对子女的赠与，则应当认定房产为子女的财产或者子女为房产的共有人；若父母子女之间存在由父母享受房产权属之约定，如借名买房，在不存在合同无效事由的情况下，则该房产应认定为父母的财产，但此约定为内部约定，不可对抗善意第三人。若父母主张系借名买房或代名登记，而子女主张为赠与，因父母意欲推翻不动产登记，故应由父母承担举证责任，在父母没有提供充分证据证明其主张的情况下，应认定案涉房产系子女的财产。

三、本案审理的基本考量

本案的特殊性在于，对于作为子女的张某甲是否为案涉房产的产权人之一的认定，发生于债权人代位析产之诉中，在执行人主张对登记在张某甲及其父亲张某乙名下的案涉房产进行析产的情况下，张某甲的父母以出全资为由抗辩案涉房产系其夫妻共同财产，作为成年子女的张某甲仅为案涉房产的挂名共有人而非实际共有人。本案充分把握、运用公示公信原则，合理分配举证责任，在张某乙及徐某某仅提供银行流水欲证明案涉房产由其支付购房款的情况下，结合购房时张某甲的年龄及其在本案中的法律地位等因素，在分析各组证据的证明力后，对案涉房产系张某乙夫妻的共同财产的抗辩不予采纳。同时，针对张某甲就案涉房产为其与父母三人共有的抗辩，本案认为在认定张某甲享有50%的房产份额后，因张某乙和徐某某在本案中主张案涉房产是其夫妻共同财产，故张某乙所享有的50%房产份额可认定为其二人的夫妻共同财产。本案的审理提示，共有财产不应成为债务人逃避债务的“避风港”，而是执行程序中实现债权人合法权益的最后保障。

编写人：福建省漳州市芗城区人民法院　黄东标　黄雯莉

52

债权人代位析产诉讼中认定属于被执行人的夫妻共同财产份额的考量

——薛某某诉翁某某、施某某债权人代位析产案

【案件基本信息】

1. 裁判书字号

福建省厦门市中级人民法院（2022）闽02民终8208号民事裁定书

2. 案由：债权人代位析产纠纷

3. 当事人

原告（被上诉人）：薛某某

被告（被上诉人）：翁某某

被告（上诉人）：施某某

【基本案情】

翁某某与施某某系夫妻，二人生育子女翁某乙、翁某丙、翁某丁、翁某戊。位于厦门市思明区的案涉房屋登记在翁某某与施某某名下，为二人共同共有，目前由翁某某、施某某及其四子女居住。

薛某某与翁某某民间借贷纠纷案，法院于2022年2月22日作出生效民事判决，判令翁某某偿还薛某某借款本金5594158.66元及利息。诉讼期间，法院依薛某某申请查封了案涉房屋。后薛某某申请执行，执行过程中，法院扣划翁某某款项3354.22元用于交纳执行费，轮候查封翁某某名下案涉车辆、翁某某与他人共有的位于厦门市湖里区某房产，于2022年7月26日裁定终结执行程序。

罗某与翁某某、施某某民间借贷纠纷一案，罗某请求判令翁某某、施某某

归还借款本金 360 万元及利息。法院以该案可能涉嫌经济犯罪为由将该案移送公安机关侦查并于 2018 年 9 月 14 日裁定驳回起诉。

翁某甲、陈某某与翁某某、施某某等所有权确认纠纷一案，翁某甲、陈某某请求确认案涉房屋系翁某甲、陈某某所有。法院生效判决驳回翁某甲、陈某某的诉讼请求。

薛某某认为，法院已查封案涉房屋，但因翁某某与施某某系夫妻关系，且案涉房屋登记在两人名下，导致无法继续执行，故请求确认翁某某对案涉房屋享有 50%的产权份额。

【案件焦点】

1. 薛某某能否提起本案诉讼；2. 翁某某对案涉房屋享有的共有份额如何认定。

【法院裁判要旨】

福建省厦门市思明区人民法院经审理认为：对于争议焦点一，《最高人民法院关于人民法院民事执行中查封、扣押、冻结财产的规定》第十二条第三款规定："共有人提起析产诉讼或者申请执行人代位提起析产诉讼的，人民法院应当准许。诉讼期间中止对该财产的执行。"薛某某作为（2022）闽 0203 执 5837 号案件申请执行人有权提起本案诉讼。关于争议焦点二，翁某甲、陈某某请求确认案涉房屋系其所有的诉讼请求已被法院生效判决驳回，则案涉房屋仍由翁某某、施某某二人共同共有。施某某主张翁某某赌博欠债挥霍夫妻共同财产，应不分或少分案涉房屋份额，但其提供的罗某与翁某某民间借贷纠纷案裁定书仅能证明罗某涉嫌套路贷，没有提供证据证明翁某某赌博欠债挥霍夫妻共同财产。施某某主张其作为照顾子女一方、无过错方，应多分房产份额。法院认为，首先，本案为债权人代位析产，并非离婚案件，翁某某与施某某仍处于夫妻关系存续期间。根据《中华人民共和国民法典》第一千零八十七条规定，照顾子女、女方和无过错方权益是处理离婚案件时适用的夫妻财产分割原则，本案翁某某、施某某仍在夫妻关系存续期间，该规定不应适用于本案。其次，根据《中华人民共和国民法典》第一千零六十六条规定，一方挥霍夫妻共同财产仅为对方在婚姻关系存续期间起诉分割夫妻共同财产的事由，未规定挥霍夫妻共同财产行为为过错，也未以此作为夫妻关系存续期间分割夫妻共同财产时不分或少分共同财产的理由。翁某某、施某某对案涉房屋没有约定份额，因此，翁某某应享有案涉房屋50%的共有份额。

福建省厦门市思明区人民法院依照《中华人民共和国民法典》第一千零六十六条、第一千零八十七条第一款，《最高人民法院关于人民法院民事执行中查封、扣押、冻结财产的规定》第十二条，《中华人民共和国民事诉讼法》第六十七条第一款规定，判决如下：

确认翁某某对案涉房产享有50%的共有份额。

施某某不服一审判决，提起上诉。

二审审理期间，施某某申请撤回上诉。福建省厦门市中级人民法院认为，施某某在本案审理期间提出撤回上诉的请求，不违反法律规定，予以准许。依照《中华人民共和国民事诉讼法》第一百八十条规定，裁定如下：

准许施某某撤回上诉。一审判决自本裁定书送达之日起发生法律效力。

【法官后语】

债权人代位析产，指的是债权人与共有人之一存在债权债务纠纷，穷尽执行措施后债权无法得到清偿，债务人怠于与其他共有人进行析产以偿还债务，债权人可提起代位析产之诉，请求分割债务人在共有物上的权利份额。

一、代位析产权的概念及法律依据

代位权诉讼由间接诉权而来，当需要快速实现债权时，代位析产权的行使手续简单，能够较为方便地保全债务人的财产，故可作为强制执行程序的补充。

债权人代位析产权的法律依据有：(1)《中华人民共和国民法典》第三百零三条："共有人约定不得分割共有的不动产或者动产，以维持共有关系的，应当按照约定，但是共有人有重大理由需要分割的，可以请求分割；没有约定或者约定不明确的，按份共有人可以随时请求分割，共同共有人在共有的基础丧失或者有重大理由需要分割时可以请求分割。因分割造成其他共有人损害的，应当给予赔偿。”(2)《最高人民法院关于人民法院民事执行中查封、扣押、冻结财产的规定》第十二条第三款:“共有人提起析产诉讼或者申请执行人代位提起析产诉讼的,人民法院应当准许。诉讼期间中止对该财产的执行。”

上述法律及司法解释,为共有人及申请执行人提起析产诉讼或代位析产诉讼提供了法律上的支撑和依据,为其民事权利的保障和行使提供了立法指引。

二、债权人代位析产权的行使条件

债权人行使代位析产权的法定条件,应当包含以下四个方面:第一,债权人享有的债权已经生效裁判文书予以确认,并且已经进入强制执行程序。债权人代位析产诉讼实际上是依附于强制执行程序而衍生来的,换言之,债权人享有的债权必须是经过强制执行程序的债权。第二,债务人与他人共有的财产已被执行法院采取查封、扣押、冻结等强制措施,并已通知其共有人。《最高人民法院关于人民法院民事执行中查封、扣押、冻结财产的规定》第十二条第一款明确了逻辑顺序,即“查封、扣押、冻结”在先,“通知共有人”在后。第三,除共有财产之外,债务人名下无其他可供执行的独立财产。除被执行人(债务人)共有财产之外,人民法院穷尽执行措施,未发现被执行人有其他可供执行的财产,最终作出终结本次执行程序的执行裁定书,债权人方可提起代位析产诉讼。第四,债务人和共有财产的其他权利人怠于进行析产。在债务人和其他共有人对共有财产的分割不能形成共识或者怠于分割共有财产,或者债权人反对债务人与共有人之间的财产分割协议,或者债权人虽然同意债务人与共有人之间的财产分割协议,但是经法院审查认为,此分割协议可能损害其他案外人合法权利或损害公共利益的,债权人均可以通过提起代位析产诉讼来分割共有财产以实现债权。

本案中,原告即债权人薛某某享有的债权已经生效裁判文书确认,并已经进入强制执行程序。债务人翁某某与其配偶施某某共有的房产已被查封,该事实已通知施某某。人民法院在执行案件中目前查得其名下无其他财产且其与施某某未就该房产进行过分割。综上,薛某某有权提起本案诉讼。

三、代位析产是否考虑债务人夫妻过错

《中华人民共和国民法典》规定的共有关系包括按份共有和共同共有,债权人代位析产纠纷中共有关系常见类型有夫妻共有、同居财产共有、数人共同继承遗产共有和家庭共有。其中夫妻共有是司法实务中最常见的类型，根据《中华人民共和国民法典》规定，婚姻关系存续期间，夫妻一方对共同财产有隐藏、挥霍等行为或者伪造共同债务等损害夫妻共同财产利益的行为，或者负有法定扶养义务的一方患有重大疾病需要医治，另一方不同意支付相关医疗费用的，夫妻一方可以向人民法院请求分割共同财产。

债权人代位析产诉讼中，在分割债务人及其配偶所有的共有财产时应当注意，首先，债权人代位析产案件非离婚案件，债务人及其配偶仍处于夫妻关系存续期间，不应适用处理离婚案件时所应适用的夫妻财产分割原则即照顾子女、女方和无过错方权益的原则。其次，《中华人民共和国民法典》第一千零六十六条所规定的一方挥霍夫妻共同财产仅为对方在婚姻关系存续期间起诉分割夫妻共同财产的事由，未规定挥霍夫妻共同财产行为为过错，也未以此作为夫妻关系存续期间分割夫妻共同财产时不分或少分共同财产的理由。因此，在处理代位析产诉讼中不应考虑债务人及其配偶是否具有过错。

本案中，翁某某、施某某仍在夫妻关系存续期间，在其二人对案涉房产的份额没有约定的情况下，应当按照夫妻共同财产由其二人平等享有份额，此种析产是对夫妻财产份额的确定，不同于离婚时的夫妻财产分割，“照顾女方和无过错方权益”原则在此情况下不适用，故法院认定案涉房屋为翁某某与施某某的夫妻共同财产，翁某某占50%的份额。

参照适用本案例时还应注意，除申请执行人外，因共有财产关系还涉及共有财产的其他权利人，其他权利人与本案诉争之纠纷无实质上的利害关系而不能参与本案的诉讼，法院在保护本案债权人利益的同时，应当注重保护共有财产其他权利人的合法利益，避免因执行不当给其他权利人造成损害。

编写人：福建省厦门市思明区人民法院　傅嘉琳

三、用益物权纠纷

（一）土地承包经营权纠纷

53

户籍并非判断是否享有土地承包经营权的必要条件

——张某甲、牟某某诉张某乙、张某丙土地承包经营权案

【案件基本信息】

1. 裁判书字号

黑龙江省高级人民法院（2022）黑民再 371 号民事判决书

2. 案由：土地承包经营权纠纷

3. 当事人

原告（上诉人、被申诉人）：张某甲、牟某某

被告（被上诉人、申诉人）：张某乙、张某丙

【基本案情】

张某乙、张某丙与张某丁系兄妹关系，其父张某某于 2005 年死亡，四人均为杜尔伯特蒙古族自治县乙乡某村居民。1990 年张某乙出嫁外地。1991 年牟某某与张某丁结婚。婚后，牟某某的户口一直在杜尔伯特蒙古族自治县甲镇，未

迁入该县乙乡某村。1992 年牟某某与张某丁生育张某甲，张某甲出生后未落户口，直到 2001 年随母亲牟某某落户到甲镇。1994 年张某丙出嫁外地。2005 年张某某死亡。2010 年牟某某与张某丁离婚，后张某丁于 2014 年死亡。

某村委会土地台账上记载，在 1998 年二轮土地承包时，以张某丁为代表的承包经营户共有承包耕地 51.11 亩，共有权人为 4 人，未记载具体人名。根据当地派出所户籍登记信息，张某某为户主的户口中 1998 年有张某某、张某丁、张某乙、张某丙四名家庭成员。上述 51.11 亩土地在张某乙和张某丙出嫁外地后由张某某、张某丁、牟某某耕种；张某丁、牟某某离婚后由张某丁耕种；张某丁死亡后，由张某甲耕种经营。依张某甲申请，地方行政主管部门于 2017 年 12 月颁发《农村土地承包经营权证》，载明案涉 51.11 亩耕地承包权人为张某甲，某村委会于 2018 年 11 月与张某甲签订《农村土地（耕地）承包合同》。

2019 年 4 月，张某乙、张某丙以其二人为案涉 51.11 亩耕地权利人为由申请仲裁。2019 年 6 月，杜尔伯特蒙古族自治县农村土地承包纠纷仲裁委员会作出仲裁裁决书，仲裁庭认为：以张某丁为承包方代表的家庭分得二轮承包土地，其共有人应分别为张某丁本人、张某某（已故）、张某乙、张某丙等共计 4 人。张某某死亡后，张某乙、张某丙与张某丁对家庭承包土地平均享有承包经营权。

张某甲、牟某某对仲裁裁决不服，向法院提起诉讼，请求确认张某甲、牟某某对案涉 51.11 亩耕地享有土地承包经营权。

【案件焦点】

农村承包经营户成员去世后，户籍不在本集体经济组织的子女是否享有土地承包经营权。

【法院裁判要旨】

黑龙江省杜尔伯特蒙古族自治县人民法院经审理认为：根据《中华人民共和国农村土地承包法》第三条、第十六条规定，农村土地承包采取农村集体经济组织内部的家庭承包方式，家庭承包的承包方是本集体经济组织的农户。1998 年二轮土地承包是在一轮土地承包基础上进行的，原有土地承包经营方式不变。张某甲、牟某某是否对争议土地享有承包经营权，首先要看其二人是否具有某村集体经济组织成员资格。户口是证明一个公民自然情况最直接、最基本的依据，认定当事人是否享有集体经济组织成员资格，应当以当事人的户口为基础。如果当事人的户口落在农村集体经济组织内（俗称农村户口），则可以认定其为农村集体经济组织成员，反之则不然。本案中，张某甲虽然曾常住某村，但其户口未登记在某村，而是登记在甲镇，其母牟某某亦是如此。故，根据户籍登记情况，无法认定其二人具备某村集体经济组织成员资格。

黑龙江省杜尔伯特蒙古族自治县人民法院依照《中华人民共和国农村土地承包法》第三条、第十六条规定，判决如下：

驳回张某甲、牟某某的诉讼请求。

张某甲、牟某某不服一审判决，提起上诉。

黑龙江省大庆市中级人民法院经审理认为：牟某某和张某甲提交的2017年12月31日《农村土地承包经营权证》是政府确权文件，且某村委会就争议土地与承包方代表张某甲于2018年11月15日签订《农村土地（耕地）承包合同》，故对于牟某某和张某甲确认其二人对案涉51.11亩耕地享有承包经营权的诉求，因有政府的确权文件和承包合同，应予支持。张某乙与张某丙若对该确权不服，根据《中华人民共和国行政诉讼法》第十二条第一款第七项规定，应通过行政诉讼予以解决。

黑龙江省大庆市中级人民法院依照《中华人民共和国民事诉讼法》第一百七十条第一款第二项规定，判决如下：

一、撤销黑龙江省杜尔伯特蒙古族自治县人民法院一审民事判决；

二、张某甲、牟某某对案涉51.11亩耕地享有承包经营权；

三、驳回张某甲、牟某某的其他诉讼请求。

二审宣判后，张某丙、张某乙提起行政诉讼。法院生效行政判决撤销杜尔伯特蒙古族自治县人民政府为张某甲颁发的《农村土地承包经营权证》。张某丙、张某乙据此向检察机关提出申诉，黑龙江省人民检察院向黑龙江省高级人民法院提出抗诉。

黑龙江省高级人民法院经审理认为：

关于案涉土地承包经营权权属问题，《中华人民共和国农村土地承包法》第二十三条规定："承包合同自成立之日起生效。承包方自承包合同生效时取得土地承包经营权。"确认土地承包经营权属的依据应为案涉农村土地承包合同。根据一审法院调查情况，以及杜尔伯特蒙古族自治县人民政府撤销张某甲所持有《农村土地承包经营权证》的决定，能够证实张某甲原持有《农村土地承包经营权证》的真实性。根据上述张某甲原持有被撤销的两份《农村土地承包经营权证》所载，案涉土地承包方代表为张某丁，经营权共有人为张某某、张某甲、牟某某。牟某某于2010年与张某丁离婚后已不属于以张某丁为代表的家庭承包户成员，并且其亦不具有某村农业户籍，故依法不享有案涉土地承包经营权。张某丁于2014年去世后，该家庭承包户原登记成员仅为张某甲一人。且张某甲持有与某村委会在2018年签订的《农村土地（耕地）承包合同》，故二审判决将案涉土地经营权确认给张某甲有事实及法律依据，但对牟某某的诉讼请求予以支持不当。

关于检察机关所提法院对张某乙、张某丙外嫁后未在当地取得承包土地予以审查的问题。根据1988年6月1日施行的《中华人民共和国村民委员会组织法（试行）》，以及1998年11月4日起施行，2010年、2018年先后修订的《中华人民共和国村民委员会组织法》的规定，张某乙、张某丙外嫁后在甲乡某村是否应分得土地，案涉土地承包合同是否应予变更或解除，属于集体经济组织自治范畴，不归属人民法院民事诉讼审理范围。

黑龙江省高级人民法院依照《中华人民共和国民事诉讼法》第二百一十四条第一款、第一百七十七条第一款第二项规定，判决如下：

一、撤销大庆市中级人民法院二审民事判决及杜尔伯特蒙古族自治县人民法院一审民事判决；

二、张某甲对1998年二轮土地承包时某村委发包给以张某丁（已故）为承包方代表人的51.11亩耕地享有承包经营权；

三、驳回牟某某的诉讼请求。

【法官后语】

农村集体经济组织实行家庭承包经营为基础、统分结合的双层经营体制。依据《中华人民共和国农村土地承包法》第十六条规定，家庭承包的承包方是本集体经济组织的农户。农户，是指农村中以血缘和婚姻关系为基础组成的农村最基层的社会单位，即《中华人民共和国民法典》第五十五条所规定的农村承包经营户。实践中，土地承包合同一般是由农户全体成员的代表以农村承包经营户的名义与发包方签订。基于农村承包经营户成员随时间发生变化及土地承包合同签订不完善等因素，极易出现土地承包经营权权属纠纷。依法裁判此类案件，不仅关乎当事人的切身利益，也影响农村土地制度平稳运行。本案再审准确把握国家政策、法律、司法解释规定，厘清农村承包经营户成员认定标准，明确户籍基于合理理由没能登记在农村集体经济组织，但实质符合农村集体经济组织成员身份条件的，依法应确认享有农村土地承包经营权。

一、实践探索

我国农村土地承包始于 20 世纪 80 年代，从初期小部分试点到后来逐步大面积铺开；从开始依赖土地台账、户籍登记确认承包经营权，到逐步以承包合同、经营权证等法定凭证为依据；从初始依赖国家政策文件，到陆续出台地方文件、部门规章及地方性法规逐步细化规定。农村土地承包户取得的土地承包经营权，因承包户成员增加或者减少引发的确认土地承包经营权纠纷，其实质系审查判断农村土地承包的适格主体，具体而言，即审查其是否属于农村土地承包经营户成员。作为农村承包经营户成员的前提条件是应为农村集体经济组织成员。

因缺少明确的依据，关于农村集体经济组织成员身份认定在司法实践中存在较大争议。面对实践中司法裁判的现实需要，地方人民法院出台了具体的操作性规定，或通过个案裁判进行指引，但由于立法规范缺失，裁判结果不尽相同。通常来讲，确认集体经济组织成员身份时考虑的主要因素包括户籍、居住生活情况、社会保障情况、履行集体经济组织成员义务、对集体累积贡献情况等。综合集体产权改革试点地区实践和近年各地司法裁判，集体经济组织成员资格确认呈现出由以具有集体经济组织所在地户籍作为单一标准转向以“户籍+其他补充标准”的复合标准为主，各地侧重有所不同的样态。

二、立法沿革

《中华人民共和国农村集体经济组织法》颁布前，关于农村集体经济组织成员身份确认在法律层面尚无明确标准，只散见于国家及地方有关政策、地方性法规中，如部分省市人大常委会制定的农村土地承包条例、农村土地承包法实施办法等有关农村土地承包和承包合同管理的地方性法规，一些省市人大常委会制定的农村集体资产管理条例等有关农村集体资产管理的地方性法规，一些省市制定的农村集体经济组织条例等。同时，为顺利推进农村土地承包和农村集体产权制度改革，一些地方人民政府出台相应的规范性文件中，含有农村集体经济组织成员的身份资格、确认程序等规范。

《中共中央、国务院关于稳步推进农村集体产权制度改革的意见》① 提出，“按照尊重历史、兼顾现实、程序规范、群众认可的原则，统筹考虑户籍关系、农村土地承包关系、对集体积累的贡献等因素，协调平衡各方利益，做好农村集体经济组织成员身份确认工作，解决成员边界不清的问题”。《黑龙江省人民政府关于加强农村集体经济组织管理的意见》② 提出，“农村集体经济组织依据户籍关系、土地承包关系、与集体经济组织利益关系等对其成员进行认定，认定结果须经村民大会或村民代表会议讨论通过”。《黑龙江省农村集体经济组织条例》③ 第九条第一款规定：“农村集体经济组织应当依据有关法律、法规，按照尊重历史、兼顾现实、程序规范、群众认可的原则，统筹考虑户籍关系、土地承包关系、与集体经济组织利益关系等因素，在民主讨论的基础上，对本集体经济组织成员的身份进行确认。已经完成成员身份确认的，不再重新确认。”

对确认农村集体经济组织成员身份，上述规定基本是综合衡量户籍关系、承包关系、利益关系。其中，户籍因系行政机关审批，为记载公民各项基本信息的直接依据，具有较强的公示性。农村集体经济组织成员自然取得本村户籍

---

① 2016 年 12 月 26 日印发并实施。

② 2019 年 3 月 29 日印发。

③ 2020 年 8 月 21 日通过，自 2020 年 10 月 1 日起施行。

后，其户籍一般会长期稳定留存于集体经济组织所在地，作为所属农村集体经济组织家庭成员，以家庭承包方式原始取得并长期稳定经营承包土地。加之户籍有着证据清晰、印证简便等优势，户籍俨然成为认定农村集体经济组织成员身份的首要条件和必要标准，其亦具现实合理性和可操作性。但随着农村、农业及城镇化发展，农民外出经商、务工等流动增多且还存在着婚嫁外地生活未更改户籍、农村集体经济组织成员婚生子女未及时落户等情形，简单、机械地适用单一户籍标准确认农村集体经济组织成员身份已不再能满足现实需要。尤其是对户籍不在农村集体经济组织的人员，完全否认其农村集体经济组织成员身份，已引起理论实践界的反思。

2024年6月颁布的《中华人民共和国农村集体经济组织法》，顺应我国户籍制度改革、城乡人口流动趋势以及进城落户农民权益保障需要，明确农村集体经济组织成员身份确认采“户籍+稳定权利义务关系+基本生活保障”的多条件综合认定标准。同时，对户籍这一问题，亦放宽至“户籍在农村集体经济组织”和“户籍曾在农村集体经济组织”两种情形，并对集体经济组织成员身份的新增取得、资格保留条件予以规定，对出嫁妇女、丧偶或离婚妇女、上门女婿、“空挂户”人员、回乡退养人员等的成员身份认定要求具体情况具体分析，并明确因成员生育而增加的人员，农村集体经济组织应当确认其为农村集体经济组织成员。新法还规定，农村集体经济组织确认成员身份产生的争议，当事人可选择行政调解、仲裁、人民法院裁决等途径进行救济。

本案审理时，《中华人民共和国农村集体经济组织法》尚未颁布施行。本案裁判主要依据前述《中共中央、国务院关于稳步推进农村集体产权制度改革的意见》及地方性法规相关规定，并遵循《最高人民法院关于为实施乡村振兴战略提供司法服务和保障的意见》提出的“依法妥善处理农村集体经济组织成员资格问题”“防止简单以村民自治为由剥夺村民的基本财产权利”等原则精神，综合考虑户籍关系、土地承包关系、与集体经济组织利益关系三项条件，并基于承包地不仅是农户的生产资料，更是农村集体成员的基本生存保障，具有集体福利性质，审慎认定张某甲、牟某某是否具有集体经济组织成员身份。

本案中，当事人张某甲作为农村集体经济组织成员张某丁子女，实际上具有原始取得农村集体经济组织所在地户籍的资格，虽客观上其户籍不在农村集体经济组织所在地，但长期稳定在集体经济所在地居住生活，且在张某丁去世后代表农村承包经营户与发包方重新签订新的土地承包合同，取得土地承包经营权证，实际经营案涉土地多年，与集体形成实际生产生活关系，案涉土地为其基本的生活来源。如张某甲未取得其他农村集体经济组织成员身份，未享有其他农村集体经济组织提供的集体福利或其他替代性生活保障，则应当保护其从事农业耕作的基本生存和发展权利，确认其具有案涉农村集体经济组织成员身份。作为农村承包经营户成员，在与发包方签订土地承包合同后即享有案涉农村土地承包经营权，出生后未落户于某村并不当然成为否认张某甲享有土地承包经营权的因素。与此相反，因牟某某在与张某丁婚姻存续期间并未取得某村集体经济组织所在地户籍，且离婚后牟某某即返回户籍所在地生活，亦不再属于以张某丁为代表的农村承包经营户成员，不符合以新增取得的方式获得农村集体经济组织成员身份的条件，故不应享有案涉农村土地承包经营权。

编写人：黑龙江省高级人民法院　张炜　黄晓航

54

户籍分户是否影响农村承包经营户身份认定

——马某某等诉淄博市临淄区某街道某村民委员会承包地征收补偿费用分配案

【案件基本信息】

1. 裁判书字号

山东省淄博市临淄区人民法院（2023）鲁 0305 民初 1518 号民事判决书

2. 案由：承包地征收补偿费用分配纠纷

3. 当事人

原告：马某某、陈某甲、陈某乙

被告：淄博市临淄区某街道某村民委员会（以下简称某村委会）

【基本案情】

于某某系某村村民，其作为户代表与某村委会签订《农村土地家庭承包合同书》，以家庭承包方式承包某村 1.42 亩集体土地，承包期限自 1999 年 4 月 30 日至 2029 年 4 月 29 日。农村土地承包经营权登记材料中的《农户承包地基本信息登记表》《农村土地家庭承包合同书》《农村土地承包经营权登记调查确认书》均载明承包经营权共有人为于某某、马某某、陈某甲、陈某乙。2014 年 5 月 31 日，临淄区人民政府就案涉 1.42 亩土地的农村土地承包经营权确权颁证，该农村土地承包经营权证载明的承包方代表为于某某，承包方式为家庭承包，承包合同编号为 370305003203000××××，该编号与农村土地承包经营权登记材料中的《农村土地家庭承包合同书》编号一致，农村土地承包经营权证载明的土地四至也与农村土地承包经营权登记材料《农村土地承包经营权登记调查确认书》载明的四至一致。于某某于 2015 年死亡，其户口于 2017 年 8 月注销。2022 年，因某工程建设，临淄区政府将案涉土地予以征收。按照土地及地上附属物的补偿标准，案涉土地应获得地上附属物补偿费 53960 元（1.42 亩×38000 元/亩），土地补偿费 14768 元（1.42 亩×1300 元/亩×8 年），两项共计 68728 元，已支付至某村委会。诉讼过程中，当地派出所工作人员称于某某死亡时户口上仅有其一人。马某某、陈某甲、陈某乙登记于一户口簿，马某某为户主，其三人家庭住址与于某某的家庭住址一致。

马某某、陈某甲、陈某乙请求判令某村委会支付其土地及地上附属物补偿款 68728 元。某村委会辩称，案涉 1.42 亩土地的承包经营权人是于某某，于某某去世时单独立户，无其他家庭成员。因此该补偿款涉及遗产继承，在于某某所有继承人未达成一致的遗产继承协议，也未依法确认继承份额的情况下，某村委会未发放该土地补偿款没有过错。

【案件焦点】

土地承包经营权能否作为遗产继承及户籍分户是否影响农村承包经营户身份认定。

【法院裁判要旨】

山东省淄博市临淄区人民法院经审理认为：关于本案是否涉及继承问题。《中华人民共和国民法典》第一千一百二十二条规定："遗产是自然人死亡时遗留的个人合法财产。依照法律规定或者根据其性质不得继承的遗产，不得继承。"本案的诉讼标的为土地征收补偿费用，产生于2022年，并非于某某死亡时遗留的个人合法财产，即案涉征收补偿费用并非遗产，该征收补偿费用本身不涉及继承。此外，于某某死亡时，其生前享有的土地承包经营权也不涉及继承。家庭承包方式设立的土地承包经营权是经营管理权，具有社会保障性质和身份属性，决定了其不具有可继承性，不属于遗产范围。《中华人民共和国农村土地承包法》第三十二条第一款规定："承包人应得的承包收益，依照继承法的规定继承。"因此，以家庭承包方式设立的土地承包经营权仅涉及承包人应得承包收益的继承。《中华人民共和国农村土地承包法》第十六条规定："家庭承包的承包方是本集体经济组织的农户。农户内家庭成员依法平等享有承包土地的各项权益。"若农户内的成员全部死亡，该农户享有的土地承包经营权即归于消灭，该农户承包的土地应由发包方收回；若农户内的部分成员死亡，则土地承包经营权由农户内继续生存的家庭成员平等享有。本案中，案涉土地以家庭承包方式承包，于某某作为承包方代表在土地承包经营合同上签字，农村土地承包经营权证中于某某也被记载为"承包方代表"，案涉《农户承包地基本信息登记表》《农村土地家庭承包合同书》《农村土地承包经营权登记调查确认书》均载明承包经营权共有人为于某某、马某某、陈某甲、陈某乙，因此，于某某死亡后，案涉土地的承包经营权由继续生存的马某某、陈某甲、陈某乙共同平等享有。根据《中华人民共和国农村土地承包法》第十七条之规定："承包方享有下列权利：……（四）承包地被依法征收、征用、占用的，有权依法获得相应的补偿……"案涉土地被征收时，作为共同享有案涉土地承包经营权的马某某、陈某甲、陈某乙有权获得案涉土地的相应补偿。

关于分户问题。《中华人民共和国民法典》第三百三十三条第一款规定："土地承包经营权自土地承包经营权合同生效时设立。"《中华人民共和国农村土地承包法》第二十三条也规定："承包合同自成立之日起生效。承包方自承包合同生效时取得土地承包经营权。"土地承包经营权设立后并不因承包方分户而必然发生变更。本案中，于某某死亡时其一人一户，马某某、陈某甲、陈某乙自 2007 年即为一户，但两个户口的家庭住址一致，其四人均为某村集体经济组织的成员。且根据《中华人民共和国民法典》第五十五条之规定："农村集体经济组织的成员，依法取得农村土地承包经营权，从事家庭承包经营的，为农村承包经营户。"该农村承包经营户的概念与户籍管理上"户"的概念并非完全一致，虽然农户成员在户籍管理的概念上进行分户，但农户家庭成员未就承包地分割达成一致意见，未经相关部门审核同意，未分别与发包方重新签订承包合同，且未换发新的农村土地承包经营权证书的，在农村二轮土地承包的政策背景下，分户后的全部家庭成员仍共同享有全部的土地承包经营权，于某某死亡后，马某某、陈某甲、陈某乙享有的也是案涉土地完整的土地承包经营权。

山东省淄博市临淄区人民法院依照《中华人民共和国民法典》第五十五条、第三百三十三条第一款、第一千一百二十二条，《中华人民共和国农村土地承包法》第十六条、第十七条、第二十三条、第三十二条第一款规定，判决如下：

某村委会于本判决生效后十日内向马某某、陈某甲、陈某乙支付土地及地上附属物补偿款 68728 元。

宣判后，双方当事人均未上诉，一审判决已经生效。

【法官后语】

该案主要涉及两个问题：一是是否涉及遗产继承；二是户籍分户是否影响农村承包经营户身份认定。

一、土地承包收益属于遗产

《中华人民共和国民法典》第一千一百二十二条规定："遗产是自然人死亡

时遗留的个人合法财产。依照法律规定或者根据其性质不得继承的遗产，不得继承。”在各类土地承包中，被继承人死亡时已经取得或者应当取得的收益，依法属于其遗产，也是实践中的共识。《最高人民法院关于适用〈中华人民共和国民法典〉继承编的解释（一）》第二条规定：“承包人死亡时尚未取得承包收益的，可以将死者生前对承包所投入的资金和所付出的劳动及其增值和孳息，由发包单位或者接续承包合同的人合理折价、补偿。其价额作为遗产。”据此，承包人生前对土地所投入的资金、付出的劳动及其增值和孳息等，应当属于承包人的财产，其价额作为遗产。本案的诉讼标的为土地征收补偿费用，产生于于某某死亡之后，并非于某某死亡时遗留的个人合法财产，即并非遗产，该征收补偿费用本身不涉及继承。

二、土地承包经营权原则上不能继承

土地承包经营权本身能否作为遗产继承，对此问题的判断，应当基于农村土地承包经营权的社会保障性考量，并以相关的法律规定为依据。根据《中华人民共和国农村土地承包法》（以下简称《农村土地承包法》）第十六条第一款的规定，家庭承包的承包方是本集体经济组织的农户，即家庭承包是以农户为生产经营单位进行的承包，土地家庭承包经营权不属于某一个家庭成员，承包户家庭中部分成员死亡的，承包关系不变，其他成员以该户的名义继续承包经营，因此，不发生继承问题。非承包户成员不能基于继承权主张对土地承包经营的权利，否则会与农村集体土地制度保障“人人有份”的基本原则发生冲突。同时根据该条第二款规定，农户内家庭成员依法平等享有承包土地的各项权益，故农户家庭成员对土地承包经营权形成共同共有关系，部分成员死亡的，其内部权利义务关系适用共同共有的规则进行调整，彼此不发生继承关系。家庭成员全部死亡的，因农户已不存在，家庭承包经营权因权利主体消灭而丧失，承包地应由村集体收回重新发包，不存在承包经营权的继承问题。所以，土地承包经营权原则上不得继承。

本案中，于某某死亡时，其生前享有的土地承包经营权也不涉及继承问题。案涉土地以家庭承包方式承包，承包方代表于某某死亡后，案涉土地的承包经营权由其他承包经营权共有人马某某、陈某甲、陈某乙共同平等享有。

案涉土地被征收时，作为共同享有该土地承包经营权的马某某、陈某甲、陈某乙有权获得相应土地补偿。

三、户籍分户是否影响农村承包经营户身份认定

《中华人民共和国民法典》第五十五条规定："农村集体经济组织的成员，依法取得农村土地承包经营权，从事家庭承包经营的，为农村承包经营户。"第三百三十三条第一款规定："土地承包经营权自土地承包经营权合同生效时设立。"《农村土地承包法》第十六条规定："家庭承包的承包方是本集体经济组织的农户。农户内家庭成员依法平等享有承包土地的各项权益。"第二十三条也规定："承包合同自成立之日起生效。承包方自承包合同生效时取得土地承包经营权。"从上述法律规定可以看出，家庭承包的承包方，即土地承包经营权的权利主体是集体经济组织的农户。农户依法取得土地承包经营权的依据是土地承包经营权合同。《中华人民共和国户口登记条例》第五条规定："户口登记以户为单位。同主管人共同居住一处的立为一户，以主管人为户主。单身居住的自立一户，以本人为户主。居住在机关、团体、学校、企业、事业等单位内部和公共宿舍的户口共立一户或者分别立户。户主负责按照本条例的规定申报户口登记。"因此，农户的概念及其成员范围与行政管理意义上的户籍的概念及成员范围并不一致。作为农村土地承包经营权权利主体的"农户"，其成员范围应以土地承包合同及土地承包经营权证书上载明的为准。

户籍管理意义上的户，确实存在"分户"的情形。户籍分户是指公民从原有户口登记中独立出去，形成新的、独立的户口单位。常见的情形如子女成年后从父母户口中分离出去，又如夫妻离婚后一方另立户口。户籍分户仅产生户籍管理、社会保障等行政管理上的意义，对相关主体的民事权利并不产生直接影响。法律未明确禁止农户承包经营权的分割，故土地承包经营权也存在分割的可能性，也即家庭承包户存在分立的空间。但一般需农户成员就承包地分割达成一致意见，经相关部门审核同意，并由分割后的主体分别与发包方重新签

订承包合同。此时农户一分为二，分别各自享有分割后的土地承包经营权，该种分割是对民事权利本身的分割。

具体到本案，于某某死亡时其与马某某、陈某甲、陈某乙分别为一户，但两个户口的家庭住址相一致，其四人均为某村集体经济组织的成员，不存在承包地分割情形，故，此属于农户成员在户籍管理的概念上进行分户，对农户享有的土地承包经营权并不产生影响。于某某死亡后，马某某、陈某甲、陈某乙共同享有案涉土地完整的土地承包经营权，继而享有土地及地上附属物的补偿款。

编写人：山东省淄博市临淄区人民法院　于建　徐岩

（二）居住权纠纷

55

以遗嘱方式设立居住权的效力认定

——朱某某诉李某居住权案

【案件基本信息】

1. 裁判书字号

北京市第二中级人民法院（2024）京 02 民终 125 号民事判决书

2. 案由：居住权纠纷

3. 当事人

原告（反诉被告、被上诉人）：朱某某

被告（反诉原告、上诉人）：李某

【基本案情】

朱某某与李某某系二婚夫妻，双方于 2012 年 11 月结婚，婚后未生育子女。李某某与其前妻育有一子李某。案涉房屋系李某某单位分配的房改房，于 2011 年 10 月登记在李某某名下。朱某某和李某某婚后居住在案涉房屋中。李某某于双方结婚的次日自书《协议》，其上载明：案涉房屋产权归儿子李某所有；如果男方先去世，女方可以继续居住到百年，李某对女方多加照顾。协议下方有李某某签名及按捺手印和朱某某签名。2022 年 4 月，李某某去世。

在案由为遗嘱继承纠纷的另案中，法院于 2023 年 6 月判决案涉房屋归李某所有。

朱某某在本案中请求其对案涉房屋享有居住权。李某辩称：李某某在遗嘱中设立的居住权并未进行登记，故并未生效。李某同时以其名下并无其他房屋为由提出反诉：请求判令李某对案涉房屋享有居住权。

【案件焦点】

1. 李某某在遗嘱中为朱某某设立的居住权是否生效；2. 法院是否应为名下无房的李某在案涉房屋设立居住权。

【法院裁判要旨】

北京市丰台区人民法院经审理认为：以遗嘱方式可以设立居住权。关于案涉《协议》的性质，生效判决已认定为李某某的自书遗嘱，该遗嘱具有法律效力。根据该遗嘱，案涉房屋已另案判决由李某继承所有。关于遗嘱中朱某某可以就案涉房屋居住到百年的意思表示真实、明确，故朱某某享有案涉房屋的居住权。关于李某提出的案涉房屋居住权未登记的抗辩意见，现北京房屋居住权登记工作尚未正式启动，在遗嘱有效的前提下，朱某某的居住权不因未登记而丧失。故，对李某的抗辩意见不予采纳。对于李某主张的要求确认其对案涉房屋享有居住权等反诉请求，缺乏事实及法律依据，不予支持。

北京市丰台区人民法院依照《中华人民共和国民法典》第三百六十六条、第三百七十一条规定，判决：

一、确认朱某某对案涉房屋拥有居住权；

二、驳回李某的反诉请求。

李某不服一审判决，提起上诉。

北京市第二中级人民法院经审理认为：因朱某某所享有居住权是依据李某某的遗嘱而非基于协议，一审法院依据北京市居住权登记的客观情况，对李某主张居住权未登记而丧失的抗辩意见未予采信，并无不当。因朱某某对案涉房屋享有居住权，李某对案涉房屋的所有权的部分权能必然受到限制。一审法院依据案涉房屋的实际居住情况、朱某某本人意愿，对李某提出的反诉请求未予支持，符合本案客观实际。

北京市第二中级人民法院依照《中华人民共和国民事诉讼法》第一百七十七条第一款第一项规定，判决：

驳回上诉、维持原判。

【法官后语】

关于居住权的设立，《中华人民共和国民法典》（以下简称《民法典》）规定了合同和遗嘱两种方式。通过合同设立居住权的，《民法典》设有五个法律条文，规范得具体而完备。而通过遗嘱设立居住权，则表述为参照适用合同设立居住权的有关规定。运用“参照”的法律适用方法，说明立法者充分考虑了以遗嘱方式设立居住权区别于以合同方式设立居住权的特殊性，即遗嘱是《民法典》继承编的调整对象，对于遗嘱的形式和实质要件的审查，首先应当适用继承编的相关规定，因继承编没有规定遗嘱设立居住权的问题，所以遗嘱设立居住权的效力审查，应当根据遗嘱的订立方式、特点变通适用合同设立居住权的有关规定。因此，在审查是否以遗嘱方式设立居住权时，既要考虑到参照前后之对象的相似点，也要考虑到参照前后之对象的差异点[1]。本案从目前关于居住权设立、登记的实际情况出发，旨在探究以遗嘱方式设立居住权的生效要件。

---

① 雷槟硕：《“应当参照”：适度变通的类案同判义务》，载《社会科学》2024 年第 3 期。

一、可设立居住权的遗嘱形式

《民法典》规定了六种遗嘱形式，分别为自书遗嘱、代书遗嘱、打印遗嘱、录音录像遗嘱、口头遗嘱和公证遗嘱。在通过合同方式订立居住权的框架下，《民法典》规定当事人应当采用书面形式。而在通过遗嘱方式设立居住权的情况下，自书遗嘱、代书遗嘱、打印遗嘱、公证遗嘱显然符合“书面形式”的要求，而非传统意义“书面形式”的录音录像遗嘱和口头遗嘱能否设立居住权就是一个值得商榷的问题。

就录音录像遗嘱来说，虽然并非传统意义上的写在纸面上的遗嘱，但是根据《民法典》第四百六十九条第三款规定，以电子数据交换、电子邮件等方式能够有形地表现所载内容，并可以随时调取查用的数据电文，视为书面形式。因此，录音录像遗嘱可以视为广义上的“书面形式”，也即可以通过录音录像遗嘱来设立居住权。

就口头遗嘱来说，其显然不符合“书面形式”的要求，故一直有不能以口头遗嘱设立居住权的说法。此种观点显然是将遗嘱设立居住权融进了合同设立居住权的法律框架之中，而忽略了《民法典》第三百七十一条“参照适用”的规定。

首先，《民法典》规定的口头遗嘱的生效要件较为严格，即在危急情况下且需要有两名以上见证人在场见证，以此保证遗嘱内容符合立遗嘱人的真实意愿。因此，对于口头遗嘱，两位见证人的证人证言能够达到同书面形式一样的证明效果。

其次，最高人民法院的相关观点认为，对于未采用书面形式的设立居住权的合同，倾向于给予补救措施①。举重以明轻，对难以采用书面形式的口头遗嘱，更应予以宽容对待。

最后，法律不应强人所难。若严苛地认为于危急情况下立遗嘱人必须采用

① 最高人民法院民法典贯彻实施工作领导小组：《中华人民共和国民法典物权编理解与适用（下）》，人民法院出版社 2020 年版，第 868 页。书中认为：“未采用书面形式的居住权合同，原则上不发生效力。但是，如果仅仅为强调签订合同的谨慎和追求诉讼的便利，就对欠缺形式要件的合同一律评价为未成立或者无效，那么对当事人交易的积极性、交易安全和效率无异于重大打击，反而是舍本逐末。因此，欠缺形式要件的合同仍应设计补救措施。”

书面形式设立居住权，则剥夺了部分立遗嘱人处分自己名下财产的自由，限制了部分弱势群体取得居住权的正当权益，而这些显然与《民法典》设立居住权的初衷背道而驰。

二、通过遗嘱方式设立居住权是否以登记为生效要件

居住权系一项用益物权，具有对世性。《民法典》第三百六十八条亦明确规定，通过合同设立居住权的，应当向登记机构申请居住权登记。居住权自登记时设立。故，通过遗嘱设立居住权的案件中，一方当事人常以该居住权未经登记不发生法律效力进行抗辩。

然而，合同和遗嘱作为设立居住权的两种方式，具有各自的特点，在遗嘱设立居住权的框架下，对于合同设立居住权的相关规范，仅是参照，并非严格适用。首先，从取得居住权的合法性来看，遗嘱系立遗嘱人生前真实的意思表示，应予尊重。且存在立遗嘱人立遗嘱时处于危急状态的特殊情况，此种情况下苛求立遗嘱人进行登记，未免强人所难。其次，从权利救济途径来看，若严格要求居住权经过登记才能生效，则可能存在房屋所有权继承人在办理居住权登记之前将房屋出售的情形，此种情况下居住权人最基本的居住利益将难以得到保障。此种观点与最高人民法院的相关观点一致，即以遗嘱设立居住权的，不适用《民法典》第三百六十八条“居住权自登记时设立”的规定①。

三、法院以裁判为弱势群体设立居住权的利益衡量

《民法典》第一千一百四十一条对于在遗嘱中为弱势群体保留必要的遗产份额进行了规定②。该条款又称“必留份”条款，是为了保障每一位继承人都能够得到最基本的生活保障，不因被继承人的死亡而导致生活难以为继。但该条款的适用主体又有严格的限制，即缺乏劳动能力又没有生活来源的继承人。此种严格的限制，体现了法律希望给年老体弱的弱势群体生活予以最基本的保

---

① 最高人民法院民法典贯彻实施工作领导小组主编：《中华人民共和国民法典物权编理解与适用（下）》，人民法院出版社 2020 年版，第 899 页。

② 《民法典》第一千一百四十一条规定，遗嘱应当为缺乏劳动能力又没有生活来源的继承人保留必要的遗产份额。

障，同时含有鼓励有劳动能力者自食其力的价值取向。

当“必留份”条款碰到“居住权”这一新制度，对该条款可诠释出新的解读。我国需要居住权制度来为“居无定所”的特定群体提供基本的生活保障，从而满足其“居者有其屋”的现实需求[①]。住房需求是人类最基本的需求之一，从“必留份”条款设立的原则出发，立法者是希望继承人的居住需求都能够得到最基本的满足。但如果居住权的设立仍局限于“必留份”条款的适用主体，即缺乏劳动能力又没有生活来源的继承人，则势必有一部分群体的居住权利益难以得到保护。

目前，个别城镇房价居高不下，租金也水涨船高，部分老人的养老金难以满足其衣食住行的基本生存需求。若严格适用《民法典》第一千一百四十一条的规定，很可能会使其陷入生活窘境。故，对于居住权“必留份”的考量上，不宜过于严苛，要结合居住地的生活水平、房租价格、继承人的经济能力、收入水平，根据实际情况对处于“弱势地位”的继承人设立居住权或对其居住利益进行适当财产补偿，避免“弱势地位”继承人因被继承人去世而使生活陷入居无定所的窘境。

本案中，在李某某去世之前，李某并未和朱某某、李某某一起居住，说明李某具有一定的居住自我保障能力。综合李某的身体健康情况、经济状况，其并不符合居住权需要保障的弱势群体。故，对于李某提出的要为其在案涉房屋设立居住权的诉讼请求，法院认为，朱某某与李某系再婚形成的继母子关系，双方因房产纠纷产生多起诉讼，关系恶化，且李某并非居住权需要特殊关照的弱势群体，故对其反诉请求，不予支持。

编写人：北京市丰台区人民法院　侯利平

---

① 张罡：《我国〈民法典〉居住权制度的利益衡量与适用路径》，载《中南民族大学学报（人文社会科学版）》2024年第4期。

56

涉无权处分的居住权协议的效力认定

——陈某诉齐某甲、齐某居住权案

【案件基本信息】

1. 裁判书字号

福建省福州市中级人民法院（2022）闽01民终10262号民事判决书

2. 案由：居住权纠纷

3. 当事人

原告（上诉人）：陈某

被告（被上诉人）：齐某甲、齐某

第三人（被上诉人）：孙某

【基本案情】

齐某甲与孙某于1968年结婚，1993年以买受方式取得福州市鼓楼区某小区案涉房屋，登记所有权人为齐某甲。齐某甲与孙某婚后育有一子齐某，齐某与陈某婚后育有一子齐某乙。2008年12月，陈某与齐某登记离婚。2008年至今，案涉房屋一直由陈某居住。

2008年12月23日，甲方齐某甲与乙方陈某、丙方齐某签订《协议》，约定：（1）陈某在与齐某婚姻关系存续期内居住在案涉房屋，该房屋因齐某甲及其家属借款已办理抵押手续，待本期抵押解除后，齐某甲同意随即（三个月）将该房屋过户到陈某、齐某乙名下，过户费用由齐某甲承担；（2）齐某甲及其家属承诺在房屋过户到齐某乙名下前，不将该房屋续押、转移或出售给他人，如需将该房屋产权续押、转移或出售，需经三方同意；（3）陈某作为齐某乙的母亲，本人对该房屋享有永久无偿居住权，但是仅为陈某一人居住，如果陈某因违反上述约定造成齐某乙对该房屋失去居住权和支配权的，陈某将自动失去该房屋的居住权，甲方不承担相关责任……

2021 年 3 月，法院受理齐某甲诉陈某返还原物纠纷，该案生效判决要求陈某于判决生效之日起十日内搬离案涉房屋并将该房屋返还齐某甲。

陈某诉请法院依法确认陈某与齐某甲、齐某签订的《协议》合法有效，齐某甲协助配合陈某办理案涉房屋的居住权登记手续，并明确居住权期限为永久；同时确认陈某对案涉房屋享有居住权，居住权期限为永久。齐某甲辩称，在未经房屋共有人同意的情况下，齐某甲对《协议》所涉房屋无处分权，故陈某对案涉房屋不享有居住权。齐某甲现逾八十高龄，案涉房屋是登记于其名下的唯一住房，从公序良俗角度出发，陈某亦不应继续占有案涉房屋。陈某与齐某已经离婚十余年，在齐某乙未能居住于案涉房屋的情况下，陈某亦没有理由继续居住于此。

【案件焦点】

1. 居住权协议属于无权处分的是否合法有效；2. 陈某是否享有案涉房屋的居住权。

【法院裁判要旨】

福建省福州市鼓楼区人民法院经审理认为：根据《中华人民共和国民法典》第三百六十八条规定："居住权无偿设立，但是当事人另有约定的除外。设立居住权的，应当向登记机构申请居住权登记。居住权自登记时设立。"陈某诉请对案涉房产享有居住权，但并未登记，居住权尚未设立，且生效判决已判决陈某向齐某甲返还案涉房产，故陈某诉请确认其对案涉房产享有居住权，不予支持。关于齐某甲、陈某、齐某签订的《协议》效力认定。案涉房屋虽登记在齐某甲个人名下，但其系在齐某甲与孙某于婚姻关系存续期间取得，在没有相反证据的情况下，该房产属于孙某及齐某甲夫妻共同共有的房产。居住权作为一种用益物权，是所有权人对不动产占有、使用权能的让渡，居住权一旦设立，居住权人对房屋就享有占有、使用的权利，必然对其他共有人使用房屋产生影响，故设定居住权应视为对房屋的重大处分行为，在不动产为共有的情况下设定居住权，应当遵循共有物的处分规则。根据《中华人民共和国民法典》第三百零一条“处分共有的不动产或者动产以及对共有的不动产或者动产作重大修缮、变更性质或者用途的，应当经占份额三分之二以上的按份共有人或者全体共同共有人同意，但是共有人之间另有约定的除外”的规定，案涉《协议》未经共有人孙某签字确认，且从《协议》第二条“甲方及其家属承诺在房屋过户到齐某乙名下前”约定亦可知，双方知晓对案涉房产处分应经共有人同意，齐某甲与陈某约定在案涉房产设立居住权，但未经共有人孙某同意，违反法律规定，故齐某甲、陈某、齐某签订的《协议》无效，侵害了其他共有人的利益，齐某甲设定居住权对孙某不具有约束力。因《协议》无效，故陈某主张齐某甲协助配合陈某办理案涉房屋的居住权登记手续，并确认居住权和明确居住权期限为永久，不予支持。

福建省福州市鼓楼区人民法院依照《中华人民共和国民法典》第一百五十三条、第一百五十五条、第三百零一条、第三百六十八条、第一千零六十二条，《中华人民共和国民事诉讼法》第一百四十七条规定，判决如下：

驳回陈某的全部诉讼请求。

陈某不服一审判决，提起上诉。

福建省福州市中级人民法院经审理认为：关于案涉《协议》是否合法有效的问题。案涉房屋属于孙某与齐某甲夫妻共同共有的房产，齐某并不是案涉房屋的产权人，就案涉房屋，齐某、齐某甲与陈某签订案涉《协议》，未经孙某签字认可并追认，根据《中华人民共和国民法典》第三百零一条的规定，应属无权处分。但该协议并无证据证明存在应为无效的法定情形，应为合法有效，陈某诉请确认该协议合法有效，应予支持。关于陈某诉请齐某甲配合办理案涉房屋居住权登记手续应否支持的问题。孙某在本案一审及二审期间均表示其对《协议》的签署不知情且不同意，陈某主张结合《协议》签订的背景及日常生活经验可以推定孙某知晓且同意，依据不足，不予采纳。齐某甲、齐某与陈某签订案涉《协议》属无权处分，对孙某不具有约束力，亦侵害了孙某的合法权益，法律上履行不能，故对陈某诉请判令齐某甲协助配合其办理案涉房屋的居住权登记手续，不予支持。关于陈某对案涉房屋是否享有居住权的问题。《中华人民共和国民法典》施行之后，才对居住权作出规定。一审根据《最高人民法院关于适用〈中华人民共和国民法典〉时间效力的若干规定》的规定，认定本案可适用《中华人民共和国民法典》关于居住权的规定正确。根据《中华人民共和国民法典》第三百六十八条的规定，居住权自登记时设立，如上所述，鉴于居住权登记法律上履行不能，陈某对案涉房屋的居住权并未设立，其诉请确认其对案涉房屋享有永久居住权，不予支持。

福建省福州市中级人民法院依照《中华人民共和国民事诉讼法》第一百七十七条第一款第二项规定，作出如下判决：

一、撤销福建省福州市鼓楼区人民法院一审民事判决；

二、确认陈某与齐某甲、齐某于2008年12月23日签订的《协议》合法有效；

三、驳回陈某的其他诉讼请求。

【法官后语】

本案系因双方当事人特殊关系引发的居住权纠纷案件，主要争议焦点为在无权处分的情形下，居住权协议是否有效。一审与二审法院呈现相反的观点，也是实务界的两种争论意见。一审法院认为，居住权协议因未经共有人签字确认，属于无权处分，违反法律规定，对共有人不发生效力，协议属无效。二审法院认为，该协议设立居住权确属无权处分，但并无证据证明协议存在应为无效的法定情形，故协议应为合法有效，但该协议对共有人不发生效力。

无权处分行为是否影响合同效力，法律规定是存在一定变化的，从效力待定到以转让或者设定财产权利为目的订立的合同不因无权处分而无效。原《中华人民共和国合同法》第五十一条规定因无权处分订立的合同属于效力待定，需权利人追认或无处分权人事后取得处分权。《中华人民共和国民法典》删除了关于无权处分合同效力待定的规定，且《最高人民法院关于适用〈中华人民共和国民法典〉时间效力的若干规定》第八条亦规定，民法典施行前成立的合同，适用当时的法律规定合同无效而适用民法典规定合同有效的，适用民法典的相关规定，也即《中华人民共和国民法典》不再将无权处分作为合同无效的法定事由。根据《中华人民共和国民法典》第五百九十七条第一款规定，因出卖人未取得处分权致使标的物所有权不能转移的，买受人可以解除合同并请求出卖人承担违约责任。该条仅适用于买卖合同，《最高人民法院关于适用〈中华人民共和国民法典〉合同编通则若干问题的解释》（以下简称《合同编解释》）第十九条，将合同范围从买卖合同进一步扩大至其他合同，以转让或者设定财产权利为目的订立的合同，当事人或者真正权利人仅以让与人在订立合同时对标的物没有所有权或者处分权为由主张合同无效的，人民法院不予支持；因未取得真正权利人事后同意或者让与人事后未取得处分权导致合同不能履行，受让人主张解除合同并请求让与人承担违反合同的赔偿责任的，人民法院依法予以支持。本案二审的观点符合《合同编解释》第十九条的要义，认为被告与原告签订的居住权协议虽系无权处分，但协议不因无权处分而无效，因被告一事后未取得处分权导致合同不能履行，原告有权向被告主张违约赔偿责任。

若认定无权处分的情形下，居住权协议有效，但因侵害共有权人的合法权益，居住权登记属于法律上履行不能，原告无权主张要求被告配合办理居住权登记，亦无法依照有效的居住权协议主张对房屋享有永久居住的权利，原告仅能主张解除居住权协议要求被告承担违约赔偿。需要明确的是，违约赔偿损失，是指行为人违反合同约定造成对方损失时，行为人向受害人支付一定数额的金钱以弥补其损失。本案原告主张违约赔偿的前提是原告已实际搬离案涉房屋的损失。从立法意旨上看，《合同编解释》认为无权处分并不因此导致合同无效，充分尊重合同签订主体的真实意思表示，保护合同签订主体的合法权益，原告虽无法依约继续居住，但可通过赔偿损失的方式有效保护自身的合法权益，同时对无权处分人课以违约责任也能起到惩戒无权处分人的无权处分行为、增加其无权处分行为的风险成本的作用。

若认定无权处分的情形下，居住权协议无效，则原告应当返还案涉房屋不能继续居住，协议无效对于协议订立的相对方将无任何保障，协议将失去订立的意义，将导致合同实际对双方不发生约束力。《合同编解释》从立法意旨上倾向性选择保护合同相对方的权益，亦是充分考虑到社会秩序的稳定，维护交易秩序安全和社会家庭伦理，较好地实现了共有权人和守约方的利益平衡。

关于居住权是否设立的问题，首先应明确是否适用《中华人民共和国民法典》相关规定，根据《最高人民法院关于适用〈中华人民共和国民法典〉时间效力的若干规定》第一条第三款及第三条规定，本案的居住权协议系《中华人民共和国民法典》施行前签订的，但持续至《中华人民共和国民法典》施行以后，且居住权为《中华人民共和国民法典》新的规定，故本案可适用《中华人民共和国民法典》关于居住权的相关规定，即居住权自登记时设立。因居住权协议对共有人不发生效力，故原告要求配合办理居住权登记属于法律上履行不能，因此原告对案涉房屋的居住权并未设立。尽管居住权依法并未设立，但因居住权协议有效，原告的居住权益依然得到了保障，因居住权协议法律上履行不能，由赔偿损失替代实际居住，原告享有向被告主张赔偿损失的权利。

编写人：福建省福州市鼓楼区人民法院　王明亮　张卓怡

四、担保物权纠纷

57

无权处分情形下抵押权善意取得的认定标准

——回某某诉河北某商业银行股份有限公司、李某抵押权案

【案件基本信息】

1. 裁判书字号

北京市第一中级人民法院（2023）京01民终10450号民事判决书

2. 案由：抵押权纠纷

3. 当事人

原告（被上诉人）：回某某

被告（上诉人）：河北某商业银行股份有限公司（以下简称某银行）

被告（被上诉人）：李某

【基本案情】

回某某与李某原系夫妻关系，二人生育一子回某。2010年12月，回某某与李某经法院调解离婚，确认双方无财产及其他争议。2021年10月，法院受理回某某诉李某离婚后财产纠纷一案，回某某诉请要求确认回某某为案涉房屋的共有人等。法院生效判决确认李某名下案涉房屋归李某、回某某按份共有，二人各占50%的份额。

2021 年 8 月 6 日，李某（抵押人）与某银行（抵押权人）就案涉房屋签订《主债权及不动产抵押合同》，其中约定被担保主债权金额为 475 万元，担保范围为本金、利息、违约金。同日，案涉房屋上设立抵押权，抵押人为李某，抵押权人为某银行，被担保主债权数额为 475 万元。

回某某主张某银行在收到明显存在问题的伪造民事调解书的情况下，未尽到审查义务，存在过错，对案涉房屋的抵押权不适用善意取得，故请求确认某银行不享有案涉房屋的抵押权，判令李某、某银行协助注销对案涉房屋的抵押登记。回某某就此提交《离婚协议书》、有关回某某被伪造、变造、买卖国家机关、公文、证件、印章一案的刑事《立案告知书》与民事调解书，其中，民事调解书显示共有两页，其中第一页的内容与前述离婚案件中的民事调解书的第一页内容一致，第二页的内容为“涉案房屋归女方所有……”

【案件焦点】

某银行就案涉房屋的抵押权是否构成善意取得。

【法院裁判要旨】

北京市海淀区人民法院经审理认为：案涉房屋为回某某和李某按份共有，本案现有证据无法证实李某为案涉房屋设定抵押权时已经过回某某的同意，李某的行为属于无权处分。因此，本案的争议焦点在于某银行就案涉房屋的抵押权是否构成善意取得。

第一，结合法律关于善意取得的规定，就抵押权而言，是否构成善意取得，应同时满足善意、合理对价、登记三个要件，缺一不可。本案中，根据某银行提交的公证书等证据，可以证实其向回某某发放了贷款，并在案涉房屋上完成了抵押权登记，其已满足合理对价和登记两个要件，故本案的审查重点在于是否满足善意的要件。

第二，有关抵押权的善意的判断标准应为：抵押权人在依法完成抵押权登记之时，不知道抵押人无处分权，且无重大过失。具体到本案中，某银行信赖李某对案涉房屋享有全部处分权的一个重要依据在于回某某和李某之间的民事调解书，而根据回某某所提交的民事调解书及某银行的质证意见可以证实，某银行在办理抵押登记时，其所获取的民事调解书虽加盖有人民法院的公章，但相应内容存在明显瑕疵：比如第一页和第二页之间的行文表达有矛盾、序号不连贯；第一页字体和第二页字体有明显差异。上述瑕疵已足以引起一般理性主体的合理怀疑。换言之，某银行作为办理抵押贷款的专业机构，其对此更应尽到审慎注意义务，其在客观上亦完全有能力采取相应措施以排除前述合理怀疑，如让抵押人李某提供法院档案卷宗材料用以比对或与民事调解书的相对人回某某进行核实等，但其在本案中所提交的公证书等证据，均不足以证明其已就前述具有明显瑕疵的民事调解书尽到了相应的注意义务。因此，某银行在完成抵押权登记之时存在重大过失，不应认定其为善意。

综上，某银行对案涉房屋的抵押权不构成善意取得。在此前提下，回某某作为案涉房屋的按份共有人，其有权追回物权，即李某、某银行应协助其办理相应抵押权登记注销手续。

北京市海淀区人民法院依照《中华人民共和国民法典》第二百三十四条、第三百一十一条规定，作出如下判决：

一、确认某银行不享有案涉房屋的抵押权；

二、李某、某银行于本判决生效后七日内协助回某某办理案涉房屋的抵押权登记注销手续。

某银行不服一审判决，提出上诉。

北京市第一中级人民法院经审理认为：本案中，案涉房屋原系回某某和李某的夫妻共同财产，双方在离婚时就该财产未进行分割，故在李某为案涉房屋设定抵押权时仍是共有状态，李某未征得其他共有人回某某的同意，其设定抵押权的行为属于无权处分。在此情况下，除非某银行就案涉房屋的抵押权构成善意取得，否则回某某有权追回案涉房屋。

关于某银行是否构成善意取得。某银行在办理抵押登记时所获取的民事调解书存在明显瑕疵，其作为办理抵押贷款的专业机构，对于上述明显瑕疵未尽到审慎注意义务，其在完成抵押权登记之时存在重大过失，不应认定其为善意。因此，虽然某银行已支付合理对价并办理了抵押权登记，但因其并非善意，故某银行对案涉房屋的抵押权不构成善意取得。回某某作为案涉房屋的按份共有人，其有权追回物权，李某、某银行应当协助其办理相应抵押权登记注销手续。

北京市第一中级人民法院依照《中华人民共和国民事诉讼法》第一百七十七条第一款第一项规定，作出如下判决：

驳回上诉，维持原判。

【法官后语】

所谓无权处分，是指行为人没有处分权而处分他人财产。无权处分涉及传统民法上的处分行为与负担行为两个法律概念，前者系物权行为，即发生权利变动的行为；后者系债权行为，即设定权利义务的行为。一般而言，处分行为有效以行为人具有处分权为要件，本案涉无权处分情形下的抵押权变动，抵押权人是否取得抵押权需审查相关行为是否满足善意取得制度的构成要件。根据《最高人民法院关于适用〈中华人民共和国民法典〉有关担保制度的解释》第三十七条规定，当事人以所有权、使用权不明或者有争议的财产抵押，经审查构成无权处分的，人民法院应当依照民法典第三百一十一条的规定处理。《中华人民共和国民法典》第三百一十一条是关于善意取得制度的规定。根据该条款，无处分权人将不动产或者动产转让给受让人的，在同时符合受让人受让财产时为善意、以合理价格有偿转让、转让的财产已登记或交付三个要件时，受让人善意取得该财产。其中，如何认定构成“善意”一直是民商事审判的难点。

《最高人民法院关于适用〈中华人民共和国民法典〉物权编的解释（一）》第十四条、第十五条对“善意”的认定标准作出了规定。根据上述规定，不动产物权善意要件认定标准为受让人在受让财产时对真实的权利状况不知情，且无重大过失，这种情况下应推定受让人为善意。真实权利人主张不构成善意的，就此承担举证责任。实践中，对善意的判断标准应区分一般民事主体和商事主体。

对一般民事主体而言，其可以基于不动产物权登记的公信力，一般认为只要审查了不动产登记情况，且不存在重大过失，就可以认定其已经履行了合理注意义务。但值得注意的是，现实生活中不动产的登记与占有时常发生分离，而不动产买受人的交易目的通常涉及对标的物的占有，故在不动产所有权的善意取得中，应将占有作为判断买受人是否构成善意的考量因素。买受人在进行不动产交易时应尽到更为审慎的注意义务，如应现场查看不动产的占有情况等。但是，抵押权的设立不以交付为要件，抵押物通常仍由抵押人占有，因此，若一般民事主体在设立抵押权时审查了抵押物的登记信息，未发现明显权属瑕疵，一般可推定其为善意，不宜因其未查验抵押物占有状态而认定其存在重大过失。

对商事主体而言，通常还需根据受让人身份对一般商事主体与专业金融机构作进一步区分。对于一般商事主体，如房地产公司、资产管理公司等，其通常具备一定的合同审查能力与风险识别能力，此类主体在交易中负有比一般民事主体更高的注意义务，尤其在面对复杂或不确定的权属材料时，其应主动审查相关文件内容的一致性、文件来源等，若其根据登记信息、表面合同文件未发现重大瑕疵，一般可被推定为善意。对于专业金融机构，则因其具备专业贷款审核能力及金融风险防控机制，其注意义务标准更为严格。其中，应进一步区分商业银行与其他非银行类专业金融机构的注意义务。对商业银行而言，其作为最典型的持牌放贷机构，依法负有高度审慎的信贷审查义务。根据《中华人民共和国商业银行法》第三十六条的规定，银行应当对保证人的偿还能力，抵押物、质物的权属和价值以及实现抵押权、质权的可行性进行严格审查。因此，商业银行在为自己设立抵押权时，不得仅凭不动产权属登记或形式文件作出判断，而应结合交易背景、房产实际占有、权属相关文件内容的一致性、抵押人婚姻状况等进行实质性核查。例如，核查不动产权证书原件及其登记信息；审查抵押人婚姻状态及是否存在共有情形；核对相关法院文书、调解书是否真实、一致；必要时联系共有权人或文书相对人进一步确认；进行实地勘验和占有状况确认等。对任何可能引发合理怀疑的材料，如文书内容前后矛盾、格式不统一、来源不明等，商业银行负有主动核查义务。而对于其他非银行类专业金融机构，如小额贷款公司、融资担保公司、典当行等，其虽非《中华人民共和国商业银行法》的直接规制对象，但由于其业务性质与风险控制、防范能力等与商业银行相似，且多受地方金融监督管理局或中国人民银行授权监管，其业务规范中亦通常包含尽职调查、实质审查、贷款文件核验等基本要求，因此，如上述机构在放贷或设立抵押权过程中具备相当的专业与风险控制能力，并体现系统性运作模式时，可根据具体情况比照商业银行注意义务的审查标准判定上述机构是否存在重大过失。

本案中，某银行虽然审查了案涉房屋的登记证书，通过公证机构办理了借款和抵押手续，并就案涉房屋进行了入户调查，但其在审查抵押人李某对于案涉房屋的处分权利的重要依据，即回某某和李某之间的民事调解书事宜上没有尽到严格审查义务。在调解书存在字体字号不一致、序号不连贯、内容前后矛盾等明显瑕疵，足以引起合理怀疑的情况下，某银行作为办理抵押贷款的专业机构，没有及时向法院或者调解书的另一方当事人就相关情况进行核实，没有尽到严格审查义务，对于抵押权登记存在重大过失，不应认定其为善意。

编写人：北京市海淀区人民法院　蒙向东　张帅

58

金融机构不动产抵押权善意取得的认定

——方甲、方乙诉某信托有限公司等抵押权案

【案件基本信息】

1. 裁判书字号

北京市第二中级人民法院（2023）京02民终7341号民事判决书

2. 案由：抵押权纠纷

3. 当事人

原告（被上诉人）：方甲、方乙

被告（上诉人）：某信托有限公司（以下简称某信托公司）、北京某资产管理有限公司（以下简称某资产公司）、杭州某资产管理合伙企业（有限合伙）（以下简称某资产企业）

第三人（上诉人）：某小额贷款有限公司（以下简称某小额贷公司）、某科技投资有限公司（以下简称某投资公司）

【基本案情】

方甲、方乙、方丙系兄弟姐妹关系。

2017 年 11 月 21 日，方丙通过虚假受赠的方式取得原由其父母所有的位于北京市西城区的案涉房屋的产权，并办理了产权登记。12 月 1 日，方丙以该房屋办理抵押，抵押权人为某典当公司，抵押金额为 440 万元，该抵押权于 2018 年 2 月 2 日解除；方丙又以该房屋于 2018 年 2 月 12 日办理抵押，抵押权人为案外人陈某，金额为 442.2 万元，该抵押权于 2018 年 3 月 22 日解除。

2018 年 3 月 21 日，方丙与某信托公司签订《抵押保证借款合同》，约定：方丙从某信托公司贷款 465 万元，用于日常经营及消费；贷款期限自 2018 年 3 月 21 日至 9 月 21 日；抵押物为案涉房屋。同日，方丙与某信托公司共同向北京市某公证处申请赋予该《抵押保证借款合同》强制执行效力；3 月 26 日，该公证处出具了公证书。

2018 年 3 月 23 日，某信托公司向方丙发放贷款 465 万元。3 月 26 日，方丙与某信托公司就上述房屋办理了抵押登记手续。

后，方甲、方乙以合同纠纷诉讼请求确认父母与方丙的赠与合同不成立，并通过行政诉讼撤销了方丙取得的案涉房屋不动产权证。

现，方甲、方乙诉至法院，请求确认方丙将案涉房屋抵押给某信托公司的抵押行为无效，并要求某信托公司等配合方甲、方乙解除案涉房屋的抵押权登记手续。

【案件焦点】

某信托公司是否符合善意取得抵押权的构成要件。

【法院裁判要旨】

北京市西城区人民法院经审理认为：在另案生效民事判决“确认将案涉房屋赠与方丙的赠与合同不成立”生效行政判决也判决“撤销方丙的案涉房屋《不动产权证书》”的情况下，方丙于 2018 年 3 月 26 日将该房屋抵押给某信托公司的行为构成无权处分。故，本案审查的核心在于某信托公司是否对该抵押权构成善意取得。

从放贷过程来看，2017 年 11 月 22 日，案涉房屋所有权登记至方丙名下，2017 年 12 月 1 日，方丙便第一次使用该房屋进行抵押，抵押金额为 440 万元，之后在短短的 4 个月内，方丙先后利用该房屋进行了三次抵押。作为专业放贷机构，此种情况理应引起某信托公司的高度注意。然而，某信托公司进行入户调查的时间为 2018 年 3 月 1 日，此时案涉房屋上案外人陈某的抵押权尚未解除。在放贷审查中，某信托公司将部分审查工作交由在北京区域内没有经营贷款业务资格的某小额贷公司进行。对于此笔放贷业务，有关监督管理部门也认定存在诸多瑕疵，包括“某信托公司未对其委托贷款服务机构尽到足够的监督义务”“某信托公司未对贷款服务机构借款用途调查工作进行有效监督”“未见委托贷款服务机构收集方丙工作收入来源相关材料”“某信托公司放款时间早于《公证书》和《不动产登记证明》出具时间，存在业务办理瑕疵”。最后，通过某信托公司等向法庭提供的入户调查照片可以明显看出案涉房屋存在多人共同居住使用的表征，而某信托公司却未对此作进一步的了解与调查。由此可见，某信托公司的工作存在诸多瑕疵及不合常理之处。在此情况下，某信托公司等主张对该笔抵押权构成善意取得，难以支持。

北京市西城区人民法院依据《中华人民共和国民事诉讼》第六十七条、第一百四十七条，《最高人民法院关于适用〈中华人民共和国民事诉讼法〉的解释》第九十条规定，判决如下：

某信托公司与方丙就案涉房屋设立抵押权的行为无效，某信托公司、某资产公司、某资产企业于本判决生效之日起三十日内配合方甲、方乙办理该抵押权注销登记手续。

某信托公司、某资产公司、某资产企业及某小额贷公司、某投资公司不服一审判决，提起上诉。

北京市第二中级人民法院经审理认为：某信托公司作为专业的放贷公司，应当预见真实物权状态可能与公示状态存在差别，对抵押物权属登记情况可能存在的风险亦具备高于一般社会公众的甄别能力。虽然案涉房屋在办理抵押时登记在方丙名下，但某信托公司的举证不足以证明其在签订抵押合同时尽到了其作为专业机构的审慎注意义务，且河南银保监局某答复意见书亦表明某信托公司在此过程中存在诸多违反行业管理规范的行为，故一审法院结合放贷过程、入户调查等情况认定某信托公司不符合抵押权善意取得的法定条件，并无不当，依法予以确认。

北京市第二中级人民法院依照《中华人民共和国民事诉讼法》第一百七十七条第一款第一项规定，判决如下：

驳回上诉，维持原判。

【法官后语】

金融机构在抵押贷款业务中取得抵押权，往往系其贷款资金安全的最大保障，而房屋作为最常见的抵押物在融资中广泛使用。然而，在司法实践中，确实存在一些情形可能会影响到已经登记的抵押权效力，使得原本稳定的金融交易面临风险。此种情况下，金融机构是否可以依据善意取得制度享有抵押权便是焦点问题。

一、善意取得及不动产抵押权善意取得的构成要件

所谓善意取得，是指行为人无权处分他人的财产，受让人取得该财产时出于善意，则受让人依法取得标的物的所有权或其他物权的法律制度。善意取得作为民事法律中的一项重要制度，因善意受让人取得物权系基于法律的规定，故系物权取得的一种特别方式。

《中华人民共和国民法典》第三百一十一条沿袭了原《中华人民共和国物权法》关于善意取得制度的系统规定，其中，第三百一十一条第一款规定了善

意取得的适用前提和构成要件；第二款规定了原所有权人的救济途径；第三款则规定了其他物权的善意取得参照适用前两款规定。另，《中华人民共和国民法典》第一百一十四条规定：“民事主体依法享有物权。物权是权利人依法对特定的物享有直接支配和排他的权利，包括所有权、用益物权和担保物权。”抵押权作为担保物权之一，属于物权的一种，存续于抵押财产之上，具有对世效力。因此，结合《最高人民法院关于适用〈中华人民共和国民法典〉有关担保制度的解释》第三十七条第一款“当事人以所有权、使用权不明或者有争议的财产抵押，经审查构成无权处分的，人民法院应当按照民法典第三百一十一条的规定处理”，以及《中华人民共和国民法典》第三百一十一条第三款“当事人善意取得其他物权的，参照前两款规定”可以确定，法律及司法解释已明确无权处分下的抵押权参照适用善意取得制度。

考虑到不动产抵押过程中不存在抵押权人支付对价的问题，故结合相关司法实践，认定不动产抵押权善意取得的构成要件有三：(1) 金融机构是善意抵押权人。由于“善意”涉及主观因素，在司法实践中，关于“善意”的认定比较复杂，《最高人民法院关于适用〈中华人民共和国民法典〉物权编的解释（一）》第十四条规定了受让人善意的认定标准：受让人不知且非因重大过失而不知转让人无权处分；并明确对于善意的认定采取推定方式，即首先推定受让人为善意，再由真实权利人或利害关系人就受让人非善意进行举证证明，若真实权利人或利害关系人无法证明受让人不构成善意的，则认定受让人为善意。(2) 存在真实的担保债权。基于抵押权作为担保物权的特殊性质，抵押合同从属于借款合同等主合同，抵押权从属于主债权，由此，抵押权人已经履行完毕主合同义务，即存在真实的担保债权系不动产抵押权善意取得的构成要件之一。(3) 已完成不动产抵押权登记。由于我国实行“不动产登记生效”主义，故抵押权人只有依照法律规定完成了抵押权登记，才受到登记公信力的保护，后续方能适用不动产抵押权的善意取得。

二、善意取得之“善意”的认定标准

司法实践中，认定无权处分情形下抵押权人取得抵押权是否为善意，主要从以下两点展开：

1. 抵押权人不知抵押人无处分权。此为消极事实，一般情况下抵押权人无须也无法举证证明。根据《最高人民法院关于适用〈中华人民共和国民法典〉物权编的解释（一）》第十五条的规定，真实权利人可通过举证证明以下两类事实，来证明抵押权人知道抵押人无处分权，反推抵押权人并非善意。(1) 不动产登记簿上载有对不动产物权处分的限制事项，因不动产登记簿具有公示效力及权利推定效力，那么其上记载的内容就应推定为抵押权人知晓。(2) 真实权利人或利害关系人既可以举证证明抵押权人对于登记簿上记载的权利主体错误是知晓的，如抵押权人事前知晓登记权利人和真实权利人之间的关系或是知晓存在登记错误，也可以举证证明抵押权人事先知道他人已经依法取得不动产物权，如依据法院、仲裁机构的法律文书取得物权的情形。

2. 抵押权人对不知道抵押人无处分权无重大过失。该项认定要结合交易主体、背景和过程等事实作具体分析，判断原则是采取客观评判标准，即一般理性人在通常情况下尽到注意义务即可得知抵押人无处分权，而抵押权人却因消极注意而不知晓，即可认定抵押权人存在重大过失。但因金融机构系专业放贷机构，其应尽到区别于一般自然人的更高程度的审慎注意义务，故其在设立抵押权时，其是否尽到审查注意义务便是认定其是否构成“善意”的重要考量标准。

三、善意取得之“善意”审查认定的重点、要点

司法实践中，人民法院往往会综合考虑多个因素，并重点对相关证据进行严格审查，如抵押权的设立过程、抵押物的价值、贷款用途、合同履行情况、金融机构的资质和经验等。

1. 房屋实地勘察。人民法院在审查“善意”的过程中，一个重要的关注点是金融机构在发放贷款前是否对房屋进行了实地勘察，以及是否具备相关佐证材料，如入户视频和照片等。实地勘察能够深入了解房屋的真实状况，包括权属情况、房屋内部结构、装修情况、实际居住情况等。实地入户勘察的结果将直接影响金融机构的决策，因此系人民法院审查的重点。

2. 房屋评估报告。实践中，对房屋评估报告是否为发放贷款前的必需材料，并没有统一的要求，因此人民法院在审理案件过程中，将综合具体情况进行判断。审查抵押物评估报告的主要目的是获取关于房屋真实状况的准确信息，因此，报告内容的真实性、准确性和完整性至关重要。除报告内容与实际房屋情况是否相符外，人民法院重点关注的就是出具房屋评估报告时委托人的身份。如果是金融机构委托第三方进行评估出具的评估报告，在案件审理中法院会倾向于认定该报告系金融机构履行审慎义务的措施，从而有助于对金融机构善意的认定；相反，如果是债务人自行委托后出具的报告，因其客观性无法保证，因此难以作为金融机构善意的有力凭证。

3. 房屋登记情况。我国司法实践中，物权登记的公示公信效力在法律意义上的地位举足轻重。房屋所有权证书、他项权证等文件是判断物权权属的重要依据，但法院在审理相关案件时，一般不会作为唯一依据，在审查时会结合金融机构是否尽到审查义务、贷款的合法合规性等因素综合认定。

4. 善意认定的时点。在审查善意的时点上，人民法院主要关注的是贷款发放时和办理抵押登记时这两个时点。这两个时点系判断金融机构能否适用善意取得的重要依据。假设金融机构在贷款发放或办理抵押登记前就已经知道抵押人的无权处分行为，那么就不能被认定为是善意的。相反，即可被认定为是善意的。在实际操作中，判断金融机构是否善意需要结合具体情况进行综合认定。一般来说，如果金融机构在贷款发放或办理抵押登记时尽到了合理的注意审查义务，但仍然无法发现抵押人的无权处分行为，且由于不可归结金融机构的原因，那么就可以被认定为是善意的。相反，即不能被认定为是善意的。

就本案而言，某信托公司进行入户调查的时间为2018年3月1日，此时案涉房屋上原有的抵押权尚未解除；在放贷审查中，某信托公司将部分审查工作交由在北京区域内没有经营贷款业务资格的某小额贷公司进行；另，入户调查照片显示案涉房屋存在多人共同居住使用的表征，而某信托公司却未对此作进一步的了解与调查，由此可见，该公司并未尽到其应尽的审查注意义务。

为防范不动产抵押履职不到位所引发的操作风险，金融机构应进一步加强对抵押不动产取得方式及相关使用情况等的调查，以避免无权处分，或在无权处分的情形下符合不动产抵押权善意取得的构成要件，从而将资金安全风险降至最低。

编写人：北京市西城区人民法院　石博

59

抵押权人对添附物拍卖款优先受偿范围的认定

——刘某某诉淄博某商业银行股份有限公司、淄博某公司物权保护案

【案件基本信息】

1. 裁判书字号

山东省淄博市中级人民法院（2023）鲁03民终1566号民事判决书

2. 案由：物权保护纠纷

3. 当事人

原告（被上诉人）：刘某某

被告（上诉人）：淄博某商业银行股份有限公司（以下简称某银行）、淄博某公司（以下简称某公司）

【基本案情】

刘某某与某公司于2015年、2017年、2018年签订多份租赁合同，承租某公司的厂房设备等资产，刘某某在租赁期间投入资金购置机器设备，并对租赁资产进行了更换、修建、扩建等。2016年12月23日，某公司向某银行借款8450000元，借款期限为一年，某公司以其案涉租赁标的在内的生产线、设备等资产作为抵押物提供担保，同日签订抵押合同并办理了抵押物登记，注明评

估值为 31015300 元。后，某公司与某银行的借款合同纠纷一案进入执行程序，在执行过程中将上述刘某某投入的资产一并拍卖，拍卖成交价款为 7005260.38 元。为此，刘某某提起执行异议之诉，法院经审理认定，“刘某某对因添附行为导致租赁物增值部分有权另行要求折价补偿”，驳回了刘某某的诉讼请求。随后，刘某某申请对其租赁的某公司添附设备的价值进行补充评估，经评估该资产评估价值为 1654276.70 元。刘某某遂提起本案之诉，要求某银行、某公司支付添附物补偿及增值款 3600000 元。

【案件焦点】

承租人的添附行为使抵押物增值的，如何认定抵押权人对添附物拍卖款优先受偿的范围。

【法院裁判要旨】

山东省淄博市淄川区人民法院经审理认为：《中华人民共和国民法典》第三百二十二条规定：“因加工、附合、混合而产生的物的归属，有约定的，按照约定；没有约定或者约定不明确的，依照法律规定；法律没有规定的，按照充分发挥物的效用以及保护无过错当事人的原则确定。因一方当事人的过错或者确定物的归属造成另一方当事人损害的，应当给予赔偿或者补偿。”本案中，刘某某与某公司于 2018 年 3 月 10 日签订的协议中约定：原租赁合同中因设备改造所投资购置的机器设备全部由刘某某实际出资并归刘某某所有，即抵押物所有权人某公司与刘某某明确约定了刘某某添附的财产属于刘某某，刘某某租赁部分的资产与其添附部分的资产形成了某公司与刘某某共有的状态。《最高人民法院关于适用〈中华人民共和国担保法〉若干问题的解释》第六十二条规定：“……第三人与抵押物所有人为附合物、混合物或者加工物的共有人的，抵押权的效力及于抵押人对共有物享有的份额。”虽然刘某某的添附行为发生在租赁资产的抵押权设立之后，但是刘某某对其租赁资产进行更换、修建、扩建的目的是维持和改善租赁设备的正常生产使用，且实质上使得租赁资产产生了增值，故刘某某享有因其添附行为对共有物享有的份额要求补偿的权利。案涉抵押物虽不可分割，但抵押物因添附产生的份额及增值能够明确，某银行作为案涉资产的抵押权人，对于拍卖所得价款并非享有全部的优先受偿权。在添附物归抵押人某公司与刘某某共有的情形下，抵押权的效力及于抵押人对添附物的应有部分。某银行在某公司所抵押财产价值以及增值部分的范围内享有优先受偿权，其优先受偿的范围不包括刘某某添附的财产价值以及增值的部分。某公司所属建筑物及机器设备拍卖时的原资产鉴定价值为3643339.24元，拍卖成交价为7005260.38元，资产增值率为192.27%，刘某某所添附的资产评估价值为1654276.70元，根据上述比例计算，刘某应得的拍卖价款应为3180677.84元。某银行在剩余拍卖价款范围内优先受偿。

山东省淄博市淄川区人民法院依照《中华人民共和国民法典》第三百二十二条，《最高人民法院关于适用〈中华人民共和国担保法〉若干问题的解释》第六十二条，《中华人民共和国民事诉讼法》第四十条第二款、第六十七条第一款、第一百三十六条，《最高人民法院关于适用〈中华人民共和国民法典〉时间效力的若干规定》第二条、第三条规定，判决如下：

一、本院于2022年4月7日某公司所属房屋建筑物及机器设备一宗的拍卖款中的3180677.84元归刘某某所有；

二、某公司于本判决生效之日起十日内支付给刘某某诉讼保全责任保险费5400元、鉴定费5000元，合计10400元；

三、驳回刘某某的其他诉讼请求。

某银行、某公司不服一审判决，提起上诉。

山东省淄博市中级人民法院经审理认为：根据《最高人民法院关于适用〈中华人民共和国担保法〉若干问题的解释》第六十二条规定，在抵押权依法设立后，抵押人与第三人因添附成为添附物共有人的情况下，抵押权的效力及于抵押人对添附物的应有部分。本案中，案涉添附物系刘某某与某公司共有，某银行抵押权的效力仅及于抵押人对添附物的应有部分，并不及于刘某某对添附物的应有部分。因某银行、某公司均未提供证据证明案涉添附物拍卖溢价与刘某某的添附不具有关联性，故刘某某对添附物的应有部分应包括其添附财产本身的价值以及溢价部分，一审对此计算正确，该部分拍卖价款应归属于刘某某所有。《最高人民法院关于适用〈中华人民共和国民法典〉有关担保制度的解释》第四十一条第二款规定，抵押权依法设立后，抵押财产被添附，抵押人对添附物享有所有权，抵押权人主张抵押权的效力及于添附物的，人民法院应予支持，但是添附导致抵押财产价值增加的，抵押权的效力不及于增加的价值部分。根据上述规定，即便在添附物归抵押人所有时，抵押权的效力及于添附物，但在添附导致抵押财产价值增加的情况下，抵押权人的效力亦不及于增加的价值部分，以保障因添附而丧失权利的当事人的补偿请求权。故，某银行关于其作为抵押权人受偿全部拍卖款的理由不能成立。

山东省淄博市中级人民法院依照《中华人民共和国民事诉讼法》第一百七十六条、第一百七十七条第一款第一项规定，判决如下：

驳回上诉，维持原判。

【法官后语】

本案主要涉及抵押权人对于添附物拍卖款优先受偿范围的认定问题。

添附是几种物上行为的统称，在担保领域，抵押物上存在添附是较为常见的实务状态。《中华人民共和国民法典》（以下简称《民法典》）施行前，已有司法解释对于添附物上抵押权的效力范围进行了一定明确，原《最高人民法院关于适用〈中华人民共和国担保法〉若干问题的解释》第六十二条规定："抵押物因附合、混合或者加工使抵押物的所有权为第三人所有的，抵押权的效力及于补偿金；抵押物所有人为附合物、混合物或者加工物的所有人的，抵押权的效力及于附合物、混合物或者加工物；第三人与抵押物所有人为附合物、混合物或者加工物的共有人的，抵押权的效力及于抵押人对共有物享有的份额。"《民法典》施行后，司法解释对于抵押权效力范围作出了更进一步的规定，《最高人民法院关于适用〈中华人民共和国民法典〉有关担保制度的解释》第四十一条第二款规定："抵押权依法设立后，抵押财产被添附，抵押人对添附物享有所有权，抵押权人主张抵押权的效力及于添附物的，人民法院应予支持，但是添附导致抵押财产价值增加的，抵押权的效力不及于增加的价值部分。”该条规定是对抵押权人在添附物上优先受偿范围作出的限制，当抵押物发生添附时，抵押权的效力范围并不及于添附物的全部价值。

存在添附的抵押财产因抵押人无法清偿债务被拍卖后，所得的拍卖价款应如何分配，拍卖款能否优先受偿于抵押权人，在实践处理中应从以下两个方面进行判断：(1) 抵押物添附对抵押物范围的扩张。《民法典》第三百二十二条从原则上对添附物权属进行了规定，在尊重意思自治的基础上，注重保护物的经济效用，即有约从约，无约则高价值一方取得添附物。抵押物添附归属确定后会产生两种状态：一是原抵押物与添附物整体由抵押人与第三人形成共有；二是抵押人享有原抵押物与添附物，根据法律规定，不论是哪种权属状态，抵押权人对抵押财产的权利都及于添附后的抵押物。(2) 抵押物添附对抵押权效力的限制。《最高人民法院关于适用〈中华人民共和国民法典〉有关担保制度的解释》第四十一条第二款对此进行了明确，当抵押物因添附而增值时，抵押权的效力及于添附物，但抵押权人对增值部分不享有优先受偿权。在实践中如房屋装修、设备改进等情形下，添附后的抵押物与添附物两者难以分割，此时因抵押权效力范围及于添附物，故对添附后财产整体进行拍卖，若抵押财产因添附获得增值，那么抵押权人能够受偿的拍卖款则需从添附物价值扣除相应增值部分。

本案中，刘某某在某公司对生产线设备进行抵押后，对自身所租赁的设备进行改进、维修、翻新等添附，其与某公司事先签订合同约定了设备添附物的归属，添附后的生产线设备形成刘某与某公司共有的状态，某银行作为抵押权人依旧对于该共有财产整体享有抵押权。但在对该财产进行拍卖后，原设备价值出现了增值，则某银行的优先受偿权并不及于拍卖款的全部，某银行在某公司所抵押财产价值以及增值部分的范围内享有优先受偿权，其优先受偿的范围并不包括刘某添附的财产价值以及增值的部分。

此外，还有一个需要注意的问题，抵押物添附对抵押权效力进行限制的前提条件是“添附导致抵押财产价值增加”，因此，需要对因果关系进行一定的判断。就本案而言，对于机器设备进行维修、更换、扩建，会增加设备的使用寿命、运行效率等，能够认定该添附与原物的增值有因果关系。类比实践中的其他情形，对房屋进行装修能够增加房屋价值，但房屋增值也会受到周边环境变化的影响，如学校、医院的建设，对此应综合把握，准确认定因添附使原物增值的范围。

编写人：山东省淄博市淄川区人民法院　唐峰　苏晓阳

60

保证人承担保证责任后主张实现预告登记抵押权的司法审查

——某房地产开发有限公司诉陈某某追偿权案

【案件基本信息】

1. 裁判书字号

陕西省宝鸡市金台区人民法院（2023）陕0303民初2864号民事判决书

2. 案由：追偿权纠纷

3. 当事人

原告：某房地产开发有限公司（以下简称某公司）

被告：陈某某

【基本案情】

2017年10月，陈某某与某公司、某银行签订《个人房产抵押贷款合同》，约定向某银行借款37万元，期限360个月，以其所购某公司案涉房屋为该笔借款提供抵押担保。同年12月，该抵押权预告登记完成。某公司为该笔借款的连带责任保证人，保证期间自借款到期之日起两年，分期还款的，保证期间按各期还款分别计算，自每期贷款到期日期，计至最后一期贷款到期之日后两年止。借款人取得房屋的权利证明，且贷款人取得抵押物的他项权利证明或证明抵押权设立的其他文件正本后，保证责任解除。后因陈某某未按期足额支付还款，致某银行从某公司保证金账户扣划多笔款项结清陈某某全部贷款。

案涉房屋已于2022年6月办理了权利人为某公司的不动产权属证明。现某公司起诉要求：（1）判决陈某某连带赔偿本金376998.63元及自2023年3月28日至款清日按银行贷款LPR计算的利息损失（截至2023年4月28日为1146.7元）；（2）判决确认某公司对陈某某所有的案涉房屋拍卖、变卖所得价款享有优先受偿权。

【案件焦点】

1. 保证人承担保证责任后依法取得债权人的权利是否包含抵押权（预告抵押权）；2. 抵押的建筑物所有权初始登记已完成的，保证人能否主张实现建筑物的预告登记抵押权。

【法院裁判要旨】

陕西省宝鸡市金台区人民法院经审理认为：保证人承担保证责任后，除当事人另有约定外，有权在其承担保证责任的范围内向债务人追偿，享有债权人对债务人的权利，但是不得损害债权人的利益。某公司作为连带责任保证人，因借款人陈某某逾期还贷，致其以被扣划保证金的形式承担了保证责任，故某公司在被扣划376998.63元范围内向债务人陈某某追偿的，有事实和法律依据。

保证人承担保证责任后在代付本息范围内可行使抵押权人的权利。关于预告抵押登记是否产生抵押效力，因截至法庭辩论终结前，房屋的正式抵押登记尚未完成，但已办理了所有权首次登记，且权属登记财产与预告抵押登记的财产一致。所有权登记完成后，某公司并未向某银行通知产权登记事项，则无从确认某银行已知道或应知已具备办理正式抵押登记的条件，对应的，办理正式登记的时限也就无从起算，故该案不存在因逾期登记致预告抵押失效的情形。同时，从案涉合同的约定可知，只有在银行取得正式抵押登记他项权证书时，开发商的保证责任方才免除，而相比实现抵押权，开发商以保证金提供担保更有利于银行及时、低成本维护债权，故在此约定条件下，即使其明知正式抵押登记已具备条件，也无法排除消极协调登记以致保证延续的可能，而在开发商承担保证责任后，其债权已然实现，抵押是否或能否登记已与自身利益无关，故如在案涉条件下机械地适用抵押权登记设立规则，对开发商而言显属不公平。因此，在无确证证实存在其他登记失效的情形时，抵押权自预告登记之日起依法设立，某公司请求实现抵押权的请求，于法有据，予以支持。

陕西省宝鸡市金台区人民法院依据《中华人民共和国民法典》第二百二十一条、第七百条，《最高人民法院关于适用〈中华人民共和国民法典〉有关担保制度的解释》第五十二条第一款规定，判决：

一、陈某某支付某公司代偿款376998.63元及利息（以376998.63元为基数，自2023年3月28日起按照一年期同期LPR计算至实际给付之日止）；

二、某公司有权对陈某某所有案涉房屋拍卖、变卖所得价款在第一项判决确定的金额范围内享有优先受偿权。

宣判后，双方当事人均未上诉，一审判决现已生效。

【法官后语】

商品房预售实践中，银行在借款人提供房屋预告抵押的同时，还会要求开发商向所属开户行账户提供足额保证金，并约定授权扣款条款，由此为借款提供阶段性连带保证责任。这样的规则设置较为周全地保障了银行债权的实现，但通过衡量两种担保方式的变现便利性和可靠性，银行会以合同条款形式将扣划保证金约定为优先选择，如本案中约定银行拿到抵押他项权证书并且确认后保证责任才予免除，导致整个借款期间实际承担担保责任的仅有开发商保证，抵押担保则流于形式。抵押的虚化也相应增加了开发商的追偿风险。在承担保证责任后，开发商如何在现有制度范围内实现追偿权，在司法实践中存在一定争议。

一、保证责任免除的例外约定

一般而言，保证责任的法定免除事由主要有保证期间经过、保证债务时效经过以及保证人承担保证责任等情形。在商品房预售领域，惯例约定正式抵押登记完成后开发商阶段性保证责任免除。例如，人民法院案例库“中国农业银行某支行诉来安某房地产开发有限公司、张某某借款合同纠纷案”（入库编号：2023-08-2-103-010）中，借款合同约定开发商的阶段性保证“自借款发放之日起，至办妥以贷款人为抵押权人的抵押登记手续后两年之日止”。相比抵押权变现，银行更愿意选择扣划保证金这种快捷、高效的方式，为此会在借款合同中设置若干较为苛刻的条款以规避开发商免除保证责任，使得保证责任存续于整个借款期间。类似约定加重了开发商保证责任，导致银行缺乏办理正式抵押登记的积极性，客观上也为开发商在承担保证责任后主张债权人抵押权以实现全额追偿设置了障碍。但因此类做法以合同文本形式体现时，并不违反相关法律规定，故仍属合法、有效的约定。

二、预告登记状态下实现抵押权的条件

预告登记制度的初设目的在于限制权利人的物权处分权能，保障权利人将来实现物权。该登记不产生物权变动的法律后果，预告抵押在完成正式抵押登记（本登记）前原则上不产生抵押权的效果。但《最高人民法院关于适用〈中华人民共和国民法典〉有关担保制度的解释》第五十二条第一款规定，预告抵押符合条件时产生正式抵押的效力，其条件包括：（1）已完成建筑物所有权初始登记；（2）预告登记未失效；（3）权属登记财产与预告抵押登记财产一致等。其中，初始登记是指房屋等不动产的首次登记，实践中一般认为系权利人登记为开发商的物权登记，即俗称的“大本”，而购房者的权属证书是否已办理并不影响抵押登记。预告登记失效的事由包括债权消灭与具备本登记条件之日起90日内未提交申请。关于90日的起算时间，2023-08-2-103-010号案例的裁判要旨明确，认定预告登记失效中90日起算点时，应从预告登记权利人知道或应当知道能够进行抵押登记之日起计算。司法实践中，应以房地产开发企业有证据证明已通知预告登记权利人之日，或预告登记权利人明知本登记条件已经具备之日为起算点。在此期间内，如果预告登记权利人提交了办理本登记的申请，且上述其他条件均满足时，即使本登记未完成，但实际上预告登记已产生抵押本登记的效力，抵押权自预告登记之日设立。如预告登记权利人逾期未申请，则预告抵押登记失效，其无权请求实现抵押权。从司法实践来看，这种情形较为少见，较多的情况是因开发商完成初始登记后未通知银行等原因导致无从确认银行应知或已知可进行本登记，如此，自然不因时限超过引起预登记失效，故商品房预售中大量的预抵押登记可产生正式抵押的效力。根据《最高人民法院关于适用〈中华人民共和国民法典〉有关担保制度的解释》第五十二条第一款规定，参考2023-08-2-103-010号案例关于“预告登记权利人是否就抵押财产享有优先受偿权，主要审查是否办理建筑物所有权首次登记、预告登记是否失效两个要件”的裁判要旨，应当认为，类似于本案的情形下，预告抵押登记并不因90日期限的经过而失效，而且应当认定抵押权自预告登记之日起设立，预告登记权利人有权请求就抵押财产优先受偿。这实际上使预告抵押产生了正式抵押的效果。

三、开发商追偿权利如何实现

如前所述，在房屋预售抵押贷款合同关系中，银行一般通过专项约定优先选择开发商保证担保实现其债权，在借款本息清结后，银行作为债权人无须再主张实现抵押权，而保证人在承担保证责任后依法取得债权人的权利，有权向债务人追偿，且抵押权作为债权的从权利，应随主债权的转移一并转移，保证人在追偿时应享有银行的预告抵押权。经审查预告抵押已具备正式抵押的效力时，即使未经登记，也应确认自预告登记之日起抵押权设立。如抵押物满足变卖、拍卖等流通条件的，对保证人请求在垫付金额范围内实现抵押权的请求，应予以支持。如此，既可让抵押制度发挥既定实效，也能最大限度保障保证人得到全额追偿。

编写人：陕西省宝鸡市金台区人民法院　韩江

61

约定的反担保保证期间与主债权保证期间相同时反担保保证期间的法律适用①

——某融资担保公司诉某商业城公司等追偿权案

【案件基本信息】

1. 裁判书字号

吉林省高级人民法院（2023）吉民再178号民事判决书

2. 案由：追偿权纠纷

3. 当事人

原告（上诉人、再审申请人）：某融资担保公司

被告（被上诉人、再审被申请人）：某商业城公司、四平市某纺织品经销处（以下简称某经销处）、朱某某等7人

【基本案情】

2019年5月14日，某商业城公司委托某融资担保公司向某银行贷款1500万元，约定贷款期限为2019年5月14日至2019年11月13日；同日，某商业城公司与某融资担保公司签订《委托保证合同》，某融资担保公司与某银行签订《保证合同》，约定某融资担保公司为某商业城公司向某银行的借款提供保证，保证方式为连带责任保证，保证期间为“主债权履行期届满之日起两年”，并约定如果发生代偿，某商业城公司按照月利率1.5%支付利息及担保金额5%支付特别违约金；同日，某经销处、朱某某等7人与某融资担保公司、某商业

① 入库案例，参见人民法院案例库2023-08-2-143-002。

城公司签订反担保保证合同，约定某经销处、朱某某等 7 人为融资担保公司对某商业城公司的追偿提供反担保保证，保证方式为连带责任保证，保证期间为“自本合同生效之日至主合同履行期限届满之日后两年止”。2019 年 5 月 15 日、16 日，上述当事人按照以上内容再次就另外两笔 1500 万元、1000 万元借款签订《委托贷款借款合同》《委托保证合同》《保证合同》和《信用反担保保证合同》。后某商业城公司未及时还款，某融资担保公司于 2019 年 11 月 13 日、14 日、15 日代某商业城公司向某银行偿还本金及利息 1591 万元、1591 万元、1061 万元，共计 4243 万元，某商业城公司已向某融资担保公司还款 1000 万元，尚欠某融资担保公司代偿本息合计 3243 万元。

【案件焦点】

约定的反担保的保证期间与保证合同的保证期间相同的，能否视为没有约定反担保的保证期间。

【法院裁判要旨】

吉林省四平市铁西区人民法院经审理认为：某融资担保公司与某商业城公司所签订的各三份《委托贷款借款合同》《委托保证合同》、某融资担保公司与某银行签订的三份对应的《保证合同》及某融资担保公司与某商业城公司、某经销处、朱某某等 7 人签订的《信用反担保保证合同》，均系签订合同各方当事人的真实意思表示，成立并有效。某商业城公司未按合同约定期限全额还本付息，致某融资担保公司为其代偿本息 3243 万元（截至 2019 年 11 月 15 日），按合同约定某融资担保公司有权向某商业城公司追偿，某商业城公司应给付所欠某融资担保公司 3243 万元及利息。

本案中三份《信用反担保保证合同》约定的反担保保证期间均为自本合同生效之日至主合同履行期限届满之日后两年止，即反担保的保证期间起始时间分别是 2019 年 5 月 14 日、15 日、16 日，该三份反担保保证合同对应的《保证合同》约定的保证期间为主债权履行期届满之日起两年，即起始时间分别为 2019 年 11 月 13 日、14 日、15 日。根据《中华人民共和国民法典》第六百九十二条规定，三份《信用反担保保证合同》约定保证期间的起始时间在主合同约定的主债务履行期限届满之前，视为没有约定；且反担保保证合同约定的保证期间自本合同生效之日至主合同履行期限届满之日后两年止，没有确定起止时间的年月日，约定不明确。故，保证期间为主债务履行期限届满之日起6个月。因某融资担保公司的起诉和举证已经超过保证期间，故某经销处、朱某某等7人不再承担保证责任。

吉林省四平市铁西区人民法院判决如下：

一、某商业城公司于判决生效之日起十五日内给付所欠某融资担保公司32430000元；

二、某商业城公司于判决生效之日起十五日内给付某融资担保公司2019年11月16日计算至2020年8月19日利息5032325.25元；

三、某商业城公司于判决生效之日起十五日内给付某融资担保公司2020年8月20日之后的利息，以32430000元为基数，按照2020年9月全国银行同业拆借中心授权公布的一年期贷款市场报价利率的四倍即15.4%，计算至本金还清时止；

四、驳回某融资担保公司的其他诉讼请求。

某融资担保公司不服一审判决，提起上诉。

吉林省四平市中级人民法院经审理认为：

1. 关于某融资担保公司与某商业城公司的法律关系问题。某融资担保公司本次诉讼请求并非基于《委托贷款借款合同》向某商业城公司主张偿还借款，而是依据《委托保证合同》的约定，要求某商业城公司偿还代偿资金。本案法律关系应为担保人履行保证责任后的追偿权纠纷。

2. 关于代偿款的利息和违约金数额的问题。某融资担保公司行使追偿权的代偿款总额为3243万元。依据案涉《委托保证合同》约定，“某融资担保公司因履行保证责任而代偿的，有权向某商业城公司及反担保人追偿收回代偿资金本息及相关费用，并自代偿之日起，有权按照月利率1.5%向商业城公司收取代偿资金的利息”“某商业城公司不按主借款合同的约定还本付息导致融资担保公司为其代偿的，属于重大违约。某融资担保公司在代偿后有权要求某商业城公司支付本合同担保金额 5%的特别违约金”，故应分别按照各笔代偿款自代偿之日起以代偿款数额为基数，按月利率 1.5%计算至本金还清之日，计算代偿款的利息。案涉三份《委托保证合同》的担保金额为 4000 万元，故某商业城公司应当支付的违约金应为 200 万元。

3. 关于反担保保证人是否应承担保证责任的问题。反担保是为保障主债务担保人承担担保责任后的追偿权的实现而设定的担保，适用担保的相关规定。本案中，保证合同约定保证期间为“主债权履行期限届满之日起两年”，故某融资担保公司为某商业城公司的贷款担保期间为自三笔贷款期限届满日 2019 年 11 月 13 日、14 日、15 日起两年。信用反担保保证合同中约定反担保期间为“本合同生效之日至主合同履行期限届满之日后两年止”，故反担保的保证期间也是自 2019 年 11 月 13 日、14 日、15 日起两年。由于二者的保证责任期间相同，根据《最高人民法院关于适用〈中华人民共和国担保法〉若干问题的解释》第三十二条第一款“保证合同约定的保证期间早于或者等于主债务履行期限的，视为没有约定，保证期间为主债务履行期届满之日起六个月”的规定，应视为对反担保期间没有约定，本案反担保人的反担保期间应为某融资担保公司在保证期间内履行保证责任之日起 6 个月，因某融资担保公司在主合同履行期限届满当日即进行代偿，则反担保的保证期间应从主合同到期之日起次日开始计算，即分别从 2019 年 11 月 14 日、15 日、16 日起六个月，因某融资担保公司于 2021 年 3 月 12 日、24 日向反担保人主张权利时已超过反担保保证期间，故反担保人不应承担保证责任。

吉林省四平市中级人民法院依照《最高人民法院关于适用〈中华人民共和国民法典〉时间效力的若干规定》第一条第二款、《中华人民共和国合同法》第六十条第一款、《最高人民法院关于适用〈中华人民共和国合同法〉若干问题的解释（二）》第二十条、《最高人民法院关于适用〈中华人民共和国担保法〉若干问题的解释》第三十二条第一款、《中华人民共和国民事诉讼法》第一百七十七条第一款第二项规定，判决如下：

一、维持吉林省四平市铁西区人民法院一审民事判决第一项，即“某商业城公司于判决生效之日起十五日内给付所欠某融资担保公司 32430000 元”；

二、撤销吉林省四平市铁西区人民法院一审民事判决第二项、第三项、第四项；

三、某商业城公司于本判决生效之日起十五日内给付某融资担保公司代偿资金利息，具体计算如下：1. 2019 年 11 月 13 日代偿款利息，应自 2019 年 11 月 14 日起以 591 万元为基数，按月利率 1.5%计算至本金还清之日；2. 2019 年 11 月 14 日代偿款利息，应自 2019 年 11 月 15 日起以 1591 万元为基数，按照月利率 1.5%计算至本金还清之日；3. 2019 年 11 月 15 日代偿款利息，自 2019 年 11 月 16 日起以 1061 万元为基数，按照月利率 1.5%计算至本金还清之日；

四、某商业城公司于判决生效之日起十五日内给付某融资担保公司违约金 200 万元；

五、驳回某融资担保公司的其他诉讼请求。

某融资担保公司不服二审判决，申请再审。

吉林省高级人民法院经审理认为：本案的争议焦点为本案是否适用《最高人民法院关于适用〈中华人民共和国担保法〉若干问题的解释》第三十二条第一款规定，将约定的反担保的保证期间与保证合同的保证期间相同的情况，视为反担保的保证期间没有约定。

一、关于约定的反担保的保证期间与保证合同的保证期间相同的情况是否应适用上述法条的问题

第一，从立法解释的角度进行考察。保证人承担保证责任的前提是主债务履行期限届满，若约定的保证期间早于或等于主债务履行期间，则债权人刚开始有权向保证人主张保证责任，保证期间就已经过，会导致保证人在事实上没有承担保证责任的可能性，保证期间形同虚设。为避免保证合同事实上无法履行的结果，尊重契约效力，法律为此种情形强制规定了六个月的保证期间。故而设置上述法条的目的就是在债权人与保证人对保证期间约定不当时，给予债权人视同双方对保证期间没有约定的利益保护，是为了让合同按照当事人的初

表成立、发生效力，并非限缩当事人的意思自治的权利。

第二，从文义解释的角度进行考察。首先需要厘清在反担保的情境下，上述法条中所指的“保证期间”与“主债务履行期限”作何解释。反担保保证是为保证人承担保证责任后向债务人行使追偿权而提供担保。故在反担保保证合同的情境下，法条所指的“保证合同”为反担保保证合同，“保证期间”为反担保的保证期间，“主债权”应当为保证人对债务人享有的追偿权，“主债务”为债务人对保证人的债务，而非字面意义上的债务人对债权人的债务。故“主债务履行期限”应当为保证人承担保证责任后，债务人向保证人承担追偿债务的履行期限，而非债务人对债权人的履行期限，更非保证人对债权人的保证期间。故而反担保的保证期间与保证合同的保证期间相同，并非直接等同于法条中所指的“保证期间”早于或者等于“主债务履行期限”。

第三，从适用情形的角度进行考察。保证期间是债权人向保证人行使权利的期间，只要债权人在此期间内行使了债权，保证期间则不再发挥作用，而开始计算诉讼时效。保证人可能在保证期间内承担保证责任，也可能在保证期间结束后的诉讼时效期间内承担责任。保证人自承担保证责任之日起享有向债务人追偿的权利，在保证人未与债务人约定追偿之债履行期限的情况下，保证人在承担保证责任后可以随时向债务人追偿，在反担保的保证期间内也可以随时向连带责任的反担保人追偿。因当事人约定的反担保保证期间与保证期间一致，如果保证人在保证期间内承担保证责任，则保证人享有追偿权之日距离反担保保证期间到期之日尚有一段期间，此期间可能长于六个月也可能短于六个月。仅在保证人在其保证期间到期以后承担保证责任的情况下，反担保的保证期间才会发生等于或早于保证人向债务人追偿权发生之日即“主债务履行期间”，才能符合上述法条适用的前提。

综上，当事人约定的反担保期间与保证期间一致的，并不会必然导致保证责任事实上不可能发生效力这一结果，也就不属于上述法条所要排除的保证责任事实上不可能实现这一情况。只有在部分情况下，才存在适用上述法条的可能，若一概适用上述法条，将可能长于六个月也可能短于六个月的反担保保证期间强制规定为六个月，是违背当事人意思自治原则的，也违背立法本意。

二、关于本案中反担保保证人是否应向某融资担保公司承担反担保责任的问题

本案中，某融资担保公司于其保证期间起始的2019年11月13日、14日、15日承担了保证责任，从该日期起即获得向债务人某商业城公司的追偿权，某融资担保公司与某商业城公司并未约定追偿债务的履行期间，故某融资担保公司在承担保证责任后可以随时向某商业城公司请求偿还债务，在反担保的保证期间内也可以请求反担保保证人承担连带保证责任。本案约定的反担保保证期间为“本合同生效之日至主合同履行期限届满之日后两年止”，则反担保的保证期间应当为某融资担保公司承担保证责任之日即2019年11月13日、14日、15日至2021年11月13日、14日、15日。某融资担保公司于2021年3月24日、30日向反担保保证人主张保证责任，并未超过约定的反担保保证期间，反担保人应当向某融资担保公司承担保证责任。

综上，本案不应适用《最高人民法院关于适用〈中华人民共和国担保法〉若干问题的解释》第三十二条第一款的规定。二审法院适用法律错误，法院予以纠正。

吉林省高级人民法院依照《中华人民共和国民事诉讼法》第二百一十四条第一款、第一百四十七条、第一百七十七条第一款第二项、第一百八十一条规定，判决如下：

一、维持吉林省四平市中级人民法院二审民事判决第一、二、三、四项；

二、撤销吉林省四平市中级人民法院二审民事判决第五项；

三、被申请人某经销处、朱某某等7人对上述款项向再审申请人某融资担保公司承担连带给付责任（被申请人某经销处、朱某某等7人承担保证责任后，有权向被申请人某商业城公司追偿）；

四、驳回再审申请人某融资担保公司的其他诉讼请求。

【法官后语】

约定的反担保保证期间与主债权保证期间相同时反担保保证期间的认定，

在司法实践中存在分歧，有观点认为此种情形下应视为对反担保保证期间没有约定。本案作为人民法院案例库入库案例，确立了“约定的反担保保证期间与主债权保证期间相同时不应一概视为反担保保证期间没有约定”的裁判规则。

一、认定反担保保证期间的规范解读

反担保是为保障主债权担保人承担担保责任后实现追偿权而设定的担保。从《中华人民共和国民法典》第三百八十七条第二款“第三人为债务人向债权人提供担保的，可以要求债务人提供反担保。反担保适用本法和其他法律的规定”的规定，可以看出反担保与本担保并不存在本质差异，反担保与本担保在法律适用上是一致的，其担保类型、设立条件、法律效力等方面基本上是相同的。反担保保证作为反担保形式之一，应当适用法律关于保证的相关规定。在反担保保证合同关系中，“主债权”为保证人对债务人享有的追偿权，“主债务”为债务人对保证人所负债务，“保证期间”为反担保保证人承担保证责任的期间。关于约定的保证期间早于或者等于主债务履行期限的效果，根据《中华人民共和国民法典》第六百九十二条第二款规定，应当视为没有约定，保证期间为主债务履行期限届满之日起六个月。反担保中，保证期间也可以由当事人约定，但是在约定的反担保保证期间与主债权保证期间相同时，如何认定反担保保证期间，并不能简单依据第三百八十七条第二款直接适用第六百九十二条第二款规定，因为反担保中的“主债务履行期限”并非主债务人对债权人的履行期限，更非债权人对保证人主张保证责任的保证期间，而是保证人承担保证责任后，债务人向保证人履行债务的期限，故在反担保语境下，在约定的反担保保证期间与主债权保证期间相同时，不能简单依据第六百九十二条第二款一概认为当事人就保证期间没有约定，而是应当根据个案中保证人与债务人就追偿之债的履行期限有无约定、保证人实际承担保证责任的情况等因素具体认定。

二、约定的反担保保证期间与主债权保证期间相同时认定反担保保证期间的裁判规则

本案提供了约定的反担保保证期间与主债权保证期间相同时认定反担保保证期间的裁判规则：保证合同约定的保证期间与反担保保证合同约定的保证期

间一致的，不一定属于保证期间早于或者等于主债务履行期限的情形。当保证人承担保证责任之日在约定的保证期间内时，不属于保证期间早于或者等于主债务履行期限的情形，不应按照《中华人民共和国民法典》第六百九十二条第二款视为对反担保期间没有约定，应当按照反担保保证合同约定确定反担保保证期间；当保证人承担保证责任之日在约定的保证期间之后时，属于保证期间早于或者等于主债务履行期限的情形，应按照《中华人民共和国民法典》第六百九十二条第二款，视为对反担保期间没有约定，反担保保证期间为保证人向债务人或连带反担保保证人主张追偿的合理宽限期届满之日起六个月。

反担保对应的主债权是保证人对债务人的追偿权，这一追偿权只有在担保人实际承担担保责任后才成立，故在保证人未与债务人约定追偿之债履行期限的情况下，保证人在承担保证责任后可以随时向债务人追偿，反担保保证的主债务履行期限应当自保证人承担保证责任之日始，到保证人向债务人主张后的合理宽限期为止。据此，反担保主债务的履行期限的起算点取决于保证人何时实际承担保证责任。《中华人民共和国民法典》第六百九十四条规定："一般保证的债权人在保证期间届满前对债务人提起诉讼或者申请仲裁的，从保证人拒绝承担保证责任的权利消灭之日起，开始计算保证债务的诉讼时效。连带责任保证的债权人在保证期间届满前请求保证人承担保证责任的，从债权人请求保证人承担保证责任之日起，开始计算保证债务的诉讼时效。"说明保证期间是债权人可向保证人行使权利的期间，只要债权人在此期间内行使了债权，保证期间则不再发挥作用，而开始计算诉讼时效。例如，债权人与保证人约定的保证期间为两年，那么加上三年的诉讼时效，保证人要承担保证责任的最短期间应当是两年，不存在诉讼时效中止、中断情形下最长是五年，如果发生诉讼时效中止、中断和延长的情形，保证人实际承担保证责任的期间可能更长。因保证人承担保证责任的日期具有不确定性，保证人可能在保证期间内承担保证责任，也可能在保证期间结束后的诉讼时效期间内承担责任，导致保证人的追偿权成立之日即反担保情景下的主债务的履行期限的起点不确定，故约定的反担保保证期间为固定期间，包括与主债权保证期间相同时，会因保证人取得追偿权的时间不同存在相应的不同情形。

三、约定的反担保保证期间与主债权保证期间相同时认定反担保保证期间的示例

以本案中2019年5月14日发生的1500万元的一笔贷款为例，借款于2019年11月13日到期，债权人与保证人以及保证人与反担保保证人约定的保证期间均为2019年11月14日至2021年11月13日。因保证人在保证期间尚未开始时的2019年11月13日承担了保证责任，其享有追偿权之日保证期间尚未起算，距离反担保保证期间届满之日尚有两年，后保证人于2021年3月24日、30日向反担保保证人主张保证责任，并未超过约定的反担保保证期间，反担保保证人应当向保证人承担保证责任。

如果保证人在保证期间内的2020年1月14日承担保证责任，则保证人享有追偿权之日距离反担保保证期间届满之日尚有22个月。虽然约定的反担保保证期间的起始点早于主债务履行期限，但主债务履行期限届满之日距离约定的反担保保证期间届满之日尚有一段时间，按照约定的反担保保证期间，保证人有充足的时间可以向反担保保证人主张反担保责任。并不会出现反担保保证人在事实上没有承担保证责任的可能性、保证人失去反担保利益的情况，故对此种情形中的保证人无须适用《中华人民共和国民法典》第六百九十二条第二款规定，以六个月保证期间予以保护。如果仅考虑约定的反担保保证期间的起始点早于主债务履行期限起始点，而不考虑约定的反担保保证期间结束点晚于主债务履行期限结束点，不具体考察保证人是否实际具有反担保利益，即机械适用上述规定，会导致强制以法律拟制的保证期间替代当事人约定的保证期间，违背立法本意和意思自治原则。故，此时应当将约定的剩余保证期间作为保证人向反担保保证人主张保证责任的期间。

如果保证人在保证期间内的2021年9月13日承担保证责任，则保证人享有追偿权之日距离反担保保证期间届满之日仅有两个月，此时是应当尊重当事人的意思自治，认定保证期间为两个月，还是应当由法律为当事人拟制一个较为合理的期间，比如比照早于或等于主债权履行期限的情形，将反担保保证期

间延长至六个月？目前法律及司法解释并没有对于当事人约定期间小于六个月情况下法律拟制延长的规定。但是通过《中华人民共和国民法典》施行前后对于约定不明情形下保证责任方式的推定、拟制保证期间的变化，可以看出相较于债权人，立法更倾向于保护保证人的利益。故在出现上述保证期间短于六个月的情形时，笔者认为，还是应当尊重当事人的意思自治，以保证人及反担保保证人在合同中约定的剩余保证期间作为反担保保证人应当承担责任的期间。

如果债权人在2019年11月14日至2021年11月13日内向保证人主张了保证责任，但保证人在2021年11月13日后的诉讼时效期间内才实际承担保证责任，则保证人在2021年11月13日后才获得向债务人追偿的权利，即取得反担保合同情境下的主债权，但此时约定的反担保保证期间已经过，属于《中华人民共和国民法典》第六百九十二条第二款中规定的保证期间早于或等于主债务履行期限的情形，从平衡债权人与保证人利益的角度出发，应当适用上述规定，即适用六个月的保证期间。

编写人：吉林省高级人民法院　谷娟　焦典

62

内嵌于主债权的连带责任债权纳入最高额抵押担保债权范围的认定及其消灭后果

——谭某某诉某国际贸易（中国）有限公司重庆分公司最高额抵押权案

【案件基本信息】

1. 裁判书字号

重庆市九龙坡区人民法院（2023）渝0107民初23289号民事判决书

2. 案由：最高额抵押权纠纷

3. 当事人

原告：谭某某

被告：某国际贸易（中国）有限公司重庆分公司（以下简称某贸易公司）

【基本案情】

2011年10月27日，某科技公司（买方）与某贸易公司（卖方）签订销售框架协议，约定双方以任何方式不时进行的任何一笔买卖交易均适用本合同，另约定某科技公司对其关联企业与某贸易公司合作期间所产生的债务承担连带责任。

2014年4月24日，谭某某向某贸易公司出具无条件的不可撤销的担保函，载明在某贸易公司给予某科技公司的总授信额度的10倍（含本数）的额度内，为某科技公司及其指定的关联公司向某贸易公司所负的一切合法的买卖债务提供不可撤销的连带担保责任。谭某某（抵押人）与某贸易公司（抵押权人）签订《最高额抵押合同（房地产抵押）》，约定谭某某自愿将位于九龙坡区的某处房产抵押给抵押权人，担保某科技公司与抵押权人之间的销售框架协议及其附件和补充协议项下货款本金金额之和不超过80万元的债权，包括本合同签署之前已经产生的债权，担保范围包括因主合同所产生的所有货款本金及逾期付款违约金、赔偿金、实现债权的费用、因某科技公司给抵押权人造成的损失和其他应付费用。后双方就前述房产办理了抵押登记。

2014年12月12日之前，某贸易公司与某科技公司基于2011年10月27日的销售框架协议合作。之后，某贸易公司与某科技公司的关联公司重庆某公司基于2014年12月22日的销售框架协议合作，该销售框架协议主要载明某贸易公司向重庆某公司供应2011年10月27日销售框架协议中的货物。同时某科技公司于2015年3月24日签订无条件不可撤销担保函为重庆某公司向某贸易公司履行支付货款、违约金等支付义务在8000万元额度内提供连带责任保证。后重庆某公司欠某贸易公司货款本金8000余万元，经生效裁判文书确认某科技公司在8000万元范围内向某贸易公司承担连带清偿责任。

2021 年 5 月 27 日，某科技公司向法院起诉要求解除销售框架协议，经法院审理查明，某科技公司与某贸易公司自 2015 年之后未基于销售框架协议开展业务且双方均无继续履行框架协议的意愿，销售框架协议于 2022 年 5 月 26 日解除。

现谭某某主张某贸易公司与某科技公司之间的销售框架协议已经生效判决解除，主债权消灭担保物权也随之消灭，故提出诉讼请求：（1）某贸易公司对谭某某名下位于九龙坡区的房屋享有的抵押权消灭；（2）某贸易公司立即配合谭某某办理前述房屋抵押登记注销手续。某贸易公司辩称，案涉房屋担保范围还包括某贸易公司对某科技公司关联公司重庆某公司的债权，该债权并未结清，故其享有的抵押权不应消灭。

【案件焦点】

1. 某国际贸易公司对某科技公司关联企业享有的连带责任债权能否纳入最高额抵押担保债权范围；2. 前述连带责任债权如纳入最高额抵押担保债权范围，连带责任债权的债务人向最高额抵押权人出具新的不可撤销担保函，是否具有消灭连带责任债权的效力，进而在原债权已消灭的前提下导致最高额抵押权消灭。

【法院裁判要旨】

重庆市九龙坡区人民法院经审理认为：谭某某与某贸易公司签订的《最高额抵押合同（房地产抵押）》中关于抵押权的担保范围约定为"《销售框架协议》及其附件和补充协议项下货款本金金额之和不超过 80 万元的债权及因主合同所产生的所有货款之本金及逾期付款违约金、实现债权的费用等"。该《销售框架协议》是 2011 年 10 月 27 日某科技公司与某贸易公司所签，授信额度明确为不超过 80 万元。某贸易公司提及的重庆某公司尚欠货款系重庆某公司与某贸易公司在履行双方于 2014 年 12 月 22 日签订的《销售框架协议》中所发生，某科技公司于 2015 年 3 月 24 日向某贸易公司出具《无条件的不可撤销的担保函》确认在 8000 万元范围内向某贸易公司承担连带清偿责任，系针对某贸易公司与重庆某公司签订的《销售框架协议》作出的新的意思表示，并非某科技公司与某贸易公司签订的《销售框架协议》及其补充协议等所约定，且若将某贸易公司要求某科技公司对其关联企业负担的债务承担连带责任的请求也纳入抵押权的担保范围，将无限扩张抵押权的担保范围，使抵押人的利益遭受减损。同理，即使根据谭某某向某贸易公司出具的《无条件的不可撤销的担保函》，某贸易公司对谭某某享有的也仅为连带责任保证债权，不属于《最高额抵押合同（房地产抵押）》约定的抵押权的担保范围。故，法院对抵押权的担保范围确认为某贸易公司基于与某科技公司签订的合同对某科技公司享有的货款本金及违约金等费用的请求权。

对谭某某而言，某科技公司与某贸易公司之间的主债权债务已结清，其抵押担保的主债权消灭，故某贸易公司对谭某某享有的抵押权也消灭。某贸易公司作为案涉房屋的抵押权人，现其抵押权消灭，协助抵押人谭某某办理抵押登记注销手续系其合同义务，故对谭某某要求某贸易公司协助办理案涉房屋抵押登记注销手续的诉讼请求，予以支持。

重庆市九龙坡区人民法院依照《最高人民法院关于适用〈中华人民共和国民法典〉时间效力的若干规定》第一条第二款、《中华人民共和国物权法》第一百七十七条、《中华人民共和国民事诉讼法》第六十七条规定，判决如下：

一、被告某贸易公司对原告谭某某名下位于重庆市九龙坡区案涉房屋享有的抵押权于本判决生效之日消灭；

二、被告某贸易公司于本判决生效之日起三十日内协助原告谭某某办理重庆市九龙坡区案涉房屋的涂销抵押手续。

宣判后，双方当事人均未上诉，一审判决已经生效。

【法官后语】

在以销售框架协议为蓝本的长期性买卖合同领域中，债权人作为强势经济主体具有绝对的话语权，在主合同中通常约定债务人对其关联企业与债权人合作期间产生的债务承担连带责任，债务人作为弱势方不得不接受。基于该连带责任债权内嵌于主合同的形成方式，可称之为内嵌连带责任债权，由此导致销售框架协议中包含两个法律关系，即原债权法律关系和内嵌连带责任债权法律关系。本案即涉及内嵌于主债权的连带责任债权纳入最高额抵押担保债权范围的认定及其消灭后果的法律适用问题。

一、最高额抵押担保债权范围包含内嵌连带责任债权的正当理据

首先，内嵌连带责任债权具有不特定的动态属性。最高额抵押权的本质在于其所担保的债权是不特定债权。内嵌连带责任债权依附于最高额抵押权人与债务人关联企业的基础合同履行。基础合同在履行期间可能不断发生或消减而呈现出连续性与变动性，致使内嵌连带责任债权在最高额抵押权人未实际向债务人主张时也始终处于不特定状态，符合最高额抵押权不特定的动态属性。其次，内嵌连带责任债权交易符合最高额抵押权设立的便利主义。最高额抵押权的设立系为保障融资担保的便捷与效率，一次设定即可涵括担保陆续发生的不特定债权，以供反复融资的担保。内嵌连带责任债权系交易主体基于建立长期性合同关系而订立框架协议，将债务人对其关联企业与债权人合作期间产生的债务承担连带责任的债权作为原债权的组合体，共同纳入最高额抵押担保债权范围，符合最高额抵押权设立的便利主义。最后，内嵌连带责任债权并非无限制的担保债权。当然，认可内嵌连带责任债权将无限扩大担保债权范围，侵害最高额抵押权人的利益。从逻辑自洽角度而言，只要解决担保债权无限扩大的问题，内嵌连带责任债权纳入最高额抵押担保债权范围就具有正当性。内嵌连带责任债权存在的初衷即为将与原债权相关联的债权纳入担保范围，其形成上已经通过“关联”标准进行了限制。

本案所涉最高额抵押权人某贸易公司与债务人某科技公司的连续性交易合同即属典型。囿于以某科技公司名义参与销售框架交易可能造成货物供应不足，某贸易公司基于长期以来在双方之间累积的信赖，采取与某科技公司关联企业重庆某公司延续开展同一性质买卖交易，再约定某科技公司对其关联企业重庆某公司债务承担连带责任。此处的连带责任内嵌于某科技公司与某贸易公司的销售框架协议之中。

二、最高额抵押担保债权范围中内嵌连带责任债权的甄别标准

首先，内嵌连带责任债权与原债权具有性质关联性。一方面，内嵌连带责

任债权所依附的基础合同关系，被限定为债务人关联企业与最高额抵押权人之间因与原债权相同或相关交易所产生的债务。此处的关联性内涵界定可以包括事实层面的限定，如基础合同关系与原债权均系针对某类产品交易而形成的债权债务交易安排；交易形态的限定，如基础合同关系属于原债权基于文本解释推演出的具体子类型交易模式。另一方面，性质关联不能作扩大解释。对于“债权人对债务人的一切债权”“债权人对于债务人基于商业交易关系的债权”等约定的表述，虽体现出二者的关联性，但并未就内嵌连带责任债权作实质性限定，无法达到使抵押人在客观上可以明确区分所担保债权范围的标准，不能认定为具有性质关联。

本案中，销售框架协议约定某科技公司就其关联企业重庆某公司对某贸易公司负担的债务承担连带责任，因某贸易公司与重庆某公司之间的延续交易，属于销售框架协议中约定的与原债权同性质的业务即货物买卖合同关系，可以认定为性质关联。

其次，内嵌连带责任债权与原债权具有主体关联性。一方面，形式上的主体关联。债务人与其关联企业在主体构成上存在关联关系，即债务人公司控股股东、实际控制人、董事、监事与其直接或者间接控制的关联企业的前述人员具有身份上的重合关系。同时，内嵌连带责任债权的权利义务主体客观上也呈现出与原债权权利义务主体相对应的表象，即原债权中的债权人基于框架协议享有原债权请求权和内嵌连带责任债权请求权。另一方面，最高额抵押权人、抵押人、债务人的实质交易模式印证三者存在法律或事实上的主体牵连性。最高额抵押权人基于对债务人及其关联企业的信任及依赖，客观上知道或应当知道不同债务主体产生的债权关系、内容，并具有一定的掌控力，采取“合并方式”将不同债权纳入同一销售框架协议之中，以确保最高额抵押权人可借由主合同一并实现相关债权利益。最高额抵押人一旦作出授信允诺，就有义务预见未来不确定债权存在的风险及隐患，其应当尽到足够的注意义务，在对债务人资质审核方面承担责任。将债务人对其关联企业与债权人合作期间产生的债务承担连带责任内嵌于原债权之下，已在一定程度上通过主体关联实现了担保债权范围的扩张，但此种扩张并未损害抵押人的预期，符合最高额抵押权设立的宗旨。

本案中，内嵌连带责任债权的债权人、债务人与最高额抵押权所担保主债权合同中的债权人、债务人分别系同一主体，债权人为某贸易公司、债务人为某科技公司；连带责任债权所依附的债权内容，系债务人的关联企业与主债权人之间开展的与销售框架协议项下的货物买卖合同关系同性质的交易，可以认定连带责任债权与最高额抵押担保主债权具有关联性。

三、最高额抵押权实现受限于内嵌连带责任债权的基础原因关系变更

首先，内嵌连带责任债权的确定依照原债权确定的时间点决定。《中华人民共和国民法典》第四百二十三条规定“新的债权不可能发生”构成最高额抵押权确定的事由。在原债权基于业务不再开展已确定不再产生的情形下，可以认定为双方合意终止，最高额抵押担保的原债权不再具有流动性，属于构成债权确定的事由。内嵌连带责任债权本身系由于最高额抵押权人的优势地位而设立的附属债权，依次从属于最高额抵押权人对债务人关联企业的债权，进而再从属于原债权。内嵌连带责任债权基于与债务人责任承担的连接，与原债权具有组合性。根据民法学理，数项债权结合的情形下，其中一项债权依存于另一项债权存在，若原债权不成立、无效、撤销、解除或不再发生时，依附于其的“子”债权、“孙”债权也应当同其命运。在此逻辑推演之下，内嵌连带责任债权的确定由原债权确定的时间点决定。

其次，内嵌连带责任债权确定后，其消灭导致最高额抵押权消灭。最高额抵押担保债权的确定意味着最高额抵押权转化为普通抵押权，此时的最高额抵押权与确定后内嵌连带责任债权具有从属关系，内嵌连带责任债权消灭则最高额抵押权消灭。本案中，因某科技公司的关联企业重庆某公司已于2014年12月22日签订销售框架协议，由某贸易公司向重庆某公司供应货物，某科技公司不再开展该项业务，则原债权确定不发生时间为2014年12月22日。某贸易公司对某科技公司享有的连带责任债权基于原债权不发生而得以确定，即连带责任债权确定时间系原债权确定不发生的时间2014年12月22日。之后，最高额

抵押担保的内嵌连带责任债权参照普通抵押权的相关规则予以认定，内嵌连带责任债权消灭将导致最高额抵押权消灭。

最后，新担保函具有消灭内嵌连带责任债权的效力。本案中，2015年3月24日，某科技公司向某贸易公司出具担保函，为重庆某公司向某贸易公司履行支付货款等义务提供连带责任保证，双方虽未明确约定担保函成立后内嵌连带责任债权消灭，也未约定担保函中载明的担保责任承担后内嵌连带责任债权的法律关系消灭。但考虑到某科技公司出具的担保函与内嵌连带责任债权性质相似，某贸易公司未提出异议，可以视为某贸易公司同意由内嵌连带责任债权变更为连带责任保证，内嵌连带责任债权据此消灭。一方面，在新担保函出具之时，某贸易公司同意某科技公司新的保证意思表示，基于新的保证意思与内嵌连带责任债权的内容具有重叠性，为避免同一债务人遭受重叠的债务负担，再结合重庆某公司与某贸易公司进行的交易实质系延续某科技公司与某贸易公司的交易，可以视为某贸易公司已作出选择连带责任保证的决定。另一方面，从某科技公司承担责任的依据来看，重庆某公司并未依据内嵌连带责任债权向某科技公司主张债权，而系基于新担保函向某贸易公司主张连带清偿责任，可以推论此种变更系某贸易公司同意的债的更改措施，而并非存在担保措施。综上，可以视为内嵌连带责任债权于某科技公司出具新担保函之时消灭。据此，在内嵌连带责任债权消灭后，最高额抵押权也据此消灭。

编写人：重庆市九龙坡区人民法院　樊亚琴　李静

五、占有保护纠纷

63

在占有保护诉讼中法院应当查明客观上是否存在占有的事实

——某药业有限责任公司诉王某等占有保护案

【案件基本信息】

1. 裁判书字号

四川省凉山彝族自治州中级人民法院（2024）川34民终924号民事裁定书

2. 案由：占有保护纠纷

3. 当事人

原告（上诉人）：某药业有限责任公司（以下简称某药业公司）

被告（被上诉人）：王某、徐某某、魏某某

第三人（被上诉人）：四川某国有资产投资开发有限责任公司（以下简称某国资公司）

【基本案情】

2022年11月，某国资公司对案涉闲置国有资产进行公开竞价招租并发布招租公告。某药业公司通过“部分闲置国有资产公开竞价招租会”取得某商场的五年租赁权，时间为2023年1月1日至2027年1月31日。因该资产招租后，新老承租方无法顺利完成交接工作，经过三方座谈协商，达成一致意见，原租赁期的开始时间调整为2023年3月15日。在此之前，魏某某与某国资公司签订《某商场摊位、管理租赁合同》取得某商场一楼所有摊位及公共空间的租赁权，租赁期限：2018年9月1日至2022年12月31日。

魏某某于2022年3月15日将案涉摊位租赁给王某，租赁期限为2022年3月15日至2023年3月15日，租金17000元及菜摊物业费合计20720元，该摊位一直由王某的母亲徐某某实际使用。2023年3月14日，魏某某与某药业公司对某商场进行了移交。魏某某将某商场内水电费余额、收取租金余额支付给了某药业公司，同时将电表记录本、门卫室及水表的钥匙移交给某药业公司、涉及19家摊位及门面口头移交给了某药业公司。某药业公司将收回的摊位又重新进行了转租。

2023年3月15日以后，徐某某继续使用案涉摊位至今。现，某药业公司因自己需要使用案涉摊位，曾口头通知徐某某搬离该摊位，现以占有保护为由诉至法院。

某国资公司陈述，在租赁某商场一楼所有摊位给某药业公司时，未进行清场，也未将案涉租赁房屋交付给某药业公司。徐某某对某药业公司上涨的租金无异议，但要求继续租赁案涉摊位或某药业公司在赔偿自己损失后同意搬离。

【案件焦点】

原告是否取得案涉占有的事实。

【法院裁判要旨】

四川省会理市人民法院经审理认为：根据法律规定，占有的不动产或者动产被侵占的，占有人有权请求返还原物；对妨害占有的行为，占有人有权请求排除妨害或者消除危险；因侵占或者妨害造成损害的，占有人有权依法请求损害赔偿。占有保护请求权的基础是占有的事实，原告需要举证证明其对案涉标的享有合法占有的权益并且已经实际占有。本案中，某药业公司与某国资公司签订了《资产租赁合同》，双方存在租赁合同关系。作为出租方的某国资公司（甲方）即负有将租赁物交付给承租人某药业公司（乙方）的义务。根据《资产租赁合同》第八条特别约定，“甲方配合协调租赁资产相邻人、水、电供应者的关系。甲方将资产交付给乙方使用后，乙方管理使用期间所产生的水、电、日常维护等一切费用及安全问题由乙方承担”，根据庭审查明的情况，某国资公司并未将案涉摊位实际交付给某药业公司使用，且某药业公司也未实际占有案涉摊位。故，某药业公司以占有保护为由主张王某、徐某某、魏某某排除对案涉摊位房屋占有使用的妨害，立即搬离该处摊位房屋的诉讼请求，无事实和法律依据，不予支持。

某药业公司要求王某、徐某某赔偿其摊位房屋的房租并支付资金占用利息，因某药业公司与某国资公司签订了《资产租赁合同》，王某、徐某某不是合同的相对方，某国资公司与王某、徐某某不存在合同关系，根据合同相对性原则，某药业公司无权向王某、徐某某主张租金及资金占用利息，故对某药业公司本项诉讼请求不予支持。

四川省会理市人民法院依照《中华人民共和国民法典》第四百六十二条、《中华人民共和国民事诉讼法》第六十四条第一款、《最高人民法院关于适用〈中华人民共和国民事诉讼法〉的解释》第九十条之规定，判决如下：

驳回原告某药业公司的诉讼请求。

某药业公司不服一审判决，提起上诉，但是收到一审法院送达的《交纳诉讼费用通知书》后，未在 7 日内向法院预交案件受理费，亦未提出书面缓交、减交或免交上诉案件受理费的申请，且其亦向二审法院提交撤诉申请。

四川省凉山彝族自治州中级人民法院依照《中华人民共和国民事诉讼法》第一百五十七条第一款第十一项、《最高人民法院关于适用〈中华人民共和国民事诉讼法〉的解释》第三百一十八条规定，裁定如下：

本案按上诉人某药业公司自动撤回上诉处理。一审判决自本裁定书送达之日起发生法律效力。

【法官后语】

占有是一种事实，而非权利，所以在占有保护纠纷中法院无须查明占有人是否有权占有，只要查明客观上存在占有事实，该占有事实就能受到保护。人们对物的现实占有状态应受到保护，任何人不能以私力改变占有现状。占有保护纠纷之诉是以恢复原状为目的的应急措施，并不从根本上解决当事人之间的矛盾。无论原告的占有诉请是否能得到保护，如原告或相对方认为其对争议物拥有实体权益，可基于本权另行寻求权利救济。原《中华人民共和国物权法》设专编规定“占有”，初步确立起占有保护制度，不仅明确规定占有保护请求权制度，而且明确规定占有受侵权责任制度的保护。《中华人民共和国民法典》承继了上述占有保护制度，如何在审判中准确把握占有保护请求权的相关认定标准，是实践中值得研究探讨的重点问题。

一、法律对占有进行单独保护的目的在于维护社会和平秩序

占有是当事人对标的物在事实上的管领状态，是事实而非权利。一般而言，法律保护的是权利而不是事实。之所以对占有这种事实进行保护，主要是基于以下两个方面的原因：一是为维护社会的和平秩序，防止暴力性私力救济的发生。占有虽为事实，但意味着社会中人和人之间对物占有的秩序，如果不对其进行司法保护，当事人运用私力救济可能导致暴力事件的发生，破坏物之占有的和平秩序。二是可以间接地保护包括物权在内的本权。所谓“本权”，是指法律赋予当事人占有标的物的权利，主要是物权，如所有权，但也包括部分债权，如租赁权。正是因为对占有进行保护具有上述价值，所以人们对物的现实占有状态更应受到保护，任何人不能以私力改变占有现状。即便对于物的现实占有状态与法律的应有状态不符，也不允许擅自以私力加以改变。即使是正当的权利人，如果允许他们可以任意否定这一占有状态，和平的社会秩序必然会遭到破坏。这正是物权保护对占有进行单独保护的立法初衷。

二、占有保护纠纷诉讼的审查要点

原告诉请占有保护应当以其事实上占有标的物且该占有被妨害或侵害为前提，故在占有保护纠纷诉讼中，法院首先应当审查原告是否占有案涉标的物。如原告未取得案涉占有，则驳回其诉讼请求。如原告已取得案涉占有，进一步审查被告是否有侵害行为（如侵占、妨害、损毁等）。本案中，原告某药业公司需举证证明其对案涉场地取得占有。但原告仅提供了与某国资公司的租赁合

同来证明占有的事实，该合同仅能证明双方之间有租赁合同关系，不能证明出租人已将案涉房屋交付即转移占有给承租人，结合庭审情况，原告某药业公司从未实际占有过该案涉摊位，该案涉摊位一直是由被告徐某某在占有、使用。故无须进行下一步的审查，驳回原告诉讼请求即可。

可见，对占有保护纠纷无须查明占有人是否有权占有。目前，学界通说认为，占有是一种事实，是对物事实上的控制与支配，强调一种事实状态，而不是关注权利本身。所以，占有才能够独立于所有权和他物权而单独受到保护。因为占有是一种事实，而非权利，所以在占有保护纠纷中法院无须查明占有人是否为有权占有。有权占有，是指基于法律规定或合同约定对某物进行的占有，又称有本权的占有，包括基于合同、物权或特定身份关系而享有的占有。反之，非基于本权或者欠缺法律上的原因而占有某物就是无权占有，如承租人在租赁期满后仍占有租赁物等。在占有人的占有受到侵害时，占有人是有权占有还是无权占有，无权占有中是善意占有还是恶意占有，法院均无须审查，只要查明客观上存在占有事实，就可对该占有事实予以保护。

三、占有保护纠纷的裁判结果不妨碍权利人另行主张实体权益

因为对占有的保护不考虑占有的实体权利，占有人只需对占有事实和权利受侵害的事实进行举证即可，从举证的难易程度来看，相比基于本权进行的诉讼容易许多。这样，占有人通过提起占有保护纠纷之诉，可以使受侵害的权益及时得到维护。但占有保护纠纷之诉毕竟是以恢复原状为目的的应急措施，只能使物的现实占有人继续保持其原有的占有状态，并不能从根本上解决当事人之间实体权益的归属。所以，占有人的占有得到保护后，如另一方认为其对争议物拥有实体权益，可基于本权另行起诉。

编写人：四川省会理市人民法院　余香　程雨

64

占有保护纠纷应当考量双方的占有事实，而非所有权状态

——赵某某诉陈某某占有保护案

【案件基本信息】

1. 裁判书字号

河南省邓州市人民法院（2023）豫 1381 民初 1566 号民事判决书

2. 案由：占有保护纠纷

3. 当事人

原告：赵某某

被告：陈某某

【基本案情】

2014 年 8 月 30 日，赵某某与河南某置业有限公司（以下简称某置业公司）签订《商品房认购协议书》，认购某小区案涉房屋，建筑面积为 120.96 平方米，总价款为 374734 元。协议签订当日，赵某某交付定金 2 万元，9 月 29 日，赵某某向某置业公司支付购房款 8 万元并取得案涉房产的钥匙。2021 年 8 月，陈某某通过换锁方式对案涉房产进行装修，赵某某得知后通过物业更换门锁，并于 2022 年 1 月 24 日向某小区的物业管理人某物业公司交纳物业费、燃气初装费。2022 年 9 月 25 日，陈某某、赵某某先后派人入住案涉房屋，形成两家入住同一户情形。赵某某报警后公安机关以双方存在民事纠纷为由未立案。赵某某遂提起本案诉讼。

案外人夏某某与王某某于 2011 年开始合伙开发案涉房屋所在的某小区房地产，但未完善有关开发、预售等行政许可手续。夏某某利用其控制的某置业公

司对外销售某小区的房产，王某某也对外出售该小区的房产，导致出现“一房多卖”的情况。

陈某某与案外人高某某系夫妻关系。王某某欠高某某借款100万元未还，法院生效民事判决对该笔债权本息予以确认。2016年1月11日，王某某将案涉房产以60万元的价格抵偿给陈某某，双方签订《房屋买卖合同》，备注“此款抵某小区工程款”，王某某并出具收条认可收到某小区房款60万元整。

【案件焦点】

双方基于无效合同占有使用房屋时，能否向对方主张占有保护请求权。

【法院裁判要旨】

河南省邓州市人民法院经审理认为：首先，从案涉房屋的来源上看，案涉房屋所在楼盘由王某某、夏某某等人共同投资建设，并非由某置业公司开发。案涉房屋所在楼盘未取得相应的建设手续，未取得预售许可，亦未办理不动产登记。依据现有证据，不能够证明王某某、夏某某等人如何分配所建成房屋，亦不能确定谁享有对案涉房屋的处分权。其次，从当事人所述的购房过程来看，赵某某表示其于2014年与夏某某控制的某置业公司签订《商品房认购协议书》购买案涉房屋，并按照约定支付了首付购房款，案涉小区的物业公司也将案涉房产的钥匙予以交付；陈某某表示其于2016年与王某某签订房屋买卖合同，以购房款抵案外人合伙开发某小区项目所欠的工程款，但实际上王某某并未向陈某某交付房产。再次，从双方产生纠纷的根源上来看。赵某某与陈某某对案涉房屋产生的纠纷，实质上系夏某某与王某某对案涉房屋如何分配产生的纠纷。要解决赵某某与陈某某之间的纠纷，应先解决夏某某与王某某之间对案涉房屋的纠纷。在王某某与夏某某之间的纠纷尚未解决，案涉房屋处分权不明的情况下，不能直接处理赵某某与陈某某对案涉房屋的纠纷。最后，从解决纠纷的途径上看。《最高人民法院关于审理商品房买卖合同纠纷案件适用法律若干问题的解释》第二条规定：“出卖人未取得商品房预售许可证明，与买受人订立的商品房预售合同，应当认定无效，但是在起诉前取得商品房预售许可证明的，可以认定有效。”因案涉房屋所在楼盘未取得预售许可证明，故赵某某、陈某某各自提供的房屋买卖合同均应认定无效。《中华人民共和国民法典》第一百五十七条规定：“民事法律行为无效、被撤销或者确定不发生效力后，行为人因该行为取得的财产，应当予以返还；不能返还或者没有必要返还的，应当折价补偿。有过错的一方应当赔偿对方由此所受到的损失，双方都有过错的，应当各自承担相应的责任。法律另有规定的，依照其规定。”在合同无效的情况下，赵某某、陈某某均不能直接对案涉房屋主张权利，即其主张享有的权利不合法、不受法律保护，其应分别向自己的前手王某某或某置业公司（夏某某）主张。所以，赵某某在案涉房屋买卖合同无效、陈某某已对案涉房屋进行装修的情况下提起诉讼，主张陈某某构成侵权，要求陈某某搬离案涉房屋、赔偿其误工费及交通费损失的请求，缺乏事实及法律依据，同样，陈某某亦无权主张赵某某构成侵权、要求赵某某搬离案涉房屋。

河南省邓州市人民法院依照《中华人民共和国民法典》第一百五十七条、《最高人民法院关于审理商品房买卖合同纠纷案件适用法律若干问题的解释》第二条、《最高人民法院关于适用〈中华人民共和国民法典〉时间效力的若干规定》第一条第一款、《中华人民共和国民事诉讼法》第六十七条规定，判决如下：

驳回原告赵某某的诉讼请求。

宣判后，双方当事人均未上诉，一审判决已经生效。

【法官后语】

占有保护之诉本质上是为了维护稳定的占有事实，而非要明确背后的权利义务关系。即使双方均系无权占有，若有一方能够证明其已占有争议物，则也应当对其占有状态进行保护，反之，若双方均无法证明其已占有争议物，则双方均无法依据占有状态行使占有保护请求权。

在司法实践中，因权利人的占有源于某种特定的权利，其可直接基于所有权等权源对占有进行权利主张，故基于占有的事实状态提出保护主张的当事人多属于无权占有人。在此类案件中，人民法院需在当事双方均无合法权利来源证明的情况下，对占有人进行识别，确认非占有人的侵占事实，进而对占有保护请求权进行司法保护，回复占有人对占有物的占有。

占有人仅需证明占有存在即有权主张返还原物请求权。占有作为占有人对不动产或者动产实际控制与支配的事实状态，其本身并不一定反映产权关系。占有制度所保护的也仅仅是占有的事实状态，而非通过确认、保护占有而对占有物进行权属判断，故占有人提出返还原物请求权仅以其长期、持续、和平地占有标的物为前提。在司法实践中，权利保护需以权利人提供相应的权利依据为前提，可能存在举证困难的问题，但在占有制度的框架内，是有权占有还是无权占有，是基于债权、物权还是人身关系的占有均无须考虑，占有人仅需证明其持续稳定地实际占有标的物这一事实即可，这无疑减轻了当事人的维权负担。本案中，现有证据均不能证明赵某某、陈某某等人为案涉不动产的合法产权人。原告赵某某基于占有提起诉讼，仅需提供证据证明其对案涉房屋的占有事实即可。

占有应当达到对物的实际管领支配。对物的实际管领支配，除了应当存在占有的意思及达到对占有物的直接支配状态之外，还应依社会观念并考虑外部可以认识的空间、时间关系，就个案加以认定。所谓空间关系，是指人与物在场合上须有一定的结合关系，足以认定该物为某人事实上管领。例如，居住房屋、佩戴首饰当然为占有。所谓时间关系，是指人与物在时间上须有相当的继续性，足以认为该物为某人事实上所管领。短暂性的控制不成立占有，如在餐厅使用餐具不构成对餐具的占有。因此，法院在审理占有保护纠纷时，应当重点围绕占有人对是否实际占有标的物，以及若占有事实存在则侵夺人是否侵夺占有人的占有这两个方面进行审查。

本案中，赵某某虽在2014年取得房屋钥匙，但并未实际入住装修、交纳相关物业费用，对案涉房屋未存在一定的结合关系。在被告陈某某通过换锁方式对案涉房产进行装修后，赵某某又通过物业更换门锁并交纳物业费用，直至在陈某某派人入住案涉房屋的当日，也随后派人入住案涉房屋。双方在此期间虽以更换门锁的行为宣示占有，但双方均未实际入住，亦未形成对案涉房屋时间相当的持续性管领，因此双方均未形成对案涉房屋的占有事实。因此，法院最终判决驳回原告的诉讼请求。

编写人：河南省邓州市人民法院　周磊

65

非集体经济组织成员在宅基地上建造的房屋被强占的，有权主张占有保护

——胡某某、张某诉王某某占有保护案

【案件基本信息】

1. 裁判书字号

湖南省湘阴县人民法院（2023）湘 0624 民初 1664 号民事判决书

2. 案由：占有保护纠纷

3. 当事人

原告：胡某某、张某

被告：王某某

【基本案情】

胡某某和张某系夫妻关系，王某某系张某的亲戚。经王某某介绍，2020 年 3 月 18 日，甘某某与胡某某签订《购买宅基地协议书》及《附加协议》，约定胡某某以 488000 元价格购买案涉宅基地用于建房，甘某某同意协助胡某某打好该地基础桩，胡某某补偿甘某某相关费用 15000 元。同日，胡某某向甘某某支付 480000 元，约定余款 8000 元于 2021 年 8 月 30 日前付清。张某称其将打桩等费用微信转账并委托王某某之妻付给甘某某，大概有 20000 元。王某某认可张某某通过王某某妻子转账给他 15000 元，用于案涉房屋建设。2021 年 6 月 26

日，胡某某向甘某某付清合同余款 8000 元。

2021 年 2 月 23 日，张某某与案外人杨某某签订《建筑施工承包合同书》，约定将案涉宅基地工程施工以包工不包料的方式承包给杨某某。4 月 13 日，胡某某、张某以甘某某的名义为案涉宅基地办理了《建设工程规划许可证》，建设项目名称为住宅。案涉房屋于同年中秋完工，一共两缝五层，一楼是门面，二楼到五楼是住房，合计花费 1203000 元。现在一楼是胡某某用于经营，二楼是王某某在 2021 年 12 月 23 日安装了入户门并上锁控制，没有支付对价，三楼至五楼已出租给他人。

王某某称，案涉房屋二楼是他所有，因为案涉房屋的地基洽谈、加固地桩、房屋建设等都是他参与的，早在 2020 年 3 月左右，胡某某、张某口头承诺二楼以成本价出卖给他，他也垫付建房开支 81846 元。胡某某、张某称，他们将打桩包干给甘某某，只是在打桩时请王某某监工三天，2020 年 3 月张某不在家，合同都是胡某某一个人签字，胡某某一人不能向王某某承诺出售二楼。

王某某认可其对案涉房屋二楼有改造、损坏行为。经评估：案涉房屋损失的价格在价格评估基准日（2022 年 9 月 3 日）的评估值为 6954 元。张某支付评估费用 3000 元。

【案件焦点】

胡某某、张某提起本案诉讼的权利基础是所有权还是占有事实。

【法院裁判要旨】

湖南省湘阴县人民法院经审理认为：案涉房屋所占土地为集体土地，胡某某、张某提交的案涉房屋建设工程规划许可证是以原使用权人甘某某的名义办理，胡某某、张某并非案涉房屋所在地集体经济组织成员，案涉房屋也未办理不动产权证，所有权尚不明确，故对胡某某、张某主张的对案涉房屋享有所有权，不予支持。但是，甘某某将案涉房屋所占土地出卖给胡某某、张某，签订《购买宅基地协议书》，收取购地款 488000 元，也允许胡某某、张某在所占土地上建设案涉房屋，胡某某、张某实际投入资金建造案涉房屋，同时也是案涉房屋的最初占有人，合法享有对案涉房屋的占有。王某某在未对胡某某、张某占有案涉房屋的依据通过法定程序确认无效或撤销的情况下，未经胡某某、张某同意，对案涉房屋二楼加装入户门，进行装修，占用至今，侵犯了胡某某、张某对案涉房屋二楼的占有，对胡某某、张某请求判令王某某停止对案涉房屋的侵害行为、拆除案涉房屋二楼入户门的主张，予以支持。王某某辩称，胡某某、张某口头承诺将案涉房屋二楼以成本价出售给他，但胡某某、张某并未认可，王某某也未提供证据证实其已向胡某某、张某支付相应房屋价款，不予支持。如王某某对胡某某、张某购买案涉房屋所占土地或者胡某某、张某未按承诺向其出售案涉房屋二楼持有异议，可以通过合法途径予以解决，而不是通过私力救济对案涉房屋的占有现状加以改变。

关于胡某某、张某诉请王某某赔偿案涉房屋的财产损失 6954 元及评估费用 3000 元的问题。胡某某、张某因王某某侵占案涉房屋二楼造成的损害，应理解为对胡某某、张某占有利益的损害。胡某某、张某提供的《价格评估报告》是对案涉房屋损失的价格进行评估，并非单一指向案涉房屋二楼，也不能充分证实是王某某造成的损失，但王某某认可其对案涉房屋二楼进行了改造，而王某某私自对案涉房屋二楼进行装修，必然会破坏房屋原状，胡某某、张某的损失客观存在，法院酌情认定王某某向胡某某、张某赔偿相关损失 3000 元。

湖南省湘阴县人民法院依照《中华人民共和国民法典》第一百七十九条第一款第一项、第二项、第八项，第四百六十二条，第一千一百六十五条第一款，《中华人民共和国民事诉讼法》第六十七条第一款，《最高人民法院关于适用〈中华人民共和国民事诉讼法〉的解释》第九十条规定，判决如下：

一、限王某某于本判决生效之日起十日内停止对胡某某、张某占有的案涉房屋的侵害行为；

二、限王某某于本判决生效之日起十日内拆除由其在胡某某、张某占有的案涉房屋二楼安装的入户门；

三、限王某某于本判决生效之日起十日内向胡某某、张某赔偿相关损失 3000 元；

四、驳回胡某某、张某的其他诉讼请求。

宣判后，双方当事人均未提起上诉，本判决现已生效。

【法官后语】

一、占有人基于占有的事实对占有标的物享有占有利益

本案的主要争议焦点在于不具有集体经济组织成员身份的原告购买案涉宅基地、建造案涉房屋、借名办理建设工程规划许可证，但尚未取得不动产权证的情况下，原告提起本案诉讼的权利基础是所有权还是占有事实。《中华人民共和国民法典》在所有权保护条款之外，单独设立占有保护条款，针对的是不同情形下物权保护的需要。占有作为一种事实状态，受法律保护，仅需占有人原本有占有的事实即可，而非确定的权利，不问其是否具有正当权源，旨在维护市场交易秩序的稳定、有序，防止个人以私力改变和扰乱占有物的现状，对已成立的事实状态予以保护，如相关权利人对占有人的权利状态质疑，均应通过合法途径予以解决。本案中，虽然原告不具备案涉房屋的宅基地使用资格，借名办理建设规划许可证也存在建设违章建筑之嫌，但本案不宜也无须对案涉房屋进行确权，因为原告已举证证明其系案涉房屋的实际出资建造人和初始占有人，有占有案涉房屋的意思表示和事实，不影响法院直接对占有的事实提供法律保护，赋予占有人救济性权利，维持占有的事实状态。

二、占有人基于占有利益受损可以主张损害赔偿

损害赔偿请求权属于债权保护方法，占有受到侵占或者妨害，造成占有人的财产利益损失的，成立侵权行为，占有人产生侵权损害赔偿的请求权。占有虽非一种权利，但也属于法律所保护的一种财产利益，不受他人非法侵害，侵害占有的主体应负侵权的损害赔偿责任。本案中，被告没有合法正当的理由占有、使用案涉房屋二楼，主观上存在过错，客观上破坏财产原状，损害了原告因占有对案涉房屋享有的合法财产利益，在填补原告因占有被侵夺或妨害而产生的不利益时，要对受害人的权益保护与行为人的自由尊重进行平衡，确保在维护权利人的合法利益的同时，不对行为人的自由造成过分的限制。本案同时

考虑到双方的亲戚关系，鉴于被告对案涉房屋二楼的装修并非不可逆的损害，酌情认定原告的相关损失为3000元。

三、民事责任承担方式的谦抑性

随着经济社会的迅速发展，社会需求的不断多样化，民事责任的承担方式也在适应人们的多元化需求。承担民事责任的方式，各有特点和相应的功能，既可以单独采用一种方式，也可以采用多种方式。至于什么情况下单独适用、什么情况下合并适用，需要根据案件具体情况并依据有关法律、司法解释的具体规定来确定，其最终目的是满足充分救济受害人的需求。本案中，原告在提出停止侵害、排除妨害、损害赔偿等请求时，还要求被告赔礼道歉，以满足原告人格尊严或者心理安慰的需求，但被告的侵占行为损害的是财产权利，并非人格利益，在原告提出的由被告承担其他民事责任承担方式得到支持的情况下，足以达到充分救济原告需求的目的，不符合适用赔礼道歉责任方式的条件。

编写人：湖南省湘阴县人民法院　陈肖思

六、其　他

66

共有产权保障住房的同住人不适宜共同居住情形下的裁判思路

——蒋某某诉施某某等其他所有权案

【案件基本信息】

1. 裁判书字号

上海市第二中级人民法院（2023）沪 02 民终 11496 号民事判决书

2. 案由：其他所有权纠纷

3. 当事人

原告（上诉人）：蒋某某

被告（被上诉人）：施某某、王某、虞某某

【基本案情】

蒋某某与施某某原系再婚夫妻，双方于 2008 年登记结婚，2020 年登记离婚。王某系施某某与其前夫之女，虞某某系王某丈夫。2014 年蒋某某、施某某、王某、虞某某四人共同申请经济适用房。2016 年 6 月，某房地产开发有限公司、王某、某住房保障中心签订《上海市共有产权保障住房（经济适用住房）预售合同》，该合同附件《上海市共有产权保障住房使用协议》的当事人为：某住房保障中心及共有产权保障住房（以下简称系争房屋）同住人施某某、蒋某某、虞某某。2018年王某登记为系争房屋权利人，产权证附记载明：合同载明的同住人：施某某、蒋某某、虞某某。蒋某某与施某某离婚后，施某某等人将门锁调换，蒋某某自2021年9月18日起一直在外租房居住。因施某某等人拒绝蒋某某居住系争房屋，故蒋某某起诉要求施某某等人对其居住权益予以补偿。

2022年，蒋某某曾向法院提起排除妨害纠纷诉讼，要求确认蒋某某在系争房屋中有居住权。法院认为蒋某某对系争房屋有居住的权利，但蒋某某与施某某已经离婚，蒋某某与施某某等就居住问题多次调解未果，矛盾较深，双方在系争房屋内共同居住生活与社会伦理常情不符，故对蒋某某要求王某、施某某、虞某某停止对蒋某某居住系争房屋的妨害，让蒋某某能在系争房屋内实际居住使用的诉讼请求不予支持。该案二审判决书中阐明"蒋某某就系争房屋的合法权益，可通过其他合法途径另行解决"。本案审理中，双方一致确认购买系争房屋首付款12万余元，贷款50万元，该贷款一直由王某、虞某某归还，剩余贷款也由王某、虞某某负担。蒋某某自2021年9月18日起在外租房居住。经评估，2023年3月8日为价值时点，系争房屋现状（带固定装修）状态市场价值为257.60万元，70%转让价款为180.30万元。

【案件焦点】

1. 蒋某某作为系争房屋的同住人，在其与施某某某离婚后，是否能够继续居住、使用系争房屋；2. 如蒋某某不适宜在系争房屋内继续居住，其基本居住权益应当如何保障。

【法院裁判要旨】

上海市宝山区人民法院经审理认为：蒋某某作为系争房屋的同住人，对系争房屋享有居住等权利。蒋某某因客观情况无法在系争房屋内居住，无法对系争房屋行使权利，其要求获得补偿款，予以准许。考虑到蒋某某与王某、施某某、虞某某之间矛盾较深，保留蒋某某在系争房屋内的部分权利不利于系争房屋的使用、处分，也容易导致蒋某某与王某、施某某、虞某某之间再起纷争，故本案中法院对蒋某某在系争房屋中的所有权利一次性处理完毕。考虑王某、施某某、虞某某对系争房屋享有的权利未进行分割，法院确定蒋某某对系争房屋享有的所有权利归王某、施某某、虞某某所有，王某、施某某、虞某某支付蒋某某补偿款。蒋某某提交的证据能形成证据链，证明其将动迁款 10 万元用于支付系争房屋首付款。且，蒋某某系经济适用房的共同申请人，应认定蒋某某系为自己对系争房屋享有的权利而出资。王某虽然提交部分装修出资凭证，但尚不足以证明全部装修费用均由王某出资，而蒋某某未提交证据证明其支付了装修费用，法院根据双方的举证情况酌情分配装修利益。综上，考虑蒋某某对系争房屋的贡献，在剩余贷款由王某、虞某某负担的基础上，法院酌情确定蒋某某对系争房屋享有的所有权利归王某、施某某、虞某某所有，王某、施某某、虞某某支付蒋某某补偿款 35 万元，蒋某某配合王某、施某某、虞某某办理同住人变更登记手续。

关于房屋租金，作为系争房屋的同住人，蒋某某有权在系争房屋内居住，现因双方矛盾较深等原因导致蒋某某未能在系争房屋内居住，蒋某某主张其未能居住期间的房屋租金，予以准许。但本案对蒋某某的权利进行补偿之后蒋某某不再对系争房屋享有居住的权利，故法院确认租金支付至本案判决生效之日止。根据王某、施某某、虞某某的陈述，蒋某某在 2021 年 9 月 18 日之前已经搬离了系争房屋，蒋某某主张租金自 2021 年 9 月 18 日起计算，予以准许。关于租金标准，法院参照系争房屋类似房屋的租金价格酌情确定。

上海市宝山区人民法院依照《中华人民共和国民法典》第三条规定，判决如下：

一、原告蒋某某对系争房屋享有的所有权利归被告王某、施某某、虞某某所有，被告王某、施某某、虞某某于本判决生效之日起十日内支付原告蒋某某补偿款 35 万元，原告蒋某某于本判决生效之日起十日内配合被告王某、施某某、虞某某办理同住人变更登记手续；

二、被告王某、施某某、虞某某于本判决生效之日起十日内按每月 800

元的标准支付原告蒋某某自 2021 年 9 月 18 日起至本判决生效之日止的房屋租金；

三、对原告蒋某某的其余诉讼请求不予支持。

蒋某某不服一审判决，提起上诉。

上海市第二中级人民法院经审理同意一审裁判意见。依照《中华人民共和国民事诉讼法》第一百七十七条第一款第一项规定，判决如下：

驳回上诉，维持原判。

【法官后语】

住房问题是重大民生问题，关系着千家万户的基本生活保障。开始住房制度改革以来，具有中国特色的住房保障体系逐步形成。我国共有产权保障制度尚处于发展阶段，在审判实践中，共有产权保障住房在申请资格认定、分割、转让、继承、赠与、回购等多个环节纠纷频发，在目前制度规定尚不完善，法律法规未及时跟进的情况下，人民法院审判工作面临很大挑战。

一、共有产权保障住房制度的价值功能

上海市经济适用房制度选择采取共有产权模式，即保障性住房的产权由政府与购房人按份共有，在共有产权模式下，政府既是制度实施与秩序维护的管理者，又是房屋的按份共有人，除了公法上的权力还享有诸多民事权利，一旦购房者违规出租、出售房屋等情形出现，政府住房保障部门亦可诉诸私法救济。

共有产权保障住房制度在满足基本住房需求和充分利用市场机制方面，取得了显著的政策成效，具有很强的现实和社会意义。首先，上海市作为我国的金融中心，高价商品房较多，中低价位房源短缺，共有产权制度的实施使得中低收入人群能够以低于市场价的价格购入房屋，有效填补商品房住房空缺的同时又满足了中低收入人群的住房需求。其次，上海市共有产权住房的定价以“保本微利”为原则，综合考虑各方面因素进行确定，整体上能够平衡开发成本，减少政府财政压力，与过去的经济适用住房大规模资金投入相比，其优势不言而喻。此外，政府作为共有产权制度的设计者与实施者，在选择开发用地时会综合考量各种影响因素，利用住房规划将中心城区人口向郊区引流，既缓解了中心城区的压力，又带动了周边郊区的发展。

二、共有产权保障住房制度中各方当事人的法律关系

共有产权保障住房制度对购房人和同住人的身份作出明确区分，在以家庭为单位申请共有产权保障住房时，家庭成员作为共同申请人，此时，全体申请人需要通过书面协商方式确定购房人，作为该房屋产权份额的共同共有人，其余申请人为同住人，若申请人之间无法就购房人达成一致意见，则全体申请人同为购房人。

同住人不享有共有产权保障住房的所有权，其对房屋享有的权能理应次于购房人。共有产权保障住房的个人产权份额在继承人符合共有产权保障住房申请条件的情况下可以发生继承，若继承人不符合申请条件，则按照共有物的法定分割方式予以处理。然而，在同住人死亡的情况下，共有产权保障住房不发生继承。

同住人对共有产权保障住房享有居住利益，且该居住利益要比居住权人享有的权能更丰富。首先，对于客观不再有居住需求的共有产权保障住房的腾退，将同住人的住房需求也考虑在内，只要同住人对共有产权保障住房还有居住需求，就不得要求其腾退房屋；其次，取得共有产权保障住房的房产证满 5 年后，同住人和购买人同等地享有购买政府产权份额的权利，且全体购房人和同住人应当就购买意愿、购房人等事项达成一致意见；最后，共有产权保障住房的上市转让，需经全体购房人、同住人一致同意。故而，在同住人之间共同居住的基础关系破裂，客观上无法继续共同居住时，应当给予丧失居住权益的同住人必要的经济补偿。

三、共有产权保障住房同住人不适宜继续共同居住情形下的裁判思路

共有产权保障住房的所有同住人对共有产权保障住房均合法地享有居住权益。例如，因离婚等客观原因导致情势变更，同住人不适宜继续共同居住在房屋内，如何在保障同住人基本居住权益的前提下，妥善处理好双方的矛盾系法院需要解决的关键难题。

1. 对于不适宜继续共同居住的同住人之间的纠纷，保留各同住人对房屋的居住权益不利于房屋的实际使用、处分，也容易导致各同住人之间再起纷争，故对一方同住人在保障房内的所有权利一次性处理完毕，方能有效地消除同住人之间纷争的根源。本案中，考虑到系争房屋的同住人蒋某某与施某某等矛盾较深，保留其在房屋内的部分权利不利于房屋的使用、处分，也容易导致其与施某某等再起纷争，故对蒋某某在系争房屋中的所有权利一次性处理完毕。

2. 由共有产权保障住房的购买人或实际占有使用房屋的一方同住人继续占有使用共有产权保障住房，未实际占有使用房屋的同住人一方搬离，并由占有使用一方支付搬离一方合理的补偿金，方能合理解决各同住人的居住权益保障问题。本案中，考虑施某某等对系争房屋享有的权利未进行分割，法院确定蒋某某对系争房屋享有的所有权归施某某等所有，施某某等支付蒋某补偿款。

3. 关于补偿金的确定，应当从案件实际情况出发，结合当事人举证，综合考虑各方当事人对房屋的贡献、剩余贷款归还情况及房屋价值等，方能合理解决同住人的居住权益保障问题。本案中，考虑蒋某某对房屋的贡献，在剩余贷款由王某、虞某某负担的基础上，法院酌情确定蒋某某对系争房屋享有的所有权利归施某某等所有，施某某等支付蒋某某补偿款35万元。

该案关于共有产权保障住房同住人之间就保障性住房居住权益发生冲突时的审判思路和解决方案，从案件实际情况出发，综合考量各方当事人的居住权益保障，合情合理，对于同类涉民生案件的审判具有一定的参考意义。

编写人：上海市宝山区人民法院　杨丽

67

名为典当实为民间借贷的司法认定

——海南某典当有限责任公司诉符某某、陈某某典当案

【案件基本信息】

1. 裁判书字号

海南省文昌市人民法院（2023）琼9005民初954号民事判决书

2. 案由：典当纠纷

3. 当事人

原告：海南某典当有限责任公司（以下简称某公司）

被告：符某某、陈某某

【基本案情】

某公司的经营范围包括动产质押、财产权利质押、房地产抵押等典当业务；2016年8月取得《特种行业许可证》；2021年5月取得《典当经营许可证》。

符某某、陈某某系夫妻关系，2020年6月，二人与某公司签订《房地产抵押借款协议书》及补充协议，约定某公司向符某某、陈某某共计出借110万元，月借款利息及综合服务费率3%，符某某、陈某某以其名下的A、B两套房产作为担保。2021年1月6日，符某某、陈某某向某公司出具《借据》，载明以其名下的房产C作为抵押物向某公司借款30万元，月借款利息及综合服务费率3%。就上述房屋双方没有办理抵押登记。符某某、陈某某实际收到借款1274000元，已偿还借款1018000元，以上借款期限届满后，由于符某某、陈某某没有全部偿还借款，某公司起诉至法院，要求符某某、陈某某偿还剩余借款本金、利息、综合服务费及违约金。某公司为本案诉讼支付律师费30000元。

【案件焦点】

原、被告之间属于典当关系还是民间借贷关系。

【法院裁判要旨】

海南省文昌市人民法院经审理认为：典当关系是指当户将其动产、财产权利作为当物质押或者将其房地产作为当物抵押给典当行，交付一定比例费用，取得当金，并在约定期限内支付当金利息、偿还当金、赎回当物的行为。民间借贷关系是指自然人、法人、其他组织之间及其相互之间进行资金融通的行为。本案中，双方签订《房地产抵押借款协议书》《借款补充协议》《补充协议》《借据》时，原告尚未取得《典当经营许可证》，无典当经营资格。2022 年 3 月 22 日，原、被告签订《房地产抵押借款补充协议书》时，虽然原告取得典当经营资格，但双方没有约定抵押物的回赎，原告也没有出具典票及将抵押物进行抵押登记，双方所建立的关系不具有典当关系的特征，而是具有一般民间借贷关系特征。故，原、被告所建立的不是典当关系，而是一般的民间借贷关系。本案案由应变更为民间借贷纠纷。

原、被告之间建立的是民间借贷关系，故应适用民间借贷相关法律调整。根据《中华人民共和国民法典》第三百九十五条、第四百零二条的规定，以房地产作为抵押物应当办理抵押登记，本案中被告提供抵押的房屋并未办理抵押登记，故案涉《房地产抵押借款协议书》《借款补充协议》《补充协议》《房地产抵押借款补充协议书》所涉房屋抵押不成立。以上合同及双方签订的《借据》中涉借贷部分约定的利息和综合费用为月利息 3%，折合年利率 36%，根据《最高人民法院关于审理民间借贷案件适用法律若干问题的规定》第二十九条“出借人与借款人既约定了逾期利率，又约定了违约金或者其他费用，出借人可以选择主张逾期利息、违约金或者其他费用，也可以一并主张，但是总计超过合同成立时一年期贷款市场报价利率四倍的部分，人民法院不予支持”的规定，原告主张利息、综合费用超出一年期贷款市场报价利率四倍部分属于无效，不予支持。上述合同关于借款其他部分的约定是双方当事人的真实意思表示，不违反法律、行政法规规定，合法有效，对双方当事人具有约束力。本案借款本金应确定为 1274000 元，双方约定的还款期限已届满，原告主张被告偿还借款本息，予以支持。双方没有约定逾期利息，根据《最高人民法院关于审理民间借贷案件适用法律若干问题的规定》第二十八条第二款第二项“约定了借期内利率但是未约定逾期利率，出借人主张借款人自逾期还款之日起按照借期内利率支付资金占用期间利息的，人民法院应予支持”的规定，逾期利息按借款合同成立时一年期市场报价利率四倍支付。

本案纠纷因被告未按合同约定履行还款义务引起，根据双方的约定、争议标的额和海南省律师服务收费标准，原告主张律师费 30000 元，予以支持。

海南省文昌市人民法院依照《中华人民共和国民法典》第三百九十五条、第四百零二条、第五百零二条第二款、第五百零九条第一款，《最高人民法院关于审理民间借贷案件适用法律若干问题的规定》第二十六条、第二十八条第二款第二项、第二十九条，《最高人民法院关于适用〈中华人民共和国民事诉讼法〉的解释》第九十条的规定，判决如下：

一、被告符某某、陈某某于本判决生效之日起十日内偿还 418419.44 元借款本金及相应利息（其中以 178419.44 元为基数从 2022 年 6 月 8 日起至付清该款之日止、以 240000 元为基数从 2021 年 3 月 4 日起至付清该款之日止，按照年利率 15.4%计算）给原告某公司；

二、被告符某某、陈某某于本判决生效之日起十日内向原告海南某典当公司支付律师费 30000 元；

三、驳回原告某公司的其他诉讼请求。

宣判后，双方当事人均未上诉，一审判决现已生效。

【法官后语】

本案争议核心在于厘清典当关系与民间借贷关系的法律边界。在民间借贷利率严格受限的背景下，部分当事人试图以“典当”之名行“借贷”之实，通过设计高额综合费用、模糊交易流程等方式规避利率监管。此类行为不仅会扰乱金融市场秩序，更可能加重借款人负担。因此，准确识别法律关系性质，需从典当法律关系的构成要件出发，结合司法实践中的区分要点与实质审查标准，穿透合同表象探究交易本质。

一、典当法律关系的构成要件解析

典当法律关系的成立需同时满足主体、客体与行为三要素，三者缺一不可。

一是主体资质的法定性。根据《典当管理办法》，典当行必须取得商务部核发的《典当经营许可证》，并完成工商登记后方可开展业务。本案中，原告在签订《房地产抵押借款协议书》《借据》等文件时尚未取得经营资质，即便后续补正，亦无法改变前期行为的违法性，直接否定了典当关系成立的基础。这一要件的设置，本质上是为了维护金融市场准入秩序，防止无资质主体通过“伪典当”形式规避监管。

二是客体流转的特殊性。典当交易以当物的质押或抵押为前提，其中动产需完成交付占有，不动产或财产权利需依法登记。本案中，双方虽约定以A、B、C三套房产作为抵押物，但均未办理抵押登记，根据《中华人民共和国民法典》第四百零二条规定，抵押权未依法设立；同时，合同未体现动产质押中的交付环节，导致担保物权无法有效成立，不符合典当关系中“以物担保”的核心特征。这种对客体流转的严格要求，旨在保障典当行的优先受偿权，与民间借贷中相对灵活的担保方式显然不同。

三是行为流程的规范性。典当交易需遵循“当金交付—典票出具—回赎约定”的完整流程。典票作为法定凭证，需载明当户信息、当物详情、估价金额、费率等关键要素；回赎条款则明确当户偿还当金、赎回当物的权利与期限。而本案中，原告始终未出具典票，且合同未约定回赎条件及绝当程序，不具备典当关系成立的形式与实质要件。从法律逻辑上看，典票不仅是交易凭证，更是典当双方权利义务的书面确认，缺失典票将导致交易无法纳入典当法律规制体系。

二、典当与民间借贷区分认定的核心要点

司法实践中，区分两种法律关系需摒弃“以名定性”思维，应从费用结构、担保实现与合同目的等维度进行实质审查。

第一，费用性质与标准差异。典当关系中，当户需支付利息与综合费用，其中综合费用是典当行提供估值、保管等服务的对价，其上限由《典当管理办法》明确规定（如房地产抵押典当的月综合费率不得超过27‰）。而民间借贷中，出借人仅能收取符合法律规定的利息及必要费用。本案约定的“月借款利息及综合服务费率3%”，即年化36%，远超民间借贷利率司法保护上限，且未区分费用性质，实质是将高额利息包装为“综合服务费”，以规避民间借贷利率限制（本案适用起诉时一年期LPR的4倍，即15.4%）。这种费用混同的设计，本质上是利用典当与借贷的制度差异进行套利，严重损害借款人利益。

第二，担保物权实现路径不同。典当行可通过“绝当”程序直接处置当物以实现债权；而民间借贷的担保物权需依据《中华人民共和国民法典》规定，通过诉讼或非诉程序行使抵押权、质权。本案未约定绝当条款，且抵押未登记，导致担保物权无法有效设立，更符合民间借贷中未完善担保手续的特征。值得注意的是，绝当制度是典当关系的重要标志，其赋予典当行快速变现当物的权利，而民间借贷的担保实现则更强调程序正义，二者在风险处置效率上存在显著差异。

第三，合同目的与风险分配逻辑不同。典当行通过占有当物控制风险，其收益依赖综合费用与当物变现；民间借贷则以借款人信用为基础，风险主要通过利息补偿。本案中，双方既未转移“当物”占有，也未建立规范的“当物”处置流程，表明交易实质仍为资金借贷，而非典当。从经济关系来看，典当更类似于“以物融资”，而民间借贷则是“以信融资”，这种本质区别决定了二者在法律适用与责任承担上的不同。

三、典当关系成立与否的实质审查方法

法院在区分认定典当与借贷时，需遵循“穿透式审查”原则，结合法律规定与交易实质综合判断。

第一，资质与程序的合规性审查。首先，核查典当行经营资质，对无资质或超范围经营行为直接否定典当关系；其次，审查典票、登记、交付等形式要件，缺失任一环节均可能导致典当关系不成立。司法实践中，部分主体试图通过“事后补证”方式挽救无效典当，但根据《中华人民共和国民法典》第一百五十三条规定，违反强制性规定的民事法律行为自始无效，补正行为无法溯及既往。

第二，权利义务的实质比对。重点分析费用构成、担保实现方式及合同履行内容。若费用远超法定标准、担保物权未依法设立，或未体现典当特有的回赎、绝当机制，则倾向于认定为民间借贷。例如本案中，双方约定的高额综合服务费不仅违反《典当管理办法》，更突破了民间借贷的司法保护利率红线，这一细节成为认定法律关系性质的关键事实。

第三，交易目的与市场秩序考量。对以典当之名规避利率限制、加重借款人负担的行为，法院应依据《中华人民共和国民法典》公平原则及金融监管政策，否定其合同效力或调整费用标准。从司法政策导向来看，最高人民法院多次强调对“套路贷”“高利贷”的打击，本案将综合服务费纳入民间借贷利率规制，正是落实这一政策的具体体现。此外，准确区分典当与借贷，还有助于维护典当行业的健康发展。

本案裁判彰显了司法对金融创新的审慎态度，在尊重当事人意思自治的同时，通过准确识别法律关系性质，平衡各方利益，规范民间融资行为，为同类案件审理提供了参考。未来，随着金融交易模式的不断创新，司法机关需持续加强对“名实不符”交易的穿透式审查，在保障金融活力的同时，筑牢风险防范的法治屏障。

编写人：海南省文昌市人民法院　王秋雅

ISBN 978-7-5216-5057-0

图书在版编目（CIP）数据

中国法院 2025 年度案例. 物权纠纷 / 国家法官学院，最高人民法院司法案例研究院编. -- 北京 ：中国法治出版社，2025. 5. -- ISBN 978-7-5216-5057-0

Ⅰ. D920. 5

中国国家版本馆 CIP 数据核字第 2025QZ9339 号

策划编辑：李小草　韩璐玮　白天园

责任编辑：白天园　　　　封面设计：李宁

中国法院 2025 年度案例．物权纠纷

ZHONGGUO FAYUAN 2025 NIANDU ANLI. WUQUAN JIUFEN

编者/国家法官学院，最高人民法院司法案例研究院

经销/新华书店

印刷/三河市紫恒印装有限公司

开本/730 毫米×1030 毫米　16 开　　　　印张/ 24.75　字数/ 307 千

版次/2025 年 5 月第 1 版　　　　2025 年 5 月第 1 次印刷

中国法治出版社出版

书号 ISBN 978-7-5216-5057-0　　　　定价：79.00 元

北京市西城区西便门西里甲 16 号西便门办公区

邮政编码：100053　　　　传真：010-63141600

网址：http：//www.zgfzs.com　　　　**编辑部电话：010-63141784**

市场营销部电话：010-63141612　　　　**印务部电话：010-63141606**

（如有印装质量问题，请与本社印务部联系。）

中国法院年度案例集成丛书(全15册)

国家法官学院　最高人民法院司法案例研究院　编

汇集十年精华　展现裁判思维　促进适法统一

实务性：为新型疑难法律适用问题提供解决方案的司法实务参考用书
工具性：可以查阅人民法院类型化裁判规则的小全书

1. 物权纠纷裁判规则理解与适用
2. 合同纠纷裁判规则理解与适用
3. 借款担保纠纷裁判规则理解与适用
4. 人格权纠纷裁判规则理解与适用
5. 婚姻家庭与继承纠纷裁判规则理解与适用
6. 侵权纠纷裁判规则理解与适用
7. 道路交通纠纷裁判规则理解与适用
8. 保险纠纷裁判规则理解与适用
9. 劳动纠纷裁判规则理解与适用
10. 公司纠纷裁判规则理解与适用
11. 金融纠纷裁判规则理解与适用
12. 知识产权纠纷裁判规则理解与适用
13. 行政纠纷裁判规则理解与适用
14. 刑事案例裁判规则理解与适用
15. 执行纠纷裁判规则理解与适用